A.C. GRAYLING

Die toten Städte

Buch

Hunderttausende von Zivilisten fanden durch die verheerenden Bombenangriffe der Alliierten den Tod. Die beiden Atombomben auf Hiroshima und Nagasaki haben die Welt für immer verändert. Gibt es Umstände, unter denen Terrorisierung und Tötung von Zivilisten moralisch akzeptabel sind? Dürfen Zivilisten zu militärischen Zielen erklärt werden, um ein verbrecherisches Regime in die Knie zu zwingen? Widersprach das Vorgehen der Alliierten den Prinzipien, die die Menschheit seit jeher formuliert hat, um Kriege zu kontrollieren und einzudämmen? Der Philosoph A.C. Grayling kommt zu einem klaren Urteil: Das Vorgehen der Alliierten gegen Deutschland und Japan verstößt eindeutig gegen alle humanitären Grundsätze – damals wie heute. Ebenso anschaulich wie sachkundig legt der Autor seine Argumente dar, beleuchtet die Perspektiven derer, die die Entscheidungen fällten und ausführten, aber auch jener, die den Bombenangriffen zum Opfer fielen. Er macht deutlich, dass in Anbetracht von Angriffskrieg und Holocaust der Krieg der Alliierten uneingeschränkt ein »gerechter Krieg« war, der allerdings nicht bis zum Ende »gerecht« geführt wurde.

In Zeiten globaler Spannungen und Verunsicherungen, des Terrorismus und zahlreicher kriegerischer Konflikte ist es unerlässlich, sich für die Zukunft der eigenen ethischen Handlungsgrundlagen zu vergewissern. Indem A.C. Grayling die entscheidenden Fragestellungen formuliert, liefert er einen Leitfaden in dieser aktuellen Diskussion.

Autor

Der renommierte Philosoph A.C. Grayling lehrt am Birkbeck College in London und hat in England bereits einige Bestseller veröffentlicht. Er schreibt regelmäßig u.a. in der »Times« und ist häufig im Radio und Fernsehen präsent. Auf Deutsch ist von ihm bislang eine Einführung in die Philosophie Wittgensteins erschienen (2004).

A.C. Grayling

Die toten Städte

Waren die alliierten Bombenangriffe Kriegsverbrechen?

Aus dem Englischen
von Thorsten Schmidt

GOLDMANN

Die Originalausgabe erschien 2006 unter dem Titel
»Among the Dead Cities. Was the Allied Bombing of Civilians
in WW II a Necessity or a Crime?« bei Bloomsbury, London.

FSC

Mix

Produktgruppe aus vorbildlich
bewirtschafteten Wäldern und
anderen kontrollierten Herkünften

Zert.-Nr. SGS-COC-1940
www.fsc.org
© 1996 Forest Stewardship Council

Verlagsgruppe Random House FSC-DEU-0100
Das für dieses Buch verwendete FSC-zertifizierte Papier
Holmen Book Cream liefert Holmen Paper, Hallstavik, Schweden.

1. Auflage
Taschenbuchausgabe Februar 2009
Wilhelm Goldmann Verlag, München,
in der Verlagsgruppe Random House GmbH
Copyright © der Originalausgabe 2006 by A.C. Grayling
Copyright © der deutschsprachigen Ausgabe 2007
by C. Bertelsmann Verlag, München,
in der Verlagsgruppe Random House GmbH
Umschlaggestaltung: Design Team München
Umschlagabbildung: akg-images (138024)
KF · Herstellung: Str.
Druck und Bindung: GGP Media GmbH, Pößneck
Printed in Germany
ISBN: 978-3-442-15542-2

www.goldmann-verlag.de

Für
Madeleine Grayling,
Luke Owen Edmunds,
Sebastian, Thomas, Nicholas und Benjamin Hickman
und Flora Zeman,
die unsere Zukunft sind und gegenüber denen es uns obliegt,
in allem gerecht zu urteilen.

»Der Begriff ›Kriegsverbrechen‹ ... umfasst ... Mord, Ausrottung, Versklavung und sonstige unmenschliche Taten gegen die Zivilbevölkerung vor Ausbruch oder während des Krieges.«

US-Außenministerium an den britischen Botschafter in Washington, 18. Oktober 1945

Inhalt

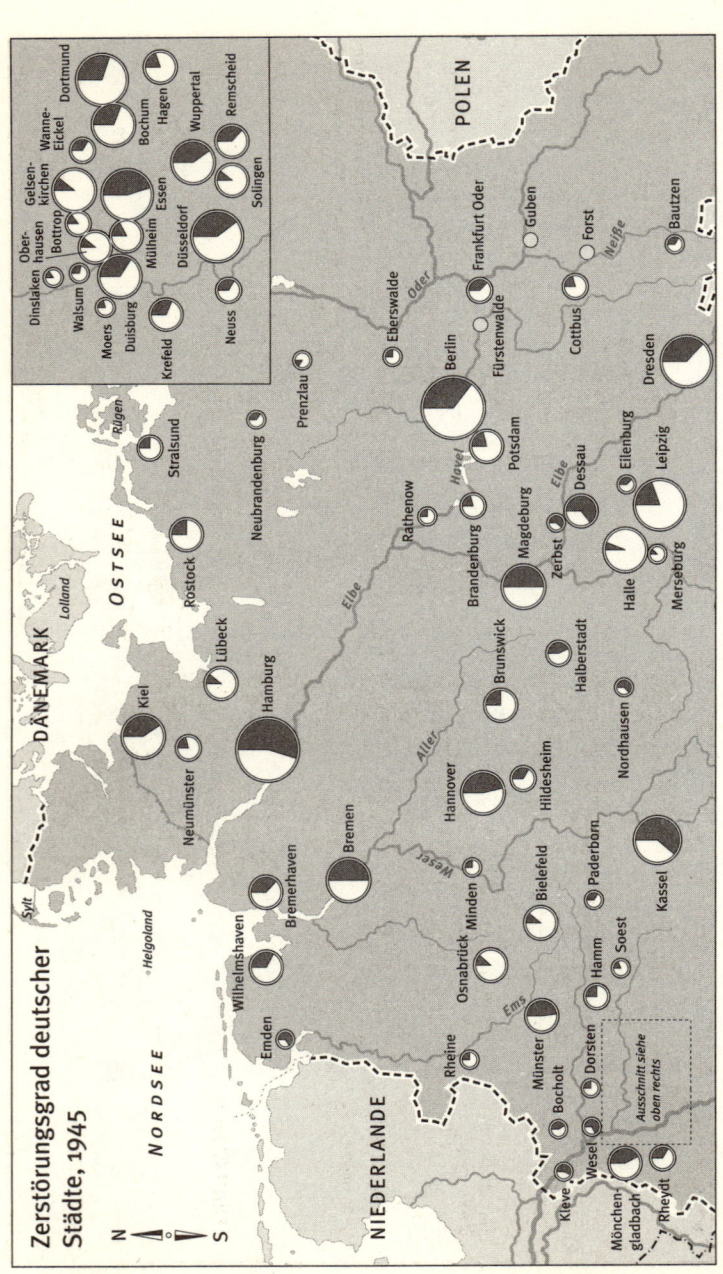

Zerstörungsgrad deutscher Städte, 1945

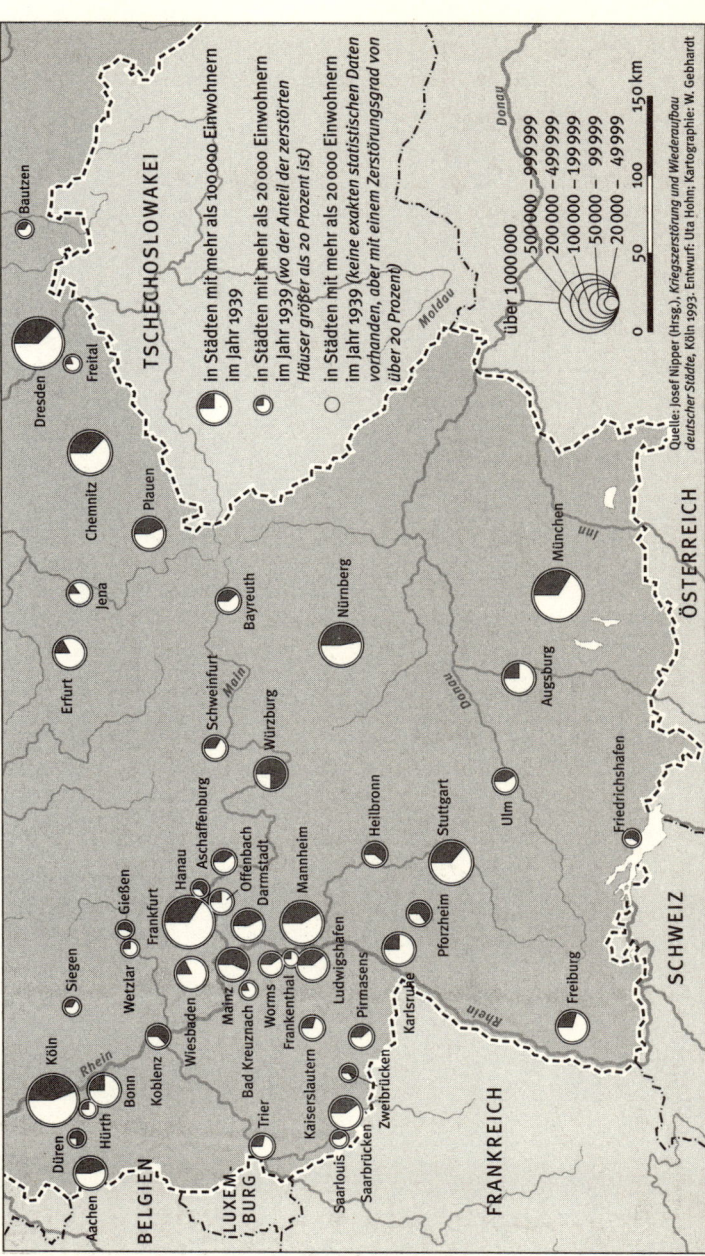

Legend (map key):

● in Städten mit mehr als 100 000 Einwohnern im Jahr 1939

● in Städten mit mehr als 20 000 Einwohnern im Jahr 1939 (wo der Anteil der zerstörten Häuser größer als 20 Prozent ist)

○ in Städten mit mehr als 20 000 Einwohnern im Jahr 1939 (keine exakten statistischen Daten vorhanden, aber mit einem Zerstörungsgrad von über 20 Prozent)

Scale circles:
über 1 000 000
500 000 – 999 999
200 000 – 499 999
100 000 – 199 999
50 000 – 99 999
20 000 – 49 999

0   50   100   150 km

Quelle: Josef Nipper (Hrsg.), *Kriegszerstörung und Wiederaufbau deutscher Städte*, Köln 1993. Entwurf: Uta Hohn; Kartographie: W. Gebhardt

Countries and regions labelled: BELGIEN, LUXEMBURG, FRANKREICH, SCHWEIZ, ÖSTERREICH, TSCHECHOSLOWAKEI

Rivers: Rhein, Main, Mosel, Donau, Inn, Moldau, Donau

Cities labelled: Aachen, Düren, Hürth, Köln, Siegen, Bonn, Koblenz, Wetzlar, Gießen, Wiesbaden, Frankfurt, Hanau, Aschaffenburg, Offenbach, Mainz, Darmstadt, Worms, Bad Kreuznach, Frankenthal, Ludwigshafen, Mannheim, Trier, Kaiserslautern, Pirmasens, Saarlouis, Saarbrücken, Zweibrücken, Karlsruhe, Pforzheim, Heilbronn, Stuttgart, Freiburg, Ulm, Friedrichshafen, Augsburg, München, Nürnberg, Würzburg, Schweinfurt, Bayreuth, Jena, Erfurt, Plauen, Chemnitz, Dresden, Freital, Bautzen

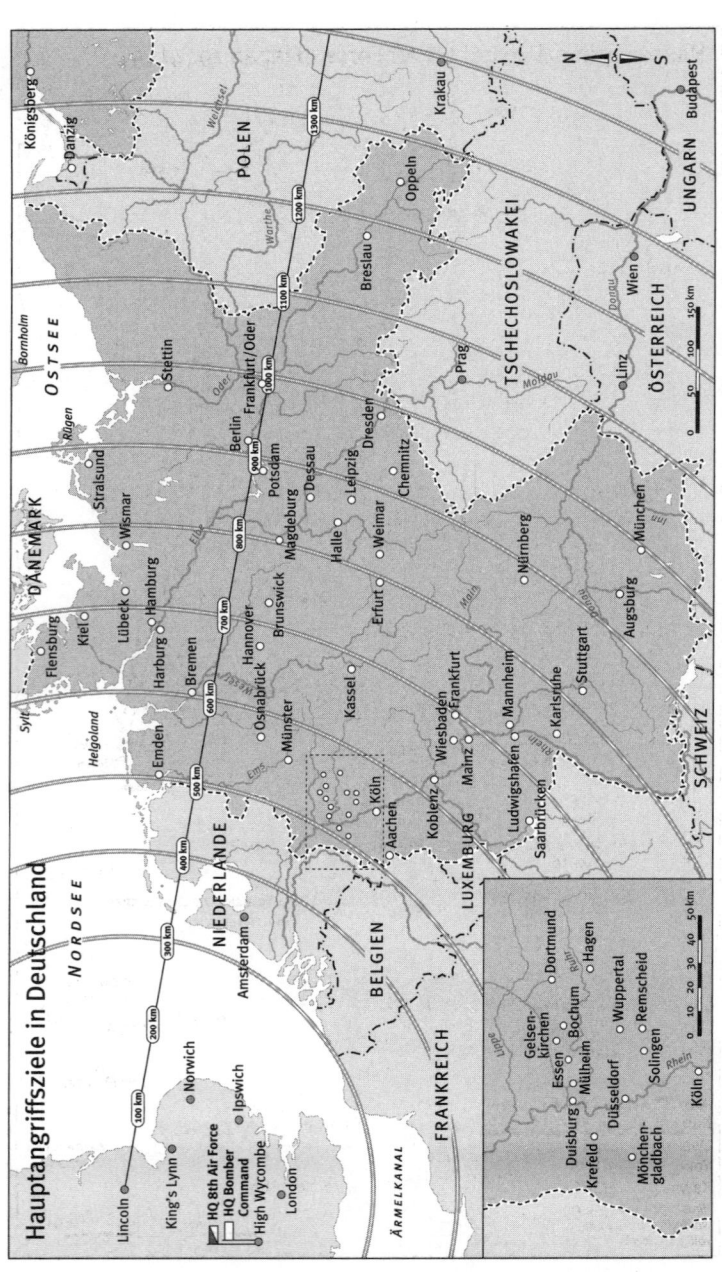

Hauptangriffsziele in Deutschland

Hauptangriffsziele der US Air Force in Japan 1944/45

OCHOTSKISCHES MEER

UDSSR

Irkutsk

Sachalin

Mandschurei

Chabarowsk

Kurilen

ÄUSSERE MONGOLEI

Wladiwostok

JAPAN

Peking

Tientsin

Port Arthur

Honschu

Seoul

Tsingtau

KOREA

Nagoya

Tokio

Kawasaki

Osaka

Yokohama

Hiroshima

Kobe

CHINA

Nagasaki

Kyuschu

Schanghai

Bonin

Okinawa

Volcano-I.

Kanton

Formosa

Iwo Jima

Hongkong

Hainan

PAZIFISCHER OZEAN

Marianen

SIAM

FRANZÖSISCH-INDOCHINA

Luzón

Saipan

Tinian

Manila

Guam

Saigon

PHILIPPINEN

Leyte

SÜDCHINESISCHES MEER

Mindanao

Palau

Karolinen

MALAYA

Sandakan

Singapur

Borneo

Ostgrenze des japanischen Machtbereichs

Äquator

Sumatra

Celebes

NIEDERLÄNDISCH-INDIEN

BISMARCK-ARCHIPEL

Rabaul

NEU-GUINEA

Java

Timor

Port Moresby

Darwin

KORALLEN-MEER

INDISCHER OZEAN

AUSTRALIEN

0   500   1000   1500 km

Zerstörungsgrad

Tokio	50 %
Nagoya	31 %
Kobe	56 %
Osaka	26 %
Yokohama	44 %
Kawasaki	33 %

Hiroshima und Nagasaki wurden im August 1945 völlig zerstört

Einleitung: Was ist ein Verbrechen?

Im Verlauf des Zweiten Weltkriegs flogen die Luftstreitkräfte Großbritanniens und der USA eine massive Bomberoffensive gegen deutsche und japanische Städte, die mit der Zerstörung von Dresden und Tokio, Hiroshima und Nagasaki endete. War diese Bomberoffensive ein Verbrechen gegen die Menschlichkeit? Oder war sie durch die Notwendigkeiten des Krieges gerechtfertigt?

Diese Fragen umreißen eine der bedeutendsten noch ungelösten Kontroversen über den Zweiten Weltkrieg. Und in den Jahrzehnten seit Kriegsende ist die Auseinandersetzung sogar noch heftiger geworden, da der historische Abstand eine unvoreingenommenere Prüfung des »Flächenbombardements« erlaubt – jener Strategie, die darin besteht, ganze Städte und ihre Zivilbevölkerung gezielt mit Spreng- und Brandbomben und letztlich auch Atombomben anzugreifen.

Die Kontroverse um das Flächenbombardement verschärft sich nicht zuletzt deshalb, weil im heutigen Deutschland und Japan Menschen zunehmend über das Leid sprechen, das die Bombenangriffe ihren Eltern und Großeltern zufügten, und diese auch als Opfer sehen, die zu den vielen Leidtragenden dieses gewaltigen weltweiten Konflikts zählen. Wie sollen wir, die Nachfahren der siegreichen Alliierten, auf die moralische Herausforderung durch die Nachkommen derjenigen reagieren, deren Städte von alliierten Bombern angegriffen wurden?

Die Tatsache, dass die Nachfahren der Bombardierten begonnen haben, Fragen über die Erfahrungen ihrer Eltern und Großeltern zu stellen, ist ein triftiger Grund für den Versuch, diese Kontroverse heute endgültig beizulegen.

Es gibt noch einen weiteren Grund, der mit ersterem zusammenhängt: Man muss die historische Wahrheit herausarbeiten, bevor sie durch Legendenbildung verdreht und durch grobe Vereinfachungen verzerrt wird. Dies geschieht immer dann, wenn die historische Distanz zu den Ereignissen zu groß wird. Heute gibt es noch Zeitzeugen dieser Luftangriffe, sowohl unter denjenigen, die die Bomber flogen, als auch unter denjenigen, die von ihnen bombardiert wurden. Künftige Historiker werden sich weitgehend an den Urteilen orientieren, die wir heute fällen. Aufgrund unserer Nähe zum Krieg – noch sind die Überlebenden unter uns oder leben in unseren persönlichen Erinnerungen fort – und der gleichzeitigen Distanz – nachdem eine Generation zwischen uns und den damaligen Ereignissen liegt –, wird das, was wir zu sagen haben, das zukünftige Verständnis dieses Aspekts des Zweiten Weltkriegs mit prägen.

Es gibt einen dritten und noch aktuelleren Grund dafür, sich erneut mit dem Flächenbombardement der Alliierten auseinanderzusetzen: um daraus Schlussfolgerungen über das angemessene Verhalten von Völkern und Staaten zu ziehen. Wir leben in einer Zeit, die von Spannungen und moralischer Orientierungslosigkeit, von Terrorismus und erbitterter Rivalitäten, von Gewalt und Gräueltaten geprägt ist. Welche moralischen Lehren können wir aus dem »exemplarischen« Verhalten der Alliierten ziehen, durch deren strategischen Luftkrieg Zivilpersonen im Zweiten Weltkrieg an die vorderste Front der Kampfhandlungen gerieten?

In den Jahrzehnten nach 1945 wurde diese Auseinandersetzung durch ein viel bedeutsameres Thema in den Hintergrund gedrängt, das das moralische Bewusstsein der Nachkriegswelt zu Recht beschäftigte: den Holocaust. Dieses ungeheuerliche Verbrechen gegen die Menschlichkeit war ein zentrales Element der Nazi-Aggression und der ihr zugrunde liegenden rassistischen Ideologie. Im Vergleich dazu nahmen sich andere Kontroversen belanglos aus. Doch diese Streitfragen lösen sich nicht auf, nur weil man ihnen keine Beachtung schenkt, vielmehr gewinnen sie unterschwellig an Brisanz, bis sie – wie wir es in den letzten Jahren erlebten, als Neonazis versuchten, den Opferstatus der vom Bombenkrieg Betroffenen für ihre politischen Zwecke zu instrumentalisieren – zu einem gravierenden

Problem werden. Hätte man sie klar, offen und ehrlich geklärt, wäre es nicht so weit gekommen.

Aus all diesen Gründen erhält folgende Frage eine neue Dringlichkeit: Waren die Flächenangriffe der Alliierten gegen deutsche und japanische Städte ein moralisches Verbrechen? Diese Frage möchte ich in diesem Buch endgültig beantworten.

Um meine persönlichen Beweggründe für dieses Buch zu erläutern, brauche ich nur die Aussicht zu beschreiben, die sich von meinem Schreibtisch aus bietet. Mein Haus in Südlondon liegt an einem grasbewachsenen kleinen Park, in dem verstreut Kastanien- und Lindenbäume zu sehen sind. Die Bäume stehen dort seit 50 Jahren und sind fast ausgewachsen. Die Kastanien treiben im Frühling wie immer als Erste aus; im Hochsommer zeichnen sich die gelben Blütenstände der Linden hübsch gegen das Dunkelgrün ihrer herzförmigen Blätter ab. Das Alter dieser Bäume lässt sich leicht bestimmen, denn das offene Gelände, auf dem sie stehen, wurde vor etwas mehr als 50 Jahren zu einem Park, das heißt, Bäume und Park sind gleich alt. Zuvor standen auf diesem Gelände für ein paar Jahre Ruinen – Geröll und Ziegelmauern, die dem Erdboden gleichgemacht wurden. Davor wiederum hatte es an dieser Stelle eine Häuserzeile gegeben: ein Dutzend dreistöckige Doppelhaushälften im viktorianischen Stil, die genauso aussahen wie jene, die noch heute in der Nachbarschaft des Parks stehen. In einem dieser Häuser wohne ich, und aus seinen Fenstern blicke ich nach draußen.

Das friedliche Naturidyll, das dieser kleine Londoner Park heute ist, täuscht über die Gründe seiner Entstehung hinweg. Tatsächlich sind hier im Zweiten Weltkrieg Bomben eingeschlagen. Die Häuser, die hier standen, wurden bei den deutschen Luftangriffen auf London in den Jahren 1940/41 – dem *Blitz* – zerstört. Man kann die Einschlagslinie der Bomben verfolgen, die die Häuser zerstörten. Anschließend fielen weitere auf die nächste Straße – auch dort gibt es einen kleinen Park mit fünfzigjährigen Linden – und weiter bis zu dem sehr großen Park gleich dahinter. Bis zum 29. Dezember 1940 war dieser große Park keine offene Grasfläche mit Sportplätzen, sondern ein Labyrinth von Straßen durch dicht bebautes Gebiet zu beiden Seiten des Surrey-Kanals. Infolge eines der schlimmsten deutschen Luftangriffe auf London ist das Areal heute eine knapp 50 Hektar große Grünfläche mit Fußball- und Kricketfeldern, einem See, Fahrradwegen, Sträuchern und Alleen. Da und dort ragen neben verfallenen Mauern noch immer Ziegel- und Betonbruchstücke aus dem Erdreich, halb bedeckt von Efeu. Eine Straße im Park blieb unversehrt; eine Seite wird von Häusern gesäumt, während auf der anderen eine Schule im viktorianischen Stil ist, in der sich auch heute noch Kinder tummeln (mein jüngstes Kind wurde dort eingeschult).

Die Straße und die Schule erinnern an einen einstmals dicht bebauten Stadtbezirk, und sie gemahnen uns an jene Nächte, in denen Bomben auf London herabregneten und Tod und Zerstörung brachten. Wenn ich die Straße, in der ich wohne, und die Umgebung betrachte, werde ich jedes Mal an die Gräuel jener Zeit erinnert. Dabei wird mir vor Augen geführt, was mit den verblassenden Erinnerungen oft in Vergessenheit gerät: In Diskussionen über den Krieg und seine Auswirkungen auf die Menschen wird immer wieder ein Argument vorgebracht, wonach vorsätzliche militärische Angriffe auf die Zivilbevölkerung, mit dem Ziel, sie zu terrorisieren und wahllos zu töten, ein »moralisches Verbrechen« seien.

Ist diese Behauptung – »vorsätzliche militärische Angriffe auf die Zivilbevölkerung sind ein moralisches Verbrechen« – eine uneingeschränkt wahre Aussage? Falls ja, müssen die Menschen in den heutigen westlichen Demokratien sich noch einmal mit der jüngeren Vergangenheit ihrer Länder auseinandersetzen und einige unangenehme Fragen über das Verhalten der Verantwortlichen in den Weltkriegen des 20. Jahrhunderts stellen, um der historischen Wahrheit Genüge zu tun. Im Verlauf der Geschichte kam es häufig zu Angriffen auf die Zivilbevölkerung, aber dies stellt keine Rechtfertigung für diese Taten dar. Eine solche Tat kann nur dann gerechtfertigt oder wenigstens entschuldigt werden, wenn die folgenden Fragen aus triftigen Erwägungen mit Ja beantwortet werden können: Gibt es Umstände, unter denen die Tötung von Zivilisten im Krieg moralisch statthaft ist? Kann es Umstände geben – ausweglose Situationen, Zwangs- und Gefahrenlagen, zu deren Abwehr diese Maßnahmen ergriffen werden –, die es rechtfertigen oder zumindest entschuldigen, Zivilisten zu militärischen Zielen zu machen? Kann es mildernde Umstände geben, die uns dazu nötigen, über diejenigen, die diese Angriffe planten und befahlen, nicht den Stab zu brechen? Wenn jemand ein Verbrechen begehe, um ein schlimmeres Verbrechen abzuwenden oder zu vergelten, würde dies die Verwerflichkeit seiner Tat mindern oder gar völlig aufheben?

Wir müssen die Antworten auf diese Fragen kennen, weil sie von entscheidender Bedeutung in der Kontroverse um das alliierte Flächenbombardement im Zweiten Weltkrieg sind. Die Behauptung, die bloße Tatsache, der Sieger in einem Konflikt zu sein, rechtfertige das eigene Handeln, ist nicht stichhaltig. Wenn Fragen auftauchen, inwiefern das Verhalten der späteren Siegernation(en) eines Krieges vertretbar waren, dann sollte man sich diesen Fragen offen und ehrlich stellen.

Fragen nach der moralischen Rechtfertigung des alliierten Flächenbombardements (gebräuchliche Synonyme dafür sind »Bombenteppich«, »Bombenfächer«, »Vernichtungsbombardement« und »Massenbombardement«) wecken heftige Emotionen. In dieser Diskussion darüber – einer Diskussion, die schon während des Krieges begann – werden die alliierten Bomberoffensiven bald vorbehaltlos verteidigt (aus diversen Gründen, aber hauptsächlich dem der militärischen Notwendigkeit), bald rundweg verurteilt, wobei jedoch die »Verteidiger« bei weitem in der Mehrzahl sind. Andere Schriftsteller haben gesagt: »Diese Frage ist zu kompliziert, darüber sollen sich die Philosophen den Kopf zerbrechen.« Diese Herausforderung soll hier angenommen werden.

Zwei Dinge möchte ich von Anfang an nachdrücklich klarstellen. Erstens: Es steht völlig außer Frage, dass, selbst wenn die alliierte Bomberoffensive im Zweiten Weltkrieg völlig oder teilweise moralisch verwerflich gewesen sein sollte, dieses Unrecht auch nicht annähernd an die moralische Ungeheuerlichkeit des Holocaust an den europäischen Juden oder auch die Vernichtung heranreicht, die Nazi-Deutschland und Japan durch ihre Angriffskriege über die

Welt brachten. Während diese Aggressionen, nach seriösen Schätzungen, 25 Millionen Menschenleben forderten, fielen den alliierten Luftangriffen gegen die deutsche und japanische Zivilbevölkerung etwa 800 000 Zivilpersonen – Frauen, Kinder und Männer – zum Opfer. Der Luftkrieg gegen die Achsenmächte sollte deren Fähigkeit und Entschlossenheit zum Krieg schwächen; die Tötung von sechs Millionen Juden dagegen war ein rassistischer Völkermord. Das sind sehr große Unterschiede.

Doch wenn es im Rahmen der alliierten Bomberoffensiven zu moralisch verwerflichen Taten kam, dann bleiben diese Taten auch dann Unrecht, wenn sie quantitativ nicht mit den Untaten der Achsenmächte zu vergleichen sind. Die Zahl von 800 000 Zivilpersonen, die bei alliierten Luftangriffen ums Leben kamen – fast alle davon bei vorsätzlichen, unterschiedslosen Angriffen auf Stadtgebiete –, ist für sich genommen unglaublich hoch, ganz zu schweigen von den Verwundeten, Traumatisierten und Obdachlosen, die ebenfalls Schlimmes durchlebten.

Die Diskussion ging oft am eigentlichen Thema vorbei, da man die moralisch verwerflichen Handlungen der Alliierten gegen die unmoralischen Taten der Achsenmächte »aufrechnete«. Dieser Vergleich fiel immer (und zu Recht) zugunsten der Alliierten aus, und damit ließ man die Sache auf sich beruhen, als ob dieser Vergleich an sich die Frage klären könnte. Das ist nicht der Fall, und deshalb will ich hier versuchen, eine endgültige Antwort zu finden.

Meine Ausführungen sind aber keinesfalls als eine revisionistische Rechtfertigung des Nazismus und seiner furchtbaren Gräuel oder des japanischen Militarismus und der japanischen Aggressionen zu verstehen, selbst wenn ich zu dem Schluss gelangen sollte, dass deutschen und japanischen Zivilpersonen Unrecht geschehen ist. Eine historisch wohl abgewogene Sicht des Zweiten Weltkriegs sollte uns heute befähigen, zwischen diesen beiden recht unterschiedlichen Punkten zu unterscheiden. Revisionistische Rechtfertigungen des Nazismus sind inakzeptabel, und wir müssen zur Kenntnis nehmen, dass viele Deutsche – vermutlich die Mehrheit – in der Nazi-Zeit die Taten Hitlers weitgehend guthießen. Deshalb sind viele der Ansicht, dass die Zivilbevölkerungen der Achsenmächte lediglich ihre gerechte Strafe erhielten und es deshalb Zeitverschwendung sei, sich mit der Frage zu belasten, ob die Alliierten Unrecht begingen. Doch – um es noch einmal zu sagen – diese Einstellung geht am Wesentlichen vorbei. Ein Soldat der Waffen-SS, der unbewaffnete Juden an einer offenen Grube mit einem Maschinengewehr niedermähte, verdiente für dieses Verbrechen vielleicht die Todesstrafe; aber ein Zivilist, der Hitler mit ausgestrecktem Arm grüßte und seine Politik befürwortete, aber im Übrigen (zum Beispiel) als Buchhalter arbeitete, verdient es wohl kaum, dafür (mit Bomben) hingerichtet zu werden. Und während ein Soldat der Waffen-SS vor der Bestrafung identifiziert und angeklagt worden wäre, starb ein Buchhalter, der mit dem Nazi-Regime sympathisierte, vielleicht in einem zivilen Luftschutzkeller neben einem Gegner Hitlers, der den Krieg der Nazis ablehnte. Selbst wenn Ersterer somit allein aufgrund seiner nazistischen Gesinnung den Tod verdient hätte – was nicht der Fall ist –, wäre der Tod seines Kameraden ein zu hoher Preis dafür.

Diese Überlegungen verfehlen den Kernpunkt: Auch wenn die Alliierten das schwere Unrecht, das die Achsenmächte begingen, mit geringerem Unrecht vergolten, bleibt dieses doch Unrecht.

Dennoch verlangt die Gerechtigkeit, dass wir – und hier müssen wir nuancieren – folgende Frage stellen: War dieses Unrecht – wenn es ein solches war –, das zur Abwehr größeren Unrechts begangen wurde, unvermeidlich oder notwendig? Gibt es einen Rechtfertigungs- oder Strafmilderungsgrund, der zugunsten der Täter ins Feld geführt werden kann, sofern sie des einen oder anderen bedürfen? Denn man bedenke dies: Einen Menschen zu töten ist unrecht; aber wenn man einen anderen Menschen in Notwehr tötet, also um einen bedrohlichen Angriff von sich oder anderen abzuwehren, ist der Unrechtsgehalt der Tat zumindest abgeschwächt. Auch dies muss also berücksichtigt werden, nachdem wir die Sache von allen Seiten beleuchtet haben.

Zweitens möchte ich klarstellen, dass diese Untersuchung, die sich mit dem moralischen Status des alliierten Flächenbombardements beschäftigt, nicht die Tapferkeit und die Opferbereitschaft jener Männer, die für die Royal Air Force (RAF) oder die US Army Air Force (USAAF) Bombenangriffe gegen das von den Nazis beherrschte Europa flogen, in Abrede stellen soll. Kritik an der moralischen Vertretbarkeit der alliierten Bomberoffensiven – oder auch nur die Diskussion darüber – wurde oft so interpretiert, als sollten damit die Leistungen der Flugzeugbesatzungen in Zweifel gezogen oder ihre Opfer in einem letztlich gerechten und notwendigen Krieg gegen böswillige, gefährliche Aggressoren herabgewürdigt werden.

Ich möchte in diesem Buch in keiner Weise die Tapferkeit dieser Männer in Abrede stellen. Es gehört nicht viel Phantasie dazu, sich vorzustellen, wie es gewesen ist, in feindlichen Luftraum einzufliegen, von Jagdflugzeugen und Flaks beschossen zu werden, brennende Flugzeuge mit Kameraden abstürzen zu sehen und zu wissen, dass man von den Dutzenden von Feindflügen, zu denen man abkommandiert werden wird, wohl eher nicht lebend zurückkehren würde.

Dennoch gilt: Wenn die Taten, die eine solche Tapferkeit erforderten, moralisch verwerflich waren, dann ändert die Tapferkeit, mit der sie ausgeführt wurden, nichts an ihrer Verwerflichkeit. Das Argument mit der Tapferkeit wird oft implizit herangezogen, etwa wenn Historiker des Bombenkriegs 1939–45 die Frage nach der moralischen Bewertung mit der Begründung abtun, man würde damit den Piloten und Bordschützen, den Navigatoren und Bombenschützen Unrecht tun, die ihr Leben riskierten, um den Krieg zu jenen zu tragen, die ihn begonnen hatten und die Welt mit ihrer Gewaltherrschaft bedrohten.

Diese Verteidigung wird oft mit einem weiteren Rechtfertigungsgrund verbunden. Unter den damaligen Umständen waren nur wenige Menschen der Ansicht, die Bombardierung von Zivilisten sei verwerflich. Die Zivilbevölkerung Großbritanniens und der USA war mehrheitlich dafür, und sie sahen darin eine wohl verdiente Vergeltungsmaßnahme gegen die Achsenmächte. Die alliierten Flugzeugbesatzungen handelten also nicht nur auf ausdrücklichen Befehl ihrer Regierungen und ihrer Oberkommandos, sondern auch mit stillschweigender Rückendeckung ihrer Landsleute. Als 1945 die Konzentrationslager befreit wurden (die Briten und Amerikaner sahen in Wochenschauen im Frühjahr 1945 zunächst schockierende Aufnahmen von Bergen-Belsen und Buchenwald; russische Truppen hatten einige Monate zuvor Auschwitz erreicht, doch das Lager war bereits evakuiert worden), nahm der Volkszorn gegen die Deutschen sogar noch zu. Begleitende Wochenschauen, in denen zerstörte Städte gezeigt wurden, bestärkten die Bevölkerung der alliierten Staaten daher in der Überzeugung, dass Deutschland – als das Land, das die übrigen Staaten mit Krieg überzogen hatte und dessen Bürger sich entsetzlich unmenschlich verhalten hatten – seine gerechte Strafe erhalten habe.

All dies bedeutet, dass die alliierten Flieger getragen waren von der Überzeugung, einen gerechten Krieg zu führen – was zutraf –, und dies mit breiter Zustimmung ihrer Landsleute zu tun, was ebenfalls zutraf. Als ihnen nach dem Krieg und überdies von Menschen, die nicht die Gefahren durchgemacht hatten, denen sie ausgesetzt gewesen waren, gesagt wurde, sie hätten an einem moralischen Verbrechen mitgewirkt und in rückblickender völkerrechtlicher Betrachtung sogar einem Verbrechen im rechtlichen Sinne, empfanden sie dies verständlicherweise als eine höhnische Verunglimpfung.

Ein solcher Affront gegen die Männer, die sich im Zweiten Weltkrieg über Europa in Lebensgefahr begaben, liegt mir hier völlig fern.

Um dies zu verdeutlichen, möchte ich eine autobiographische Episode schildern. In dem Jahrzehnt nach Kriegsende stellte ich mir als kleiner Junge vor, ich wäre in der Luftschlacht um England ein Spitfire-Pilot gewesen. Ich breitete die Arme aus und jagte durch den Garten, wobei ich das Geräusch eines Maschinengewehrs nachahmte, während ich auf imaginäre Dornier und Heinkel, Ju-88 und Messerschmitt herabstieß. Aber mein Interesse an der Geschichte des Luftkriegs in den vierziger Jahren beschränkte sich nicht auf Gefechte zwischen Jägern. Ich las alles, was mir über den Luftkrieg in die Hände kam, und ich baute maßstabsgetreue Modelle der meisten Flugzeugtypen, die damals geflogen wurden, von dem Doppeldecker Gloucester Gladiator, der bei Kriegsbeginn noch immer in Dienst war, bis zu den Düsenjägern vom Typ Me 262, die die deutsche Luftwaffe noch kurz vor Kriegsende einsetzte – eingeschlossen Prototypen wie Lysander und Swordfish und modifizierte Versionen wie Spitfire mit gekappten Tragflächenspitzen für Wüsteneinsätze sowie sämtliche Bombertypen von der Whitley und Hampden bis zur großartigen Avro Lancaster.

An erster Stelle stand für mich die Royal Air Force, aber ich wollte mich auch über die Luftstreitkräfte der anderen Länder und deren Ausrüstung kundig machen. Zudem nutzte ich jede Gelegenheit, um Luftfahrtschauen und Flugzeugmuseen zu besuchen. Im Imperial War Museum, nicht weit von meinem Haus in London, kann man im Cockpit einer Lancaster stehen und sich ausmalen, wie es gewesen sein muss, die Suchscheinwerfer und die todbringenden Flaksalven, die an einem vorbei in den Himmel schossen, zu sehen. Ich habe nur ein Mal in meinem Leben Frostbeulen bekommen: An einem Frühlingstag bei Duxford in Cambridgeshire, wo sich etwa 20 Spitfire für eine Luftparade versammelt hatten. Das Geräusch ihrer Rolls-Royce-Merlin-Motoren – dieses erstaunlich schöne, unverwechselbare Geräusch – klang wie Musik in den Ohren der vielen Schaulustigen. Die Frostbeulen zog ich mir zu, weil ich mich den ganzen Tag lang nicht von den atemberaubenden Vorführungen dieser berühmten Flugzeuge, die anmutig wie Adler landeten und starteten, losreißen konnte.

Diese Leidenschaft bewog mich dazu, ein paar Flugstunden zu nehmen und jede Gelegenheit zu begrüßen (von denen sich nicht wenige ergaben, als ich in Zentralafrika lebte), mich an den Steuerknüppel einer Piper Cub, einer zweimotorigen Cessna oder einer ausgemusterten DC-3 Dakota aus dem Krieg zu setzen und auf thermischen Aufwinden über die afrikanische Savanne zu gleiten. Dieses Interesse und seine praktische Umsetzung speisten meinen lebhaften Wunsch, so viel wie möglich über den Luftkrieg der vierziger Jahre in Erfahrung zu bringen. Und ein Teil davon war – und bleibt – die tiefste Hochachtung vor allen, die in jenen gefährlichen Zeiten in den Luftkrieg zogen. Dazu gehörte auch der Bombenkrieg. Denn wenn man am Steuerknüppel eines Flugzeugs sitzt und sich in höchstem Maße konzentrieren muss, um gerade und horizontal einen gleichmäßigen Kompasskurs zu fliegen – wie es bei der alten, »schiebenden« DC-3 war, bei der man im Seitenwind gegensteuern musste und die vermutlich in der Handhabung nicht viel anders war als ein Wellington- oder Halifax-Bomber –, beginnt man sich zu fragen, wieso diese tapferen Soldaten sich immer wieder bei nächtlichen Feindflügen über das Ruhrgebiet oder nach Berlin in Lebensgefahr begaben.

Doch obgleich ich diese Menschen und die Tapferkeit, die sie in einem gerechten Krieg bewiesen, zutiefst bewundere, sind sie nicht Gegenstand dieser Untersuchung. Ihre Geschichte wurde oft und in bewegender Weise erzählt, wie es jenen gebührt, die als junge Männer glaubten, ihrem Land in einer gerechten Sache nach besten Kräften zu dienen. Ich möchte das, was wir ihnen und insbesondere den 55 000 ihrer gefallenen Kameraden vom Bomber Command der RAF und den 40 000 Männern in den Bomberstreitkräften der US Air Force, die im Zweiten Weltkrieg in Europa und im Pazifik ihr Leben ließen, schulden, in keiner Weise schmälern.

Ich verfolge hier ein ganz anderes Ziel. Ich möchte ganz konkret den alliierten Bombenkrieg gegen Deutschland und Japan betrachten, um die Frage zu klären, ob er insgesamt oder teilweise unmoralisch war. Es geht hier also darum, wie in einem Gerichtsverfahren zu einem Urteil zu gelangen, und zu diesem Zweck muss man die Zeitumstände, die Absichten und den Wissensstand der wichtigsten Entscheidungsträger sowie die Auswirkungen ihrer Entscheidungen umfassend berücksichtigen.

Weiter oben zitierte ich die Behauptung, wonach »vorsätzliche militärische Angriffe auf die Zivilbevölkerung, um Terror zu stiften und wahllos Zivilpersonen zu töten, ein moralisches Verbrechen« seien. Anschließend fragte ich: Kann es überhaupt Umstände geben, unter denen die Tötung von Zivilpersonen in Kriegszeiten kein moralisches Verbrechen darstellt? Kann es Umstände geben – Notsituationen, Gefahrenlagen, zu deren Abwehr diese Maßnahmen ergriffen werden –, die diese Angriffe rechtfertigen oder wenigstens entschuldigen? Diese Behauptung und diese Fragen bilden gleichsam den Ordnungsrahmen für das »Gerichtsverfahren«.

Zunächst schildere ich den Bombenkrieg, wie er von den Alliierten geführt wurde (Kapitel 1), und seine Auswirkungen auf Deutschland und Japan (Kapitel 2). Dies liefert die Hintergrundinformationen für die Ausführungen in den nachfolgenden Kapiteln. Dabei tauchen viele schwierige Fragen auf, die jedoch im Allgemeinen erst an geeigneter Stelle in späteren Kapiteln erörtert werden.

Anschließend diskutiere ich die Quellen, die die Luftkriegsdoktrin der Alliierten beeinflussten, die Absichten, die die Führer der Alliierten auf dieser Grundlage formulierten, und wie diese Absichten in eine Strategie umgesetzt wurden (Kapitel 3). Hier entstehen grundlegende Fragen, denn falls sich hier ein Schuldvorwurf ergibt, betrifft er die Absichten und die Entscheidungen, die die alliierten Führer bewusst getroffen und umgesetzt haben.

Dann prüfe ich die Argumente, die während des Krieges gegen die Strategie des Flächenbombardements vorgebracht wurden, sowie die Bemühungen, den Flächenangriffen ein Ende zu setzen (Kapitel 4). Dies ist wichtig, um nachzuweisen, dass die Offensiven schon damals kontrovers gesehen wurden und dass sich alle daran Beteiligten ihrer Fragwürdigkeit und der moralischen Dilemmata, die sie aufwarfen, bewusst waren.

Nach Kriegsende stellten die Alliierten Nazi-Größen und führende japanische Politiker und Militärs als Kriegsverbrecher vor Gericht. Ich gehe auf die Rechtsgrundsätze ein, die in dem Prozess gegen die Nazi-Führer angewandt wurden – die Nürnberger Grundsätze –, um zu prüfen, wie die alliierte Luftkriegführung bei Anwendung derselben Prinzipien zu beurteilen wäre, so als wären die Rollen in Nürnberg vertauscht worden. Als das Völkerrecht nach dem Krieg weiterentwickelt wurde, wurden Ereignisse in sämtlichen Teilnehmerstaaten des Zweiten Weltkriegs als Erfahrungsgrundlage berücksichtigt; es ist aufschlussreich, zu sehen, was dieses Urteil nach dem Krieg für die Bewertung der alliierten Bomberoffensiven bedeutet (Kapitel 5). Und ich gehe auf die vorgebrachten Rechtfertigungsgründe für die alliierten Flächenangriffe ein – die vielfach wichtige Punkte und Argumente enthalten, die ernst genommen werden müssen; dazu zählt unter anderem die militärische Rechtfertigung der Bombenstrategien beziehungsweise der Hinweis auf ihre militärische Notwendigkeit (Kapitel 6).

Nachdem ich all diese Gesichtspunkte betrachtet habe, lege ich mein Urteil über den moralischen Status der alliierten Bomberoffensiven im Zweiten Weltkrieg und die Urteilsgründe dar (Kapitel 7).

Darunter sind meines Erachtens auch einige Punkte, die bislang in der Diskussion über die alliierten Luftangriffe auf Deutschland und Japan nicht vorgebracht wurden und denen ein besonderes Gewicht zukommen könnte.

Für die Beantwortung der in diesem Buch aufgeworfenen moralischen Frage ist es zwar notwendig, einen Überblick über die Geschichte des Flächenbombardements im Zweiten Weltkrieg zu geben, ich werde jedoch nicht versuchen, die Geschichte des Bombenkriegs insgesamt darzustellen. Flächenangriffe waren nur ein Aspekt des Bombenkriegs, wenn auch ein sehr wichtiger Aspekt für das Bomber Command – Oberkommando der Bomberstreitkräfte – der RAF in Europa und für die US Army Air Force auf dem pazifischen Kriegsschauplatz. In Europa führte die USAAF entsprechend ihrer Strategie zwar keine Flächenbombardements durch, sehr wohl aber in Japan, wo sie in den letzten Kriegsmonaten ihre Taktik grundlegend änderte. Da sich die USAAF erst Ende 1943 uneingeschränkt am Bombenkrieg in Europa beteiligte und weil sie sich hier auf die Präzisionsbombardierung von industriellen und militärischen Zielen konzentrierte, statt auf »Fächerbombardements« gegen die Zivilbevölkerung, werden wir uns erst dort eingehender mit der USAAF befassen, wo der Luftkrieg gegen Japan thematisiert wird.

Abschließend möchte ich eine zufällige Begebenheit erwähnen, die rein persönlicher Natur ist. Die Formulierung, die ich als Titel dieses Buches wählte, *Die toten Städte,* stammt aus einem Bericht, den eine von den Alliierten beauftragte Gruppe erstellte. Diese sollte bei Kriegsende einen geeigneten Gerichtsort für Strafverfahren gegen Nazi-Führer finden. Nürnberg wurde nicht nur deshalb ausgewählt, weil dort vor dem Krieg spektakuläre nationalsozialistische Massenkundgebungen stattfanden, sondern auch, weil es durch Bombenangriffe zu 90 Prozent zerstört worden war und damit ein Fanal setzte, das auf plastische Weise die Strafe verdeutlichte, die Deutschland wegen seiner Verbrechen unter den Nazis auferlegt wurde. In dem Bericht wurde Nürnberg, das durch alliierte Luftangriffe in Schutt und Asche gelegt worden war, »eine der toten Städte Deutschlands« genannt.

Und stellen Sie sich meine Überraschung vor, als ich bei meinen Recherchen auf den Decknamen für den letzten Luftangriff der RAF gegen Nürnberg, in der Nacht vom 16. auf den 17. März 1945, stieß. Der Deckname war mein Familienname: »Grayling«. Die Stadt hatte bei zahlreichen früheren Angriffen schwere Schäden erlitten, die historische Altstadt lag bereits in Trümmern. Doch die 277 Lancaster und 16 Mosquito der Operation »Grayling« verwandelten die Trümmer endgültig zu Staub; 529 Menschen verloren ihr Leben, und das Steinbühl-Viertel, praktisch der letzte Stadtteil, der noch stand, brannte ab.

Aus der Sicht des Bomber Command war es ein teurer Luftangriff. Nachtjäger der Luftwaffe schossen 24 Lancaster ab, was 8,7 Prozent der Einsatzstärke bei diesem nächtlichen Feindflug entsprach, fast das Doppelte dessen, was das Bomber Command auf dem Höhepunkt des Bombenkriegs als eine »tragbare« Verlustrate ansah; und dies obwohl die Luftwaffe ab März 1945 weitgehend ausgeschaltet war. Tatsächlich war es das letzte Aufbäumen der deutschen Luftverteidigung. Am 25. April 1945 wurden die Operationen des Bomber Command eingestellt, doch in diesem einen Monat waren die Verluste nicht annähernd so hoch und fast immer leicht.

Dieser letzte Luftangriff auf Nürnberg verdeutlicht auf schmerzliche Weise den Tribut, den dieses titanische Ringen, um dessen moralische Bewertung es hier geht, auf beiden Seiten forderte. Wie immer man die Argumente auch dreht und wendet, die für oder gegen die moralische Rechtfertigung des Bombenkriegs ins Feld geführt werden, Nürnberg erinnert uns daran, dass ein Urteil vorab feststeht: Es betrifft den moralischen Status des Nazismus und seiner Verbrechen, die die bedrohlich triumphalistischen Massenkundgebungen in dieser Stadt bereits erahnen ließen. Der Untergang Nürnbergs und des Dritten Reichs haben unmissverständlich klar gemacht, dass diese Verbrechen für den Rest der Menschheit unannehmbar waren.

1

Der Bombenkrieg

Eine Stunde vor Mitternacht am 24. Juli 1943 startete eine Flotte von 791 schwer beladenen Bombern der Royal Air Force von Flugplätzen in den flachen, dünn besiedelten Grafschaften Ostenglands und nahm Kurs Richtung Nordsee. Auf ihren Stützpunkten auf Wangerooge und Helgoland sahen die Radarbediener der Luftwaffe den herannahenden Strom von Flugzeugen und alarmierten daraufhin ihre Nachtjäger und Flakbatterien. Der Strom bewegte sich stetig in östlicher Richtung über den 54. Breitengrad, und die Deutschen gelangten zu dem Schluss, dass die Verbände, falls sie vor der Küste von Schleswig-Holstein nach Süden abdrehten, vermutlich Bremen anfliegen würden; überflögen sie dagegen die Landenge der dänischen Halbinsel, bevor sie nach Süden abbogen, wäre wahrscheinlich Berlin ihr Ziel.

Um 15 Minuten nach Mitternacht, als die Bodenkontrolle der Luftwaffe Abfangpunkte für ihre Nachtjäger festzulegen begann, löste sich die geordnete Schar von Lichtpunkten auf den Radarschirmen unversehens in einen Schneeschauer verschwommener Streifen und Striche auf. Es hatte den Anschein, als hätte sich der sowieso schon mächtige Bomberstrom plötzlich verhundertfacht und bewege sich in alle Richtungen gleichzeitig. Die Nachtjägerpiloten der Luftwaffe waren ebenfalls verwirrt, denn ihr Bordradar – das wie eine altmodische Fernsehantenne umständlich an der Bugnase ihrer Flugzeuge montiert war – spielte verrückt.

Ursache dafür war eine einfache neue Technik, die das RAF-Bomber Command zum ersten Mal einsetzte: Bei diesem »Window« genannten Verfahren wurden Stanniolstreifen verwendet, die so zugeschnitten waren, dass sie der Wellenlänge der deutschen Radarfrequenzen entsprachen. Von den Bombern in einminütigen Abständen bündelweise abgeworfen, störte »Window« das Radar der feindlichen Flugabwehr, indem es die Männer an den Radarkonsolen und die Besatzungen der Nachtjäger, die über ihnen Patrouille flogen, regelrecht blendete.

Doch die Nachtjägerpiloten hatten noch immer Augen im Kopf, und die Beobachter am Boden konnten sich noch immer auf ihr Gehör verlassen. Erstere sahen gelbe Leuchtbomben am Himmel über der Elbe-Mündung, Letztere hörten dann die zahllosen Flugzeuge, die über ihren Köpfen nach Süden schwenkten, ein Geräusch wie das ferne Summen eines riesigen Bienenschwarms. Jetzt war klar, dass das Ziel dieser Nacht weder Bremen noch Berlin, sondern Hamburg war.

Aber niemand bei der deutschen Luftabwehr noch unter den Einwohnern Hamburgs konnte ahnen, dass der Bombenhagel, der über der Stadt niedergehen sollte – eine Reihe von Luftangriffen über anderthalb Wochen –, eine neue, schreckliche Qualität besitzen würde, selbst nach den Maßstäben der industrialisierten Gewalt, die man bislang im Zweiten Weltkrieg erlebt hatte. Dies war Operation »Gomorrha«, die vom RAF-Bomber Command mit dem Ziel durchgeführt wurde, Hamburg von der Landkarte Europas zu tilgen.

Der Name für die Operation war passend gewählt. Das Buch Genesis erzählt, wie die »Städte der Ebene«, Sodom und Gomorrha – Letzteres bedeutet »Überschwemmung« – durch Feuer und Schwefel, die vom Himmel herabregneten, zerstört wurden. Als Abraham (nicht Lot, der nicht hinsehen durfte) am Morgen nach dem Ereignis erwachte und in seinem Refugium im Gebirge einen Gipfel erklommen hatte, »schaute er gegen Sodom und Gomorrha und auf das ganze Gebiet im Umkreis und sah: Qualm stieg von der Erde auf wie der Qualm aus einem Schmelzofen«; die Städte waren nicht mehr.

Operation »Gomorrha« bestand aus fünf großen und mehreren kleinen Luftangriffen auf Hamburg, die in den Nächten vom 24./25., 27./28., 29./30. Juli und 2./3. August sowie in den Tagesstunden des 25. und 26. Juli stattfanden. Kleine Verbände von Mosquito-Bombern folgten an Tagen nach den Hauptangriffen, um den

Feind nicht zur Ruhe kommen zu lassen und Aufklärungsfotos zu machen. Die zwei Tagesangriffe wurden von der United States Eighth Army Air Force (8. US-Luftflotte) durchgeführt, die beide Male mit 230 Bombern die Hamburger Werften und Maschinenbaufabriken angriff. Im Unterschied zu den amerikanischen Bombenabwürfen richteten sich die Angriffe der RAF gegen die Wohngebiete und das Stadtzentrum von Hamburg, insbesondere gegen die Altstadt. Dennoch erlitten die Amerikaner die schwersten Verluste, weil sie bei ihren Tagesangriffen von deutschen Jägern in großer Zahl erwartet wurden. Allein am 25. Juli wurden über Hamburg 19 B-17 »Flying Fortresses« [»Fliegende Festungen«] abgeschossen.

Beim ersten nächtlichen Angriff warfen die Bomber der Typen Lancaster, Halifax, Stirling und Wellington 2396 Tonnen Bomben – überwiegend Brandbomben – über der Stadt ab. Es handelte sich dabei um kleine Bomben, die mit hochentzündlichen Chemikalien wie Magnesium, Phosphor und Petrolatum gefüllt waren. Der Phosphor konnte nicht mit Wasser gelöscht werden, und wohin er auch spritzte, blieb er kleben und brannte lichterloh. Große Mengen Brandbomben wurden abgeworfen, um Streubrände im gesamten Zielgebiet zu entfachen. Gleichzeitig wurden Sprengbomben abgeworfen, die die Brandbomben zertrümmerten und dadurch ihre Brennbarkeit erhöhten. Ein Teil der Sprengbomben war mit Zeitzündern versehen, die so eingestellt waren, dass sie erst Stunden oder Tage nach dem Abwurf explodierten, um zivile Nothelfer bei ihren Bemühungen, Brände zu löschen, Verletzte zu bergen, Wasser- und Gasrohre zu reparieren und baufällige Gebäude abzustützen, zu stören.

Das Bomber Command hatte rasch den Wert von Brandbomben erkannt. Während der deutschen Luftangriffe auf London und andere britische Städte in den Jahren 1940/41 hatten Zivilschutzbehörden vor den 2-Pfund-Thermit- und Magnesium-Brandbomben der Luftwaffe gewarnt. Auf Zigarettenkarten stand folgender Text:

Die 2-Pfund-Magnesiumbombe explodiert nicht, sie soll lediglich einen Brand entfachen. Sie dringt vermutlich nicht tiefer ein als bis zum Dachboden oder in ein oberes Geschoss, und sie setzt alles in Brand, was sich im Umkreis von ein paar Metern befindet. Ein einziges Flugzeug kann eine große Zahl dieser Brandbomben transportieren, die viel mehr Brände auslösen, als die Feuerwehren löschen können.

Die Vergeltungsangriffe der Briten zeigten, dass sie ihre Lehren aus den deutschen Luftangriffen gezogen hatten. Beim zweiten Großangriff der RAF im Rahmen der Operation »Gomorrha«, in der Nacht vom 27./28. Juli, waren die Hamburger Feuerwehrleute völlig überfordert mit der Bekämpfung des Brandbombenhagels, der auf die Stadt niederging; es waren so viele, und sie fielen in so dichter Konzentration, dass sie ein furchtbares Phänomen auslösten: einen Feuersturm. Brandherde in verschiedenen Straßenzügen wuchsen nach und nach zu riesigen Feuersbrünsten zusammen, die schnell heißer wurden und schließlich bis in eine Höhe von 2000 Meter emporloderten. Diese Flammenhöllen sogen Luft aus den Stadtrandgebieten an, um ihren Sauerstoffhunger zu stillen; »diese Luftströme erreichten Orkanstärke und dröhnten wie mächtige Orgeln«, wie W. G. Sebald schrieb, und sie fachten die Feuersbrünste noch weiter an.[1] Es war der erste durch Bomben hervorgerufene Feuersturm, und er verursachte furchtbare Zerstörungen und forderte einen schrecklichen Tribut an Bombentoten. Drei Stunden lang wütete er mit größter Heftigkeit; er sog Dächer, Bäume und brennende Menschen in sich ein und wirbelte sie in die Luft. Die Flammen schossen hinter einstürzenden Fassaden von Gebäuden hervor, rollten durch Straßen und »kreiselten als Feuerwalzen in seltsamen Rhythmen über die offenen Plätze«.[2] Die Glasscheiben von Straßenbahnwaggons schmolzen, Zuckervorräte kochten, Menschen, die vor der Gluthitze in Luftschutzräumen fliehen wollten, »sanken unter grotesken Verrenkungen in den aufgelösten, dicke Blasen werfenden Asphalt« der Straßen.[3]

Die Bomberbesatzungen berichteten, sie hätten in ihren Flugzeugen beim Zielanflug die Hitze des Feuers gespürt. Am nächsten Tag war der Rauch aus der zerstörten Stadt bis auf eine Höhe von 8000 Metern gestiegen. Bläuliche Flämmchen flackerten noch immer auf einigen der entstellten Leichen. Die Opfer der ersten Angriffswelle wurden entweder zerrissen, sie erstickten in ihren Luftschutzräumen, als die Luft daraus abgesaugt wurde, oder sie wurden in den lodernden Flammen draußen auf der Stelle eingeäschert. Viele Leichen waren unter der Hitze so stark eingeschrumpft, dass Erwachsene nur noch die Größe von Kleinkindern hatten.[4]

Bei diesem zweiten Nachtangriff hatten 787 Bomber die dänische Halbinsel überflogen und dabei die Absicht vorgetäuscht, Berlin anzugreifen. Doch dann hatten sie einen scharfen Schwenk gemacht und Hamburg aus Nordosten attackiert. Dieser Angriff war viel präziser als der erste, und die starke Konzentration der Bomben war eine der Hauptursachen für den verheerenden Feuersturm. Einige Kommentatoren sehen in dem heißen, trockenen Juliwetter einen begünstigenden Faktor, und die Tatsache, dass Rettungskräfte und Zivilschutz der Stadt aufgrund der Bomben- und Brandschäden von den früheren Angriffen vollkommen überfordert waren, machte die Stadt verwundbarer.

Beim dritten Nachtangriff am 29./30. Juli war »Window« nicht mehr so wirkungsvoll, weil die deutsche Flugabwehr Gegenmaßnahmen ergriffen hatte. Infolgedessen verzeichnete die RAF höhere Verluste und die Bombenwürfe waren ungenauer. Mehr Nachtjäger waren zur Verteidigung Hamburgs abkommandiert worden und mit ihnen Tagjäger, die sich auf ihre nächtliche Aufgabe einstellten, indem sie sich die lodernden Flammen in der Stadt zunutze machten: Sie stiegen in große Höhe auf und hielten dann unter sich Ausschau nach den Silhouetten von Bombern, die sich vor dem glühenden Untergrund abzeichneten.

Der vierte und letzte Nachtangriff, am 2./3. August, war der am wenigsten erfolgreiche. Hamburg lag unter einer dicken Wolkendecke. Der Regen half den Feuerwehrleuten am Boden, während er das Ziel für die Angreifer aus der Luft verdeckte. Nur die Hälfte des Bomberstroms konnte die Stadt lokalisieren, obwohl sie immer noch brannte, und keine der Leuchtbomben war in der Dunkelheit zu sehen. Dennoch hatte die Angriffsserie bereits verheerende Schäden angerichtet. Bei über 3000 Einzeleinsätzen bei den vier Großangriffen hatte die RAF über 9000 Tonnen Bomben abgeworfen, die meisten davon Brandbomben. Die RAF büßte nur 86 Bomber ein, eine ungewöhnlich geringe Zahl, was in erster Linie auf die neue »Window«-Technik zurückzuführen war. Das Bomber Command sah darin einen außerordentlichen Erfolg. Seine amtlichen Historiker schrieben: »Es war ein vollständiger Sieg. In den vorangegangenen Monaten und Jahren des Kriegs hatte es nichts Vergleichbares gegeben, und bis zum Ende des Kriegs sollte dieser Erfolg nicht übertroffen werden.«[5] Diese Einschätzung wurde damals von den Bomberbesatzungen selbst geteilt. Einer der Piloten sagte:

> Die ersten beiden Angriffe auf Hamburg waren für uns, die wir daran teilgenommen hatten, so *offensichtlich* erfolgreich. Und das war an sich schon ungewöhnlich. Vergessen wir einmal die üblichen Phrasen; von den meisten Flügen kehrte man, na, sagen wir einmal, in neutraler Gemütsverfassung zurück. Erleichterung darüber, dass man wieder zu Hause war, froh, dass man wieder einen Einsatz auf dem Konto hatte – und das war so ziemlich alles. Aber bei den beiden Hamburg-Flügen, da herrschte eine Aufgekratztheit, die sich aus der absoluten Überzeugung ergab – und zwar noch in derselben Nacht –, dass wir etwas ganz Besonderes hingelegt hatten.[6]

In Hamburg selbst herrschte natürlich eine ganze andere Stimmung. Niemand weiß genau, wie viele Menschen umkamen, aber mindestens 45 000 Leichen lagen in den rauchenden Trümmern, hinzu kamen die vielen Verletzten und Traumatisierten. Die Hälfte der Stadt lag in Schutt und Asche – insgesamt 30 480 Gebäude laut amtlichen deutschen Angaben. Der verheerende Luftangriff erschütterte ganz Deutschland. Eine Welle von 1,25 Millionen Flüchtlingen aus der Stadt ergoss sich in den folgenden Monaten bis an die Grenzen des Landes, und die Flüchtlinge schilderten aus eigenem Erleben das Leid, das die Stadt durchgemacht hatte.[7]

Die gerade zitierte Bemerkung aus der Official History [amtliche Darstellung des Kriegsgeschehens] – »ein vollständiger Sieg« – deutet an, dass Operation »Gomorrha« einen Höhepunkt darstellt, was die Anstrengungen des RAF-Bomber Command im Zweiten Weltkrieg betrifft. In gewissem Sinne trifft dies zu, da das Verhältnis von angerichteten Schäden zu erlittenen Verlusten für die Bomber äußerst günstig war. Aber bezüglich der abgeworfenen Bombentonnage oder verursachten Verwüstungen war die Operation alles andere als ein Höhepunkt. Vielmehr markierte das Unternehmen einen Anfang: den eigentlichen Beginn jener Bomberoffensive, die die britische Regierung und ihre Air Force-Kommandeure seit Anfang des Krieges geplant hatten, die sie bis dahin jedoch nur gelegentlich und unter größter Kraftanstrengung hatten umsetzen können – wie bei den ersten 1000-Bomber-Angriffen auf Köln, Essen und Bremen am 30. Mai, 1. Juni und 25. Juni 1942. Tatsächlich war jener Monat eine einmalige Sache; solche Angriffe konnten eine Zeit lang nicht wiederholt werden, waren diese Zahlen doch nur dadurch erreicht worden, da man Flugzeuge und Besatzungen vom Training Command [Ausbildungskommando] und (mit geringerem Risiko) vom Coastal Command [Küstenschutzkommando] abgezogen hatte, weshalb die Verluste untragbar hoch waren – allein beim Angriff auf Bremen gingen 49 Bomber verloren. Erst 1943, im vierten Kriegsjahr, verfügte die RAF über die Stärke und Ausrüstung, um in einer Größenordnung und in einer Weise zu bomben, wie es die Philosophie des »Flächenbombardements« verlangte – der offizielle Name für Angriffe auf die Zivilbevölkerung.

Diese Ressourcen wuchsen im weiteren Verlauf des Krieges, und von 1943 an nahm parallel dazu auch die Kampfkraft der United States Army Air Force zu. Sie hatte erheblichen Anteil daran, dass die Alliierten schließlich die Luftherrschaft über Europa errangen. Die USAAF erreichte dies jedoch nicht durch Flächenangriffe nach dem Muster der RAF, sondern durch taktische Luftangriffe auf die Schlüsselwerke der deutschen Rüstungsindustrie, in denen Flugabwehrwaffen hergestellt wurden, sowie durch die weitgehende Ausschaltung der Luftwaffe, teils durch die mit zahlreichen Bordgeschützen bewaffneten »Fliegenden Festungen«, doch vor allem durch deren Langstreckenbegleitjäger vom Typ Lightning und Mustang. Die USAAF folgte auf dem europäischen Kriegsschauplatz also nicht dem Beispiel der RAF, die gezielt Angriffe auf die Zivilbevölkerung flog, sondern konzentrierte sich nahezu ausschließlich auf militärische und industrielle Ziele. Auf dem Kriegsschauplatz Japan verhielt es sich anders; dort übernahm die USAAF die RAF-Strategie, Brandbombenteppiche auf Städte zu legen.

Die alliierte Luftherrschaft über Europa war schließlich so umfassend, dass in den letzten Monaten des Bombenkriegs, vom Herbst 1944 bis zur offiziellen Einstellung der Bomberoffensive im April 1945, die Alliierten Feindgebiete in größerer Sicherheit überfliegen konnten. Das Gleiche galt für den pazifischen Kriegsschauplatz: Als die US-Streitkräfte so nahe an Japan herangerückt waren, um von eroberten Inseln aus Bombenangriffe zu fliegen, verfügte Japan praktisch über keine Luftverteidigung mehr, die diesen Namen verdiente. Hauptsächlich aus diesem Grund wurde in den letzten Kriegsmonaten – als der Krieg nach Ansicht der sachkundigsten Kommentatoren bereits gewonnen war – der höchste Prozentsatz an Bomben des gesamten Kriegs abgeworfen und wurden die schwersten Zerstörungen an deutschen und japanischen Städten angerichtet.[8]

Dieser strittige Punkt spielt eine wichtige Rolle, wenn es darum geht, die alliierten Bomberoffensiven einer moralischen Beurteilung zu unterziehen. Denn neben der Hauptfrage, ob die gezielte Bombardierung der Zivilbevölkerung moralisch zulässig war, wirft die unerbittliche und fortgesetzte Zerstörung deutscher und japanischer Städte, als der Sieg bereits absehbar war, eine weitere Frage auf: Hatten die Alliierten und insbesondere die für die Planung und Durchführung der Bomberoffensiven Verantwortlichen vielleicht unausgesprochen die Absicht, die kulturelle Identität der beiden wichtigsten Achsenmächte auszulöschen, eine Art »Kulturozid« zu begehen? Die Zerstörung von Städten bedeutet nicht nur, dass Zehntausende von Menschen getötet und traumatisiert werden, sondern auch, dass Denkmäler, Bibliotheken, Schulen und Universitäten, Kunstgalerien, historische Bauten und die Eckpfeiler des Wirtschaftslebens, die die Identität einer Gesellschaft ausmachen, vernichtet werden.

1942 wurde vom britischen Kriegskabinett und vom Air Staff [Generalstab der RAF] der Beschluss gefasst, sämtliche deutschen Städte mit mehr als 100 000 Einwohnern zu zerstören, und einer von mehreren Plänen für Nachkriegsdeutschland – der durch den Gang der Ereignisse teilweise verwirklicht wurde – sah ein territorial aufgeteiltes und verkleinertes Deutschland vor, das in ein reines Agrarland umgewandelt werden sollte. Die Industriezweige und die wirtschaftliche Infrastruktur sollten (einschließlich der diese flankierenden Bildungs- und kulturellen Einrichtungen) zerschlagen werden, damit Deutschland nicht noch einmal wie nach dem Ersten Weltkrieg zu einer militaristischen Großmacht mit europäischen Expansionsgelüsten aufsteigen könnte. Selbst wenn dieser Plan ernsthaft erwogen worden wäre, hätten die Realitäten des Kalten Krieges – der sich bereits vor dem offiziellen Kriegsende in Europa im Mai 1945 deutlich abzeichnete – die siegreichen Alliierten sehr schnell dazu veranlasst, ihn ad acta zu legen und Deutschland beim wirtschaftlichen Wiederaufbau unter die Arme zu greifen. Aber selbst wenn der Plan, Deutschland zur Strafe in einen einzigen großen Gutshof zu verwandeln, der von beschaulichen Landleuten bewohnt wird, nur ein Vorschlag unter vielen war, die in Bezug auf die Zukunft Nachkriegsdeutschlands zur Diskussion gestellt wurden, kann man ihn nicht einfach als »eine dieser Ideen« abtun. Er hängt auf diffuse Weise mit den massiven Vernichtungsschlägen der alliierten Bomber zusammen, und er kann deshalb nicht einfach in der Asservatenkammer der Geschichte entsorgt werden, ohne zuvor seine Relevanz für die große moralische Frage zu prüfen, die der alliierte Bombenkrieg aufwirft.[9] Wenn man diese Fragen ignoriert, dann serviert man sie nur Neonazis und Rechtsextremisten auf dem Silbertablett, die sie für ihre zwielichtigen politischen Ziele einspannen und keinerlei Interesse daran haben, die Vergangenheit und die Lehren, die sie für uns bereithält, unvoreingenommen zu analysieren.

Wir können die Frage nach der moralischen Legitimität der alliierten Flächenbombardements im Zweiten Weltkrieg erst dann erörtern, wenn wir zuvor die folgenden drei Fragen beantwortet haben: Was genau geschah im Bombenkrieg? Was wussten, dachten, beabsichtigten und hofften diejenigen, die ihn führten? Welche Auswirkungen hatte er? Mit den letzten beiden Punkten befassen wir uns in den folgenden Kapiteln. Hier gebe ich zunächst einmal einen kurzen Abriss über die Geschichte des Bombenkriegs, um die notwendigen Hintergrundinformationen für diese Diskussionen zu liefern.

Am 3. September 1939, nur Minuten, nachdem Premierminister Neville Chamberlain im Namen der britischen Regierung Deutschland den Krieg erklärt hatte, ertönten die Luftschutzsirenen in London. 60 000 Betten waren in den Krankenhäusern der Hauptstadt aufgestellt worden, um für den massiven Luftschlag, mit dem in allernächster Zukunft gerechnet wurde, gewappnet zu sein. Dennoch mag die besorgte Bevölkerung, als die erste Sirene heulte, befürchtet haben, dass 60 000 zusätzliche Betten nicht ausreichten. Schließlich stellte sich heraus, dass der Alarm durch einen einzelnen französischen Flieger ausgelöst worden war, der vergessen hatte, seinen Flugplan einzureichen.

Der Bereitstellung von Tausenden zusätzlicher Krankenhausbetten in London lag die Annahme zugrunde, Deutschland würde wahllos zivile Gebiete bombardieren, wie es dies schon im Ersten Weltkrieg getan hatte und wie es alle Theoretiker des Luftkriegs seit 1918 für künftige Kriege vorhergesagt hatten. Das Bomber Command der Royal Air Force dagegen hatte strikten Befehl, keine Ziele auf dem europäischen Festland anzugreifen, um das Risiko von Opfern unter der Zivilbevölkerung auszuschließen. Dies hauptsächlich deshalb, weil Chamberlain keine Vergeltungsangriffe auf britische Städte provozieren wollte. Zunächst legten sich Deutschland und Großbritannien bei wechselseitigen Bombenangriffen Zurückhaltung auf, was die Schwere der Angriffe betraf. Allerdings begannen die Briten sofort mit den Bombardierungen: Noch am 3. September, nur Stunden nach der Kriegserklärung, versuchte eine Gruppe von Hampden- und Whitley-Bombern, einen deutschen Flottenverband, der sich angeblich in der Nähe von Wilhelmshaven aufhielt, aufzuspüren und anzugreifen.[10] Der Plan schlug fehl, doch gerade als sie unverrichteter Dinge zurückkehrten, brach ein Schwarm von zehn Whitley-Bombern zur Ruhr auf – nicht um Bomben, sondern um Flugblätter abzuwerfen, die sich an die Zivilbevölkerung richteten und sie zur Kapitulation aufforderten.

Vordergründig lehnte Chamberlain Bombenangriffe auf die Zivilbevölkerung ab, da er zwei Tage vor Kriegsausbruch zugesichert hatte, Großbritannien werde auf solche Luftangriffe verzichten. Mit dieser Aussage reagierte er auf einen Appell von US-Präsident Roosevelt, die europäischen Staaten sollten es nicht zulassen, dass »die Zivilbevölkerung oder unbefestigte Städte aus der Luft bombardiert werden«. Ein weiterer – pragmatischerer – Grund bestand darin, dass die britischen Luftstreitkräfte den deutschen unterlegen waren und Zeit brauchten, um den Rückstand aufzuholen.

Diese Selbstbeschränkung hatte bis Mai 1940 Bestand. Das Bomber Command der RAF war jedoch erst 1942 uneingeschränkt in der Lage, Großangriffe gegen Deutschland zu fliegen, und erst 1943 erreichte diese Offensive das Ausmaß, das ihren Planern vorschwebte, aber noch immer nicht langfristig gesichert war. 1944 schließlich erreichte die Zahl der Bomber, der Bomben und der Bomberbesatzungen dauerhaft dieses Niveau.

Die Schwäche des Bomber Command zu Kriegsbeginn war auf mehrere zusammenwirkende Ursachen zurückzuführen. Bei Einstellung der Feindseligkeiten im Jahr 1918 besaß Großbritannien die mächtigste Luftwaffe der Welt, doch innerhalb von zwei Jahren wurden sage und schreibe 90 Prozent der Flugzeuge ausgemustert. Die Gründe dafür waren eine Kombination aus staatlichen Budgetkürzungen in Friedenszeiten, ein allgemeiner Abscheu gegen den Krieg sowie der Widerstand von Army und Navy gegen die Existenz eigenständiger Luftstreitkräfte. Die erst im Entstehen begriffene Air Force wäre vielleicht sogar ganz verschwunden, hätte sich nicht der Stabschef der RAF, Sir Hugh Trenchard, so tatkräftig für deren Eigenständigkeit eingesetzt und wären nicht 1923, ausgelöst durch die Besetzung des Ruhrgebiets durch französische Truppen, nachdem Deutschland seinen Reparationsverpflichtungen nicht nachgekommen war, plötzlich wieder Ängste vor einer militärischen Konfrontation aufgekommen. Damals verfügte die RAF nur noch über ganze drei Staffeln – gegenüber 382 im Jahr 1918.[11] Die Ruhrkrise veranlasste das britische Unterhaus dazu, das Budget für die RAF deutlich aufzustocken, mit dem Ziel, binnen fünf Jahren eine »Home Defence Air Force« [Luftwaffe zur Heimatverteidigung] auf 52 Staffeln aufzustocken, zwei Drittel davon Bomber.[12]

Bei Hitlers Machtergreifung 1933 verfügte die Home Defence Air Force nur über 42 Staffeln. Das Ziel der Nazis, rasch eine große Luftstreitmacht aufzubauen, wurde hingegen nicht durch jene Unentschlossenheit und Pfennigfuchserei beeinträchtigt, wie sie die Briten und Franzosen an den Tag legten. Deutschland hatte einen starken Zivilluftfahrtsektor, Dutzende von Amateurfliegervereinen, eine wachsende Flugzeugindustrie und geheime Pilotenkader, die während der Weimarer Republik ausgebildet worden waren. Und weil die Luftwaffe bei null anfing, konnte sie sich mit den neuesten Eindeckern aus Metall mit einziehbarem Fahrwerk bewaffnen, die den hölzernen Zweideckern mit starren Rädern, die noch immer von den britischen und französischen Luftstreitkräften geflogen wurden, weit überlegen waren.

Die RAF besaß jedoch ebenfalls eine Geheimwaffe: den hervorragenden Ausbildungsstand ihres Personals. Dies war das Vermächtnis von Air Marshall Sir Hugh Trenchard aus seiner Zeit als Stabschef der RAF von 1919 bis 1929. Trotz der geringen Mittel, die ihm zur Verfügung standen, baute Trenchard eine weltweit einzigartige Infrastruktur auf: die Kadettenakademie für Offiziersanwärter in Cranwell, die Stabsakademie für höhere Offiziere in Andover und mehrere weitere Forschungs- und Ausbildungseinrichtungen, die sämtliche Aspekte der Luftstreitkräfte abdeckten. Das Dienstreglement – vier Jahre aktiver Dienst, gefolgt von fünf Jahren in der Reserve – sorgte dafür, dass die RAF im Notfall sofort auf eine große Zahl hervorragend ausgebildeter Piloten zurückgreifen konnte. Als im September 1939 der Krieg ausbrach, mobilisierte die RAF allein unter den ehemaligen Mitgliedern der Oxford University Air Squadron über 700 Piloten.[13]

Die destabilisierende Anwesenheit des Nazi-Regimes auf der Weltbühne seit 1933 und die sich gefährlich zuspitzende Situation im Fernen Osten nach dem Einfall japanischer Truppen in der Mandschurei und in China veranlasste die britische Regierung, ihre Verteidigungspolitik zu überdenken. Im Jahr 1934 kündigte sie eine Vergrößerung der RAF bis 1939 auf 75 Staffeln an. Im März 1935 verkündete Hermann Göring offiziell die Geburtsstunde der Luftwaffe, kurz darauf sagte Hitler dem britischen Botschafter in Berlin, seine neue Luftwaffe sei bereits so groß wie die RAF. Ob diese Information zutraf oder nicht, war egal, sie veranlasste London jedenfalls, die Sollstärke der RAF noch einmal heraufzusetzen, und zwar auf 112 Staffeln – und nicht erst 1939, sondern schon 1937. Dadurch wollte die RAF bis zu diesem Datum hinsichtlich ihrer Kampfkraft mit der Luftwaffe gleichziehen. Deutschland hingegen rüstete viel schneller auf, als London bekannt war, so dass selbst die erhöhte RAF-Sollstärke noch immer einen Rückstand bedeutete.

Diese Pläne basierten auf dem alten Konzept des »Gleichgewichts der Kräfte«. Doch im Oktober 1935 fielen italienische Truppen in Abessinien ein. Dies war der Todesstoß für das Gleichgewicht der Kräfte, das auf Absprachen beruhte, die lange zuvor, beim Wiener Kongress 1815, getroffen worden waren. In den 1930er Jahren zerfiel dieses Gerüst allerdings sehr schnell, und die internationale Lage verschärfte sich mit jedem Monat. Ende 1935 sahen die britischen Politiker endlich ein, dass Krieg wahrscheinlicher war als Frieden, und sie begannen sich ernsthaft darauf vorzubereiten. Planspiele um die Zahl der Staffeln wurden dieser Lage jedoch nicht gerecht; neue Flugzeugtypen, Produktionskapazitäten für ihre Herstellung und ausreichende Reserven waren erforderlich. Das Ergebnis war ein so genannter »Plan F«, der erste von einer Reihe detaillierter Pläne, um sämtlichen Erfordernissen der Luftverteidigung gerecht zu werden.[14]

»Plan F« hatte zur Folge, dass schwere Bomber auf dem Reißbrett entworfen wurden. In einigen der Folgepläne, insbesondere »Plan J«, erhielt die Entwicklung und Produktion von Jagdflugzeugen Priorität, weil die Verteidigung des britischen Luftraums als vordringlich angesehen wurde.[15] Tatsächlich – und glücklicherweise, wenn man bedenkt, dass Großbritannien als einziges Land der deutschen Aggression 1940 widerstand – war die Entwicklung neuer Jäger bereits sehr weit gediehen. Herausragend waren dabei die elegante und hoch effektive Supermarine Spitfire, die auf dem Bauplan eines Wasserflugzeugs basierte, das die Schneider-Trophäe (einen Geschwindigkeitspreis) gewonnen hatte, sowie die Hawker Hurricane, die robuste MG-Plattform, die bei der Verteidigung des britischen Luftraums in dem schicksalhaften Sommer 1940 eine sehr wichtige Rolle spielte.[16] Großbritannien hatte darüber hinaus – und das war ebenso von Bedeutung – den lebensrettenden technologischen Vorteil des Radars, ohne den die Luftschlacht um England vermutlich verloren worden wäre.

Aufgrund von »Plan J« waren die Entwürfe für schwere Bomber noch lange nicht so weit gediehen, und das, was dem RAF-Bomber Command zu Beginn des Krieges zur Verfügung stand, genügte auch nicht annähernd der zu bewältigenden Aufgabe.[17] Das Bomber Command verfügte über 53 Kampfstaffeln, die theoretisch – aber nur theoretisch – je 16 Flugzeuge zählten. Es gab keine Reserven, was bedeutete, dass ein Drittel der Staffeln nicht einsatzfähig war, weil sie für Ausbildungszwecke und als Verstärkung genutzt wurden. Und die verfügbaren Flugzeuge – Blenheim, Whitley, Hampden, Wellington und Battle – waren entweder zu langsam oder zu leicht, unterbewaffnet und veraltet für den Krieg, der über sie hereinbrach.[18]

Um zu verstehen, wie das Konzept des Flächenbombardements aus der zunächst dezidierten Strategie Großbritanniens, die Zivilbevölkerung zu schonen, entstand, müssen wir uns die Entwicklung des Bombenkriegs selbst vor Augen führen. Denn in den kritischen Jahren 1940–42 stand Großbritannien nur ein Mittel zu Gebote, um den Krieg nach Deutschland zu tragen, und das war das Bomber Command; doch, wie gerade ausgeführt, war das Bomber Command ein recht stumpfes Werkzeug, solange ihm nur Whitley, Hampden und ihresgleichen zur Verfügung standen. Die Strategie des Flächenbombardements verfolgte zwei Ziele: Zum einen begegnete man damit den Schwierigkeiten bei der Navigation und der Bombenzielführung, zum anderen versuchte man, der Notwendigkeit gerecht zu werden, Nazi-Deutschland schwere Schläge zu versetzen und so seinen Willen und seine Fähigkeit zur Kriegführung zu untergraben.

Dies zeigte sich schon zu einem sehr frühen Zeitpunkt des Krieges, in den vereinzelten Angriffsserien des Bomber Command gegen deutsche Kriegsschiffe in Wilhelmshaven, der Schillig-Reede und der Helgoländer Bucht sowie bei Aufklärungsflügen über Norddeutschland. Aufgrund schlechten Wetters im Herbst 1939 und im Winter 1939/40 fanden diese Operationen nur gelegentlich statt, aber sie genügten, um dem Bomber Command schmerzlich die Unzulänglichkeiten der ihm zur Verfügung stehenden Flugzeugtypen vor Augen zu führen.

Dabei begann alles recht verheißungsvoll; bei einem Tagangriff auf Einheiten der deutschen Flotte in der Helgoländer Bucht am 3. Dezember 1939 kehrten alle 24 angreifenden Wellington-Bomber wohlbehalten zu ihrem Stützpunkt zurück, obwohl sie von Flaks und Jägern der Typen Me 109 und 110 beschossen wurden. Eines der deutschen Flugzeuge wurde durch Gegenfeuer einer Wellington beschädigt. Dies unterstrich die Überzeugung, dass sich eine geschlossene Formation von Bombern gut verteidigen könne, da jede Wellington in ihrem Heckstand mit einem Vierlings-MG versehen war.

Aber der Optimismus war verfrüht. Zehn Tage später beschädigte ein U-Boot der Royal Navy bei Torpedoangriffen zwei deutsche Kreuzer, und als die Kreuzer langsam das Jade-Mündungsgebiet hinauf Richtung Wilhelmshaven fuhren, setzte ihnen ein Dutzend Wellington nach, um ihnen den Gnadenstoß zu verpassen. Niedrige Wolken bedeckten den Himmel über dem Zielgebiet, so dass die Bomber unter der Wolkendecke, in weniger als 200 Metern Höhe, fliegen mussten. Durch Flugabwehrfeuer von den Kriegsschiffen und bewaffneten Handelsschiffen im Mündungsgebiet wurden die Wellington schwer beschädigt, doch dann hörte das Sperrfeuer plötzlich auf, und eine Schar Messerschmitt 109 tauchte auf. Binnen weniger Minuten schossen sie fünf Wellington ab und beschädigten eine sechste so schwer, dass sie bruchlanden musste, nachdem sie mit größter Mühe ihre Basis in Ostengland erreicht hatte.

Vier Tage später, am 18. Dezember 1939, wurden, wieder über Wilhelmshaven, 12 von 24 Wellington abgeschossen. Wieder war es ein Tagangriff, diesmal bei strahlendem Sonnenschein. Tatsächlich war das Wetter so gut, dass die Bediener der sich im Versuchsstadium befindlichen Freya-Radarstationen auf Helgoland und Wangerooge nicht glauben konnten, dass sich die RAF in derart selbstmörderischer Weise den in der Nähe stationierten Messerschmitt-Jägern präsentierte.

Die Verlustrate von 50 Prozent bei diesem und dem vorangegangenen Angriff war katastrophal, nicht zuletzt weil das Bomber Command den Befehl hatte, seine Verbände zu schonen, während Reserven aufgebaut und neue Besatzungen ausgebildet wurden. Die Ursachen für die hohen Verluste wurden rasch erkannt. Die Wellington hatten in ihren Backbordflügeln Treibstofftanks, die weder beschusssicher noch durch Panzerplatten abgeschirmt waren. Feindliches Feuer, das auf die Tanks gerichtet war, setzte die Wellington entweder in Brand oder ließ zumindest ihre Tanks leer laufen. Dabei war die Wellington sowieso ein Flugzeug, das relativ schnell Feuer fing, und Treffer an beliebigen Stellen konnten sich verhängnisvoll auswirken. Zudem hatte sie zwar ein Vierlings-MG im Heckstand, war aber gegenüber Frontalangriffen verwundbar, eine Schwäche, die noch – und dies ist ein dritter Grund – durch ihre geringe Fluggeschwindigkeit im Vergleich zu den Messerschmitt-Jägern verschlimmert wurde. Diese konnten sie leicht ein- und überholen, dann herumschwenken und ein weiteres Mal angreifen, wobei die Wellington keine Chance hatte, ihrem Angreifer zu entkommen.

Air Vice-Marshall John Baldwin, der Befehlshaber des 3. Geschwaders des Bomber Command, dem diese übel zugerichtete Staffel unterstellt war, war überzeugt davon, dass das Risiko für die Bomber relativ gering wäre, wenn sie in geschlossener Formation fliegen und ihre gemeinsame Feuerkraft einsetzen würden, um Angreifer abzuwehren. An dieser Doktrin hielt die United States Army Air Force nachdrücklich fest, allerdings mit einem Flugzeug, das diese viel eher erfolgreicher umsetzen konnte: der waffenstarrenden »Fliegenden Festung« vom Typ B-17. Baldwin war sicher, dass seine Männer bei dem Debakel am 18. Dezember wegen mangelnder Erfahrung aus der Formation ausgeschert waren und sich dadurch angreifbar gemacht hatten. Aber Oberstleutnant Carl Schumacher von der Luftwaffe, der an diesem Tag die angreifenden Messerschmitt angeführt hatte, schrieb später, zwar seien die Schäden an einigen seiner Jagdflugzeuge das Ergebnis des straffen Formationsflugs und der hervorragenden Heckschützen der Wellington-Bomber, doch just ihre Disziplin habe sie letztlich ins Verderben geführt; weil sie die Formation beibehielten und streng auf Kurs blieben, so Schumacher, seien sie zu leicht verfolgbaren Zielen geworden.[19]

Die Katastrophe vom 18. Dezember zeigte dem Air Staff, dass er seine Einstellung insbesondere zu Tagangriffen überdenken musste. Doch während man im Generalstab der RAF noch darüber diskutierte, wie man die begrenzten Kräfte am besten nutzen könnte – und deren Beschränktheit wurde tagtäglich in jeder Hinsicht offenkundiger –, zwangen die Ereignisse des Krieges die Stabsoffiziere dazu, immer schneller dazuzulernen. Im April 1940 besetzten deutsche Truppen Norwegen, und die Briten und Franzosen reagierten darauf mit der Entsendung eines Expeditionskorps. Das Unternehmen scheiterte; die alliierten Verbände wurden innerhalb von nur zwei Wochen nach ihrer Landung zurückgedrängt und schifften sich wieder ein. Angriffe von Wellington und Hampden auf deutsche Schiffe, die den Skagerrak überquerten, wurden brutal zurückgeschlagen; am 12. April wurden acht von zwölf Hampden bei der Suche nach den berühmten deutschen Schlachtschiffen *Scharnhorst* und *Gneisenau* abgeschossen. Die Art und Weise, wie die Hampden vom Himmel geholt wurden, sprach Bände über ihre Kampfkraft. Jäger vom Typ Me 110 holten sie ein und setzten sich dann ein wenig, nur knapp 100 Meter, vor sie, so dass sie außerhalb der Schusslinie der Hampden blieben. Dann zielten die deutschen Heckschützen auf die Hampden-Piloten in ihren Cockpits und erschossen sie.[20] Nach dem Debakel vom 12. April flogen die Hampden nur noch Nachteinsätze.

In der Nacht vom 16. auf den 17. April wurde eine einzelne Whitley nach Oslo entsandt, um den dortigen Flugplatz zu bombardieren, in der Hoffnung, diesen für deutsche Staffeln unbrauchbar zu machen. Nur Whitley-Bomber hatten die für diesen Einsatz erforderliche Reichweite. Doch die Besatzung hatte Schwierigkeiten: Die Navigation wurde durch die Wolkendecke erschwert, die wichtige Landmarken verdunkelte, und obwohl die Stadt selbst in einer Wolkenlücke zum Vorschein kam, blieb ihr außerhalb liegender Flughafen unter einer Nebelschicht verborgen. Die Besatzung konnte nichts erkennen. Zu diesem Zeitpunkt des Krieges gab es einen Dauerbefehl, wonach ein Bombenabwurf nur nach zweifelsfreier visueller Identifikation eines Ziels erfolgen durfte, um den versehentlichen Schaden von Zivilpersonen zu vermeiden. So musste die Whitley unverrichteter Dinge den Heimflug antreten.

Obgleich der Flughafen von Oslo in den folgenden Tagen von kleinen Whitley-Verbänden bombardiert wurde, waren die beschränkte Reichweite und die Navigationsprobleme gravierende Handikaps. Wie konnte man angesichts dieser Probleme Angriffsflüge tief ins deutsche Hinterland überhaupt in Erwägung ziehen? Bei den Einsätzen über Norwegen zwischen dem 9. April und dem 10. Mai 1940 waren 33 Bomber verloren gegangen, während der Feind keine nennenswerten Schäden erlitten hatte.

Aber die schlimmsten Lektionen standen dem Air Staff noch bevor.

Während des »Sitzkriegs« – der Zeit zwischen September 1939 und Mai 1940, in der in Westeuropa keine Kampfhandlungen am Boden stattfanden – gaben die als Teil des britischen Expeditionskorps nach Frankreich entsandten Staffeln dem Air Staff reichlich Stoff zum Nachdenken. Bei den fraglichen Flugzeugen handelte es sich um Fairey Battle, die als »leichte Bomber« oder »Jagdbomber« klassifiziert wurden, um sie von den Wellington, Whitley und Hampden abzugrenzen, die damals zu den »schweren Bombern« gezählt wurden. Die Battle-Staffeln bildeten die so genannte Advanced Air Striking Force. Wie sich zeigte, waren sie die mit Abstand ineffizientesten Elemente der britischen Luftflotte. Am 30. September 1939 wurden fünf Battle auf einem »bewaffneten Aufklärungsflug« über der Siegfried-Linie von Me 109 angegriffen, und nur eine kehrte zurück. Danach flogen die Battle fast nur noch bei Nacht, und selbst dann gingen sie so weit wie möglich jeder Gefahr aus dem Weg. Ihre abenteuerlichste Unternehmung während des »Sitzkriegs« war der Abwurf von Flugblättern über dem Rheinland im Februar 1940. Große Anstrengungen wurden unternommen, um die Battle durch leichte Blenheim-Bomber zu ersetzen, doch als der »Sitzkrieg« dann plötzlich am 10. Mai 1940 Beine bekam – der Tag, an dem die deutsche Westoffensive begann –, waren erst zwei der Battle-Staffeln durch Blenheim ersetzt worden.

Die erbitterten Abwehrkämpfe zwischen dem 10. Mai und dem Abschluss der Evakuierung der britischen Armee in Dünkirchen am 3. Juni 1940 offenbarten die Schwächen der Battle, auch wenn sich ihre Besatzungen außerordentlich tapfer schlugen. An dem Tag, an dem es erstmals zu größeren Kampfhandlungen kam, wurden 32 Battle gegen die vorstoßenden deutschen Verbände in Luxemburg entsandt, und dreizehn davon wurden von Flaks abgeschossen. Die übrigen wurden beschädigt. Drei Stunden später wurde eine zweite Angriffswelle, die wieder aus 32 Battle bestand, gegen dieses gefährliche Ziel in Marsch gesetzt, und dieses Mal tauchten Messerschmitt auf und halfen den Flakbatterien, zehn weitere Battle abzuschießen. Dies waren völlig untragbare Verlustraten, und noch dazu blieben die Einsätze der Battle weitgehend wirkungslos. Es drängt sich einem geradezu das Bild polnischer Kavalleristen auf, die gegen deutsche Panzer galoppierten. Am nächsten Tag wurde eine der beiden neuen Blenheim-Staffeln vollständig von der deutschen Luftwaffe zerstört, als sie auf dem Rasen des Flugplatzes Vaux nahe Soissons standen; ihre Besatzungen tranken Tee, während sie auf Einsatzbefehle warteten. An jenem Nachmittag beteiligten sich acht Battle an den Luftkämpfen über Luxemburg; nur eine kam zurück.

Der Vorstoß der Wehrmacht in die Niederlande hatte eine weit reichende Konsequenz: Am 10. Mai 1940 trat Neville Chamberlain zurück, und Winston Churchill wurde sein Nachfolger in Downing Street. Der Wechsel führte sofort zu einer aggressiveren britischen Luftkriegsstrategie. Der erste Großangriff des Bomber Command auf Deutschland fand in der Nacht vom 11./12. Mai statt; 36 Whitley und Hampden hoben ab, um die Verkehrswege in der Umgebung von Mönchengladbach zu bombardieren. Etwa die Hälfte erreichte das Ziel; drei wurden abgeschossen.

Um den deutschen Vormarsch zum Stillstand zu bringen, mussten die Brücken über den Albert-Kanal bei Maastricht zerstört werden, und sowohl französische als auch britische Bomber versuchten dies wiederholt und unter hohen Verlusten. Am 11. Mai wurden vier von zwölf Blenheim, die von Fliegerhorsten in England gestartet waren, abgeschossen und die übrigen beschädigt, während die Brücken verfehlt wurden. Am nächsten Tag wurden bei einem erneuten, ebenso erfolglosen Angriff sieben von neun Blenheim zerstört.

Und so ging die Serie der Verluste weiter und offenbarte damit zweifellos die gravierenden Schwächen der britischen Bomberkräfte. Das tatsächliche Ende der Advanced Air Striking Force kam am 14. Mai, dem Tag, an dem die 2. französische Armee bei einem deutschen Großangriff im Gebiet von Sedan überrumpelt wurde, worauf die Lage für die gesamten alliierten Streitkräfte kritisch wurde. In dem verzweifelten Bemühen, Zeit zu gewinnen, ersuchte das französische Oberkommando darum, alle verfügbaren französischen und britischen Bomber gegen die vorrückenden deutschen Verbände zu werfen. Am Ende dieses Tages existierte die französische Luftwaffe nicht mehr, und die britische Advanced Air Striking Force war schwer angeschlagen, nachdem sie bei den Kämpfen 26 von 42 Flugzeugen verloren hatte.

Die Franzosen bedrängten die neue britische Regierung, zehn weitere Hurricane-Staffeln nach Frankreich zu verlegen, aber Air Marshall Sir Hugh Dowding, Oberkommandierender des Fighter Command [Jagdflieger], sagte dem britischen Kriegskabinett ganz offen, Großbritannien könne eine Invasion nur abwehren, wenn alle verfügbaren Jäger auf der Insel blieben, um die Luftüberlegenheit über dem Ärmelkanal zu gewährleisten. Die Verluste bei den Jagdflugzeugen in Frankreich waren sehr hoch gewesen; zwischen dem Beginn der Invasion am 10. Mai und dem letzten Tag des Abzugs aus Dünkirchen gingen 71 Hurrican und Gladiator verloren. Doch bereits am 14. Mai hielt Dowding die Lage in Frankreich für aussichtslos und blickte düster in die Zukunft. Churchill musste jedoch etwas tun, um nicht nur den Franzosen, sondern auch seinen eigenen wankenden Truppen zu helfen, und da konnte er nur auf das Bomber Command zurückgreifen. Er befahl ihm, alles zu tun, was ihm von seinen Stützpunkten in England aus möglich war.

Das Bomber Command hatte bereits mit Nachtangriffen auf Verkehrsverbindungen im Rücken der vorstoßenden deutschen Truppen begonnen, um deren Vormarsch zu verlangsamen und ihre Nachschublinien zu unterbrechen. Das Verbot, andere Ziele in der Nähe ziviler Zentren anzugreifen, galt nach wie vor. Aber dann geschah etwas, was alle zutiefst erschütterte und wodurch der Grundsatz »Keine Angriffe auf die Zivilbevölkerung«, dem sich die meisten Politiker und Militärs in London verpflichtet fühlten, ins Wanken geriet. Dieses entscheidende Ereignis war die Bombardierung Rotterdams durch die Luftwaffe am selben schicksalhaften 14. Mai.

In den Tagen nach dem 10. Mai hatten die Niederländer den deutschen Angreifern schwer zu schaffen gemacht, obwohl sie zahlen-

und waffenmäßig unterlegen waren. Deutsche Verbände, die an den Stränden nördlich von Den Haag landeten, wurden von außerordentlich tapferen niederländischen Piloten, die veraltete Fokker-Doppeldecker flogen, beinahe aufgerieben. Die Panzergruppe unter dem Befehl von General Rudolf Schmidt brauchte drei Tage, bis sie den Stadtrand von Rotterdam erreichte, wo erschöpfte Vorauskommandos deutscher Fallschirmjäger seit ihrer Landung feststeckten.

Schmidt schickte eine Nachricht an den Befehlshaber der niederländischen Verteidiger Rotterdams, Oberst Pieter Willem Scharroo. Er drohte, falls die Niederländer nicht kapitulierten, würde er die deutsche Luftwaffe auffordern, einen verheerenden Angriff auf die Stadt zu fliegen. Das Oberkommando der Wehrmacht drängte Schmidt, Rotterdam schnellstens einzunehmen, damit die dort aufgehaltenen Truppen durch Belgien weiter nach Frankreich vorstoßen und einer britischen Landung an der niederländischen Küste zuvorkommen könnten, mit der in nächster Zukunft gerechnet wurde. Der Faktor Zeit war von entscheidender Bedeutung für den Blitzkrieg, und die Niederländer hielten die Wehrmacht zu lange auf.

Scharroo musste die Kapitulationsaufforderung an seine Regierung in Den Haag weiterleiten, deren Minister antworteten, sie würden eine Delegation nach Rotterdam schicken. Die Uhr tickte bedrohlich, doch Schmidt war bereit zu warten; schließlich wurde ihm mitgeteilt, dass die niederländische Delegation um 14 Uhr in der Stadt eintreffen werde. Um 13.30 Uhr setzte er einen Funkspruch an die Luftflotte 2 ab, die 100 ihrer Heinkel-111-Bomber in Alarmbereitschaft gehalten hatte, mit der Bitte, den Angriff abzublasen. Doch fünf Minuten bevor sein Funkspruch das Luftflottenkommando 2 erreichte, hatten die letzten dieser Heinkel bereits ihre Fliegerhorste bei Bremen verlassen. Zu dem Zeitpunkt, als Schmidts Funkspruch vom Luftflottenkommando an die Leitoffiziere der Bomber in den Basen weitergeleitet wurde, befanden sich die Bomber bereits über niederländischem Territorium und hatten in Vorbereitung auf den Angriff ihre Funkgeräte ausgeschaltet.

Die Leitoffiziere bemühten sich vergeblich darum, Kontakt zu den Bomberpiloten aufzunehmen. Schmidt wurde über das Problem informiert und wies seine Truppen an, rote Leuchtraketen abzuschießen, sobald sie die Bomber sichteten, damit diese den Angriff abbrachen. Als die erste Welle von Heinkel aus südlicher Richtung über der Stadt auftauchte, wurden die Leuchtraketen befehlsgemäß abgeschossen, aber die Heinkel-Piloten übersahen sie; sie waren viel zu sehr damit beschäftigt, durch den diesigen Schleier der Nachmittagssonne und den Rauch von Flaksalven den Zielpunkt im Zentrum der Altstadt zu suchen, und zu sehr abgelenkt, da sie sich auf den glänzenden Flusslauf der Maas konzentrierten, der sie zu ihrem Ziel führte. 57 Flugzeuge warfen ihre 250- und 500-Pfund-Bomben über dem Stadtzentrum ab, das in Schutt und Asche gelegt wurde. Dann drehten sie nach Südosten ab und kehrten zu ihren Flugplätzen zurück.

Der Führer der zweiten Angriffswelle, die nach einem langen Umweg aus südwestlicher Richtung anflog, konzentrierte sich ebenfalls auf das Zielgebiet, das mittlerweile durch Brände und Rauchsäulen gekennzeichnet war. Aber vielleicht aufgrund dieser anderen Anflugsrichtung und günstigerer Lichtverhältnisse sah er aus den Augenwinkeln ein rotes Leuchtsignal, drehte sofort ab und funkte an die nachfolgenden Flugzeuge »Abbruch! Abbruch!«. Als einziger Pilot sah er ein Leuchtsignal, und bis seine Heinkel-Gruppe zur Basis zurückgekehrt war, wunderten sich die anderen Besatzungen über den unvermittelten Abbruch des Angriffs.

Doch es war zu spät. Die erste Angriffswelle hatte 100 Tonnen Spreng- und Brandbomben auf Rotterdam abgeworfen, die 900 Menschen töteten und das Herz der Altstadt völlig zerstörten. Zwei Stunden später kapitulierten die Verteidiger Rotterdams. In London, ja in sämtlichen Städten der Welt außerhalb der Achsenmächte prangerten die Zeitungen am nächsten Morgen den deutschen Luftangriff und die Zerstörung der Altstadt als einen Akt der Barbarei an, der 30 000 Menschenleben gefordert habe.[21]

Die Tatsache, dass die Luftwaffe eine Stadt mit einem Bombenteppich belegt hatte, führte im britischen Kriegskabinett zu einem Gesinnungswandel. Dabei spielte es keine Rolle, dass in der Stadt eine Garnison stationiert war und verteidigt wurde; sie war voller Zivilpersonen, und die frühen hohen Opferschätzungen ließen den Luftangriff als barbarische Gräueltat erscheinen. Jeder hatte aufgrund der

Bombenangriffe in früheren Kriegen, insbesondere der Zeppelin- und Gotha-Angriffe auf Großbritannien im Ersten Weltkrieg und des Angriffs auf Guernica im spanischen Bürgerkrieg, eine solche Gräueltat zu fürchten gelernt.[22] Und es war unerheblich, dass die Bombardierung Rotterdams in gewisser Hinsicht ein schreckliches Versehen gewesen war; die Deutschen hatten die vorsätzliche und unterschiedslose Bombardierung einer Stadt in Erwägung gezogen, dann geplant und schließlich ausgeführt. Die Bemühungen, die Bombardierung abzubrechen, konnten daran nichts ändern.

Tatsächlich hatten deutsche Flugzeuge im Krieg bereits zivile Ziele angegriffen. Warschau im September 1939 war ein bemerkenswertes Beispiel, aber die wundersame Wirkung räumlicher Entfernung ließ diesen Angriff in einem anderen Licht erscheinen. In jener Zeit wurde die im wahrsten Sinne des Wortes psychologisch »distanzierende Wirkung« räumlicher und zeitlicher Entferntheit noch viel stärker erlebt, so dass die Bedeutung von Ereignissen geradezu umgekehrt proportional zu ihrer Distanz war. Aus diesem Grund erschütterte die Bombardierung Warschaus, die sich weit weg in Osteuropa ereignete, die Briten nicht in gleicher Weise wie die Bombardierung Rotterdams auf der anderen Seite des Ärmelkanals. Als Reaktion auf die Bombardierung Rotterdams bewilligte Churchills Kriegskabinett nur einen Tag später – am 15. Mai 1940 – zum ersten Mal Bombenangriffe auf Gebiete östlich des Rheins. Noch in derselben Nacht starteten 99 Bomber Richtung Ruhrgebiet, ihre offiziellen Ziele waren die Treibstofffabriken, Stahlgießereien und Verkehrswege in der Region. Es herrschte stillschweigendes Einvernehmen darüber, dass die Vermeidung ziviler Opfer nicht garantiert werden könne. Dennoch bestand der Air Staff in seiner Weisung an das Bomber Command darauf, dass die Ziele vor dem Abwurf eindeutig identifiziert werden sollten. Und es wurde hinzugefügt: »Unter keinen Umständen sollten nächtliche Kampfeinsätze zu unterschiedslosen Bombardierungen ausarten, denn dies widerspräche der Politik der Regierung Seiner Majestät.« Rotterdam hatte deutsches Territorium in die Bombenzielgeräte der Royal Air Force gebracht, dennoch hielten die Briten an ihrer offiziellen Linie der Zurückhaltung hinsichtlich gezielter Angriffe auf Zivilpersonen fest.[23]

Die Phase der begrenzten und weitgehend wirkungslosen britischen Luftschläge dauerte bis Anfang 1942. Einzige Ausnahme waren die erfolgreichen Angriffe des Bomber Command auf Schiffe und Landungsfahrzeuge, die für das Unternehmen »Seelöwe« – der für den Sommer 1940 geplanten deutschen Invasion Großbritanniens – zusammengezogen wurden. Die britischen Bomber griffen wiederholt deutsche Schiffsverbände in den Atlantikhäfen des besetzten Europas an und konnten dabei beachtliche Erfolge erzielen. Sie hatten maßgeblichen Anteil daran, dass Hitlers Invasionspläne scheiterten.

Unternehmen »Seelöwe« sollte am 15. September beginnen; am 12. September sandte das Marinegruppenkommando West in einem Funkspruch nach Berlin, dass Störungen durch feindliche Luftstreitkräfte, Langstreckenartillerie und leichte Überwassereinheiten zu einem großen Problem geworden seien. Die Häfen von Ostende, Dünkirchen, Calais und Boulogne könnten wegen der Gefahr durch englische Bomber- und Artillerieangriffe als nächtliche Ankerplätze nicht mehr genutzt werden. Im Folgenden wurde Hitler unmissverständlich gewarnt, dass seine Invasionspläne ernsthaft gefährdet seien. Der Funkspruch unterstrich die Tatsache, dass es Göring nicht gelungen war, die Luftherrschaft über Großbritannien zu erringen – Einheiten der britischen Flotte konnten jetzt fast unbehelligt im Ärmelkanal operieren. Was in erster Linie das Verdienst des RAF Fighter Command war, aber auch die Bomber hatten ihren Beitrag geleistet. Aufgrund dieser Schwierigkeiten, so im Folgenden das Marinegruppenkommando West, sei mit weiteren Verzögerungen beim Zusammenziehen der Invasionsflotte zu rechnen. Daraus ergab sich zweifelsfrei, dass die Landungsoperationen frühestens im Oktober stattfinden konnten; doch dann sprachen die Gezeiten und das Wetter dagegen.

Hitler verschob die Invasion auf den 17. September. Am Morgen des 16. September setzte das Marinegruppenkommando West einen weiteren Funkspruch über die Auswirkungen der RAF-Bombenangriffe nach Berlin ab. In Antwerpen seien den Transporteinheiten empfindliche Verluste zugefügt worden. Fünf Frachtschiffe seien schwer beschädigt, eine Prahm versenkt, zwei Kräne zerstört und ein Munitionszug gesprengt. Mehrere Lagerhäuser brannten noch immer.

In jener Nacht versenkten Bomber eine Flottille von Landungsfahrzeugen und zwei Truppentransporter vor Boulogne, während alle Häfen entlang der Küste zwischen Antwerpen und Le Havre das Ziel schwerer Luftangriffe waren. Am geplanten Tag der Invasion meldete das Marinegruppenkommando West in einem weiteren Funkspruch nach Berlin, dass die äußerst schweren Bombenangriffe sowie der Artilleriebeschuss es notwendig machten, die bereits im Ärmelkanal konzentrierten Marine- und Transporteinheiten auseinanderzuziehen und die weitere Verlegung von Schiffen in die Invasionshäfen zu beenden.

Hitler hatte Göring gedrängt, eine letzte äußerste Anstrengung zu unternehmen, um die Luftherrschaft über dem Ärmelkanal und Südengland zu erringen, und die wagemutigsten und berühmtesten Einsätze der »Elite« des RAF Fighter Command erfolgten im Lauf dieser Woche. Als sich schließlich zeigte, dass die Luftwaffe versagt hatte, befahl Hitler die Auflösung und Verlegung der Landungsflotte außerhalb der Reichweite des Bomber Command.

Wie dies zeigt, gebührt der Ruhm zwar zu Recht überwiegend den bedrängten Jagdfliegern der RAF – es ist nicht übertrieben, zu sagen, dass während einiger kritischer Wochen im Sommer 1940 die Weltgeschichte in den Händen einiger Hundert junger Briten lag –, dennoch spielten auch die Bomberbesatzungen eine wichtige Rolle bei der Abwehr der Invasionsgefahr. Es war vielleicht einer der bedeutendsten Momente im Bombenkrieg der RAF, obgleich er nie als solches gewürdigt wurde.

Aber die Bemühungen des Bomber Command, Deutschland durch Unterbrechung der Nachschublinien und Zerstörung der Industrie empfindlich zu treffen, waren weit weniger erfolgreich. Die beharrlichen Angriffe auf Kanäle (auf denen ein Drittel der deutschen Produktion befördert wurde) und Verschiebebahnhöfe waren teuer erkauft und weitgehend wirkungslos. Der riesige Rangierbahnhof in Hamm, der das Nervenzentrum des deutschen Schienennetzes bildete, wurde zwischen Juni 1940 und Juni 1941 85-mal angegriffen – also im Schnitt drei Mal in zwei Wochen –, freilich ohne nennenswerte Wirkung auf den Schienenverkehr.[24] Der Plan, Brandbomben auf deutsche Wälder und Felder abzuwerfen, wurde ebenfalls erprobt, aber bald aufgegeben. Die überschüssigen Brandbomben, die zu diesem Zweck hergestellt worden waren, wurden eingelagert und später, als die Flächenbombardements ernsthaft begannen, auf Städte abgeworfen.

Der nächste Schritt zum totalen Bombenkrieg erfolgte in der Nacht vom 24. auf den 25. August 1940. In jener Nacht warf ein Kampfgeschwader der deutschen Luftwaffe versehentlich seine Bomben auf London ab. Die Bomber hatten es eigentlich auf die Short-Flugzeugfabrik in Rochester und die benachbarten Lagertanks am Themse-Ufer abgesehen, waren aber vom Kurs abgekommen. Am nächsten Morgen verfügte Göring in einem Funkspruch an die Führung des glücklosen Kampfgeschwaders, dass die verantwortlichen Flugzeugbesatzungen unverzüglich zur Infanterie zu versetzen seien.

In London aber wusste niemand, dass es sich um ein Versehen handelte. Das Kriegskabinett befahl einen sofortigen Vergeltungsschlag, um die Moral der Bevölkerung zu heben. Dabei setzte es sich über Bedenken des Bomber Command hinweg, die Vorbereitungszeit sei zu kurz. Eine Flotte von 81 Bombern wurde aufgeboten und in der Nacht vom 25. auf den 26. August nach Berlin entsandt. Angeblich erreichte nur ein Drittel die Hauptstadt und warf seine Bomben auf die festgelegten Ziele ab; ein weiteres Drittel der Piloten berichtete, sie hätten Berlin gefunden, aber bei den ungünstigen Wetterverhältnissen sei die Sichtweite so gering gewesen, dass sie ihre Ziele nicht eindeutig identifizieren konnten; und die übrigen – bis auf drei Flugzeuge, die verloren gingen – bombardierten entweder alternative Ziele oder brachen den Anflug ab und kehrten unverrichteter Dinge zurück.

Einige wenige Bomben schlugen in den Randbezirken Berlins ein, ohne nennenswerte Schäden anzurichten, einmal abgesehen davon, dass Görings Ruf litt, denn er hatte zuvor getönt, die RAF sei nicht in der Lage, die Stadt zu bombardieren. Der Angriff hatte die Berliner erschüttert, und weitere Angriffe in den folgenden Wochen sollten dies noch verstärken. Die Stimmung in der Bevölkerung sank, wie unabhängige Beobachter nach London meldeten. (Als Berlin später Ziel einer schweren Flächenoffensive war, verhielt es sich genau umgekehrt: Die Moral sank nicht, sondern stieg; dies beweist, dass die Zivilbevölkerung auf Krisensituationen paradox reagiert.) Diese Meldungen ermunterten den Air Staff in London zu weiteren Angriffen auf Berlin, wann immer das Wetter und andere Umstände es erlaubten, mit der Strom- und Gasversorgung als den offiziellen Zielen. »Das hauptsächliche Ziel dieser Angriffe«, heißt es in der einschlägigen Direktive des Air Staff an den damaligen Befehlshaber des Bomber Command, Sir Charles Portal, »besteht darin, die industriellen Aktivitäten und die Zivilbevölkerung im Allgemeinen in dem Gebiet so intensiv wie möglich zu beeinträchtigen und zu stören.« Neben den anderen Aufgaben des Bomber Command, zu denen Ende 1940 und das ganze Jahr 1941 hindurch Angriffe auf die deutsche Marine und ihre Werften gehörten, war Berlin daher gemeinsam mit anderen Industriezentren und Verkehrsknotenpunkten ein wiederkehrendes Ziel von Luftangriffen.

Die Beschränkung auf visuell identifizierbare Ziele blieb bestehen, und damit die offizielle Linie, dass gezielte Bombenangriffe auf Zivilpersonen zu vermeiden seien, auch wenn die Formulierung »…die Zivilbevölkerung… so intensiv wie möglich zu beeinträchtigen und zu stören« darauf hindeutet, dass sich die Einstellung zu dieser Frage wandelte. Und wie die Ereignisse zeigten, waren die Tage beider Beschränkungen gezählt, weil jetzt etwas geschah, was den Bombenkrieg in dieser Frühphase entscheidend beeinflusste: Am 25. Oktober 1940 wurde Sir Charles Portal zum Generalstabschef der Air Force befördert, und Sir Richard Peirse wurde sein Nachfolger als Chef des Bomber Command. Im Nachhinein wird deutlich, dass Portals Ernennung entscheidenden Anteil an der strategischen Neuausrichtung des Bomber Command haben sollte; denn er war es, der sich mehr als jeder andere – wenn auch mit begeisterter Unterstützung von Arthur Harris, der Peirse Anfang 1942 nachfolgte – für die gezielte Bombardierung der Zivilbevölkerung in deutschen Städten stark machte.

Der erste Hinweis auf Portals Einfluss in dieser Frage kam fünf Tage nach seiner Ernennung zum Stabschef. An jenem Tag schickte er Peirse seine erste Direktive. Darin wies er ihn an, das Bomber Command solle vorrangig die Treibstoffversorgung, die Aluminiumfabriken und die Zulieferbetriebe der Rüstungswirtschaft in Deutschland angreifen. Aber er forderte auch vielsagend, regelmäßige Großangriffe gegen Ballungs- und Industriezentren durchzuführen, »mit dem hauptsächlichen Ziel, schwerste materielle Schäden zu verursachen, die dem Feind die Zerstörungskraft schwerer Luftbombardements und die damit einhergehende Not und Desorganisation vor Augen führen sollen«.

Als Portal seine erste Direktive erließ, konnte niemand ahnen, was seine Worte bald in Wirklichkeit bedeuten würden; doch die Würfel waren gefallen.

Kaum eine Woche im Amt, setzte Portal somit deutliche neue Akzente. Diese kündigten noch keine veränderte Einstellung zur Flächenstrategie an, und sie liefen auch nicht auf eine Ablehnung der offiziellen Linie hinaus, auf die unterschiedslose Bombardierung von Zielen zu verzichten, bei denen Opfer unter der Zivilbevölkerung zu gewärtigen waren. Dies sollte einige Monate später geschehen, am 9. Juli 1941. Doch zwischen Portals erstem Erlass und der Direktive vom Juli 1941 beachteten die RAF-Bomberbesatzungen die Beschränkungen, die sie bis dahin behindert hatten, immer weniger. Ihre Bemühungen, Industriezentren und Häfen in Deutschland zu bombardieren, verursachten zunehmend – und ungerügt – »Kollateralschäden« (um einen neueren Terminus zu gebrauchen) an den Wohngebäuden und weiteren zivilen Einrichtungen in der Nähe der Fabriken, der Verschiebebahnhöfe, der Treibstoff- und Hafenanlagen, die sie angriffen.

Die Überlegungen Portals waren stark von den deutschen Luftangriffen auf London beeinflusst, die bereits voll im Gange waren und die am 7. September mit einem Großangriff auf die Docklands der Stadt begonnen hatten.[25] Der Entschluss der Luftwaffe, nicht die Flugplätze, sondern London selbst zu bombardieren – wodurch der Druck auf das Fighter Command nachließ, was nicht unwesentlich zur Behauptung der britischen Luftherrschaft über England beitrug und damit als ein fataler Fehler Deutschlands angesehen werden kann –, war laut einer Darstellung Teil einer Vergeltungsspirale, die mit der versehentlichen Bombardierung Londons durch die Luftwaffe am 24./25. August und dem Vergeltungsangriff der RAF auf Berlin in den darauffolgenden Nächten begonnen hatte. Hitler hatte sich im August auf seinen »Berghof« zurückgezogen, doch als Berlin bombardiert wurde, kehrte er in die Stadt zurück und zitierte Generalfeldmarschall Erhard Milch zu sich, den Generalinspekteur der Luftwaffe und Stellvertreter Görings. Hitler befahl Milch, die Produktion schwerer Bomber zu steigern, offenbar in der Absicht, die Luftkriegstaktik zu ändern. Ein paar Tage später hielt Hitler eine Rede im voll besetzten Berliner Sportpalast, in deren Verlauf er auch auf die Bombenangriffe der RAF einging. Er sagte, seit er die Briten in den Ärmelkanal zurückgedrängt habe, habe er auf die Provokation ihrer Bombenangriffe nicht reagiert, doch jetzt würde er ihnen eine Lektion erteilen, damit sie dies nicht als ein Zeichen der Schwäche interpretierten. In seiner bekannten schematischen Rhetorik der kontinuierlichen »Überbietung« sagte er unter tosendem Applaus:

Und wenn die britische Luftwaffe zwei- oder drei- oder viertausend Kilogramm Bomben wirft, dann werfen wir jetzt in einer Nacht 150 000, 180 000, 230 000, 300 000, 400 000, eine Million Kilogramm. Wenn sie erklären, sie werden unsere Städte in großem Ausmaß angreifen – wir werden ihre Städte ausradieren. Wir werden diesen Nachtpiraten das Handwerk legen, so wahr uns Gott helfe. Es wird die Stunde kommen, da einer von uns beiden bricht, und das wird nicht das nationalsozialistische Deutschland sein.[26]

Dies erklärt zweifellos zum Teil, weshalb die Luftwaffe ihre Taktik geändert hat, doch es gibt noch weitere Faktoren. Laut Paul Deichmann, einem ehemaligen General der Luftwaffe, der nach dem Krieg eine Studie über die Luftwaffe verfasste, hatte diese Neuausrichtung vornehmlich militärische Gründe.[27] So hatte der Nachrichtendienst der Luftwaffe die Verluste beim RAF-Jagdgeschwader 11, das südlich und südöstlich von London stationiert war, überschätzt, und wollte jetzt die Reserven des nördlich von London stationierten Jagdgeschwaders 12 in die Kämpfe hineinziehen. Angriffe auf die Hauptstadt wären der ideale Weg, um dies zu erreichen. Deichmann behauptete, Generalfeldmarschall Albert Kesselring, der gemeinsam mit seinen anderen Vorgesetzten im Vorfeld des Unternehmens »Seelöwe« das militärische Kräfteverhältnis eingeschätzt hatte, habe ihm dies persönlich mitgeteilt.

Doch die Zuverlässigkeit seiner Darstellung wird dadurch in Frage gestellt, dass die Luftwaffe ihre Angriffe gegen London hauptsächlich in der Nacht flog, wenn nicht nur ihre Begleitjäger am Boden bleiben mussten, sondern auch die RAF-Jäger Schwierigkeiten hatten zu fliegen. Daher hatte die Taktik von Nachtbombardements nichts mit dem Ziel zu tun, die britische Jagdwaffe niederzuringen, und daher wurden auch weder Flugplätze des Jagdgeschwaders 12 noch Maschinen am Boden angegriffen.

Die Umstellung auf Nachtangriffe lässt sich viel plausibler mit den hohen Verlusten der Luftwaffe während der Luftschlacht um England erklären. In den sechs Wochen zwischen dem 15. Juli und dem 31. August 1940 verlor die Luftwaffe 621 Bomber, 344 Bomber wurden beschädigt, was einer Verlustrate von 69 Prozent entspricht. Zählt man dazu die 724 Flugzeuge, die zwischen dem 10. Mai und Mitte Juli verloren gingen oder beschädigt wurden – also zwischen der Besetzung der Niederlande und dem Beginn der Luftschlacht um Großbritannien –, wird deutlich, dass die Verlustrate der Luftwaffe untragbar hoch war. Der Befehlshaber der Jagdflieger der Luftflotte 3, die bei der Luftschlacht um England mitkämpfte, sagte im Jahr 1945, er habe schon zu Beginn der Schlacht wegen der hohen Verluste der Luftwaffe darauf gedrängt, auf Nachtangriffe überzugehen; er beschrieb die Schlacht als »eine Art Verdun der Luft, in dem die Deutschen im Nachteil waren«.[28]

Es ist klar, dass die Umstellung auf die Bombardierung Londons und anderer Städte – denn London war nicht die einzige Stadt, die ab September 1940 von der Luftwaffe bombardiert wurde – von der Hoffnung getragen wurde, die Angriffe würden die britische Kriegsproduktion lahm legen und die »Moral« beeinträchtigen. General Jodl hatte schon am 30. Juni 1940 geschrieben: »Verbunden mit der Propaganda und zeitweiligen Terror-Angriffen – als Vergeltung erklärt – wird diese zunehmende Schwächung der englischen Ernährungsbasis den Widerstandswillen des Volkes lähmen und endlich brechen und damit seine Regierung endlich zur Kapitulation zwingen.«[29] Hitler machte unmissverständlich klar, dass er allein entscheiden würde, ob und wann die Zivilbevölkerung gezielt bombardiert werden sollte, auch wenn er dies offenbar ganz ernsthaft in Erwägung zog.[30] Doch das vorgebliche Ziel der Luftwaffe waren die wirtschaftliche und industrielle Infrastruktur Großbritanniens sowie seine Regierungsinstitutionen. So bekamen die Londoner Hafenanlagen, die City, Whitehall und die dicht besiedelten Wohngegenden des East End und von Südlondon, wo sich die meisten Fabrikanlagen der Hauptstadt befanden, die volle Wucht der deutschen Bombenangriffe zu spüren. Als die Zahl der Opfer unter der britischen Zivilbevölkerung zunahm, konnte Berlin behaupten, dass es sich sowohl um »Kollateralschäden« als auch um Vergeltung für die Bombenangriffe der RAF auf deutsche Zivilpersonen handle.

Die Anstrengungen der Luftwaffe, die britische Wirtschaft zum Erliegen zu bringen und die Bevölkerung durch die Bombardierungen zu demoralisieren, dauerten vom 7. September 1940 bis zum Beginn des deutschen Russlandfeldzugs im Mai 1941. Die Zerstörungen waren erheblich – allein der Angriff vom 29. Dezember 1940 radierte die City von London nahezu aus –, und bei den Bombenangriffen kamen 30 000 Briten um, 50 000 wurden verletzt. Aber die Moral der Zivilbevölkerung blieb ungebrochen, ebenso wenig geriet die britische Wirtschaft ins Stocken; die Kriegsproduktion stieg in diesem Zeitraum – und bis zum Ende des Krieges – rasch und stetig an.

Aber niemand in Großbritannien interpretierte diese Fakten als einen Anhaltspunkt dafür, dass Bombenangriffe nicht ausreichten, um den Feind zu unterwerfen. Wie sowohl die Briten als auch die Deutschen wussten, fehlten der Luftwaffe die Mittel, um größere Schäden zu verursachen, weil sie keine wirklich schweren Bomber hatte. Einer war zumindest geplant – die Heinkel 177 –, und wenn sie in großer Stückzahl gefertigt und für Angriffe auf Großbritannien eingesetzt worden wäre, dann hätte sie vielleicht genauso schlimme Verwüstungen angerichtet, wie sie die schweren Großbomber, die die Alliierten nach und nach in Dienst stellten, in Deutschland anrichteten.

Trotzdem war der *Blitz* ein schreckliches Ereignis und trug erheblich dazu bei, dass schwere Vergeltungsangriffe gegen deutsche Städte für viele – wenn auch nicht, wie wir sehen werden, für alle – Briten (und nach dem Kriegseintritt der USA im Dezember 1941 auch für viele Amerikaner) akzeptabler wurden, sofern sie diese nicht sogar begrüßten.

Wenn ein Ereignis während der deutschen Luftangriffe auf England besonders wichtig war, um den Boden für jene Strategie zu bereiten, die Portal in seiner ersten Direktive andeutete, dann war es keiner der Bombenangriffe auf London, sondern der verheerende Angriff auf Coventry in der Nacht vom 14. auf den 15. November 1940. Die psychologische Wirkung dieses Angriffs, des größten und schwersten Luftangriffs im Krieg bis zu diesem Zeitpunkt, war gewaltig; aber den britischen Kampfeswillen konnte er nicht brechen, ganz im Gegenteil. Zudem bewirkte er, dass sich die amerikanische und die Weltöffentlichkeit noch stärker gegen Deutschland wandten.

Man hat behauptet, das Kriegskabinett habe gewusst, dass ein massiver Angriff auf Coventry bevorstand, aber keine Maßnahmen ergriffen, weil es seine Informanten schützen wollte.[31] Ob diese Behauptung nun wahr ist oder nicht, fest steht, dass das Bomber Command in dieser Nacht Präventivangriffe auf Flugplätze von Luftwaffen-Bombern in Frankreich und Belgien flog, als es erfuhr, dass ein Großangriff auf eine ungenannte britische Stadt erwartet wurde.[32] Die deutsche Propaganda erklärte nach dem Angriff auf Coventry, dieser sei eine Vergeltung für die Bombardierung Münchens durch die RAF. Die Kriegstagebücher des Bomber Command verzeichnen eine Anzahl von Luftangriffen auf nicht näher genannte deutsche Städte in den vorangegangenen beiden Monaten, und einer davon könnte durchaus München gegolten haben, aber die Stadt wird nicht namentlich erwähnt. Wenn man die kulturelle und (für die Nazis) politische Bedeutung Münchens mit der Schwere des Angriffs auf Coventry in Beziehung setzt, dann hört sich diese Behauptung glaubwürdig an.

Der Luftangriff auf Coventry dauerte elf Stunden; er begann um 19.20 Uhr am Abend des 14. November 1940 und endete um

6.15 Uhr am nächsten Morgen. Das deutsche Kommuniqué, das den Angriff als Vergeltung für München beschrieb, behauptete des Weiteren, der Bombenangriff habe den zahlreichen Rüstungsbetrieben in der Stadt gegolten, aber zeitgenössische britische Berichte wiesen darauf hin, dass die Flugzeuge der Luftwaffe aufgrund des schweren Flakbeschusses, der sie empfing, in sehr großer Höhe fliegen mussten, aus der präzise Bombenwürfe unmöglich waren. So kam es, dass die Spreng- und Brandbomben wahllos auf die Stadt niedergingen. Die Nachtjagdfähigkeiten des RAF Fighter Command waren damals noch weitgehend ineffizient, und daher konnte es wenig ausrichten, um den Angriff abzuschwächen.

Das deutsche Kommuniqué behauptete weiter, der Angriff sei der schwerste des Krieges gewesen und über 500 Bomber hätten daran teilgenommen. Die von ihnen abgeworfenen Bomben richteten beträchtliche Schäden in Coventry an: Die Kathedrale aus dem 14. Jahrhundert wurde zerstört, das Straßenbahnnetz zertrümmert, die Gas- und Wasserversorgung außer Betrieb gesetzt, 4500 Häuser in Schutt und Asche gelegt, drei Viertel der Fabriken beschädigt, 600 Einwohner getötet und über 800 verletzt.

Dies war nicht der erste Angriff auf Coventry – in den vorangegangenen Wochen hatte es mehrere kleinere gegeben –, und es sollte auch nicht der letzte sein; die Stadt wurde im Verlauf des Kriegs 41-mal bombardiert und erlebte Hunderte von Fliegeralarmen, wenn Bomber der Luftwaffe sie beim Anflug auf andere Städte überflogen. Aber dies war der schwerste Angriff auf Coventry, und die psychologische Wirkung auf die Bevölkerung und ihre Regierung hatte nachhaltige Folgen.

Da London seit September jede Nacht Ziel deutscher Luftangriffe gewesen war, mag die besondere Bedeutung, die dem Angriff auf Coventry in der mondhellen Novembernacht 1940 zugeschrieben wurde, seltsam anmuten. Aber wie die Official History bemerkt, war die Bombardierung Coventrys »ein ungemein wichtiges Ereignis in der Geschichte des Luftkriegs«, weil zum ersten Mal Luftmacht »massiv gegen eine kleine Stadt eingesetzt wurde, mit dem Ziel, sie auszulöschen«.[33]

Im Winter 1940/41 verfügte das Bomber Command zwar nicht über mehr Frontflugzeuge als ein Jahr zuvor, dennoch wuchs seine Schlagkraft aufgrund neu ausgebildeter Besatzungen, von denen viele aus den Dominions und den Kolonien stammten (zusammen mit mehreren Staffeln französischer und polnischer Flieger, die nach Großbritannien geflohen waren), hinzu kam die gesteigerte Flugzeug- und Munitionsproduktion. Die ersten neuen schweren viermotorigen Bomber wurden erst im weiteren Verlauf des Jahres 1941 trotz zahlreicher anfänglicher Kinderkrankheiten in Dienst gestellt. Zugleich waren die alten Bomber mittlerweile technisch aufgerüstet worden, mit schusssicheren Treibstofftanks und Panzerplatten, die an verwundbaren Stellen angebracht wurden.

In diesem Winter und im folgenden Frühling und Sommer 1941 unternahmen Peirses Bomber vereinzelte Anstrengungen, um Treibstofffabriken aufzuspüren und zu bombardieren, und sie flogen zahlreiche Einsätze gegen Industrie- und Hafenstädte wie etwa Essen, Köln, Düsseldorf, Duisburg, Kiel, Hamburg und Bremen. Berlin wurde jedes Mal angegriffen, wenn sich die Gelegenheit bot, und häufig musste das Bomber Command an der so wichtigen »Atlantik-Schlacht« teilnehmen, einem Tonnage-Krieg zwischen deutschen U-Booten und Handelskonvois, die kriegswichtigen Nachschub aus den USA transportierten. Der Hauptstoß des Bomber Command gegen industrielle und Hafenziele blieb allerdings weitgehend wirkungslos und entbehrte manchmal nicht einer unfreiwilligen Komik, so wenn Fotos, die während eines Luftangriffs – angeblich auf die gewaltige Krupp-Rüstungsschmiede in Essen – gemacht wurden, zeigten, dass die Bomber stattdessen einen Wald dem Erdboden gleichgemacht hatten.

Wie dieser Vorfall zeigte, waren die Navigation und die Zielgenauigkeit der Bombenwürfe die gravierendsten Probleme des Bomber Command. Die Flugzeugbesatzungen behaupteten in aller Regel, sie hätten die Ziele erreicht und bombardiert; allerdings bemerkten einige durchaus, dass sie ihr Ziel vielfach weiträumig verfehlten. Im Sommer 1941 ließ Churchill auf Betreiben seines wissenschaftlichen Beraters, Lord Cherwell, die Treffgenauigkeit der Bombenwürfe von einem Mitglied des Kriegskabinettssekretariats, Daniel M. Butt, untersuchen. Butt begutachtete Hunderte von Fotos, die während und nach Bombenangriffen aufgenommen wurden, und verglich sie mit Besatzungsberichten und Zielbefehlen. Seine niederschmetternden Schlussfolgerungen wurden im August 1941 veröffentlicht. Demnach fanden viele Bomber ihre Ziele gar nicht; selbst bei gutem Wetter in mondhellen Nächten spürten nur zwei Fünftel der Bomber ihre Ziele auf, bei diesigem oder regnerischem Wetter sogar nur einer von zehn. In mondlosen Nächten war es schließlich lediglich einer von fünfzehn. Und von denjenigen, die ihr planmäßiges Ziel erreichten, warf nur ein Drittel seine Bomben in einen Umkreis von acht Kilometer um den Zielpunkt ab.[34]

Die Bomberoffensive war demnach ein unwirtschaftliches und weitgehend erfolgloses Unterfangen. Im September 1941 sandte Portal Churchill einen Plan für Angriffe »nach Coventry-Manier« auf die 45 größten Städte Deutschlands. Er behauptete, wenn eine Streitmacht von 4000 Bombern in dieser Weise aufgebaut und eingesetzt würde, könne der Krieg in sechs Monaten beendet werden. Aber Churchill, der noch immer über die Ergebnisse des Butt-Berichts schäumte, antwortete: »Es ist sehr fraglich, ob Bombardierungen für sich allein ein entscheidender Faktor im gegenwärtigen Krieg sein werden... Wir können allenfalls davon ausgehen, dass sie [den Feind] erheblich und in hoffentlich zunehmendem Maße belästigen werden.«[35] Er begründete dies damit, dass die deutsche Luftverteidigung die Bombenangriffe vermutlich abwehren würde, nur ein Viertel der Bomben in der Nähe ihrer Ziele niedergingen und die britische Bevölkerung überdies gezeigt habe, dass Bombenangriffe den Widerstandswillen der Zivilbevölkerung höchstens »anregten und festigten«.

Da Portal wusste, dass das Bomber Command trotz des Butt-Berichts und Churchills Verärgerung die einzige Offensivwaffe Großbritanniens war, reagierte er gelassen und erinnerte den Premierminister daran, dass neue Navigations- und Bombenzielverfahren in der Entwicklung seien, die in neuen schweren Bombern zum Einsatz kommen sollten. Daraufhin erhielt er einen weniger mürrischen Brief, in dem Churchill ihm versicherte, das Kriegskabinett werde dem Bomber Command weiterhin jegliche Unterstützung gewähren, die es für die Erfüllung seiner Aufgaben benötige.

Und mittlerweile hatte sich seine Aufgabe gegenüber den ersten Kriegsmonaten vollständig gewandelt. Denn am 9. Juli 1941 hatte Portals Air Staff – mit Billigung des Kriegskabinetts – eine neue Direktive an das Bomber Command erlassen, in der dieses angewiesen wurde, sich fortan, statt auf Treibstoff- und Marineziele auf die »Zerstörung des deutschen Verkehrssystems« und »*die Demoralisierung der Zivilbevölkerung insgesamt und der Industriearbeiterschaft im Besonderen*« zu konzentrieren.[36] Mit diesen schicksalsschweren Worten wurde das Flächenbombardement zur offiziellen Luftkriegsstrategie erklärt.[37]

Einen letzten Schritt gab es noch, bevor die Strategie des Flächenangriffs voll zum Tragen kam. Sir Richard Peirse war noch immer Befehlshaber des Bomber Command, und das Command tat trotz unzureichender Flugzeugkapazitäten und mangelhafter Navigationshilfen das gesamte Jahr 1941 hindurch sein Bestes, bis ein desaströser Bombenangriff auf Berlin in der Nacht vom 7./8. November Peirses Karriere beendete und eine vorübergehende Einschränkung der Bomberoffensive auslöste.

Portals Stellvertreter beim Air Staff, Wilfrid Freeman, hatte Portal das ganze Jahr 1941 hindurch gedrängt, die Bombenangriffe auf Berlin einzustellen, weil sie wirkungslos und kostspielig seien, was seines Erachtens für einen Großteil der Einsätze des Command galt, wie auch der Butt-Bericht bestätigte. Doch Portal hatte darauf lediglich erwidert, dass es sich lohne, einige zig Tonnen Bomben von anderen Zielen abzuzweigen, um »vier Millionen Menschen [in Berlin] aus den Betten zu holen und in die Luftschutzräume zu scheuchen«. Tatsächlich ließen sich die Kosten nicht nur in Tonnage benennen: In den Sommermonaten 1941 gingen bis zu 16 Prozent der Flugzeuge, die nach Berlin entsandt wurden, verloren, während sich die angerichteten Schäden sehr in Grenzen hielten, denn jedes Mal fanden weniger als die Hälfte der Bomber die Stadt.

Aber in der Nacht vom 7./8. November wurde alles noch schlimmer. Man hat vermutet, Peirse habe Butt widerlegen wollen, indem er einen eindrucksvollen Angriff auf die deutsche Hauptstadt anordnete, und aus diesem Grund stellte er die bis dahin größte Luftstreitmacht des Krieges zusammen – 392 Flugzeuge, 169 davon ab- kommandiert zur Bombardierung Berlins, die übrigen sollten ver- schiedene Ziele zwischen der Atlantikküste und dem Ruhrgebiet angreifen. Dieses Mal war das Wetter schlechter als erwartet, und weniger als die Hälfte der gegen Berlin entsandten Bomberkräfte er- reichte die Stadt. Da Berlin am äußersten Ende der Reichweite von Wellington- und Whitley-Bombern lag und weil ihre Tragflächen aufgrund des schlechten Wetters stark vereisten, so dass ihre überlas- teten Motoren mehr Treibstoff verbrauchten, traten sie den Rückzug mit praktisch leeren Tanks an. Und 12,5 Prozent sollten überhaupt nicht zurückkehren. Da die Obergrenze einer erträglichen Verlust- rate 5 Prozent betrug, war dies nicht bloß ein Fehlschlag, sondern ein echtes Desaster für das Bomber Command.

Portal analysierte eingehend die Ursachen für diesen Misserfolg und gelangte Anfang Januar 1942 zu dem Schluss, Peirse sei eine schwere Fehlentscheidung unterlaufen, als er die Angriffe ungeach- tet ungünstiger Wettervorhersagen nicht abgebrochen habe. Wenige Tage nachdem Portal seine Ergebnisse mit Churchill besprochen hatte, wurde Peirse als Befehlshaber der neu gegründeten Luftstreit- kräfte im Fernen Osten abkommandiert, und ein Mann von ganz an- derem Charakter und Können wurde zu seinem Nachfolger bestellt: Arthur Harris.

Als Harris am 22. Februar seinen Posten im Hauptquartier des Bom- ber Command in High Wycombe antrat, war er 49 Jahre alt; er sah aus wie ein untersetzter, nicht besonders freundlicher Banker alter Schule. Sein Aussehen täuschte indessen über seine bewegte Ver- gangenheit hinweg. Mit 17 Jahren war er von der Schule abgegan- gen und nach Rhodesien ausgewandert, um dort das Metier des Farmers zu erlernen. Mit 21 Jahren war er Gutsverwalter, doch in der Zwischenzeit hatte er sich auch als Goldschürfer, Viehzüchter, Jäger und Fuhrmann betätigt. Bei Ausbruch des Ersten Weltkriegs trat er in das Royal Rhodesian Regiment ein und marschierte, auf der Jagd nach Deutschen, Hunderte von Kilometern durch das Veldt Südwestafrikas. Entschlossen, fortan »sitzend in den Krieg zu zie- hen«, kehrte er nach England zurück, machte sich in einer halbstündigen Schulung auf dem Flugplatz Brooklands mit den Grundlagen der Fliegerei vertraut und wurde dem Royal Flying Corps zugeteilt. Als Nachtjäger schoss er Zeppeline über England ab, und als Staffelkapitän sammelte er Erfahrungen an der Westfront. Tag für Tag sah er aus dem Cockpit die kilometerlangen Gräben, die das schlammige Schlachtfeld durchpflügten, und die kämpfenden Soldaten, die im Mittelpunkt dieses heroischen Ringens standen. Aus dieser Erfahrung erwuchs in ihm eine tiefe Überzeugung: Kriege sollten durch Luftmacht gewonnen werden. Als er 25 Jahre später die Führung des Bomber Command übernahm, glaubte er dies noch immer.

In den zwanziger Jahren befehligte Harris Staffeln im Mittleren Osten und in Indien, und er entwickelte für die bereits veralteten Maschinen, die damals noch geflogen wurden, darunter der zweimotorige »schwere« Doppeldeckerbomber vom Typ Vickers Virginia, Techniken, die sie nachttauglich machten. Wie alle höheren Offiziere durchlief er die Stabsakademie und diente im Luftfahrtministerium und für das Beschaffungsamt in den USA, von wo er sarkastische Berichte über die Vorliebe der amerikanischen Militärs für Hot Dogs schrieb (Harris war ein Feinschmecker beziehungsweise, nach seiner Figur zu urteilen, wohl eher ein Schlemmer). Dazwischen war er Kommodore des 5. Geschwaders des Bomber Command, das damals mit den störungsanfälligen und leistungsschwachen Hampden-Bombern ausgerüstet war. Seine ausgezeichneten Leistungen auf diesem Posten, die durch seine unterdurchschnittliche Verlustrate bei gleichzeitiger hoher Angriffsbereitschaft belegt wurden, hatten Portal von seinen Fähigkeiten überzeugt und ihn dazu bewogen, Harris als seinen Stellvertreter in den Air Staff zu berufen.

Die beiden Männer hatten täglich miteinander zu tun, und Portal sah in Harris den geeigneten Mann für das Hauptquartier des Bomber Command in High Wycombe, denn es steht außer Zweifel, dass sich ihre Ansichten hinsichtlich der Bombenkriegsstrategie weitgehend deckten. Harris war wie Portal fest davon überzeugt, dass das Flächenbombardement der Schlüssel zum Sieg sei, und Harris' Ansichten gingen in die vom Air Staff unter Portals Leitung erlassenen Direktiven mit ein. In einer Nacht während des deutschen *Blitz* – der Nacht des 29. Dezember 1940 – gingen Harris und Portal auf das

Dach des Luftfahrtministeriums und beobachteten, wie die Londoner City im Bombenhagel der Luftwaffe brannte und die Kuppel der St. Paul's-Kathedrale »aus einem Flammenmeer emporragte«.[38] Nachdem sie eine Zeit lang schweigend hingesehen hatten, sagte Harris zu Portal: »Sie säen Wind.«[39]

Die Bomberstreitmacht, die Harris übernahm, war noch schwach, aber ihre Schlagkraft und ihre Fähigkeiten wuchsen. Sie war erst in jüngster Zeit mit einem neuen Navigationsgerät namens GEE ausgerüstet worden und in wachsender Zahl mit den neuen viermotorigen schweren Bombern, die erstmals 1936 auf dem Reißbrett aufgetaucht waren. Unter diesen ragt die Avro Lancaster heraus, ein bemerkenswert erfolgreiches Flugzeug, das zum Rückgrat der Bomberflotte wurde und im März 1942, nur Wochen nach Harris' Amtsantritt, seine ersten Kampfeinsätze flog.

Viel bedeutsamer war jedoch eine neue Direktive des Air Staff an das Bomber Command, die am 14. Februar 1942 im Vorfeld von Harris' Amtseinführung in High Wycombe erging. Sie stellte unmissverständlich klar: »Ihre Operationen sollten sich fortan *in erster Linie* gegen die *Moral der feindlichen Zivilbevölkerung* und insbesondere gegen die Industriearbeiterschaft richten.«[40] Im Sommer dieses Jahres wurde ein Flugblatt über Deutschland abgeworfen, angeblich mit dem (deutschen) Text einer Rundfunkansprache von Harris, der die deutsche Bevölkerung vor der entsetzlichen Gefahr warnte, die ihr drohte:

Wir bombardieren Deutschland, eine Stadt nach der andern, immer schwerer, um euch die Fortführung des Krieges unmöglich zu machen. Das ist unser Ziel. Wir werden es unerbittlich verfolgen. Stadt für Stadt: Lübeck, Rostock, Köln, Emden, Bremen, Wilhelmshaven, Duisburg, Hamburg – und die Liste wird immer länger. Lasst euch von den Nazis mit ins Verderben reißen, wenn ihr wollt. Das ist eure Sache… Wir kommen bei Tag und bei Nacht; kein Teil des Reiches ist sicher… Aber die Arbeiter, die in [diesen Werken beschäftigt sind], wohnen dicht um sie herum. Deshalb fallen unsere Bomben auf eure Wohnhäuser und – auf euch.[41]

Tatsächlich hatte Harris selbst keine solche Ansprache gehalten; vielmehr handelte es sich um eine Propaganda-Aktion »begeisterter Amateure«, wie Harris die Mitarbeiter im Amt für politische Kriegführung nannte. Diese versuchten, den Schrecken, den die erste Welle der von Harris geplanten Bombenangriffe ausgelöst hatte, öffentlichkeitswirksam auszuschlachten. Der schaurig-drohende Tonfall der angeblichen Rundfunkansprache wurde von denjenigen kritisiert, die dem Konzept von »Bombenfächern« oder »Bombenteppichen« ablehnend gegenüberstanden. Diese Kritik ärgerte Harris, der seines Erachtens sein Möglichstes tat, um den Krieg zu gewinnen. Harris hatte sich damit einverstanden erklärt, dass sein Name in der Flugschrift verwendet wird, ohne sie zu lesen; aber ihr Inhalt deckte sich sowieso ganz und gar mit seinen Anschauungen.[42]

Da sich das Bomber Command fortan in erster Linie auf die »feindliche Zivilbevölkerung« konzentrierte, wollte der Air Staff mit einer Bombardierungstechnik experimentieren, bei der ein hoher Prozentsatz von Brandbomben verwendet wurde. Zu diesem Zweck wurde die alte Hansestadt Lübeck mit ihren vielen mittelalterlichen Fachwerkhäusern an der Ostsee ausgewählt. Der Angriff wurde immer damit begründet, Lübeck sei der Haupteinfuhrhafen Deutschlands für Eisenerz aus dem neutralen Schweden gewesen, außerdem habe sich dort ein Ausbildungsstützpunkt der U-Boot-Waffe befunden. In Wirklichkeit aber boten sich die mittelalterlichen Fachwerkhäuser für Brandexperimente geradezu an, und deshalb hob in der Nacht vom 28./29. März 1942 ein Verband von 234 RAF-Bombern ab, von dem 191 Piloten behaupteten, das Ziel erreicht zu haben. »Das Ergebnis«, schreibt Denis Richards, »waren Zerstörungen in einem Ausmaß, wie sie das Bomber Command bis dahin noch nicht angerichtet hatte; die später eintreffenden Angreifer sahen den Widerschein der Feuersbrunst bereits in einer Entfernung von 160 Kilometern.«[43] Harris selbst schrieb: »In der Nacht vom 28./29. März ging die erste deutsche Stadt in Flammen auf.« Tausend Menschen starben in Lübeck; innerhalb eines Monats lag eine weitere der Hansestädte mit ihren aus Holz errichteten Gebäuden in Schutt und Asche: Rostock wurde bei drei Luftangriffen zwischen dem 23. und 26. April zu 70 Prozent zerstört. Hier war der angegebene Grund zutreffend – am Südrand der Stadt befand sich eine Heinkel-Fabrik.

Die Empörung der deutschen Führung über die Zerstörung dieser mittelalterlichen Städte löste die »Baedeker-Vergeltungsangriffe« auf Norwich, Bath, Exeter, York und (später als Repressalie für den massiven Angriff auf Köln am 30. April/1. Mai) Canterbury aus. Tatsächlich begannen die »Baedeker-Angriffe« noch vor der Bombardierung Rostocks; Exeter wurde am 23. April als Vergeltung für den Angriff auf Lübeck angegriffen, aber die Tatsache, dass Rostock in derselben Nacht angegriffen wurde, erzürnte die Deutschen noch mehr. Am 24. April erklärte Baron Gustav Braun von Sturm, die Luftwaffe werde jedes Gebäude in England bombardieren, das im Baedeker mit drei Sternen markiert sei, womit er der Serie von Luftangriffen ihren Namen gab.[44] Bei den Vergeltungsangriffen der Luftwaffe kamen 1637 Menschen um, 1760 wurden verletzt, außerdem wurden 50 000 Gebäude zerstört, darunter die alte Guildhall von York und die schönen Assembly Rooms in Bath.[45] In dieser Phase des Krieges hatte es den Anschein, als wäre es nicht nur die Luftwaffe, die Wind säte; auch wenn das militärische Kräftegleichgewicht im Bombenkrieg sich unaufhaltsam zu Ungunsten Deutschlands verschob, wie Harris' ehrgeizige Ziele schon sehr bald zeigten. Denn nach Lübeck und Rostock war ihm nach einer noch spektakuläreren Darbietung: einem 1000-Bomber-Angriff mit dem Ziel, eine Stadt auszuradieren und seine Behauptung zu bekräftigen, Luftangriffe könnten einen Krieg entscheiden, indem sie die Bevölkerung durch zermürbenden Bombenterror zur Kapitulation veranlassten. Er und Portal wollten außerdem alles daransetzen, um dem Eindruck der Wirkungslosigkeit zu begegnen, den Peirse beim Kriegskabinett hinterlassen hatte. So wurde Operation »Millennium« – der 1000-Bomber-Angriff auf Köln – in die Wege geleitet.

Die einsatzbereiten Frontverbände, die Harris vorfand, als er zum ersten Mal die Pforte des Hauptquartiers des Bomber Command in High Wycombe durchschritt, zählten 600 Flugzeuge. Um gleichzeitig 1000 Maschinen in die Luft zu bringen, brauchte Harris die Unterstützung des Training Command, des Coastal Command und des Army Co-operation Command. Er schrieb an ihre jeweiligen Befehlshaber und teilte ihnen mit, dass er mit Unterstützung von Portal und des Air Staff, »beabsichtigt, um Vollmond herum die größtmögliche Bomberstreitmacht gegen eine deutsche Stadt von herausragender Bedeutung zu entsenden, um sie in einer Nacht oder höchstens zweien auszulöschen«.[46] Die ausgewählte Stadt war Hamburg, mit Köln als Ausweichziel. Im Rahmen der Vorbereitungen musste das Bodenpersonal Überstunden leisten, um alle Flugzeuge einsatzbereit zu machen und einige mit GEE-Geräten auszurüsten, was eine spezielle Schulung für die Navigatoren erforderte, die sie bedienen sollten.

Die Massierung von 1000 Bombern über einer Stadt in einem Zeitraum von anderthalb Stunden sollte die Luftschutz- und Verteidigungskräfte der Stadt – Feuerwehr und Sanitäter sowie die Flakbatterien – überfordern, die geballte Ladung von Spreng- und Brandbomben hingegen sollte die Stadt dem Erdboden gleichmachen. Das Risiko von Zusammenstößen zwischen so vielen Flugzeugen sollte dadurch verringert werden, dass die Flotte in drei getrennte Bomberströme eingeteilt wurde, denen jeweils präzise zeitliche Instruktionen erteilt wurden. Die Bomben sollten aus einer Höhe von etwa 2500 Metern abgeworfen werden, und die Flugzeuge waren voll beladen mit Brandbomben, darunter auch 2-Kg-»X«-Bomben mit Zeitzündern, die Feuerwehrleute nach ihrem Eintreffen an einer Brandstelle töten oder vertreiben sollten.

Obgleich das Coastal Command in letzter Minute einen Rückzieher machte, weil die Admiralität nachteilige Folgen für die »Atlantik-Schlacht« befürchtete, legte Harris trotz einer mehrtägigen Verzögerung wegen schlechten Wetters schließlich das Ziel des Angriffs fest. Es war Köln. Um 21 Uhr, am Abend des 30. Mai, hob seine mächtige Luftflotte ab. Mit sich trug sie Harris' Hoffnung, seine politischen Vorgesetzten zum Ausbau der Luftarmada zu bewegen, mit der seines Erachtens den Krieg gewonnen werden konnte. Interessanterweise war die verfügbare Luftflotte, wie Harris wusste, damals technisch noch keineswegs so weit, um Deutschland durch Bomben zu zerstören; seine erste 1000-Bomber-Flotte bestand aus über 600 Wellington und nur 73 Lancaster.

Dennoch warfen die 900 Bomber, die das Ziel erreichten, 915 Tonnen Brandbomben und 840 Tonnen Sprengbomben ab. In dieser einen Nacht wurde die Stadt schwerer zerstört als bei allen früheren Luftangriffen zusammen genommen. Über 240 Hektar Stadtfläche wurden dem Erdboden gleichgemacht, die Gas-, Wasser-, Strom- und Verkehrseinrichtungen schwer beschädigt. Etwa 13 000 Gebäude wurden zerstört und 45 000 Menschen obdachlos; nur die Zahl der Todesopfer war mit 469 für einen so schweren Angriff vergleichsweise gering – ein Beleg dafür, wie gut die deutschen Städte vorbereitet waren, deren Luftschutzmaßnahmen und -räume hervorragend organisiert waren.

Der Angriff verlieh der öffentlichen Moral in Großbritannien starken Auftrieb, und Harris' Rechnung – er hatte seine gesamten Kampfverbände und all seine Reserven auf eine Karte gesetzt – ging auf. Er hatte zeigen wollen, was ein sehr großer Luftangriff bewirken konnte, und aus seiner Sicht war es ein voller Erfolg. In seinen Memoiren schrieb er: »Meines Erachtens wäre es nie zu einer echten Bomberoffensive gekommen, wenn der 1000-Bomber-Angriff auf Köln nicht erfolgreich gewesen wäre, denn er zeigte auf unwiderlegbare Weise die Leistungsfähigkeit einer in jeder Hinsicht neuen und unerprobten Waffe.«[47]

Aber auch weil Harris nicht über die Ressourcen verfügte, um einen so großen Angriff in jenem Sommer mehr als zwei Mal zu wiederholen, beschlossen Churchill und das Kriegskabinett schließlich, die Kampfkraft des Bomber Command weiter zu stärken. Der zweite 1000-Bomber-Angriff richtete sich gegen Essen, war aber weitgehend erfolglos, weil der Bomberstrom zerfiel und seine Bombenlast weit über das Ruhrgebiet verteilte. Der dritte Angriff, diesmal gegen Bremen, erwies sich als ein noch größerer Fehlschlag; er wurde mit hohen Verlusten erkauft, weil das Wetter schlecht war und die deutsche Luftabwehr den unerfahrenen Besatzungen, die aufgeboten wurden, um die 1000 voll zu bekommen, schwer zusetzte.

Harris experimentierte in Erwartung des Tages, an dem er die richtigen Bomber in der richtigen Zahl hatte, um zu beweisen, dass sehr große Bomberverbände die feindliche Luftverteidigung überwältigen konnten, indem sie ihre Bombenlast in kurzer Zeit konzentriert abwarfen. Die dadurch verursachten schweren Zerstörungen, der Terror und die große Opferzahl sollten die Logistik am Boden zusammenbrechen lassen und den Kampfeswillen der Deutschen brechen. Doch im Sommer 1942 war Harris' Bomber Command noch immer dabei, auf die neuen schweren Bomber umzurüsten, und obschon das Produktions- und Ausbildungstempo stetig anstieg, hatte es noch nicht den von ihm und Portal verlangten Stand erreicht. Und natürlich gab es weiterhin Probleme. Der Bedarf an besseren Navigations- und Bombenzielverfahren wurde nur vereinzelt erfüllt; die GEE-Geräte funktionierten nicht zuverlässig, und die Zielgenauigkeit der Bomben war noch immer keineswegs befriedigend. Aus den Kriegstagebüchern des Bomber Command geht hervor, dass zwischen der Hälfte und drei Viertel der Bomben, die in dieser Phase abgeworfen wurden, ihr Ziel noch immer deutlich verfehlten.[48] Außerdem wurde die deutsche Luftabwehr ständig besser; die durchschnittliche Verlustrate des Bomber Command im ersten Halbjahr 1942 betrug 4,3 Prozent der eingesetzten Flugzeuge, und dieser Prozentsatz stieg im zweiten Halbjahr weiter an.

Dennoch sollte der Bombenkrieg in unverminderter Intensität fortgeführt werden. Dies unter anderem deshalb, weil die UdSSR sich in einer verzweifelten Notlage befand und darauf angewiesen war, dass ihre westlichen Verbündeten alles Erdenkliche unternahmen, um deutsche Kräfte zu binden und so die Ostfront zu entlasten.[49]

Die vorrangige Aufgabe bestand darin, die Schwächen bei der Navigation zu beseitigen. Gegen Harris' anfänglichen Widerstand bildete der Air Staff eine Sondereinheit, die »Pathfinder Force«, ein Verband von Lotsen- und Zielmarkierungsflugzeugen, die die Bomber auf ihren Feindflügen sicher ins Zielgebiet navigieren, dieses mit Leuchtbomben markieren und Brandbomben abwerfen sollten, so dass die nachfolgenden Bomber die ausgelösten Brände als Zielpunkte nutzen konnten.[50]

Die ersten Einsätze der »Pfadfinder« standen unter einem ungünstigen Stern, da sie die Bomberflotten, denen sie zugeteilt waren, fehlleiteten. Gleich beim allerersten Angriff bombardierten die Verbände, die sie dirigierten, schließlich ein Dorf in Dänemark statt einer U-Boot-Werft in Flensburg an der Ostsee. Schlimmer noch: Deutsche Wissenschaftler hatten eine Technik entwickelt, um GEE zu stören.

Selbst als die »Pfadfinder« begannen, ihre Ziele mit höherer Genauigkeit aufzuspüren, wie bei dem Angriff auf Nürnberg in der Nacht vom 28./29. August 1942, schien das Bomber Command vom Pech verfolgt zu sein: Verheerende 14 Prozent der Bomber gingen bei diesem Einsatz verloren. Am schlimmsten traf es die in die Jahre gekommenen Wellington, die noch immer ein Drittel der Bomberstreitkräfte stellten, aber den deutschen Jägern hoffnungslos unterlegen waren. Die Modelle, die sie ersetzen sollten – die Halifax, Lancaster und Stirling (Letztere waren wegen ihrer relativen geringen Dienstgipfelhöhe ein weitgehender Fehlschlag) –, wurden erst nach und nach in Dienst gestellt.

Das Bomber Command hätte in dieser Übergangszeit, in der neue Flugzeuge und Techniken eingeführt wurden, eine gewisse Entlastung wohl durchaus begrüßt, aber Ereignisse auf anderen Kriegsschauplätzen vereitelten dies. Die Kämpfe in Nordafrika verschärften sich, und das Bomber Command musste Italien in seine Einsatzplanung aufnehmen. Genua, Mailand, Turin und andere Ziele standen in den Herbstmonaten 1942 im Zentrum seiner Angriffsoperationen; 1646 Einsätze wurden gegen Italien geflogen, bei einer Verlustrate von nur 3,7 Prozent. Die Angriffe gegen Italien waren den Bomberbesatzungen verständlicherweise lieber, da die Luftverteidigung in Italien weitaus schwächer war als in Deutschland.

Ende 1942 konnten scharfsichtige Zuschauer erkennen, dass sich in fast allen Aspekten des Krieges das Blatt wendete, und das Bomber Command bildete da keine Ausnahme. In der Sowjetunion mussten die Deutschen schwere Rückschläge hinnehmen, die bereits die fürchterliche Rache für Hitlers Aggressionen erahnen ließen. Während alliierte Armeen in Nordafrika erste Erfolge verzeichneten – Montgomerys Offensive bei El Alamein begann am 23. Oktober, im November landeten angloamerikanische Truppen in Französisch-Nordafrika –, zeigten die neuen Techniken für Navigation und Bombenzielgenauigkeit beim Bomber Command allmählich Wirkung. Dazu gehörten OBOE [deutsche Bezeichnung »Bumerang«], ein Funknavigationsverfahren, das Flugzeuge an ihre Ziele heranführte, und H2S, ein Radarsystem, das die Erdoberfläche unter dem Flugzeug abtastete, so dass der Pilot anhand des zurückgeworfenen

Echos das Ziel von oben lokalisieren und seine Bombenlast zielgenauer abwerfen konnte. OBOE konnte zwar nur ein paar Flugzeuge gleichzeitig führen, aber je besser die »Pfadfinder« ihr Handwerk beherrschten, umso weniger beeinträchtigte dies die Genauigkeit des Zielanflugs. H2S versprach eine rundum höhere Zielgenauigkeit, insbesondere bei schlechtem Wetter. Außerdem wurden Geräte verfügbar, die die deutsche Abwehrtechnik austricksten, darunter ein Apparat zur Störung des deutschen Radars.

Diese Fortschritte kamen genau zur rechten Zeit. Die Verlustrate des Bomber Command stieg bis zum Herbst 1942 auf 6,7 Prozent (erinnern wir uns daran, dass langfristig höchstens 5 Prozent als tragbar galten, und selbst diese Rate war zu hoch, bedeutete sie doch empfindliche Verluste an Menschenleben und Flugzeugen), und dieser Anstieg verdankte sich größtenteils der zunehmenden Effektivität der deutschen Nachtjäger. Aber die Dinge änderten sich. Das, was Harris in seinen Erinnerungen »die einleitende Phase« nannte, war vorüber. Anfang 1943 füllten die neuen schweren Bomber in großer Stückzahl die Staffeln des Bomber Command auf. Sieht man einmal von den unter größter Kraftanstrengung improvisierten 1000-Bomber-Angriffen ab, so konnten durchschnittlich höchstens 250 Flugzeuge gegen ein Ziel gesandt werden, darunter ein hoher Prozentsatz veralteter Typen. In den ersten Monaten des Jahres 1943 konnten im Schnitt bereits 450 Bomber aufgeboten werden, fast alle vom neuen großen, viermotorigen Typ.[51] Zwei Drittel der Staffeln waren im Frühjahr 1943 mit Lancaster- und Halifax-Bombern ausgerüstet, und Ende 1943 standen dem Bomber Command 65 einsatzfähige Bomberstaffeln zur Verfügung, von denen vier mit den schnellen, hoch fliegenden, aus Holz gefertigten Mosquito ausgerüstet waren, die sich hervorragend als Aufklärer und »Lotsen«, zur Zielmarkierung und zur Luftaufklärung nach der Bombardierung eigneten. Dies bedeutete eine erhebliche Stärkung der Offensivkraft; die neuen schweren Bomber trugen mehr als die doppelte Bombenlast der alten – zweieinhalb Tonnen gegenüber einer Tonne. Zusammen mit der verbesserten Leistungsfähigkeit der »Pfadfinder« und den neuen technischen Hilfsmitteln bedeutete diese Erhöhung der Schlagkraft einen qualitativen Sprung.[52]

Und dies war nur ein Aspekt der kontinuierlichen Kampfkraft-steigerung, die jetzt geradezu exponentiell anwuchs. Im März 1944 konnte Harris jeden Tag im Schnitt 1000 Flugzeuge einsetzen, mittlerweile ausnahmslos schwere Bomber.[53]

Portal und Harris durften 1943 alles in allem auf ein viel erfolgreicheres Jahr hoffen. Insbesondere Harris wollte unbedingt seine Hypothese bestätigen (an die Churchill und das Kriegskabinett schon lange nicht mehr und Portal vielleicht nur noch halbherzig glaubten), durch intensive Bombenangriffe allein lasse sich der Krieg gewinnen. Obgleich Churchill in diesem Punkt mit Harris nicht mehr übereinstimmte, hielt er Luftangriffe nach wie vor für ein wichtiges Element der Kriegsanstrengungen. Auf der Konferenz von Casablanca (14. bis 23. Januar 1943) verständigten sich Churchill und US-Präsident Roosevelt darauf, die geplanten Landungen in Europa – zunächst 1943 die Landung auf Sizilien und im Jahr 1944 die Landung in Frankreich – mit massiven Tages- und Nachtbombardements auf Deutschland zu flankieren.

Wie dieser letzte Punkt zeigt, kam mittlerweile ein zusätzlicher, überaus wichtiger Faktor ins Spiel: Die United States Army Air Force beteiligte sich am Bombenkrieg gegen Deutschland, und ihr Beitrag nahm im Verlauf des Jahres 1943 stetig zu. Ihre Bemühungen waren zunächst ein wenig zaghaft, und sie erlitt schwere Verluste, weil ihre Flugzeuge bei Tag angriffen und noch nicht durch Langstreckenjäger abgeschirmt wurden. Doch ab Anfang 1944 erzielten die amerikanischen Bomberkräfte durchschlagende Erfolge.

Einheiten der US Eighth Army Air Force unter dem Befehl von General Ira Eaker waren schon 1942 in Großbritannien eingetroffen, aber sie brauchten Zeit, um sich vorzubereiten. Ihren ersten Bombenangriff hatten sie am 17. August 1942 geflogen. Es handelte sich um ein eher bescheidenes Unternehmen, an dem 18 B-17-Bomber mit Spitfire-Begleitjägern teilnahmen, um eine Fabrik in der Nähe von Rouen in Frankreich zu bombardieren. Als der Luftkrieg im April 1945 zu Ende ging, war die Präsenz der USAAF ein entscheidender Faktor; die »Mighty Eighth«, wie die in England stationierte Luftflotte genannt wurde, setzte damals 200 000 Mann auf dem europäischen Kriegsschauplatz ein und konnte jederzeit 2000 Flugzeuge mobilisieren. Ihre Luftangriffe wurden von den äußerst leistungsfähigen Langstreckenjägern vom Typ Mustang und Lightning abgeschirmt. Aber all dies war 1943 noch Zukunftsmusik.

Harris konnte nicht sofort mit einem totalen Bombenkrieg gegen Deutschland beginnen, weil sein Command im Rahmen der »Atlantik-Schlacht« deutsche U-Boot-Basen angreifen sollte. Harris hielt diese Angriffe von Anfang an für nutzlos – und das waren sie in der Tat; da die U-Boot-Bunker aus massivsten Betonmauern bestanden, konnten die Bombardements ihnen nichts anhaben. Dies galt jedoch nicht für die französischen Küstenstädte und die Bevölkerung in ihrem Umkreis. Harris schäumte vor Wut, konnte er es doch nicht erwarten, seine neuen Ressourcen zu nutzen, um Deutschland selbst zu zerbomben.

Im März endlich konnte er sich wieder auf diese Aufgabe konzentrieren. Zwischen dem 5. März und Ende Juli 1943 führte Harris »die Luftschlacht um die Ruhr«, wie er sie nannte. Sie sollte die Industriestädte des Ruhrgebiets möglichst zerstören und die Arbeiter, die dort lebten, in Angst und Schrecken versetzen. Auftakt der Kampagne war ein Angriff auf Essen, wo die gewaltige Krupp-Rüstungsschmiede lag, und sie wurde fortgesetzt mit wiederholten Bombardierungen von Essen, Duisburg und Bochum. In den längeren Nächten in der Anfangsphase der Luftschlacht schickte Harris seine Bomber auch nach anderen deutschen Städten – unter anderem nach Berlin, Kiel, Frankfurt, Stuttgart und Mannheim –, doch als die Tage länger und damit Flüge tief ins deutsche Hinterland gefährlicher wurden, konzentrierte er sich auf das Ruhrgebiet und richtete in dessen Städten schwere Verwüstungen an: Dortmund und Mühlheim wurden zerstört, ebenso Wuppertal; Bochum und Oberhausen wurden kaum weniger schwer getroffen. Bei dem Angriff auf Wuppertal am 24./25. Juni, an dem 630 Bomber teilnahmen, starben über 1800 Menschen.

Wenn etwas die wachsende Zerstörungskraft des Bomber Command belegte, dann die Tatsache, dass die 600 Flugzeuge, die in der Nacht vom 3. auf den 4. Juli 1943 Köln bombardierten, größere Schäden anrichteten als der 1000-Bomber-Angriff von 1942; in dieser Nacht kamen 4400 Menschen um. Ein weiterer Angriff, fünf Nächte später, trieb die Zahl der Ausgebombten stark in die Höhe: Bei den beiden Bombenangriffen wurden die Wohnungen von 350 000 Menschen zerstört. Eines der ausdrücklichen Ziele der Offensive bestand darin, die Logistik lahm zu legen: Die deutschen Behörden sollten mit der riesigen Zahl von Toten, Verwundeten und Obdachlosen schier überfordert sein, und natürlich sollte auch die Leistungsfähigkeit der überlebenden Fabrikarbeiter verringert werden.[54]

Die Vorstellung, diese Angriffe hätten die Industrieproduktion und die militärische Schlagkraft Deutschland nicht beeinträchtigt, erscheint unglaubwürdig. Doch ungeachtet aller Zerstörungen stieg die deutsche Industrieproduktion bis kurz vor Kriegsende weiter an. Bombenschäden an Fabriken wurden binnen Tagen oder allenfalls Wochen repariert, um die Produktion anschließend wieder aufzunehmen.

Selbst die spektakulärste Bombardierung von 1943 – der Angriff auf die Ruhrtalsperren (Operation »Dam Buster«; »Dammknacker«) – zeigte nicht die gewünschte Wirkung, nämlich kriegswichtige Industrien lahm zu legen. Der Angriff war eine technische und fliegerische Meisterleistung, die außerdem höchste Tapferkeit verlangte. Seine Helden waren Barnes Wallis, das exzentrische Genie, das viele ungewöhnliche und manchmal effektive Kriegsgeräte erfand, in diesem Fall die berühmte »Rollbombe«, und Guy Gibson – der für das Husarenstück mit dem Victoria Cross, dem höchsten britischen Kriegsorden, ausgezeichnet wurde – sowie seine Besatzungen, die trotz Flakbeschusses sehr tief fliegen mussten, um ihre Rollbomben zielgenau abzuwerfen. Acht der 19 Flugzeuge, die den Angriff ausführten, stürzten ab; 52 der 133 Besatzungsmitglieder kamen um, drei gerieten in Gefangenschaft.

Die Breschen in der Möhne- und Edertalsperre (die Sorpetalsperre blieb unbeschädigt) unterbrachen die Stromversorgung der Ruhrindustrien, und obgleich 1294 Menschen in den Flutwellen ertranken, die sich aus den geborstenen Staumauern ergossen, blieben diese Angriffe weit hinter der Erwartung zurück, die Flutwelle würde zahlreiche Städte unter sich begraben. In der Official History heißt es: »Die Gesamtwirkung war gering«; der wichtigste Erfolg dieses Angriffs bestand darin, dass er die Moral der kriegsmüden Briten deutlich hob.[55]

Ebenso spektakulär wie die Bombardierung der Talsperren waren aus der Sicht des Bomber Command die bereits geschilderten Angriffe auf Hamburg (Operation »Gomorrha«). Der Feuersturm, der dadurch hervorgerufen wurde, dass eine riesige Zahl von Bomben auf einer vergleichsweise kleinen Fläche niederging, erklärt, weshalb diese Angriffe viel größere Schäden anrichteten und viel mehr Todesopfer forderten als die schweren Luftangriffe auf Städte wie Wuppertal. Die Hamburger Erfahrung bestärkte Harris in seiner Überzeugung, dass Bomben die kriegsentscheidende Waffe *schlechthin* seien, und er war entschlossen, weiterhin alles zu unternehmen, um dies zu beweisen.

Doch Ereignisse auf anderen Kriegsschauplätzen hielten Harris einstweilen davon ab, weitere Städte zu »hamburgisieren«. Die Lage in Italien stand auf Messers Schneide, und das Kriegskabinett wünschte, dass das Bomber Command sich Mailand, Turin und Genua vorknöpfte. Dies taten die Besatzungen des Bomber Command leichten Herzens, denn ihnen war Norditalien allemal lieber als Deutschland. Die Verlustrate bei Luftangriffen war dort sehr niedrig, denn sobald die Bombardierung einsetzte, standen die Suchscheinwerfer der Verteidiger still, und die Flaks feuerten nicht mehr, was darauf hindeutete, dass ihre Mannschaften wussten, was der bessere Teil der Tapferkeit ist. Außerdem war die italienische Jagdabwehr nicht der Rede wert.

Harris behauptete, die Einsätze des Bomber Command in Italien seien der Grund für Mussolinis Sturz gewesen. Zweifellos trugen sie dazu bei; aber vieles andere war mit im Spiel, und es ist nicht erwiesen, dass die Bombenangriffe in Norditalien, für sich genommen, gewichtiger waren als andere Faktoren. Alliierte Luftstreitkräfte operierten intensiv über Süd- und Mittelitalien, britische und amerikanische Truppen kämpften sich den Stiefel hinauf. Zudem stieß Mussolinis Krieg bei der italienischen Bevölkerung insgesamt auf wenig Gegenliebe, und dies dürfte für die gesamte Dauer des Krieges gegolten haben. Immerhin wurden die meisten Kampfhandlungen, die in ihrem Land stattfanden, von deutschen Truppen ausgeführt.

Doch als die Auswirkungen der britischen Bombenangriffe auf Mailand und die übrigen Städte bald darauf analysiert wurden, zeigte sich mit schmerzlicher Deutlichkeit das ganze Ausmaß der Schäden. In Mailand waren unter anderem die Werke von Alfa Romeo, Pirelli, Breda und Isotta-Fraschini schwer beschädigt worden; ebenso die Stadt selbst und einige ihrer bedeutenden Kulturgüter. Die Oper La Scala lag teilweise in Trümmern, und von der Kirche Santa Maria della Grazie blieb nur eine Mauer stehen – die Mauer mit Leonardos Wandgemälde vom Letzten Abendmahl.[56]

Die Ruhrangriffe, Operation »Gomorrha« und die erfolgreichen Operationen in Italien, an denen das Bomber Command Anteil hatte, veranlassten Churchill dazu, am 11. Oktober an Harris zu schreiben: »Das Kriegskabinett hat mich gebeten, Sie zu den jüngsten Erfolgen des Bomber Command zu beglückwünschen… Ihr Kommando steht zusammen mit den Tagbomberverbänden der 8. Air Force, die Seite an Seite mit dem Bomber Command kämpfen, an der Spitze des gemeinsamen Angriffs gegen Deutschland, der heute von den Streitkräften der Alliierten in gewaltigem Maßstab geführt wird.« Churchill erinnerte sich auch daran, dass Harris' Bomber einen erfolgreichen Präzisionsangriff auf Peenemünde, wo das Entwicklungszentrum für Hitlers Geheimwaffen lag, durchgeführt hatten und dass sie weiterhin deutsche Städte in Trümmer legten, etwa Nürnberg, das 1943 mehrfach angegriffen und schwer zerstört wurde. Harris ließ Churchills Brief zusammen mit seinem Antwortschreiben im gesamten Bomber Command zirkulieren. In diesem Schreiben heißt es: »Es ist ein unerschöpflicher Quell der Kraft für uns, zu wissen, dass jede Bombe, die die Schächte verlässt, den Armeen der Alliierten, die zum entscheidenden Schlag ausholen, den Weg noch ein wenig mehr ebnet.«[57]

Harris, ermutigt durch diesen Briefwechsel, gelangte zu dem Schluss, die Zeit sei reif, um seine Hypothese, wonach der Krieg durch Bombardements zu gewinnen sei, noch umfassender auf den Prüfstand zu stellen. Das nahe liegende Ziel für einen »Hamburg-

Angriff« war Berlin, das bis dahin wegen der großen Entfernung von den Bomber-Stützpunkten in Ostengland – Berlin war fast doppelt so weit entfernt wie die Ruhrstädte – noch nicht so schwer getroffen worden war. Entfernung bedeutete bessere Chancen für die deutsche Luftverteidigung, insbesondere die Nachtjäger, aber auch größere Navigationsprobleme und eine größere nervliche Belastung für die RAF-Besatzungen. Doch als im Herbst 1943 die Nächte wieder länger wurden, erstellte Harris seine Pläne für einen Angriff auf Berlin, und in der Nacht vom 18. auf den 19. November gab er grünes Licht für »die Luftschlacht um Berlin«. Zu diesem Zeitpunkt standen ihm im Schnitt täglich 800 Bomber zur Verfügung, und die zum Jahresbeginn eingeführten Navigationstechniken funktionierten mittlerweile effizient und zuverlässig. Er wähnte hier eine echte Chance, zeigen zu können, was eine mächtige Bomberstreitmacht vollbringen konnte. In optimistischem, ja begeistertem Tonfall schrieb er an Churchill: »Wir können Berlin von einem Ende bis zum anderen in ein Trümmerfeld verwandeln... Uns wird es zwischen 400 und 500 Flugzeuge kosten. Deutschland wird es den Krieg kosten.«

In den vier Monaten von November 1943 bis März 1944 war die deutsche Hauptstadt Ziel mehrerer schwerer Luftangriffe. Die Schäden waren immens, und bei nur zwei Nachtangriffen – am 22./23. und 23./24. November – wurden 9000 Berliner getötet oder verletzt. Der verstärkte Einsatz von H2S-Geräten bedeutete, dass der Bomberstrom nicht entlang eines Korridors von Markierungsbomben, die den Nachtjägern der Luftwaffe die Position der Bomber verrieten, zum Ziel fliegen musste. Darüber hinaus bedeuteten die erhöhten Kapazitäten, dass Harris mehrere hundert Flugzeuge für Scheinangriffe gegen andere Städte einsetzen und außerdem einen speziellen Verband von Jagdflugzeugen zu dem Zweck verwenden konnte, in den feindlichen Luftraum einzudringen und die deutschen Nachtjäger abzulenken. Überdies tüftelten die RAF-Wissenschaftler ständig an elektronischen Gegenmaßnahmen, mit denen die Radargeräte der feindlichen Jäger gestört werden konnten.

Begeistert über den viel versprechenden Beginn der Berlin-Offensive, schrieb Harris an den Air Staff und wiederholte seine Behauptung, die Bomber könnten aus eigener Kraft den Krieg gewinnen.

Voraussetzung sei allerdings, dass die Lancaster-Produktion und -Wartung höchste Priorität erhielt, die bewährten Navigationshilfen, die mittlerweile verfügbar waren, schneller produziert würden, so dass alle oder zumindest möglichst viele seiner Bomber damit ausgerüstet werden konnten und man ihm erlaubte, Feindflüge so zu organisieren, dass die Verlustrate unter 5 Prozent blieb. Tatsächlich wiederholte Harris in diesem Brief seine altbekannte Ansicht, eine Landung auf dem europäischen Festland, die einen blutigen Bodenkrieg nach sich zöge, erübrige sich, sofern die Bedürfnisse des Bomber Command Vorrang erhielten und er den erforderlichen operativen Entscheidungsspielraum bekäme. Bombardements, so versicherte er unermüdlich, würden den Krieg ganz allein entscheiden.

Churchills Kriegskabinett und der das Kabinett beratende Ausschuss der Stabschefs hielt Harris nicht knapp, doch seine Mitglieder – Churchill eingeschlossen – glaubten andererseits auch nicht, dass Bombenangriffe allein den Krieg entscheiden würden. Allenfalls würden sie Deutschland schwächen. Und ungeachtet der steigenden Flugzeugzahlen und der technischen Fortschritte, von denen Harris profitierte, war die Berlin-Offensive nicht annähernd der Erfolg, den er sich erhofft hatte. Dies lag unter anderem daran, dass das Bomber Command auch damals noch nicht in der Lage war, aus eigener Kraft »Berlin in ein Trümmerfeld zu verwandeln«. Vor Beginn der Offensive hatte Harris an Churchill geschrieben: »Wir können Berlin von einem Ende bis zum anderen in Trümmer legen, wenn uns die USAAF zu Hilfe kommt.« Dies war unrealistisch. Denn die USAAF konnte noch immer nicht tief ins deutsche Hinterland vordringen. Es war, erinnern wir uns, November 1943, und die Langstreckenjäger, die amerikanische Bomber bei Tagesangriffen als Begleitschutz brauchten, wurden gerade erst einsatzfähig. Damals verzeichneten die »Flying Fortress«-Staffeln trotz ihrer eindrucksvollen Bewaffnung noch immer untragbar hohe Verlustraten. Zudem flogen amerikanische Bomber ihre Angriffe bei Tag, weil die US-Strategie auf dem europäischen Kriegsschauplatz nach wie vor ausschließlich Präzisionsangriffe auf kriegswichtige Militär- und Industrieziele gestattete. Daher hätte sich General Ira Eaker gar nicht an Harris' Versuch, Berlin auszulöschen, beteiligen dürfen.

All dies zusammen genommen bedeutete in der Praxis, dass die Zeiträume zwischen Harris' einzelnen Angriffen, selbst wenn sie in aufeinanderfolgenden Nächten stattfanden, den Einwohnern Berlins Verschnaufpausen verschafften, ungeachtet der starken Beschädigung der städtischen Infrastruktur. Verschlimmert wurden die Probleme des Bomber Command durch die Wetterlage, die die Einsätze gegen Berlin immer wieder erschwerte, und auf die viel versprechenden ersten Angriffe folgten mehrere, bei denen das Zielgebiet verfehlt wurde, so dass ein steigender Prozentsatz der Bomben im ländlichen Brandenburg niederging, ohne größeren Schaden anzurichten. Beim Luftangriff am 16./17. Dezember erlebten die Bomber bei der Rückkehr zu ihren Fliegerhorsten eine böse Überraschung: Das Wetter war so schlecht, dass 29 Lancaster abstürzten. Einige Besatzungsmitglieder konnten sich mit Fallschirmen retten, 140 aber starben.

Harris' Großoffensive gegen Berlin dauerte bis März 1944, und sie fand während der anhaltenden schweren Bombardierung vieler weiterer Städte in Deutschland statt. Doch weder demoralisierte sie die Deutschen, noch zwang sie das Nazi-Regime in die Knie. Ihre Kosten in Gestalt verlorener Flugzeuge und toter Besatzungsmitglieder waren hoch; und daher gelangten die meisten Kommentatoren ebenso wie die Official History zu dem Schluss, die »Luftschlacht um Berlin« sei ein Fehlschlag gewesen. »Der Schaden, den die Luftwaffe dem Bomber Command zufügte, war größer als der Schaden, den das Bomber Command Berlin zufügte«, lautete das Fazit eines Kommentators[58], und die Official History ging noch weiter und urteilte in schonungsloser Offenheit: »Die Luftschlacht um Berlin war mehr als ein Fehlschlag, sie war eine Niederlage.«[59] Dies lag hauptsächlich daran, dass die Nachtjäger der Luftwaffe und die Flak am Boden zu effektiv gewesen waren. Hätte sich die Lage andernorts nicht verändert, wäre der Ausgang der »Luftschlacht um Berlin« für alle, die an der Bomberoffensive der RAF beteiligt waren, ein starker Grund gewesen, die Strategie zu überdenken.[60]

Im Februar 1944 war die USAAF bereit, einen weitaus größeren Beitrag zum Bombenkrieg über Deutschland zu leisten, als es ihr bis dahin möglich gewesen war. 1943 hatte sie mutig ihre riskanten Tagesangriffe aufgenommen. Bei ihren Angriffen auf ein äußerst wichtiges industrielles Nadelöhr der deutschen Kriegswirtschaft, die Kugellagerfabriken in Schweinfurt, erlitt sie schwerste Verluste. Die Bombardements fanden am 17. August und am 14. Oktober 1943 statt, und die 8. Army Air Force büßte dabei 120 Bomber ein. Das Oktober-Debakel bedeutete in der Tat einen großen Sieg für die Luftwaffe, die dadurch die 8. Army Air Force dazu zwang, ihre Tagesbombardements über Deutschland einzustellen. Im Verlauf des Jahres 1943 erhielten die Bomber in zunehmendem Maße Begleitschutz durch Jäger der Typen P-38 Lightning und P-47 Thunderbolt, hervorragende Flugzeuge, die jedoch noch immer nicht in der Lage waren, die Bomber so tief in den deutschen Luftraum hinein zu begleiten, dass Tagesangriffe keine potenziellen Himmelfahrtskommandos mehr waren. Ab Anfang 1944 konnte die 8. Army Air Force auf den überlegenen Mustang-Jäger zurückgreifen, der von Rolls-Royce-Merlin-Motoren angetrieben wurde und mit den Bombern bis nach Berlin und wieder zurück fliegen konnte. Dies bedeutete, dass die 8. Army Air Force endlich einen größeren Beitrag leisten konnte.

Mit diesen neuen Ressourcen wandelte sich die Lage von Grund auf. Auf der Konferenz von Casablanca im Januar 1943 hatten die Führer der Alliierten die Bombardierung Deutschlands rund um die Uhr gefordert. Harris hatte sie erfolglos bei seiner Berlin-Offensive verlangt; jetzt endlich war sie möglich, und zwar in Form der koordinierten, eng verzahnten Combined Bomber Offensive [Vereinigten Bomberoffensive]. Zwischen Februar 1944 und dem Ende der Luftoffensive im April 1945 – mit der wichtigen Ausnahme des Sommers 1944, als die amerikanischen und britischen Bomberkräfte in den Wochen vor dem D-Day und den darauffolgenden Monaten auf taktische Bombenangriffe an der Front übergingen – konnte ihre vereinigte Streitmacht gemeinsam gegen Deutschland vorgehen, und sie tat dies mit zunehmender Vehemenz.

Ein Hauptziel der koordinierten Angriffe war die Luftwaffe, genauer gesagt jene Fabriken, in denen Kampfflugzeuge und Ersatzteile hergestellt wurden. Diese neue Strategie wurde erstmals in der »Big

Week« erprobt, die am 19. Februar 1944 mit einem nächtlichen 800-Bomber-Angriff des RAF-Bomber Command auf Leipzig begann, wo sich vier Messerschmitt- und eine Kugellagerfabrik befanden. Die Amerikaner folgten am nächsten Tag mit 200 Flugzeugen, und weitere 800 ihrer Bomber griffen gleichzeitig mehrere andere deutsche Städte an. Die RAF bombardierte die Stadt, die USAAF bombardierte die Fabriken. Nach dem gleichen Muster erfolgten weitere Angriffe die ganze Woche hindurch: Hunderte von Flugzeugen des Bomber Command griffen nachts an, und Hunderte von Flugzeugen der 8. Army Air Force bombardierten bei Tag, so dass ein praktisch ununterbrochener Bombenregen auf Deutschland niederging. Stuttgart, Braunschweig, Halberstadt, Regensburg, Schweinfurt und Augsburg waren lediglich einige der Ziele. Die historische Altstadt von Augsburg – um ein Beispiel für die Auswirkungen dieser Bombardements zu nennen – wurde beim Angriff des Bomber Command am 25./26. Februar 1944 dem Erdboden gleichgemacht.

»Big Week« war nur der Anfang. Man könnte die gemeinsame Offensive ebenso gut »Big Year« nennen, da sie nach der D-Day-Phase taktischer Bombardements genau so weiterging, wie sie begonnen hatte – nur noch intensiver. Als die taktischen Luftangriffe zu Ende gingen und die Angriffe auf deutsches Reichsgebiet im Herbst 1944 mit voller Kraft wieder aufgenommen wurden, waren die Schadenswirkungen um ein Vielfaches größer, weil die Luftstreitkräfte der Alliierten mittlerweile praktisch die Luftherrschaft über Deutschland hatten und ihre Flugzeug- und Munitionsfabriken Rüstungsgüter in immer größeren Mengen ausstießen. Was Ende Februar mit Augsburg geschah und Anfang März mit Frankfurt, sollte das Schicksal vieler deutscher Städte sein, ob sie schon bombardiert worden waren oder noch nicht, bis im April 1945 der Befehl erging, die Bombenangriffe einzustellen.

Harris hatte das Flächenbombardement von Städten nicht zugunsten taktischer Bombenangriffe zur Unterstützung der Operation »Overlord«, der alliierten Landung in der Normandie, aussetzen wollen. Er hatte konsequent die Ansicht vertreten, Luftangriffe würden eine Landung mit Bodentruppen überflüssig machen. Und selbst als er im Januar 1944 erkannte, dass »Overlord« unumgänglich war, machte er schriftlich geltend, seine Bomberkräfte seien nicht auf taktische Bombenangriffe eingestellt und sollten weiterhin das deutsche Herzland angreifen dürfen. »Es liegt kein Widerspruch darin, festzustellen, dass der schwere Bomber eine erstklassige strategische Waffe und eine der untauglichsten taktischen Waffen ist«, sagte er noch am 15. Mai in einer Rede im Hauptquartier der 21. Army Group in Anwesenheit von Feldmarschall Sir Bernard Montgomery.[61]

Portal musste Harris schließlich befehlen, mit dem Planungsstab für das Unternehmen »Overlord« zusammenzuarbeiten. Bei einem Treffen am 25. März, an dem die Oberbefehlshaber der RAF und der wissenschaftliche Berater, Professor Zuckermann, teilnahmen, wurde ein Plan erarbeitet, der Churchill vorgelegt werden sollte und in dessen Mittelpunkt Luftangriffe auf wichtige Eisenbahnknotenpunkte in Frankreich und Belgien standen. Man erhoffte sich davon die Unterbrechung der deutschen Nachschublinien; erkauft wurde dies allerdings mit dem Risiko zahlreicher Opfer unter der französischen und belgischen Zivilbevölkerung. Portal bezifferte die akzeptable Obergrenze für zivile Opfer auf 10000 Personen. Einer der Anwesenden – Air Chief Marshal Sir Trafford Leigh-Mallory – soll gesagt haben, er wolle der Nachwelt nicht als ein Mann in Erinnerung bleiben, der Tausende von Franzosen auf dem Gewissen hat, worauf Harris gekeift haben soll: »Wie kommen Sie eigentlich darauf, dass Sie der Nachwelt in Erinnerung bleiben werden?«[62]

Am meisten Hohn und Spott aber hatte Harris für »Allheilmittel«-Pläne übrig, wie er Pläne nannte, die von der Annahme ausgingen, ein einzelner Faktor sei kriegsentscheidend: Angriffe auf Ölanlagen, Angriffe auf Kugellagerfabriken und – wie bei diesem Plan – Angriffe auf das Schienennetz. Einem Freund schrieb er:

Die schlimmsten Kopfschmerzen hat uns ein Allheilmittel-Plan bereitet, den sich ein ziviler Professor ausgedacht hat, dessen starke Seite in Friedenszeiten die Erforschung abweichenden Sexualverhaltens bei höher entwickelten Affen ist. Ausgehend von dieser soliden militärischen

Grundlage erstellte er einen Plan, der vorsieht, die gesamten britischen und US-Bomberkräfte für die Zerstörung von Zielen hauptsächlich in Frankreich und Belgien einzusetzen.[63]

Aber Harris war Soldat, und wenn er einen Befehl erhalten hatte und mit seinen Einwänden dagegen nicht durchgedrungen war, gehorchte er nach bestem Wissen und Gewissen. Seine Bomber begannen am 18. April 1944 mit der Bombardierung des französischen und belgischen Schienennetzes, und bis zum D-Day führten sie 60 solcher Angriffe durch. Für die »Anstrengungen, die unternommen wurden, um hohe Verluste unter der Zivilbevölkerungen zu vermeiden«, bekundete ihm Portal seinen Beifall und Churchill seine Dankbarkeit. Dies zeigte, dass das RAF-Bomber Command durchaus Präzisionsangriffe unter weitgehender Schonung der Zivilbevölkerung fliegen konnte: ein Punkt, den wir uns merken sollten.

In der Tat waren die taktischen Operationen der beiden Bomberstreitkräfte insgesamt ein großer Erfolg, und sie hatten auf ihre Weise einen viel größeren Anteil am Sieg als die Flächenbombardements von Städten in den Jahren zuvor. Neben den Eisenbahnknotenpunkten griffen die Bomber Flugplätze, Munitionsdepots und militärische Lager an. Harris konnte in mondlosen Nächten noch immer Bombenteppiche auf zahlreiche deutsche Städte legen, und er begründete dies (überzeugend) damit, diese Angriffe hielten die Deutschen davon ab, ihre Flaks nach Frankreich zu verlegen. Aber der Hauptstoß des Luftangriffs war auf die Erfordernisse der bevorstehenden Landung zugeschnitten; dazu gehörte auch – in deren unmittelbarem Vorfeld – die Bombardierung von Küstenbatterien und Verteidigungsanlagen. In der Nacht vom 4./5. Juni warf das Bomber Command bei wiederholten schweren Luftangriffen auf deutsche Verteidigungsstellungen an der Küste seine bislang größte Bombenmenge ab: 5000 Tonnen. Die britische Marine beschoss gleichzeitig die gleichen Ziele, und durch den Angriff der beiden Teilstreitkräfte wurden neun von zehn deutsche Batterien an der Küste der Normandie so schwer beschädigt, dass sie zu Dauerfeuer nicht mehr imstande waren.[64]

In den Wochen nach dem D-Day flog das Bomber Command

über 3500 Einsätze, um die deutschen Nachschublinien zu unterbrechen, wobei es bemerkenswerte Erfolge verbuchte. So gelang es ihm beispielsweise in der Frühphase der Landung, durch Präzisionsbombardierung eines Eisenbahntunnels einen mit Panzern für die Front beladenen Güterzug aufzuhalten. Bei all diesen Einsätzen war die Verlustrate sehr niedrig. Dazu gehörten auch die taktische Unterstützung von Bodentruppen und Angriffe auf deutsche Flotteneinheiten, die versuchten, den Nachschub über den Ärmelkanal zu unterbrechen. Ähnlich wie seine Erfolge gegen die deutsche Invasionsflotte 1940 dürfte die Rolle des Bomber Command bei der Landung 1944 eine seiner größten Ruhmestaten in diesem Krieg gewesen sein.

Damals aber konnte es Harris kaum erwarten, die Flächenbombardements wieder aufzunehmen, und ein weiteres »Allheilmittel« – die Rückkehr zu dem Plan, die deutsche Ölversorgung zu zerschlagen – ärgerte ihn abermals. Aber auch dies war ein Befehl, und so tat sich das Bomber Command weisungsgemäß mit der 8. Army Air Force zusammen, in dem Bemühen, die Versorgung der deutschen Panzer und Flugzeuge mit Treibstoff zu stören. Die Verlustrate bei diesen Angriffen war extrem hoch – beispielsweise wurde beim Luftangriff auf Wesseling fast ein Drittel der angreifenden Flugzeuge abgeschossen –, und es war für beide Luftstreitkräfte beinahe eine Erleichterung, dass sie aufgrund taktischer Notwendigkeiten nicht länger Treibstoffziele tief in Deutschland, sondern militärische und Verkehrsziele in Frankreich bombardieren sollten.

Der Erfolg der Alliierten in dieser Phase verdankte sich zum Teil der rein numerischen Überlegenheit. Die beiden Luftstreitkräfte boten 14 000 Flugzeuge aller Typen auf, denen die Luftwaffe mit 1000 Maschinen entgegentrat. In einem vielsagenden Kommentar über dieses starke militärische Ungleichgewicht schreibt Denis Richards in seiner Geschichte des Bombenkriegs: »Die Luftüberlegenheit der Alliierten war so erdrückend…, dass der Ausgang der Krieges eigentlich feststand, nachdem ausreichend Bodentruppen und deren Nachschub erst einmal erfolgreich an Land gebracht worden waren.«[65] Erinnern wir uns daran, dass auch die sowjetischen Streitkräfte im Osten zügig vorankamen. Die Deutschen waren in der Lage – und bewiesen dies auch –, die Schlacht durch ihren erbitterten Widerstand in die Länge zu ziehen, und dies galt insbesondere an der Ostfront, wo die Truppen lieber im Kampf fielen, als sich einem rachsüchtigen und grausamen Feind zu ergeben.

Aber die Unausweichlichkeit eines alliierten Sieges war damals – im Herbst 1944 – für alle, die zwei und zwei zusammenzählen konnten, unverkennbar. Denn obgleich die deutsche Rüstungsproduktion in dieser Phase des Krieges weiter anstieg, hatte sie keine Chance, mit dem überwältigenden Produktionspotenzial der Alliierten, insbesondere der USA, Schritt zu halten. Zudem verfügte Deutschland auch nicht über die personellen Reserven, um noch viel länger durchzuhalten. Hingegen waren die personellen Ressourcen der USA und des damals noch nicht zerfallenen britischen Empire bei weitem nicht ausgeschöpft. Im Spätsommer 1944 war der Krieg daher faktisch gewonnen; niemand auf Seiten der Alliierten glaubte etwas anderes, als dass der Sieg lediglich eine Frage der Zeit sei. Doch die Alliierten waren entschlossen, sich mit nichts Geringerem als der bedingungslosen Kapitulation zufrieden zu geben. Unter anderem deshalb sollten sich die erbitterten Kämpfe noch sieben Monate lang hinziehen. Die Forderung nach bedingungsloser Kapitulation weckte bei den Befürwortern das Gefühl, freie Hand zu haben, wobei die Verluste, die Deutschland dadurch erlitt, natürlich gewaltig waren. In diesem Zeitraum warf das Bomber Command über ein Drittel der Gesamttonnage an Bomben ab, die es während des Krieges über Deutschland niedergehen ließ; und in ebendiesem Zeitraum wandte es seine Aufmerksamkeit Städten zu, die bis dahin unbeschädigt geblieben waren, auf der Suche nach Zielen, wo noch so viel stand, dass sich ein Angriff lohnte.

Mitte September 1944 wurde das Bomber Command wieder der Befehlsgewalt des Air Staff unterstellt, der seinerseits in die Kommandostruktur der vereinigten alliierten Luftstreitkräfte integriert war, nachdem es während der Hauptphase der Landung General Dwight D. Eisenhower unterstanden hatte. Die Nächte begannen wieder länger zu werden; lange Nächte bedeuteten mehr Sicherheit auf Bombenflügen nach Deutschland. Harris schrieb an Churchill, dass aufgrund der taktischen Unterstützung des Bodenkriegs nach dem D-Day Deutschland selbst eine »erhebliche Verschnaufpause« erhalten habe und jetzt erneut angegriffen werden müsse, wobei die Alliierten ihre gewaltige Luftüberlegenheit nutzen müssten, »um Deutschland endlich in die Knie zu zwingen«. Churchill antwortete, er sei zwar weiterhin nicht der Meinung, Bombardements allein genügten, aber Harris' Elan gefalle ihm, und er bestärkte ihn in seinem Vorsatz: »Ich bin ganz und gar dafür, jetzt mit allem auf Deutschland dreinzuschlagen, was auf den Schlachtfeldern entbehrt werden kann.«[66]

Diese Worte waren Musik in Harris' Ohren und erlaubten ihm, die Kernaussage einer neuen Direktive zu ignorieren, die ihn am 25. September erreichte. Sie beinhaltete, Treibstoffanlagen und Verkehrswege als *primäre* Ziele anzusehen und erst *in zweiter Linie* die »allgemeine Industriekapazität« Deutschlands, womit tatsächlich die deutschen Städte gemeint waren. Städte sollten immer dann bombardiert werden, wenn die Wetterlage oder sonstige Bedingungen Angriffe auf die primären Treibstoffziele erschwerten. Angesichts der Ermunterung Churchills interpretierte Harris seine Befehle hinsichtlich »sekundärer Ziele« als eine Blankovollmacht für die Wiederaufnahme von Flächenangriffen. Es oblag ihm, darüber zu entscheiden, ob geeignete Bedingungen für Präzisionsangriffe auf Treibstoffeinrichtungen gegeben waren, oder ob es besser wäre, Städte anzugreifen. Er gebot mittlerweile über eine gewaltige Luftflotte; im Schnitt standen ihm jetzt pro Tag 1400 Bomber zur Verfügung, die fast alle den leistungsfähigsten Typen angehörten: Lancaster und Halifax, unterstützt von Mosquito. (Bis April 1945 stieg diese Zahl auf 1600 einsatzfähige Bomber pro Tag.) Weitere technische Fortschritte hatten die Navigations- und Bombenzielgenauigkeit verbessert. Zudem war die Luftwaffe in den Landungsmonaten besiegt worden und jetzt nur noch ein Schatten ihrer selbst.

Dies alles bedeutete aus Harris' Sicht ideale Bedingungen für die Zerstörung der deutschen Städte. Er zögerte nicht, sie zu nutzen. Nichts verrät seine Absichten deutlicher als die Tatsache, dass nur 6 Prozent der Bomben, die das Command in den letzten Kriegsmonaten abwarf, gegen Treibstoffziele gerichtet war. Harris' Vorgesetzte drängten ihn zwar weiterhin, diese anzugreifen, doch er bombardierte konsequent Städte: Das bereits in Trümmern liegende Köln wurde in den Tagesstunden des 28. Oktober von 733 Bombern angegriffen, in der Nacht vom 30./31. Oktober von 905 Bombern und in der Nacht vom 31.Oktober/1. November von 493 Bombern. Bei diesen Angriffen wurden Trümmer zu Staub zerbombt. Die Verluste der Angreifer beliefen sich auf 0,4 Prozent; die Städte waren den Bombardements praktisch schutzlos ausgeliefert.

Portals Anstrengungen, Harris zu einer stärkeren Fokussierung auf Treibstoffziele zu bewegen, veranlassten ihn dazu, am 1. November eine neue, strenger gefasste Treibstoffdirektive zu erlassen. Nachrichtendienstliche Analysen aus der damaligen Zeit und Auswertungen nach dem Krieg, in die Albert Speers Berichte über die Lage in Deutschland einflossen, zeigten, dass die Treibstoffversorgung die entscheidende Schwachstelle Deutschlands war. Trotzdem ließ sich Harris nicht von seiner Geringschätzung für »Allheilmittel« abbringen. Nachdem er Portals neu gefasste Direktive erhalten hatte, antwortete er, das Wetter und die Umstände seien die entscheidenden Faktoren bei der Zielauswahl, also sei es, wenn das Wetter keine Präzisionsangriffe auf Raffinerien und Ähnliches erlaube, »besser, statt gar nichts, irgendetwas in Deutschland zu bombardieren«. Außerdem, so fuhr er fort, tue er sein Möglichstes, um Treibstoffziele anzugreifen, obgleich er nicht mit den »Allheilmittel-Krämern« übereinstimme – und obgleich 15 deutsche Großstädte noch immer nicht angegriffen worden waren. Er sei fest davon überzeugt, dass die Vervollständigung des »Städteprogramms« das Kriegsende schneller herbeiführen werde als alles, was die alliierten Bodentruppen erreichen könnten. Zu den 15 unbeschädigten deutschen Großstädten auf seiner Zerstörungsliste gehörte auch Dresden.[67]

Portal schrieb zurück: »Ich habe mich gelegentlich gefragt, ob die Anziehungskraft der verbliebenen deutschen Städte in der Vergangenheit unsere Bomber nicht genauso stark von ihren vorrangigen Zielen abgelenkt hat wie die von Ihnen genannten taktischen und meteorologischen Schwierigkeiten.« Offenbar hatte Portal, von seiner ranghöheren Warte aus, gelernt, den Krieg in seinem umfassenderen Zusammenhang wahrzunehmen. Doch abgesehen von Churchills Unterstützung konnte Harris noch eine weitere Trumpfkarte ausspielen: Er behauptete nämlich, er müsse die deutsche Luftverteidigung im Interesse der Sicherheit seiner Besatzungen im Unklaren über das Ziel des nächsten Bombenangriffs lassen, denn wenn sie ausschließlich Treibstoffeinrichtungen bombardieren würden, könnte die Abwehr auf diese Einrichtungen konzentriert werden, und die – jetzt sehr niedrigen – Verluste des Bomber Command würden dramatisch ansteigen. Dennoch bemühte sich Portal ein weiteres Mal, Harris dazu zu bewegen, sich auf Treibstoffziele zu konzentrieren, und der Streit zwischen ihnen eskalierte – bis Harris Portal zum Handeln zwang. Er gab ihm zu verstehen, er solle ihn doch entlassen, falls er, Portal, seine Strategie der Luftkriegführung ablehne. Portal reagierte beschwichtigend und erklärte, er könne selbstverständlich weiterhin »zumindest einige der Städte, die Harris genannt hatte, dem Erdboden gleich machen«[68], aber er vertraue darauf (wobei seine Hoffnung wohl ziemlich schwach gewesen sein dürfte), dass Harris sein Möglichstes gegen die Treibstoffinfrastruktur unternehme.

Damit war das Schicksal der für die Zerstörung vorgesehenen Städte auf Harris' Liste besiegelt. Die Angriffe auf Treibstoffziele nahmen im Januar 1945 tatsächlich zu, aber erst die Intervention von keinem Geringeren als Churchill selbst verschaffte Harris' Plan den nötigen Auftrieb. Der Premierminister wollte, dass das Bomber Command etwas unternahm, um den Rückzug der Deutschen aus Breslau unter dem Druck der vorrückenden sowjetischen Truppen zu stören. Portal erbat die Zustimmung der alliierten Stabschefs zu einem Großangriff auf Berlin, Dresden, Leipzig und Chemnitz, wo »ein schwerer Luftangriff nicht nur die Evakuierung aus dem Osten stören, sondern auch die Truppenbewegungen aus dem Westen behindern wird«.[69] Am 3. Februar griff die 8. US Air Force im Rahmen dieses Plans mit 1000 Bombern Berlin an; dabei sollten in erster Linie Gleisanlagen und Verwaltungsgebäude bombardiert werden. Die Zerstörungen waren gewaltig, und nach Angaben der deutschen Behörden starben 25000 Berliner im Bombenhagel. Nach einer zehntägigen Pause wegen schlechten Wetters fand der nächste Großangriff statt – diesmal gegen Dresden.

In der Nacht vom 13. auf den 14. Februar 1945 wurde die Stadt von 800 RAF-Bombern angegriffen; und am nächsten und übernächsten Tag folgten die Amerikaner mit 300 beziehungsweise 200 Flugzeugen. Die Amerikaner hatten es auf die Verschiebebahnhöfe abgesehen, aber die RAF-Bomber nutzten bei ihrem Angriff am 13./14. Februar ein Sportstadion im Stadtzentrum als Zielpunkt. Die meisten Bomben, die die britischen Maschinen bei ihrem Nachtangriff abwarfen, waren Brandbomben, insgesamt 650 000. Der von ihnen entfachte Feuersturm vernichtete die Barockstadt und tötete etwa 25 000 Menschen in der Region.[70]

Die Zerstörung Dresdens war ein epochales Ereignis. Plötzlich änderten diejenigen, die Flächenbombardements bis dahin unterstützt oder zumindest stillschweigend geduldet hatten, ihre Einstellung. Ein Aufschrei der Entrüstung ging durch Deutschland, aber auch in den USA war die Erschütterung groß, als ein amerikanischer Kriegskorrespondent, der aus dem alliierten Hauptquartier berichtete, die Worte eines RAF-Nachrichtenoffiziers zitierte. Dieser sagte bei einer Pressekonferenz, die alliierten Luftwaffenstabschefs verfolgten eine Strategie des »gezielten Bombenterrors gegen deutsche Bevölkerungszentren als ein skrupelloses Mittel, um Hitlers Untergang zu beschleunigen«.[71] Diese Worte erschienen auf den Titelseiten amerikanischer Zeitungen, während sie in England der Zensur zum Opfer fielen.

Doch das Risiko, die öffentliche Empörung über die Zerstörung Dresdens könnte zu einem großen Problem für die alliierten Regierungen werden, wurde durch etwas noch Grauenhafteres entschärft: die Meldungen über das, was die alliierten Truppen bei der Befreiung von Bergen-Belsen, Buchenwald und anderen Konzentrationslagern vorfanden. Filmaufnahmen aus den KZs, die in Wochenschauen gezeigt wurden, fachten die Wut und Entrüstung über Deutschland erneut gewaltig an. In dieser Stimmung sahen viele in den Flächenbombardements im Allgemeinen und in der Zerstörung Dresdens im Besonderen nichts anderes als eine gerechte Strafe.

Allerdings hatte Churchill eine Zeit lang die Möglichkeit erwogen, dass man Deutschland und seine Armee in einer potenziellen Auseinandersetzung mit der Sowjetunion noch brauchen würde, und insbesondere die Nachricht von der Zerstörung Dresden weckten Zweifel in ihm. In den Wochen nach dem Angriff auf Dresden wurden weitere historische Städte scheinbar willkürlich bombardiert, und ihre verstörten Einwohner waren überzeugt davon, dass sie schlicht deshalb angegriffen wurden, weil sie bislang verschont geblieben waren, und dass die riesige Zahl von RAF-Bombern irgendwie beschäftigt werden musste (die USAAF-Bomber griffen nach wie vor hauptsächlich Treibstoff- und Verkehrsziele an – wodurch sie einen Beitrag zum Sieg leisteten). Darunter waren Städte wie Worms, Mainz, Würzburg, Hildesheim, Gladbeck, Hanau und Dülmen.[72] Die Summe all dieser Ereignisse schien Churchill nachdenklich zu stimmen. Zweifellos hatten sein Außenminister Anthony Eden und andere ihn dazu gebracht, sich intensiver mit der Nachkriegsordnung im Allgemeinen und den Problemen des Wiederaufbaus und der Gesellschaftsordnung im Nachkriegsdeutschland im Besonderen zu befassen. Am 28. März schließlich schrieb er an Portal und die übrigen Stabschefs ein Memorandum, das in der Official History zitiert wird: »Mir scheint, der Augenblick ist gekommen, da die Frage der Bombardierung deutscher Städte zu dem Zweck, noch mehr Terror zu verbreiten, überdacht werden sollte. Andernfalls werden wir die Kontrolle über ein Land erhalten, das völlig in Trümmern liegt. Die Zerstörung Dresdens wirft ernste Zweifel an der alliierten Bombenkriegführung auf.«[73]

Die Folgen dieser Notiz sind umstritten, und wir werden sie im Lauf dieses Buches erneut diskutieren. Aber die Flächenbombardements wurden größtenteils eingestellt, nachdem Churchill das Memorandum verschickt hatte, und der letzte Luftangriff durch schwere RAF-Bomber fand nur etwas mehr als drei Wochen später, am 25./26. April, statt.

Sobald der Krieg des Bomber Command vorbei war, begann die weit angenehmere humanitäre Aufgabe, Hilfsgüter in die verwüsteten Regionen Europas zu transportieren und britische Kriegsgefangene in die Heimat zurückzuholen.

Der Schwerpunkt dieser Darstellung lag bislang auf dem RAF-Bomber Command, und zwar deshalb, weil das Command bis Anfang

1944 die Hauptlast des Luftkriegs gegen Deutschland trug. 1943, aber vor allem ab Anfang 1944 leistete dann die 8. US Air Force einen maßgeblichen Beitrag, und dem Eingreifen der Amerikaner ist es zu verdanken, dass die Luftwaffe in der Luft durch überlegene amerikanische Jäger und am Boden durch Zerstörung ihrer Treibstofflager ausgeschaltet wurde.

Die Strategien der 8. Army Air Force unterschieden sich, wie bereits erwähnt, sowohl offiziell als auch in der Praxis von denen des Bomber Command. Während das Bomber Command in erster Linie Flächenangriffe auf Ballungszentren flog, bemühten sich die Amerikaner um Präzisionsbombardements; sie flogen bei Tag, damit sie die Verschiebebahnhöfe, Brücken, Treibstoff- und Industrieanlagen, die sie treffen wollten, sehen konnten. Sie verzichteten zwar nicht völlig auf Flächenbombardements auf dem europäischen Kriegsschauplatz, aber es war nicht ihre offizielle Strategie.

Als 1942 die ersten Einheiten der US Army Air Force in Großbritannien eintrafen, waren sich der Befehlshaber der USAAF, Lieutenant-General »Hap« Arnold, der Kommandeur ihrer in Großbritannien stationierten Verbände, Major-General Carl »Tooey« Spaatz, und der Kommandeur der Bomberstaffeln innerhalb dieser Verbände, Brigadier-General Ira Eaker, untereinander und mit Portal und Harris darin einig, dass die Bomberwaffe den Krieg entscheiden könnte. Aber die Amerikaner waren in der Frage, wie dies erreicht werden sollte, gänzlich anderer Meinung als ihre britischen Kollegen. Ihres Erachtens bestand die geeignete Vorgehensweise darin, Schlüsselstellen der Industriekapazität des Feindes zu zerstören. Die Briten dagegen hielten nach den Fehlschlägen in den Anfangsjahren des Krieges die Zermürbung der feindlichen »Moral« für den richtigen Weg.

Die amerikanischen Tagbombardements waren gerechtfertigt durch ihre Überzeugung, die massive Feuerkraft ihrer Flugzeuge, die in straffer Rottenformation flogen, würde feindliche Jäger abschrecken. Die »Fliegenden Festungen« waren mit mehr und schwereren MGs als die britischen Flugzeuge ausgerüstet – vom Kaliber 12,7 mm gegenüber 7,6 mm –, und außerdem ergaben sich zwischen den MG-Ständen im Heck, auf der Rumpfober-, Rumpfunterseite und im Bug überlappende Schussfelder. Die Feuerkraft des 12,7-mm-

MG war enorm, und die Jagdpiloten der Luftwaffe hatten gehörigen Respekt davor. Letztere aber fanden schon bald heraus, wie sich amerikanische Bomberverbände verteidigten, und daher lernten die Amerikaner genauso schnell die Schwächen ihrer eigenen Taktik kennen. Hauptsächlich deshalb mussten die Angriffe der 8. US Air Force auf das Deutsche Reich selbst, abgesehen von den – für die Air Force – desaströsen Bombardierungen Schweinfurts im Jahr 1943, tatsächlich so lange warten, bis Mustang-Begleitjäger verfügbar waren, die ihre Angriffe ab Januar 1944 abschirmten.

Weil die stärkere Panzerung und Bewaffnung ihr Gewicht erhöhte und den verfügbaren Laderaum verringerte, beförderten die amerikanischen Flugzeuge jedoch höchstens die Hälfte der Bombenlast der schweren RAF-Bomber. Dies galt, als die 8. US Air Force 1942 nach Großbritannien verlegt wurde, um ihre ersten zaghaften Einsätze zu fliegen, und auf britischer Seite die Wellington-Bomber das Rückgrat der Bomberstreitkräfte bildeten. Die Diskrepanz wurde noch größer, nachdem die unübertrefflichen Lancaster die Hauptlast der Angriffe trugen, während die 8. US Air Force weiterhin B-17- und B-24-»Festungen« flog. (Die amerikanischen Luftstreitkräfte in Europa und Nordafrika wurden nicht mit der B-29-»Superfestungen« ausgerüstet, die nur auf dem pazifischen Kriegsschauplatz zum Einsatz kamen.) Aber eine schwere Bombenzuladung war nicht unbedingt ein entscheidender Faktor bei Präzisionsangriffen, ebenso wenig wie eine außergewöhnlich große Zahl von Flugzeugen. Da die USAAF in Nordafrika und im Pazifikraum stark beansprucht wurde, konnte sie erst 1944 Flugzeuge in größerer Zahl für den europäischen Kriegsschauplatz bereitstellen.

Aus all diesen Gründen trug das RAF-Bomber Command während des größten Teils des Krieges die Hauptlast der Bombenangriffe gegen Deutschland, und daher nehmen seine Aktivitäten in historischen Darstellungen breiteren Raum ein. Allerdings übersehen diese dabei die entscheidende Rolle der 8. Army Air Force bei der Ausschaltung der Luftwaffe. Sie griff die Flugzeugfabriken an, errang die Luftherrschaft und bombardierte die Treibstofflager der Luftwaffe, so dass die deutschen Maschinen in der Schlussphase des Krieges am Boden festsaßen.

Diese historischen Darstellungen ignorieren aber auch den erstaunlichen Unterschied zwischen den amerikanischen Luftkriegsstrategien in Europa und in Japan. Das ist äußerst aufschlussreich. Denn während sich amerikanische Bomber in Europa auf Präzisionsangriffe konzentrierten, führten sie über Japan unterschiedslose Flächenbombardements durch.

Eine Bomberoffensive gegen die japanischen Inseln wurde für die US-Streitkräfte erst dann zu einer Option, als sie die Marianen besetzt hatten. Ab Herbst 1943 gab es Versuche, japanische Fabriken in der Mandschurei und auf Kyushu von Stützpunkten in China aus anzugreifen, aber diese Bemühungen blieben begrenzt, zum Teil weil die B-29 mit chinesischen Bomberkräften um den Nachschub an Treibstoff und Bomben konkurrieren mussten, der mühsam aus Indien herangeschafft wurde. Dies bedeutete, dass sie nur einige Angriffe pro Monat fliegen konnten, welche wiederum keine nennenswerten Schäden anrichteten. Als ab November 1944 von Tinian, Saipan und Guam aus Angriffe mit Langstreckenbombern gegen die japanischen Inseln geflogen werden konnten, wurden die in China stationierten B-29 verlegt, um sich an der Offensive zu beteiligen.

Doch erst im März 1945 begannen die anhaltenden schweren amerikanischen Luftangriffe gegen Japan in voller Wucht. Sie verfolgten zwei Ziele: In erster Linie sollten sie Japan, ohne Invasion, zur Kapitulation zwingen, und außerdem sollten sie den japanischen »Widerstandswillen« schwächen für den Fall, dass sich eine Invasion doch als notwendig erweisen sollte. Der Auftrag der USAAF lautete: »Unterbrechung des Schienennetzes und des Verkehrssystems durch Angriffe bei Tag, verbunden mit der Zerstörung von Städten durch Nacht- und Schlechtwetterangriffe«.[74] In diesem Fall wurden »zuerst die Städte bombardiert: »Im März 1945 begannen die großangelegten Angriffe auf Stadtgebiete, während das Schienennetz erst gegen Kriegsende [im August 1945] in nennenswertem Umfang angegriffen wurde.«[75]

Diese Verzögerung zwischen November 1944, als die Flugplätze auf den eroberten Marianen in Betrieb genommen wurden, und

März 1945, als die Flächenangriffe auf japanische Städte begannen, hatte logistische Gründe: Zunächst waren nur wenige Bomber auf den Marianen stationiert, und die japanischen Jäger leisteten noch immer so starken Widerstand, dass die Bomber in ihrer Bewegungsfreiheit eingeschränkt waren. Die kleine Bomberstreitmacht warf ihre Ladungen bei Tag aus sehr großer Höhe – 9000 Meter – ab, um die japanische Flugzeugproduktion zum Erliegen zu bringen, aber bestenfalls 10 Prozent ihrer Bomben gingen in Zielnähe nieder.

Im März 1945 wurde die Strategie geändert. Die oben erwähnte Direktive wurde erlassen, und für ihre Umsetzung standen mittlerweile mehr Flugzeuge zur Verfügung. Inzwischen hatte man außerdem herausgefunden, dass die japanischen Jäger nachts weitaus weniger effektiv waren. Die Flächenbombardements begannen daher mit nächtlichen Brandbombenangriffen auf die vier größten japanischen Städte – Tokio, Nagoya, Osaka und Kobe –, die fast ausschließlich aus Holzhäusern bestanden. Die Bomber flogen in geringer Höhe – etwa 2000 Meter –, so dass sie mehr Brandbomben laden und zielgenauer bombardieren konnten. Der Kommandeur des XXI. Bomber Command war General Curtis E. LeMay, der die Strategie von Nachtangriffen aus geringer Flughöhe entwickelte. Er befahl, einige der Bord-MGs aus den B-29-»Superfestungen« zu entfernen, um ihre Ladekapazität für Brandbomben noch weiter zu erhöhen.

Der erste Angriff fand in der Nacht vom 9. auf den 10. März 1945 statt. Er richtete sich gegen Tokio; 1667 Tonnen Brandbomben fielen auf rund 40 Quadratkilometer der am dichtesten bevölkerten Stadtteile. Diese brannten in einem tosenden Feuersturm bis auf die Grundmauern nieder, über 85000 Menschen kamen dabei um.[76] Die Zerstörungen und die Opferzahlen sollten größer als bei den Atombombenabwürfen auf Hiroshima und Nagasaki im August 1945 sein. Abgesehen von den Atombombenabwürfen handelte es sich hierbei um die Flächenbombardements mit der größten Zerstörungskraft, doch die folgenden Angriffe – bei denen über 9000 Tonnen Brandbomben auf die drei nächstgrößten japanischen Städte abgeworfen wurden und etwa 80 Quadratkilometer verwüsteten – richteten ebenfalls verheerende Schäden an.

Im Verlauf der nächsten fünf Monate dehnte General LeMay die

Flächenoffensive auf ganz Japan aus. Laut dem US Strategic Bombing Survey [Auswertungsbericht über den strategischen Bombenkrieg] für den pazifischen Kriegsschauplatz wurde fast die Hälfte der bebauten Fläche von 66 japanischen Städten zerstört. Zählt man die Zahl der Opfer der Atombombenabwürfe hinzu, so kamen insgesamt 330000 Menschen um, weitere 460000 wurden verwundet. »Die Hauptursache für den Tod von Zivilisten«, heißt es im US Survey, »waren Brände.«[77]

Höhepunkt der Flächenoffensive gegen Japan war selbstverständlich der Abwurf jeweils einer Atombombe auf Hiroshima und Nagasaki am 6. und 9. August 1945. Die beiden Explosionen töteten 100000 Menschen und zerstörten die Hälfte der Gebäude in jeder Stadt. Der US Strategic Bombing Survey befasste sich besonders eingehend mit den Folgewirkungen dieser Angriffe, da die US-Regierung sehr daran interessiert war, Genaueres über die Fähigkeiten ihrer neuen Waffe zu erfahren – eine Neugier, für die es gewichtige Gründe gab, von denen einige offensichtlich, andere hingegen umstritten waren. Der US-Auswertungsbericht geht ausführlich auf solche Fragen ein wie (zum Beispiel), ob der Schweregrad der Strahlenverbrennungen davon abhing, ob das Opfer Kleidung trug oder nicht. Die Behörden in Washington interessierten sich insbesondere für das Fazit des Berichts: »Wollte man die gleichen Schäden und die gleichen Verluste erzielen, die in Hiroshima durch die von einem einzelnen Flugzeug abgeworfene Atombombe verursacht wurden, wäre der Einsatz von 220 B-29 mit 1200 Tonnen Brandbomben, 400 Tonnen Sprengbomben und 500 Tonnen Splitterbomben notwendig gewesen, falls statt einer Atombombe konventionelle Waffen benutzt worden wären.«[78]

Die Atombombenabwürfe wecken bei vielen Menschen ernste Zweifel daran, ob die US-amerikanischen Flächenbombardements über Japan moralisch vertretbar sind, so wie viele Menschen den Brandangriff auf Dresden durch das RAF-Bomber Command und die 8. US Air Force für moralisch fragwürdig halten. Die Angriffe nehmen aufgrund spezieller Umstände eine Sonderstellung ein – die Schönheit und die kulturelle Bedeutung Dresdens; die erstmalige

Nutzung der gewaltigen Kraft des Atoms als Waffe. Aber sie unterscheiden sich nicht grundsätzlich von den Brandbombenangriffen auf Tokio und Hamburg oder von anderen Flächenangriffen auf deutsche und japanische Städte. Außer vielleicht in einer Hinsicht: Falls das Flächenbombardement ein moralisches Verbrechen ist, dann kommen bei den Bombenangriffen in den letzten sechs Kriegsmonaten sowohl auf dem europäischen als auch auf dem japanischen Kriegsschauplatz erschwerende – strafverschärfende, wie die Juristen sagen – Umstände hinzu, die sie moralisch noch fragwürdiger erscheinen lassen, teils weil der Sieg nicht mehr ernsthaft in Frage stand, teils weil die Motive für den Abwurf der Atombomben möglicherweise über die Verwirklichung der alliierten Kriegsziele hinsichtlich Japans hinausgingen.[79]

Dies ist die Geschichte des Bombenkriegs. Als Nächstes wollen wir uns der Frage zuwenden, welche Auswirkungen er auf die Menschen hatte, die in Deutschland und Japan die Bombenangriffe erlebten.

2

Die Erfahrung
der Bombardierten

Am Abend des 27. Juli 1943 waren die westlichen Stadtviertel Hamburgs noch immer übersät von Bränden, die beim ersten Angriff der RAF drei Nächte zuvor ausgebrochen waren. In den Kohle- und Koksvorräten, die im Freien aufgehäuft worden waren, loderten Schwelbrände, deren grelles Glühen bei Nacht über viele Kilometer hinweg zu sehen war. Sie erhöhten die Gefahr weiterer Luftangriffe, so dass die Behörden die Bevölkerung anwiesen, alles zu tun, um die Brände zu löschen. Als die Bomber in der Nacht vom 27./28. Juli für den großen Feuersturm-Angriff zurückkehrten, gingen ihre Bomben hauptsächlich im Osten der Stadt nieder; die städtische Feuerwehr kämpfte noch immer mit den Kohlefeuern in den westlichen Stadtvierteln.

Die meisten der Ausgebombten des ersten Angriffs waren evakuiert worden, und obgleich viele andere ebenfalls versucht hatten, die Stadt zu verlassen, wurden sie von den Behörden wegen Überlastung der öffentlichen Verkehrsmittel daran gehindert. In der Stadt traf Verstärkung in Form zusätzlicher Flakbatterien ein, und in den warmen Sommernächten schliefen ihre Bedienungsmannschaften am Boden neben ihren Geschützen.

Viele der Städter taten es ihnen gleich. Sie suchten sich ein Fleckchen Gras außerhalb der öffentlichen Luftschutzräume, betteten den Kopf auf ihre Bündel, bereit, beim ersten Luftalarm in die Schutzräume zu eilen. Als die Sirenen am 27. Juli heulten, machten sich alle bereit, Zuflucht zu suchen, aber über eine Stunde lang geschah nichts: keine Bomben, keine Bomber, kein Flakfeuer. So zögerten sie an den Eingängen der Luftschutzbunker und kehrten nach einer

Weile zu ihren Plätzen unter freiem Himmel zurück. Was die Hamburger nicht wussten: Der Bomberstrom flog nördlich an der Stadt vorbei, drehte dann um und griff die Stadt aus östlicher Richtung an. Der Planungsstab des Bomber Command hoffte, ein Anflug aus dieser unerwarteten Richtung würde die deutsche Luftabwehr verwirren. Und so geschah es. Die Bomben der Angreifer fielen auf die am dichtesten bevölkerten Stadtviertel östlich der Elbe – Billwerder Ausschlag, eng bebaut mit achtstöckigen Arbeiter-Mietshäusern, St. Georg, Barmbek, Wandsbek und die drei Hamm-Viertel – Hamm Nord, Hamm Süd und Hammerbrook.

Die Bedienungsmannschaften der Flakbatterien durften, anders als die Zivilisten, keine Luftschutzräume aufsuchen, und aus diesem Grund konnten sie das, was geschah, als die Bomber über ihrem Ziel eintrafen, hervorragend beobachten. Leutnant Hermann Bock – ein gebürtiger Hamburger, der jetzt eine Flakbatterie befehligte, die eilig aus Mönchengladbach herbeigeschafft worden war, um die Luftabwehr seiner Geburtsstadt zu verstärken – schrieb:

> Hamburgs Nachthimmel war in wenigen Sekunden zu einem schaurigen Höllenhimmel geworden, den zu beschreiben schwer möglich ist. Auf- und abschwellende Heultöne der Sirenen und sofort Flugzeuge in den Fangarmen der Scheinwerfer, herumsuchende Scheinwerfer, auflodernde Brände, überall Rauchschwaden, lautstark heranrollende Detonationswellen, unterbrochen von Lichtdomen von aufzuckenden Luftminen, herabrieselnde Kaskaden von Licht- und Markierungsbomben, Stabbrandbomben hörte man herabbrausen, kein Menschenlaut, kein Aufschrei war zu hören. Es war wie der Weltuntergang, man dachte, fühlte, sah und sprach nichts mehr.[1]

Hamburgs Bürger mussten an ihren Arbeitsplätzen abwechselnd als Brandwachen dienen. Sie trugen Uniformen und Stahlhelme, hatten eine kurze Grundausbildung durchlaufen und sollten nach Bränden Ausschau halten und diese schnellstmöglich löschen. Manchmal waren die »Brandwachen« ungeachtet des Anscheins von Autorität und fachmännischem Können, das die Uniformen verliehen, junge Halbwüchsige (wie übrigens auch die Schützen der Flakbatterien). Ein

16-jähriges Mädchen, das ebenfalls als Brandwache eingeteilt war, schilderte, wie sie in einem Keller kauerte, während die Mauern um sie herum wankten und Risse bekamen und sie und ihre Kameraden still beteten. Eine aus ihrer Mitte, ein anderes junges Mädchen, bekam einen hysterischen Anfall, als hätte sie eine Vorahnung gehabt: Ihre Mutter und Großmutter kamen in dieser Nacht in ihrer Wohnung um.[2] Eine andere Brandwache, ein älterer Mann mit mehr Erfahrung, beschrieb, wie er versuchte, auf den Stufen seines Luftschutzkellers Wache zu halten, bereit, beim ersten Anzeichen von Flammen mit seinen Kameraden nach draußen zu eilen, als der Feuersturm ohne Vorwarnung zuschlug:

> Plötzlich setzte ein wahrer Feuerregen vom Himmel ein. Die Luft war erfüllt von lauter Feuer! Jetzt den Schutzraum zu verlassen, hätte den sicheren Tod bedeutet... Durch jeden Spalt drang Rauch in den Raum ein. Jedes Mal, wenn man die Stahltüren öffnete, sah man, dass wir von Feuer förmlich umgeben waren... Dann erhob sich ein Sturm, ein schrilles Heulen auf der Straße. Er wuchs an zu einem Orkan... Der ganze Hof, das Fleet, überhaupt wohin man sah, alles war ein einziges großes gewaltiges Flammenmeer.[3]

Ein anderer Überlebender meinte, das Heulen des Feuersturms sei, »als ob der Teufel lachte«.[4]

Der Feuersturm begann um etwa 1.20 Uhr in Hammerbrook. Das flammende Inferno sog mit Orkangeschwindigkeit Luft an und erreichte Temperaturen von 800 Grad Celsius und mehr. Das Bombardement war noch im Gange und dauerte eine weitere halbe Stunde, mit der Folge, dass der Feuersturm über sein ursprüngliches Kerngebiet hinaus auf die äußeren Randbezirke und die Innenstadt übergriff. Insgesamt wurde eine Fläche von etwa zehn Quadratkilometern praktisch eingeäschert.[5] Der Feuersturm tobte bis 3.30 Uhr, noch länger als eine Stunde nach dem Abwurf der letzten Bomben.

Während des Feuersturms standen die Opfer vor einer fürchterlichen Alternative: Sie konnten in ihren Kellern bleiben, die sich in glühende Backöfen verwandelten und dicht mit Rauch füllten, und warten, bis die Gebäude über ihnen einstürzten; oder sie riskierten es, nach draußen zu laufen, wo die Luft selbst in Flammen zu stehen schien. Menschen, die sich am Rand des Feuersturms aufgehalten hatten und überlebten – in seinem Zentrum gab es nur wenige von ihnen –, beschrieben den Anblick in apokalyptischen Worten.

Sie alle sprechen von der ungeheuren Gewalt des heißen, trockenes Windes, gegen den manchmal auch starke Männer nicht ankämpfen konnten, der die Türen der Häuser aufsprengte und Fensterscheiben eindrückte. Alles Leichte wurde sofort hinweggefegt, und wenn es brennbar war, ging es in Flammen auf... Was wie »Flammenbündel« aussah oder wie »Feuertürme und Feuerwände«, schoss manchmal aus einem brennenden Haus heraus und fegte die Straße hinunter. Das waren »feurige Wirbelstürme«, die einen Menschen auf der Straße packen und ihn sofort in eine menschliche Fackel verwandeln konnten, während andere Menschen, nur wenige Meter entfernt, unberührt blieben. Mit dem Wind gingen immer Wolken von Funken einher, die aussahen wie ein »Schneesturm aus roten Schneeflocken«, und alle Überlebenden erinnern sich an das schrille Pfeifen und Heulen des Sturms, mit dem er durch die Straßen raste.[6]

In dem »gigantischen Backofen«, zu dem Hamburg geworden war, änderten die heftigen sengenden Winde urplötzlich ihre Richtung und rissen die Feuerwände mit sich. So manche Frau musste erleben, wie ihr leichtes Sommerkleid unvermittelt Feuer fing, und in Panik riss sie es sich vom Leib und rannte nackt aus der Flammenhölle.[7] In den Kellern erstickten Menschen, die unversehrt geblieben waren. Polizei- und Augenzeugenberichte bestätigten später viele der Horrorgeschichten über »Hamburger, die den Verstand verloren hatten und Leichen von Verwandten in ihren Koffern transportierten – ein Mann mit der Leiche seiner Frau und seiner Tochter, eine Frau mit der mumifizierten Leiche ihrer Tochter und andere Frauen mit den Köpfen ihrer toten Kinder«.[8] Eines dieser schockierenden Details wird in einem von W. G. Sebald zitierten Bericht eines Augenzeugen erwähnt, der sah, wie Flüchtlinge aus Hamburg in Bayern in einen Zug einzusteigen versuchten. In dem allgemeinen Gedränge »fällt ein Pappkoffer auf den Perron, zerschellt und entleert seinen Inhalt.

Spielzeug, ein Nagelnecessaire, angesengte Wäsche. Zum Schluss ein gebratener, zur Mumie geschrumpfter Kinderleichnam, den das halb irre Weib mit sich geschleppt hat als Überbleibsel einer vor wenigen Tagen noch intakten Vergangenheit.«[9]

Bei einigen Familien überlebten alle Mitglieder: »Meine Mutter hüllte mich in nasse Laken, küsste mich und sagte: ›Lauf.‹«, berichtete Traute Koch, die zur Zeit des Angriffs 15 Jahre als war und in Hamm wohnte.

> An der Haustür verharrte ich. Vor mir sah ich nur Feuer, alles rot, wie das Feuerloch eines Ofens. Eine ungeheure Hitze schlug mir entgegen… Mir direkt vor die Füße fiel ein hell brennender Balken. Ich wich zurück, wollte dann aber darüber springen. Er wurde wie von Geisterhand davongewirbelt… Ich befand mich jetzt vor einem großen fünfstöckigen Haus, in dem wir uns wiedertreffen wollten… Irgendjemand fing mich auf und riss mich in den Hauseingang. Ich schrie nach meiner Mutter. Irgendjemand gab mir Wein oder Schnaps zu trinken, ich schrie – und dann waren auch meine Mutter da und meine kleine Schwester. In dem Kellerraum hatten sich etwa zwanzig Menschen zusammengefunden. Wir saßen fest aneinander geklammert und warteten. Meine Mutter weinte bitterlich. Ich wollte immer schreien – ich hatte grässliche Angst.[10]

Andere hatten nicht so viel Glück. Rolf Witt, der in Borgfelde wohnte, in der Nähe des Zentrums des Feuersturms, rannte so schnell er konnte aus dem stickigen, rauchgefüllten Keller, in dem er mit seinen Eltern und anderen Zuflucht gesucht hatte. Er wähnte seine Eltern dicht hinter sich, doch als er sich umdrehte, waren sie nicht da, und er sah, dass ihr Wohnblock eingestürzt war. »Ich habe meine Eltern nie wieder gefunden, und ich habe nie erfahren, wo oder wie sie gestorben sind. Ich habe immer ein Gefühl der Schuld mit mir herumgetragen, weil ich sie im Stich gelassen habe. Später, als ihr Luftschutzkeller freigelegt wurde, fand man 55 Tote – das heißt, man fand 55 Schädel… Ich habe keinen anderen getroffen, der aus unserem Haus oder dahinter diese Nacht überlebt hat.«[11]

Ein Obst- und Gemüsehändler, der in der Nähe des Kanals am

Löschplatz wohnte, sagte einem Polizisten, der ihn nach dem Luftangriff für einen Bericht befragte:

> Viele Menschen standen plötzlich in Flammen und sprangen in den
> Kanal. Fürchterliche Szenen spielten sich auf dem Kai ab. Menschen
> verbrannten unter entsetzlichen Leiden; einige verloren den Verstand.
> Viele Tote lagen rings um uns her, und ich glaubte nun, dass auch wir
> an diesem Ort bald umkommen würden. Ich kauerte mich mit meiner
> Familie hinter einen hohen Stapel Dachdeckermaterial. Hier verloren
> wir unsere Tochter. Später stellte sich heraus, dass sie in den Kanal ge-
> sprungen war. Beinahe wäre sie ertrunken. Sie wurde von einem Hee-
> resoffizier gerettet, und früh am nächsten Morgen war sie wieder bei
> uns. Bitte ersparen Sie es mir, weitere Einzelheiten zu beschreiben.[12]

Als der Feuersturm vorüber war, begannen unzählige Flüchtlinge die
Stadt zu verlassen. Zuerst war es nur ein kleines Rinnsal, das jedoch
bald zu einem mächtigen Strom anschwoll. Traute Koch ging mit ihrer Mutter und Schwester zunächst zurück zu ihrer Wohnung; doch
dort, wo zuvor das Haus gestanden hatte, war jetzt nur noch ein
Trümmerhaufen. Sie konnten nicht lange dort bleiben, denn der Boden unter ihren Füßen war zu heiß.

> Wir kamen an die Kreuzung Hammer Landstraße/Louisenweg. Ich
> trug meine kleine Schwester und half auch meiner Mutter, über die
> Trümmer zu klettern. Plötzlich sah ich Schneiderpuppen liegen. »Mami,
> hier hat doch gar keine Schneiderin gewohnt – und so viele Puppen!«
> Meine Mutter packte mich am Oberarm. »Geh weiter – sieh nicht so
> genau hin. Weiter. Weiter. Wir müssen hier raus. Das sind Leichen.«[13]

Ein Feuerwehrmann suchte nach seinem kriegsversehrten Bruder.

> Ich kam nur bis zum Heidenkampsweg. Am Eingang zum Maizena-
> Haus (einem großen Bürohaus) sah ich viele tote, nackte Menschen auf
> den Treppen. Ich dachte mir, dass sie wohl von einer Sprengbombe
> getötet und aus dem Luftschutzkeller hinausgeschleudert worden sein
> mussten. Was mich überraschte, war, dass alle diese Menschen mit dem

Gesicht nach unten lagen. Erst später stellten wir fest, dass diese Menschen an Sauerstoffmangel gestorben waren. Ich kletterte über die Trümmer und drang weiter in das zerbombte Gebiet ein. Hier gab es überhaupt keine lebenden Menschen mehr. Die Häuser waren alle zerstört, und sie brannten noch. In der Süderstraße sah ich einen ausgebrannten Straßenbahnwagen, in dem nackte Leichen übereinander lagen. Das Fensterglas war geschmolzen. Wahrscheinlich hatten diese Leute in der Straßenbahn Schutz vor dem Sturm gesucht. Schließlich erreichte ich das Haus am Grevenweg, in dem mein Bruder wohnte. Es war nur noch ein großer Haufen rauchender Trümmer. Fünf Wochen später half ich dabei, ihren Luftschutzkeller freizulegen. Es gab dort nur verkohlte Knochen und Asche. Ich fand ein paar Gegenstände, die meinen Verwandten gehörten – ihre Hausschlüssel und einige Münzen, mit denen mein Neffe immer gespielt hatte.[14]

Eine Frau, die einen Tag nach dem Feuersturm nach Hamburg fuhr, um ihre Eltern zu suchen, musste sich in einem Handgemenge gegen die Wachposten durchsetzen, die aufgestellt worden waren, um die Menschen vom Betreten der am stärksten zerstörten Gebiete abzuhalten. Anne-Lies Schmidt sagte:

Und wieder zu Fuß in das Grauen. Es durfte keiner in das zerstörte Gebiet. Ich glaube, im Angesicht solcher Opfer wächst der Widerstand. Wir haben uns mit dem Sperrkommando geprügelt und kamen durch. Mein Onkel wurde verhaftet.
Vierstöckige Wohnblocks bis zu den Kellern ein glühender Steinhaufen. Alles war geschmolzen und drückte die Leichen vor sich her. Frauen und Kinder bis zur Unkenntlichkeit verkohlt. Halbverkohlte Leichen, der erkennbare Rest der Menschen war an Sauerstoffmangel kaputtgegangen. An den geplatzten Schläfen quoll das Gehirn heraus, das Gedärm hing unter den Rippen heraus. Wie entsetzlich müssen diese Menschen gestorben sein. Die kleinsten Kinder lagen wie gebratene Aale auf dem Pflaster, im Tode noch zeigten die Züge, wie sie gelitten haben. Die Hände vorgestreckt, um sich vor der erbarmungslosen Hitze zu schützen.
Meine Eltern waren ebenfalls tot. Sogar die Leichen waren beschlag-

nahmt! Seuchengefahr! Kein Andenken, kein Bild, nichts. Die im Keller abgestellten Wertsachen geplündert.

Es gab bei mir keine Tränen. Die Augen wurden immer größer, doch der Mund blieb stumm.[15]

Als die Bomberbesatzungen in jener Nacht den Rückflug antraten, sahen sie das brennende Hamburg noch aus 200 Kilometer Entfernung. Zwei Nächte danach waren sie wieder zur Stelle; und dann kehrten sie noch drei weitere Nächte zurück.

Der bedeutende australische Staatsmann Richard Casey, der spätere Lord Casey of Berwick, führte ein Tagebuch, als er Mitglied in Churchills Kriegskabinett war. Darin vermerkte er, dass er mit dem Premierminister einen Film angesehen habe, der RAF-Bomber bei einem Einsatzflug über dem Ruhrgebiet zeigte. »Mit einem Mal«, so notierte Casey in sein Tagebuch, sei Churchill aufgeschreckt, »und er sagt mir: ›Sind wir Tiere? Führen wir das zu weit?‹ Ich sage, dass wir damit nicht angefangen hätten und dass es darum ginge, wir oder sie.«[16] Caseys kategorische Antwort gehört zu den gängigen Argumenten, mit denen der Bombenkrieg gerechtfertigt wird, aber das von ihm überlieferte plötzliche Reuegefühl des Premierministers war keineswegs das einzige Mal, dass Churchill Skrupel bekam – auch wenn er bei anderen Gelegenheiten, vor allem in der Anfangszeit des Krieges, dezidiert von der Notwendigkeit sprach, einen »Vernichtungsangriff« gegen das Nazi-Reich zu führen –, aber es lässt sich daraus allenfalls erahnen, weshalb er diese moralischen Bedenken hatte. Churchill wusste, was nur wenige wussten, nämlich was genau die Bomber abwarfen, während sie hoch über den Explosionsblitzen und den pulsierenden Brandherden unter ihnen hinwegflogen.

Wenn man schreibt, dass die Bombenladungen aus einer Mischung von Spreng- und Brandwaffen bestanden, dann sagt dies wenig darüber aus, was dies tatsächlich bedeutete. Diejenigen, die bei einem Angriff des Bomber Command in Kellern Zuflucht suchten, spürten, wie die Sprengbomben, die auf sie niedergingen, dumpf aufschlugen und die Grundmauern zum Wanken brachten. Und sie spürten auch den Wechsel von Sog und Druck, den sie verursachten.[17] Sie lernten, die verschiedenen Typen von Brandbomben, die zwischen den schweren Sprengbomben auf sie niederprasselten, anhand ihres Geräuschs zu unterscheiden. Ein Schwirren wie bei einem plötzlich auffliegenden Vogelschwarm deutete auf einen Reihenwurf von Stabbrandbomben hin, die sich in Bodennähe in alle Richtungen verteilten. Eine Explosion wie ein plötzlicher Knall verriet eine 12-kg-Brandbombe, aus der bis zu 80 Meter weit reichende Flammen herausschossen. Ein lautes Platschen war eine 14-kg-Brandbombe, die Flüssigkautschuk und Benzen in einem Umkreis von 50 Metern verteilte. Das Geräusch eines nassen Sacks, der schwer zu Boden plumpste, war typisch für einen Kanister, der zwanzig Liter Benzol enthielt. Ein schrilles Explosionsgeräusch kündigte eine 106-kg-Bombe an, die mit Benzen oder Schweröl getränkte Lappen herausschleuderte, oder es war eine 112-kg-Bombe, die 1000 Benzol- und Kautschukplättchen ausstieß und in der Umgebung verteilte.[18] Phosphor, Magnesium und eingedicktes oder geliertes Erdöl (das beste Beispiel hierfür ist »Napalm«, das 1942 an der Harvard-Universität erfunden wurde und das die USAAF später im Krieg gegen Japan einsetzte) ließen sich, wenn sie erst einmal brannten, so gut wie nicht mehr löschen, und bei der Explosion verteilten sie sich wie zähflüssige Lavaspritzer über Gebäude und Menschen, blieben an ihnen haften und brannten unter enormer Hitzeentwicklung. Menschen, die in Kanäle sprangen, wenn sie mit brennendem Phosphor bespritzt waren, mussten zu ihrem Entsetzen feststellen, dass sich der Phosphor spontan wieder entzündete, sobald sie das Wasser verließen.

Unter den Brandbomben waren auch vereinzelte 2-kg-»X«-Bomben mit Zeitzünder, die so eingestellt waren, dass sie erst explodierten, wenn die Feuerwehrleute und andere Katastrophenhelfer vor Ort eintrafen.

Der Hamburger Feuersturm in der Nacht vom 27. auf den 28. Juli 1943, der als einer der größten Erfolge der Flächenoffensive des RAF-Bomber Command gerühmt wurde, hat nicht den gleichen historischen Stellenwert wie der Brandbombenangriff auf Dresden in der Nacht vom 13./14. Februar 1945 oder der Brandangriff auf

Tokio am 9./10. März 1945 oder auch die Atombombenabwürfe auf Hiroshima und Nagasaki am 6. beziehungsweise 9. August 1945. Die Gründe liegen auf der Hand. Dresden war eine wunderschöne Stadt, ein kulturhistorisches Kleinod von europäischem Rang, und die Stadt wurde zu einem Zeitpunkt und unter Umständen eingeäschert, die vielen fragwürdig erscheinen. (Ich werde später auf die Bombardierung Dresdens zurückkommen.) Der Brandbombenangriff auf Tokio forderte unmittelbar sogar noch mehr Opfer als die Vernichtung Hiroshimas. Die Atombombenangriffe stehen allerdings auf einem anderen Blatt; sie waren *sui generis* – eine Klasse für sich. Denn dabei wurde eine neue Waffe von ungekannter Zerstörungskraft eingesetzt. Ihre Auswirkungen auf die Städte und Menschen – insbesondere, was Letztere anbelangt, die schleichenden Folgen der Strahlenkrankheit und die Spätfolgen in Form weiterer körperlicher Erkrankungen und psychischer Traumatisierungen – übertreffen bei weitem selbst die schlimmsten Bombenangriffe in diesem oder irgendeinem anderen Krieg. (Ich werde später auch auf die Bombenangriffe gegen Japan zurückkommen.)

Aber Dresden, Tokio, Hiroshima und Nagasaki werfen noch weitere Fragen auf. Sie fallen in eine Kategorie, die nicht nur durch ihren Charakter, sondern auch durch den gewählten Zeitpunkt herausragt. Die Bombardierung Hamburgs im Rahmen der Operation »Gomorrha« fand auf dem Höhepunkt des Krieges statt, als dessen Ausgang noch nicht sicher war, auch wenn die Alliierten wussten, dass sie den Achsenmächten in Bezug auf Industriekapazität und personelle Ressourcen weit überlegen waren.[19] Diese anderen, späteren Bombenangriffe ereigneten sich zu einem Zeitpunkt, da fast alle Beteiligten erkennen konnten, dass sich der Krieg seinem Ende näherte. Man kann ihre Berechtigung ernsthaft in Frage stellen, auch wenn man bereits überzeugt davon ist, dass Flächenangriffe wie die Operation »Gomorrha« notwendig oder zumindest durch die Zeitumstände gedeckt waren.

Dies soll nicht heißen, dass die moralische Vertretbarkeit irgendeines Teils der alliierten Flächenoffensiven bereits als erwiesen unterstellt wird. Falls die Operation »Gomorrha« aus moralischen Gründen nicht gerechtfertigt werden kann, dann lässt sich der massive

Einsatz von Spreng- und Brandbomben durch die Alliierten zwischen September 1944 und August 1945 wahrscheinlich erst recht nicht rechtfertigen. Dazu später mehr.

Jedenfalls kann die Erfahrung derjenigen, die in Hamburg bombardiert wurden, als exemplarisch für die Erfahrung aller vom Bombenkrieg Betroffenen betrachtet werden, ob zu Kriegsbeginn in Coventry oder gegen Kriegsende in Tokio. Denn für alle Menschen, die die entsetzlichen Gräuel des Bombenkriegs am eigenen Leib erlebten, sind feinsinnige Differenzierungen zwischen den Anlässen belanglos. Und wir können wohl auch kaum eine »Rangfolge des Grauens« aufstellen. Der Schriftsteller Kurt Vonnegut schildert in seinen Erinnerungen an den Brandbombenangriff auf Dresden, wo er damals als Kriegsgefangener interniert war, wie die erstickten, aber ansonsten unversehrten Leichen der Opfer in den Kellern nicht geborgen, sondern von der obersten Kellerstiege aus mit Flammenwerfern eingeäschert wurden.[20] John Hersey, der die Erlebnisse von Menschen in Hiroshima schildert, erzählt, dass ein Jesuitenmönch eine Gruppe von zwanzig Soldaten fand, die in den Himmel geblickt hatten, als die *Enola Gay* in großer Höhe die Stadt überflog, und deren Augäpfel durch den Strahlungsblitz der Bombe verflüssigt wurden, so dass die gallertartige Masse des Glaskörpers wie Tränen ihre Wangen hinunterlief.[21]

In letzterem Fall geht der Schrecken, der durch den Gedanken an die verheerenden Wirkungen von Atomwaffen hervorgerufen wird, den außenstehenden Beobachtern stärker unter die Haut als den unmittelbar davon Betroffenen; denn ob die Schäden durch eine Atombombe statt durch Tonnen von Spreng- und Brandbomben verursacht werden, macht für das Leiden ihrer Opfer keinen Unterschied. Die Atombombenopfer litten kein Jota mehr als die Verbrannten und Verschütteten, die Zerstückelten und Geblendeten, die Sterbenden und die Hinterbliebenen von Dresden oder Hamburg.

Diese Feststellung gilt selbstverständlich nur für die unmittelbaren Verletzungen: Der eigentliche Unterschied zeigte sich später, denn zu den Toten und Verwundeten der Explosionsdruckwellen kamen bei den Atombombenopfern jahrelanges Siechtum und vorzeitiger Tod aufgrund von Krebs und anderen Erkrankungen. Doch aus der Sicht derjenigen, die die Bomben abwarfen, waren diese Spätfolgen allenfalls Spekulation. Als sie den Abwurf der Atombomben planten, entsprach ihr Wissensstand genau dem, was sie wussten, als sie planten, Tonnen von Spreng- und Brandbomben auf Stadtgebiete zu werfen: dass sie viele Menschen töten würden, darunter alte Menschen und Kinder, und dass sie schwere Zerstörungen an öffentlichen Gebäuden, Betrieben, Schulen, Kliniken, Geschäften, Wohnhäusern, Bibliotheken, Bushaltestellen, Fahrzeugen und unzähligen persönlichen Wertgegenständen anrichten würden. Das war das, was man mit Sicherheit wusste, als die Angriffe geplant wurden. Und das bewirkten sie auch. Dies ist eine reine Tatsachenfeststellung, auf die wir uns alle einigen können, unabhängig davon, ob das Flächenbombardement Recht oder Unrecht, notwendig oder nicht notwendig war.

Noch vor Ende des Krieges in Europa führten die US-Behörden eine Untersuchung über die Auswirkungen des strategischen Bombenkriegs auf Nazi-Deutschland durch. Der daraus hervorgegangene zusammenfassende Bericht des United States Strategic Bombing Survey (europäischer Kriegsschauplatz) wurde am 30. September 1945 veröffentlicht. Er hatte auch und vor allem dem Oberkommando auf dem pazifischen Kriegsschauplatz Entscheidungshilfe beim Einsatz von Luftstreitkräften gegen Japan geben sollen.

Nach der Kapitulation Japans wurde für den pazifischen Kriegsschauplatz ebenfalls eine Untersuchung über die Folgen des strategischen Bombenkrieges durchgeführt. Der zusammenfassende Bericht dieser Untersuchung war weitaus umfangreicher und wurde am 1. Juli 1946 veröffentlicht. Der Pazifik-Bericht war deshalb länger, da die Auswirkungen der Atombombenabwürfe eingehend analysiert worden waren und das Untersuchungsteam mehr Zeit für die Erhebung und Auswertung der Daten hatte.

Beide Berichte sind mustergültig und eine fesselnde und lehrreiche Lektüre für jeden, der die Gründe für den strategischen Bombenkrieg und seinen Nutzen im Zweiten Weltkrieg sowie das neue Kapitel, das mit den Atombomben aufgeschlagen wurde, verstehen möchte.

Erwartungsgemäß hingen die Auswirkungen der Bomberoffensiven weitgehend davon ab, wie gut Deutschland und Japan auf Luftangriffe vorbereitet waren und wie ihre Bevölkerungen darauf reagierten. Im Pazifik-Bericht des US-Auswertungsteams hieß es: »Japans Wille und Fähigkeit zum Wiederaufbau, die industrielle Auflockerung und der passive Luftschutz waren schwächer ausgeprägt als in Deutschland.«[22] Dies hing vielleicht damit zusammen, dass Deutschland fünf Jahre lang Bombenangriffen ausgesetzt war – und in drei dieser Jahre sehr schweren Angriffen –, während Japan neun Monate lang bombardiert wurde und in dieser Zeit fast die gleiche Zahl von zivilen Opfern zu verzeichnen hatte wie Deutschland. Der Auswertungsbericht nennt folgende Zahlen:

Die Gesamtzahl der Toten und Verwundeten unter der Zivilbevölkerung infolge der neunmonatigen Luftangriffe einschließlich der Opfer der Atombombenabwürfe betrug ungefähr 806000. Etwa 330000 davon waren Todesopfer. Diese Opferzahlen übersteigen vermutlich die Zahl der Gefallenen [Soldaten von Heer, Marine und Luftwaffe] auf japanischer Seite, die nach japanischen Angaben insgesamt etwa 780000 Mann betragen haben soll. Von der Gesamtzahl der Opfer entfallen etwa 185000 auf den ersten Angriff auf Tokio am 9. März 1945. Die Zahl der Opfer bei vielen Angriffen von extremer Zerstörungskraft war vergleichsweise gering. Yokohama, eine Stadt mit 900000 Einwohnern, wurde bei einem einzigen Angriff, der weniger als eine Stunde dauerte, zu 47 Prozent vernichtet. Die Zahl der Todesopfer belief sich auf weniger als 5000.[23]

Die hohe Opferzahl in Tokio hing unter anderem mit den völlig unzureichenden Luftschutzmaßnahmen und dem Feuersturm zusammen, der in der Stadt mit ihren vielen Holzhäusern tobte. Der Luftangriff auf Tokio veranlasste andere japanische Städte dazu, Brandschneisen anzulegen; zu diesem Zweck wurden ganze Straßenzüge abgerissen. In einigen Städten wuchs die Furcht vor einem Angriff proportional mit der Länge der Zeit, in der die Stadt verschont blieb. »Am Vortag des Bombenabwurfs auf Hiroshima«, schreibt

John Hersey, »hatte die Stadt aus Furcht vor Brandbombenangriffen Hunderte von Schülerinnen für Abrissarbeiten abgestellt, um Brandschneisen zu ziehen. Sie hielten sich im Freien auf, als die Bombe explodierte. Nur wenige überlebten.«[24]

Dies ereignete sich fünf Monate nach dem Luftangriff auf Tokio, was auf Mängel bei der Organisation der Luftverteidigung und des Luftschutzes hindeutet. Die japanischen Zivilpersonen versuchten sich vornehmlich dadurch in Sicherheit zu bringen, dass sie aus den Städten flohen; schätzungsweise 8,5 Millionen Städter suchten Zuflucht in ländlichen Gebieten. Überall in Japan konnten japanische Zivilisten amerikanische Flugzeuge am Himmel sehen, die sich auf dem Hin- oder Rückflug von Bombenangriffen befanden und die unbehelligt blieben, weil die japanische Luftwaffe keinen Widerstand mehr leistete. Dies demoralisierte die Menschen genauso sehr wie ein tatsächlich erlebter Luftangriff.

Ein bemerkenswerter Aspekt der Luftangriffe war die Tatsache, dass sie die Bevölkerung flächendeckend in ganz Japan demoralisierten. Etwa ein Viertel aller Stadtbewohner floh oder wurde evakuiert, und diese Evakuierten, deren Moral stark in Mitleidenschaft gezogen war, trugen dazu bei, dass sich Defätismus und Kriegsverdrossenheit auf sämtlichen Inseln ausbreiteten. Diese Massenmigration aus den Städten betraf schätzungsweise 8,5 Millionen Menschen. Überall auf den japanischen Inseln, deren Bewohner sich immer in sicherer Entfernung von Luftangriffen gewähnt hatten, flogen US-Flugzeuge kreuz und quer am Himmel, ohne nennenswerte japanische Jagd- oder Flakabwehr. Dies war ein für die ländliche wie die städtische Bevölkerung unübersehbares Indiz für die bevorstehende Niederlage.[25]

Die Lage in Deutschland war völlig anders. Die Nazi-Führer – Partei- und Staatsführung waren hier identisch – erwarteten den Krieg, weil sie wussten, dass sie einen provozieren würden, und schon 1935 hatten sie daher begonnen, flächendeckend Luftschutzsirenen und -keller, Erste-Hilfe-Dienste und Maßnahmen zur Abwehr von Gasangriffen zu planen. Große unterirdische Luftschutzkeller und massive oberirdische Bunker wurden gebaut, und das gesamte Luftschutzprogramm wurde 1940 intensiviert, als eine Notverordnung aus der Berliner Reichskanzlei für 82 Städte besondere Luftschutzmaßnahmen verfügte.

Eine dieser Städte war Köln. Zum Zeitpunkt des 1000-Bomber-Angriffs am 30./31. Mai 1942 verfügte die Stadt über öffentliche Luftschutzräume für 75 000 Menschen sowie über 25 besonders tiefe Bunker für weitere 7500 Menschen (29 weitere dieser Bunker befanden sich im Bau). Insgesamt 42 000 kleine Luftschutzräume waren unter oder neben Ein- und Mehrfamilienhäusern für die Bewohner bereitgestellt worden. 14 Hilfshospitäler mit zusätzlichen 1760 Notfallbetten waren eingerichtet worden. Die Gesamtkosten für Luftschutzmaßnahmen in Köln vor dem 1000-Bomber-Angriff beliefen sich auf 39 Millionen Mark. Dieses Geld war gut angelegt. Die 1000 Bomber warfen 2500 Tonnen Spreng- und Brandbomben ab und löschten Jahrhunderte deutscher Geschichte aus; die Zahl der Todesopfer auf deutscher Seite betrug 469.[26]

Kaum war das Dröhnen der nach Westen abdrehenden Bomber in den frühen Morgenstunden des 31. Mai 1943 verklungen, als sich die Straßen Kölns auch schon mit Lkws füllten, die Hilfsgüter brachten – 34 000 Kleidungsstücke für Erwachsene, 50 000 Kleidungsstücke für Kinder, 61 000 Laken, 90 000 Schachteln Seifenpulver, 100 000 Meter Vorhangstoff, 700 000 Seifenriegel und 10 Millionen Zigaretten. Bonn und Düsseldorf entsandten städtische Angestellte, die den örtlichen Beamten in Köln helfen sollten, Kriegsschadensmeldungen aufzunehmen, und binnen eines Monats wurden 140 000 Schadensersatzanträge bearbeitet. Nachdem sämtliche Anträge (370 000) bearbeitet worden waren, wurden insgesamt 126 Millionen Mark an Entschädigung ausgezahlt. Eine kleine Armee von Helfern traf ein, um den für Aufräumarbeiten abkommandierten 5200 Arbeitern in Köln zur Hand zu gehen: 2500 Soldaten, 3400 Glaser und 10 000 Bauhandwerker.[27]

Das Gleiche wiederholte sich überall dort, wo schwere Luftangriffe stattfanden, zumindest bis in die zweite Jahreshälfte 1944. Als Frankfurt im Februar und März 1944 wiederholt bombardiert wurde und dabei sein gesamtes historisches Stadtzentrum und weite Gebiete seiner Vororte zerstört wurden, trafen nach den Angriffen Hilfszüge ein, die Kessel mit Rindfleischsuppe, Brot, Butter und Wurst transportierten.[28]

Die Tüchtigkeit und Tatkraft der Deutschen kommt nicht überraschend und wirft sogleich zwei gegensätzliche Fragen auf. Erstens: Wie konnte das Bomber Command hoffen, ein Volk zu besiegen, das selbst die schwersten Luftangriffe scheinbar unbeeindruckt wegsteckte? Und zweitens: Was hätte Deutschland als militärische Macht ausrichten können, wenn die Menschen nicht ständig Häuser und Wasserleitungen reparieren und zerbombte Städte mit Laken und Seife hätten versorgen müssen?

Hamburg ist ein Beispiel für die Anstrengungen des Bomber Command, die erste Frage zu beantworten. Wenn eine deutsche Stadt sich so schnell von einem massiven Luftschlag erholen konnte, wie es Köln nach dem 1000-Bomber-Angriff im Vorjahr tat, dann mussten eben noch massivere Bombenangriffe geflogen werden. Das Ziel musste wieder und wieder angegriffen werden, sowohl vor Beginn der Aufräumarbeiten als auch danach, um diese zu behindern. Schwere und Häufigkeit der Angriffe waren der entscheidende Faktor; bei Kriegsbeginn konnte das Bomber Command keine Angriffe durchführen, die auch nur annähernd jene notwendige Größenordnung besaßen, um die deutsche Bevölkerung zu demoralisieren und die Infrastruktur zum Erliegen zu bringen. Mitte 1943 war das Bomber Command in der Lage, eine Operation wie »Gomorrha« durchzuführen. Im letzten Kriegsjahr und insbesondere in den letzten Kriegsmonaten kamen das Bomber Command und die 8. Air Force der erforderlichen Größenordnung nahe, und ihre Zerstörungen an der deutschen Stadtlandschaft waren für alle unübersehbar.

Die Antwort auf die zweite Frage spielt eine wichtige Rolle bei der Verteidigung der alliierten Bomberoffensive. Sie hängt mit einer grundlegenden Tatsache zusammen: Die alliierten Luftangriffe konnten das Produktivitätswachstum der deutschen Industrie nicht bremsen, deren Ausstoß, bis auf die letzten Kriegsmonate, stetig anstieg und der Ende 1944 deutlich höher lag als 1940. Die Frage, was hätte Deutschland getan, wenn es in all diesen Jahren nicht fast täglich bombardiert worden wäre, erhält angesichts dessen zusätzliches Gewicht.

Die Fakten und Zahlen der Kriegsproduktion Deutschlands sind belegt, doch ihre Bedeutung ist strittig. Bis 1942 war die deutsche Wirtschaft noch weit entfernt von einem »totalen Krieg«, teils weil die Nazi-Führer überzeugt davon waren, die von ihnen angestrebten Kriege rasch zu gewinnen, und teils weil sie die normale wirtschaftliche Aktivität so wenig wie möglich beeinträchtigen wollten, um die Bevölkerung nicht zu belasten. Man wollte unbedingt vermeiden, dass es noch einmal zu einer Situation wie nach dem Ersten Weltkrieg kam, als im Gefolge der schweren Wirtschaftskrise Unruhen ausbrachen. Dies bedeutet nicht, dass die deutsche Wirtschaft vollkommen normal funktionierte; zur Finanzierung ihrer militärischen Abenteuer in den ersten Kriegsjahren erhöhte die Nazi-Regierung zwischen 1938 und 1941 die Steuern drastisch, und aufgrund von Konsumeinschränkungen stiegen im gleichen Zeitraum die Spareinlagen um 500 Prozent.

Doch als die deutsche Staatsführung Anfang 1942 einsehen musste, dass der Krieg langwieriger und mühsamer werden würde, als sie erwartet hatte – Deutschland kämpfte damals an mehreren Fronten gleichzeitig und musste an zweien (UdSSR und Nordafrika) schwere Niederlagen einstecken –, beschloss sie, die Wirtschaft konsequenter »auf Kriegskurs« zu bringen. Am 8. Februar 1942 ernannte Hitler Albert Speer zum Reichsminister für Bewaffnung und Munition, ein Amt, das im selben Jahr durch den Tod von Fritz Todt bei einem ungeklärten Flugzeugabsturz frei geworden war. Todt war überzeugt davon, dass die Schwierigkeiten an der Ostfront die Niederlage des Dritten Reichs ankündigten, und unklugerweise ließ er dies Hitler wissen. Ein paar Stunden später war er tot, und wieder ein paar Stunden später erhielt Speer seinen Posten. Speer war bis dahin als Generalbauinspektor Hitlers Architekt gewesen, und weil Architektur und pompöse Pläne für prächtige Städte des »Tausendjährigen Reichs« ein Steckenpferd von Hitler waren, stand Speer hoch in dessen Gunst. Er hatte Hitlers monströse neue Reichskanzlei in Berlin geplant und in erstaunlich kurzer Zeit gebaut, selbst das Mobiliar für das Büro des Führers in dem Gebäude war von ihm entworfen worden. Hitler hielt ihn für den richtigen Mann; und Speer bewies mehr als deutlich, dass er damit Recht hatte.

Da Speer bei Hitler hohes Ansehen genoss, fiel es ihm leicht, Hermann Göring, dem Beauftragten für die Reichswerke und den Vierjahresplan, sowie dem Waffenamt der Wehrmacht, das sich wegen seiner ständigen Einmischungen bei der Industrie unbeliebt gemacht hatte, die Zuständigkeit für die Kriegsproduktion abzunehmen. Durch Zentralisierung und organisatorische Straffung des Beschaffungswesens gelang es Speer, die industriellen Aktivitäten zur Deckung des militärischen und zivilen Bedarfs besser aufeinander abzustimmen und so in kurzer Zeit die gesamtwirtschaftliche Produktion zu steigern. Dies erreichte er nicht dadurch, dass er einen größeren Teil der deutschen Industrie für die Produktion von Rüstungsgütern einspannte – eine umfassendere Mobilisierung der Wirtschaft für die Kriegsproduktion erfolgte später, nachdem Hitler Speer nach großen anfänglichen Bedenken grünes Licht dafür gegeben hatte –, sondern durch effizientere Nutzung der vorhandenen Kapazitäten.[29] Der US Strategic Bombing Survey für Europa gelangte zu dem Schluss, die Fähigkeit der deutschen Wirtschaft, die Produktion bis Ende 1944 Jahr für Jahr kontinuierlich zu steigern, zeige, dass ihre Kapazitäten in den Anfangsjahren des Krieges bei weitem nicht ausgelastet waren. »Deutschlands frühzeitige Festlegung auf die Doktrin eines kurzen Krieges war eine fortdauernde Belastung«, schrieb das Auswertungsteam.

Die Planung war nicht auf einen langen Krieg ausgerichtet, und das gilt auch für die mentale Erwartungshaltung. Fast alle deutschen Quellen stimmen darin überein, dass die Hoffnung auf einen schnellen Sieg sich auch dann noch zählebig hielt, als sich der kurze Krieg in die Länge zog… Die Ausweitung [der Produktion] beweist nicht die Leistungsfähigkeit des diktatorischen Regimes. Vielmehr lässt sie darauf schließen, dass die industriellen Kapazitäten in den Anfangsjahren stark unterausgelastet waren. So lassen sich gewichtige Gründe dafür anführen, dass die staatliche Lenkung der Wirtschaft in Deutschland ineffizient war.[30]

Mag die staatliche Wirtschaftslenkung auch ineffizient gewesen sein, so führte Speers Ernennung doch dazu, dass im Herbst 1944 doppelt so viele Gewehre, dreimal so viele Handgranaten und siebenmal so viele Geschütze wie 1942 produziert wurden. 1944 wurden außerdem dreimal so viele Flugzeuge wie 1941 gebaut. Bei Kriegsende hatte Nazi-Deutschland zehn Millionen Mann im Alter zwischen 18 und 38 in Uniform (nicht eingerechnet die Mitglieder des weitgehend nutzlosen »Volkssturms« – jenes Heimatschutzbundes, in dem alle Männer von 16 bis 60 Jahren dienen mussten.) Trotz der Berichte über Soldaten ohne Stiefel, die im Winter an der russischen Front Sommeruniformen trugen, was nicht auf Produktionsausfälle, sondern auf militärische Fehler zurückzuführen war, hatten die Soldaten, die im Mai 1945 in den Straßen von Berlin kämpften, nach wie vor Stiefel, Gewehre, Geschütze, Munition und Handgranaten.[31]

Wie konnte die deutsche Wirtschaft diese enorme Kraftanstrengung durchhalten? Hier spielte eine Rolle, dass Deutschland praktisch ganz Europa erobert hatte und die Ressourcen der eroberten Länder nach eigenem Gutdünken nutzen konnte. Die industrielle und die landwirtschaftliche Kapazität der besetzten sowie der Satellitenstaaten standen dem Dritten Reich für eigene Zwecke zur Verfügung, zum Beispiel die Kornkammer Ukraine, die Kohle- und Eisenerzvorkommen Schlesiens, die rumänischen Ölfelder von Ploiesti und die modernen Auto-, Flugzeug-, Elektronik- und Rüstungsfabriken in Frankreich, der Tschechoslowakei und Holland.[32]

Ein weiterer Faktor ist das riesige Arbeitskräftepotenzial, das Deutschland auf gleiche Weise in die Hände fiel. Leiharbeiter aus den eroberten sowie den Satellitenstaaten, Sklavenarbeiter und Kriegsgefangene steigerten die Produktionskapazität Deutschlands ganz erheblich. Ende 1941 gab es in Deutschland 3,5 Millionen Fremdarbeiter einschließlich Kriegsgefangenen; ein Jahr später zählte man 4,6 Millionen, wobei der größte Teil des Zuwachses auf sowjetische Kriegsgefangene entfiel; und im Herbst 1944 gab es 7,65 Millionen Fremdarbeiter, von denen 1,9 Millionen Kriegsgefangene waren. Diese Fremdarbeiter stellten mehr als ein Viertel der Arbeitskräfte der deutschen Wirtschaft. Auf sie entfielen die Hälfte der Beschäftigten in der Landwirtschaft und ein Drittel der Arbeitskräfte im Bergbau und in der Bauwirtschaft. Die größten Kontingente stellten Russen (2,12 Millionen) und Polen (1,68 Millionen). Jene Fremdarbeiter, die keine Kriegsgefangenen waren – Kriegsgefangene erhielten keinen Lohn und wurden, wenn sie Juden oder Osteuropäer waren, praktisch zu Tode geschunden –, wurden relativ gering entlohnt und nicht besonders gut verköstigt.[33]

Es ist nicht übertrieben, zu sagen, dass die Gefangenen in den SS-Konzentrationslagern zu Tode geschunden wurden. Eines der berüchtigtsten Arbeitslager war Mittelbau-Dora, dessen Insassen in einem riesigen unterirdischen Tunnelsystem nahe Nordhausen Rüstungsgüter – insbesondere Komponenten für die »Wunderwaffe« V2 – produzierten. Das knapp 20 Kilometer lange Stollensystem war vor dem Krieg gebaut worden, um Deutschlands strategische Ölreserven zu bunkern. In der klammen, kühlen Luft, in der die Gefangenen leben und viele Stunden täglich schuften mussten – und dies alles bei sehr geringen Essensrationen – war die Sterblichkeit sehr hoch. Nicht viele hielten länger als ein paar Wochen durch, auch wenn sie in guter gesundheitlicher Verfassung eintrafen.[34]

Durch den Einsatz von Fremdarbeitern gleich welcher Kategorie war das Angebot an Arbeitskräften immer ausreichend, um Personal in großer Zahl für die Reparatur von Bombenschäden in Städten, an Fabriken und Verschiebebahnhöfen, für die Beseitigung von Trümmern sowie das Einsammeln und Einäschern der Leichen abzustellen, ohne dadurch die industrielle und landwirtschaftliche Produktion zu beeinträchtigen; und dies ungeachtet der Tatsache, dass die Wehrmacht das heimische Arbeitskräftereservoir stark beanspruchte.

Ein dritter Faktor ist, dass sich Deutschland in den eroberten Gebieten, aber auch von jüdischen Bürgern in Deutschland und in den eroberten Gebieten Europas gewaltige Vermögenswerte aneignete. Jüdische Banken wurden von »arischen« Bankiers übernommen; Geschäfte und Fabriken, Häuser und ihre Ausstattung, ja Sach- und Geldvermögen aller Art, die in ihrer Gesamtheit den Reichtum eines fortgeschrittenen Landes ausmachen, gingen entschädigungslos in deutsches Eigentum über und steigerten das Produktionspotenzial noch weiter.

Angesichts dieser Vorteile ist es nicht weiter verwunderlich, dass sich die deutsche Produktion rasch von Bombenschäden an Industrieanlagen erholte, mögen diese auch so verheerend gewesen sein wie bei der Operation »Gomorrha«. Von den 574 Großfabriken in

Hamburg wurden bei den Angriffen 186 vollständig zerstört und mit ihnen 4118 der 9068 Kleinfabriken. Die Hälfte der Arbeiter in der kriegsbezogenen Industrieproduktion in Hamburg wurde für bis zu zwei Monate entlassen.[35] Die Tagpräzisionsangriffe auf die Hafenanlagen und U-Boot-Werften durch »Fliegende Festungen« der 8. Army Air Force versenkten oder beschädigten eine Gesamttonnage von 180000 Tonnen und verringerten, laut Berechnungen nach dem Krieg, die Gesamtzahl der während des Kriegs gebauten U-Boote um 26 oder 27. Doch unter dem Strich belief sich der Produktionsausfall in Hamburgs Großfabriken auf nur 1,8 Monatsleistungen: »Patriotismus, der deutsche Charakter und die SS sorgten dafür, dass sich Hamburg bemerkenswert schnell erholte, da viele Monate lang keine weiteren schweren Luftangriffe stattfanden.«[36]

Speer zeigte sich zunächst über die Schäden durch die Operation »Gomorrha« beunruhigt. Er sagte, dass ein weiteres halbes Dutzend Angriffe dieser Größenordnung die deutsche Kriegsproduktion lahm legen und Deutschland zur Kapitulation zwingen würden. Doch als er sah, wie rasch sich Hamburg erholte, änderte er seine Meinung. Zudem waren die Kosten des Unternehmens für das Bomber Command so hoch, dass es eine Zeit lang außerstande war, eine zweite Operation »Gomorrha« durchzuführen; nicht zuletzt, weil die Städte, denen Speers Sorge galt – Berlin, München, Stuttgart, Frankfurt, Leipzig und Augsburg –, so weite Anflüge über feindliches Territorium erforderten, dass Angriffe auf sie zwangsläufig mit hohen eigenen Verlusten verbunden waren. Genau das bewies die »Luftschlacht um Berlin«, die Harris im Winter 1943/44 in Gang setzte, um den Nachweis zu erbringen, dass Luftangriffe allein den Sieg bringen könnten. Die »Luftschlacht um Berlin« war eine kostspielige Niederlage für das Bomber Command, und erst als Deutschland im Winter 1944/45 in die Knie gezwungen war, konnte das Bomber Command beginnen, »Deutschland dem Erdboden gleichzumachen«, wie Harris es formulierte. Dies bedeutete in Wirklichkeit, dass Harris sein Ziel erst erreichen konnte, als Deutschland praktisch bereits besiegt war.[37]

Für die zweite Frage – welche Produktionsleistung hätte die deutsche Industrie ohne alliierte Flächenoffensive erbringen können? –

existieren genaue Zahlenangaben. Laut dem US Strategic Bombing Survey für Europa betrugen die Produktionsausfälle der deutschen Industrie aufgrund der Flächenangriffe 1943 9 Prozent und 1944 17 Prozent. Diese Zahlen basierten auf einer kleinen Stichprobe, so dass die britischen Zahlen zuverlässiger sein dürften, auch wenn sie noch weniger schmeichelhaft sind: Danach sank die deutsche Industrieproduktion in der zweiten Hälfte 1943 um 8,2 Prozent, in der zweiten Hälfte 1944 um 7,2 Prozent und in den ersten vier Monaten 1945 um 9,7 Prozent. Die Zahlen für bestimmte Bereiche der Kriegsproduktion sind besonders aussagekräftig: die britische Analyse bezifferte den Rückgang der Rüstungsproduktion auf 3 Prozent im Jahr 1943 und weniger als 1 Prozent insgesamt für 1944. »Angesichts der Tatsache, dass etwa 45 Prozent der abgeworfenen Tonnage des Bomber Command auf die Bombardierung von Städten entfielen«, schreibt Denis Richards, »schienen diese Schätzungen zu zeigen, dass die Ergebnisse der Flächenoffensive zutiefst enttäuschend waren.«[38]

Die Flächenbombardements des Bomber Command richteten sich bekanntlich in erster Linie gegen die »Moral« – den »Kriegswillen des deutschen Volkes«. In dieser Hinsicht zeigte sich der Mann, der für die Moral der Deutschen zuständig war, anfänglich sogar noch besorgter als Speer, was die Überlebensfähigkeit Deutschlands anbelangte, auch wenn seine Sorge dem psychologischen Durchhaltewillen des deutschen Volkes galt. Der fragliche Mann war Propagandaminister Joseph Goebbels.

Nachdem Lübeck am 28./29. März 1942 angegriffen worden war, um die Wirksamkeit eines Brandbombenangriffs zu erproben, schrieb Goebbels in sein Tagebuch: »Die dort angerichteten Schäden sind in der Tat enorm. Mir werden Filmstreifen von den Zerstörungen vorgeführt, die einen schaudererregenden Eindruck machen. Man kann sich vorstellen, wie ein solch verheerendes Bombardement auf die Bevölkerung gewirkt hat.«[39] Während der Luftschlacht um das Ruhrgebiet im folgenden Frühjahr und Sommer besuchte er einige der bombardierten Städte. Über den Luftangriff auf Dortmund vom 23./24. Mai 1943 vermerkte er: »Allerdings sind die angerichteten Schäden als fast total anzusprechen.«[40] Er war jedoch angenehm überrascht, als ihm auf einem Rundgang durch Berlin während der Luftangriffe auf die Stadt im Winter 1943/44 die Menschen zujubelten und auf die Schulter klopften: Die Bombardierungen erzürnten die Berliner, und sie begrüßten die Ansprachen, in denen er von Vergeltung sprach. Und dies, obwohl die Angriffe sehr heftig waren. »Das Bild, das sich auf dem Wilhelmplatz bietet, ist geradezu trostlos«, schrieb er in sein Tagebuch. »Ein wahrer Höllenlärm geht über uns herab.«[41] Und er machte sich keine Illusionen über das Ausmaß oder die Bedeutung der angerichteten Schäden. Nach dem Bombenangriff auf Leipzig am 2./3. Dezember 1943 schrieb er: »Besonders das Zentrum ist hart mitgenommen worden. Dort sind fast alle öffentlichen Gebäude, Theater, Universität, Reichsgericht, Ausstellungshallen usw. entweder gänzlich zerstört oder doch schwer beschädigt. [...] Leipzig zählt etwa 150 bis 200 000 Obdachlose.« (Er erwähnte nicht, dass die Ausstellungshallen für die Herstellung von Junkers-Flugzeugen requiriert worden waren.)[42]

Doch bis in die letzten Kriegsmonate blieb der Durchhaltewillen ungebrochen. Selbst bei Regimegegnern lösten die Bombenangriffe grimmige Entschlossenheit aus, und sei es auch nur, um dem Sturm zu trotzen. »Wir reparieren, weil wir reparieren müssen«, schrieb Ruth Andreas-Friedrich, eine Nazi-Gegnerin.

Weil wir nicht einen Tag länger leben könnten, wenn man uns das Reparieren verböte. Zerstört man uns den Wohnraum, so ziehen wir in die Küche. Schlägt man uns die Küche entzwei, siedeln wir auf den Korridor über. Sinkt der Korridor in Trümmer, richten wir uns im Keller ein. Wenn wir nur zu Hause bleiben dürfen. Das dürftigste Eckchen Zuhause ist besser als jeder Palast in der Fremde. Darum kehren sie alle, die von den Bomben aus der Stadt vertrieben worden sind, eines Tages zurück. Sie wühlen zwischen den Steinbrocken ihrer zerstörten Häuser. Sie wirtschaften mit Schippe und Besen, mit Hammer, Zange und Spitzhacke. Bis eines Tages über den ausgebrannten Grundmauern ein neues Zuhause entstanden ist. Ein Robinson-Crusoe-Logis vielleicht. Aber immerhin ein Zuhause. Man kann nicht leben, wenn man nirgendwo dazugehört. Deswegen retten die meisten Menschen aus den brennenden Häusern als erstes ihr Kopfkissen. Weil es ein letztes Stück »Zuhause« ist.[43]

Goebbels versuchte die negativen Auswirkungen auf die Moral der Bevölkerung durch einen unaufhörlichen Schwall von Reden und Artikeln abzufangen. Noch in den letzten verheerenden Kriegswochen tat er dies mit einem Artikel mit der Überschrift »Das Leben geht weiter«, der am 16. April 1945 in *Das Reich* erschien. Darin spricht er in einem mittlerweile aufgesetzt wirkenden optimistischen Ton von der Einstellung, die es dem deutschen Volk erlaubt habe, dem Bombenkrieg zu widerstehen – wechselseitige Hilfe, das Zusammenlegen der Geldmittel, der Wiederaufbau der Häuser und Fabriken, der Gang zur Arbeit, selbst wenn man kilometerlang durch mit Trümmern übersäte Straßen gehen musste, das Ertragen von Entbehrungen mit Geduld und Humor. Diese Beschreibung traf zumindest auf das Deutschland vom Herbst 1944 zu. Überlebende der Operation »Gomorrha« erzählten, dass ausgebombte Familien oft gemeinsam in Kellern lebten, alles miteinander teilten und sich gegenseitig aufmunterten.[44] Die *Berliner Tagebücher* der Marie »Missie« Wassiltschikow beschreiben die gegenseitige Hilfe, die während des Winters, in dem die »Luftschlacht um Berlin« tobte, gang und gäbe war.[45] Man konnte sogar sagen, dass die Häufigkeit der Bombenangriffe »die Erfahrung des Lebens unter den Bomben fast zu etwas Alltäglichem machte«.[46]

Als aber die Luftangriffe und Bodenkämpfe in den letzten Kriegsmonaten immer heftiger wurden und Deutschland in ein furchtbares Schlachthaus mit Millionen von Flüchtlingen verwandelten, brach der Durchhaltewille: Goebbels Aufsatz »Das Leben geht weiter« wurde zu einem Zeitpunkt veröffentlicht, als das genaue Gegenteil der Fall war.

Doch der Zusammenbruch der Moral bei Kriegsende war nicht allein, ja nicht einmal hauptsächlich auf die Luftangriffe zurückzuführen. Die Moral der deutschen Bevölkerung, die in den letzten drei Kriegsjahren so viel erduldet hatte, wurde schließlich durch zwei Faktoren zermürbt. Zum einen durch die schlimme Not der letzten Monate, in denen immer offensichtlicher wurde, dass die Niederlage unvermeidlich war. Zum anderen durch die panische Angst vor den Russen – eine Angst, die durch die jahrelange übersteigerte anti-sowjetische Propaganda der Nazi-Führung noch verstärkt worden war. Und tatsächlich nahm die Rote Armee, während sie auf Berlin vorrückte, Rache für das grausame Vorgehen gegen ihre Landsleute durch die Deutschen: Die russischen Soldaten terrorisierten ihre besiegten Feinde, indem sie ihren Rachedurst durch zahllose Gräueltaten und Vergewaltigungen stillten.[47]

Doch bis auf diese letzten Monate waren die Auswirkungen der jahrelangen Bombardements auf die Moral der deutschen Zivilbevölkerung sehr begrenzt, ja sogar kontraproduktiv. Und das Gleiche gilt für die materielle Lebenslage der Deutschen, obwohl 20 Prozent des Wohnungsbestandes zerstört oder beschädigt wurden (485 000 Wohnungen wurden völlig zerstört und 415 000 schwer beschädigt).[48] Der US Strategic Bombing Survey für Europa ist in dieser Hinsicht eindeutig:

Es sollte vielleicht noch ein Wort zu den Auswirkungen des Luftkriegs auf die deutsche Zivilbevölkerung und die Zivilwirtschaft gesagt werden. Deutschland begann den Krieg nach mehreren Jahren Vollbeschäftigung und nachdem der Lebensstandard der Zivilbevölkerung das höchste Niveau in der deutschen Geschichte erreicht hatte. In den ersten Kriegsjahren – der Phase des »weichen« Krieges für Deutschland – blieb der zivile Konsum hoch. Die Deutschen hatten es weiterhin auf Butter und Kanonen abgesehen. Die deutsche Bevölkerung war bei Beginn des Luftkriegs gut mit Kleidung und anderen Konsumgütern eingedeckt. Obgleich die Beschaffung der meisten Konsumgüter immer schwieriger wurde, zeigen Survey-Studien, dass bis zum völligen Zusammenbruch der Ordnung die Ausgebombten einigermaßen ausreichend mit Kleidung versorgt wurden. Die Lebensmittel waren zwar streng rationiert, doch reichten sie bis zum Kriegsende aus, den Nährstoffbedarf zu decken. Die Deutschen nahmen etwa genauso viele Kalorien zu sich wie die Briten.[49]

Wie lauten die Resultate des Bombenkriegs in Zahlen? Laut dem US Strategic Bombing Survey kamen bei alliierten Luftangriffen insgesamt 305 000 deutsche Zivilisten ums Leben, 780 000 wurden verwundet. Andere Schätzungen geben eine Obergrenze für die Zahl der deutschen Bombentoten von etwa 500 000 an. Ein Teil dieser Todesopfer geht auf das Konto der 8. Army Air Force, doch den weitaus größten Tribut forderten Flächenbombardements der Royal Air Force.

Dieser Zahl von Todesopfern in der deutschen Zivilbevölkerung steht die Zahl von 55 000 Gefallenen des Bomber Command im Luftkrieg gegen Deutschland gegenüber. Nimmt man die höchste Zahl für die deutschen zivilen Todesopfer, dann ergibt sich ein Verhältnis von einem getöteten Flieger des Bomber Command auf neun deutsche Zivilisten. Nimmt man den niedrigeren Schätzwert, so beträgt das Verhältnis ein britisches Besatzungsmitglied pro 5,5 deutsche Zivilisten.

Im Jahr 1940 warf das Bomber Command 5000 Tonnen Bomben auf Deutschland. Im Jahr 1941 warf es 23 000 Tonnen ab. 1942 37 000 Tonnen, 1943 180 000 Tonnen, 1944 474 000 Tonnen, und in den vier Monaten von Januar bis einschließlich April 1945, als der Krieg bereits unverkennbar gewonnen war, wurden sogar 181 000 Tonnen abgeworfen (was hochgerechnet einer Jahresmenge von 724 000 Tonnen entsprochen hätte). Diese letzte Zahl entspricht fast einem Fünftel der Gesamttonnage des ganzen Kriegs, was bedeutet, dass über Deutschland eine regelrechte Bombenflut niederging. In diesen Zahlen sind die Tonnagen der 8. Army Air Force nicht enthalten.

Nach einer groben Schätzung ergibt sich aus diesen Zahlen, dass 2,25 Tonnen Bomben erforderlich waren, um einen deutschen Zivilisten zu töten. Aus ihnen folgt auch, dass eine Tonne Bomben notwendig war, um eine Wohnung oder ein Haus in Deutschland zu zerstören oder zu beschädigen. Das Bomber Command verlor im Luftkrieg über Deutschland 7700 Flugzeuge.

Daher war der Krieg, den das Bomber Command gegen Deutschland führte, eine, am materiellen Aufwand gemessen, sehr kostspielige Kampagne.

Die Tatsache, dass es so vieler Tonnen Bomben bedurfte, um Menschen zu töten und Gebäude zu zerstören, hängt zum Teil damit zusammen, dass ein hoher Prozentsatz der Bomben aufgrund von Navigations- und Zielführungsproblemen die anvisierten Ziele weiträumig verfehlte und zum Beispiel auf freiem Feld niederging. Dieser Prozentsatz sank zwar im Verlauf des Krieges, aber optimale Rahmenbedingungen für Bombenangriffe – bei hellem Tageslicht ohne Störung durch die Luftabwehr – bestanden erst zu einem sehr späten Zeitpunkt des Kriegs in Deutschland und im neunten Monat der US-Luftangriffe auf Japan. Tatsächlich erklären die »guten Rahmenbedingungen für Bombardements« bei der USAAF-Offensive über Japan, weshalb die Personen- und Sachschäden in Japan höher waren als in Deutschland, obwohl Deutschland fünf Jahre lang unablässig bombardiert wurde, während die Luftangriffe auf Japan weniger als ein Jahr andauerten.

Die gerade genannten Zahlen für Deutschland sagen allerdings nichts aus über die militärischen Kosten für die Luftverteidigung – insbesondere hinsichtlich der Anzahl der Flaks und Jagdflugzeuge, die zur Verteidigung der Heimatfront benötigt wurden und daher nicht an der Ost- und später auch der Westfront eingesetzt werden konnten. Diejenigen, die die Flächenoffensive der RAF verteidigen, betonen diesen Punkt nachdrücklich. Historiker des Luftkriegs weisen darauf hin, dass etwa 10 000 der ausgezeichneten deutschen 88-mm-Geschütze als Flaks an der Heimatfront gebunden waren und deshalb nicht als dringend benötigte Panzerabwehrgeschütze an der Ostfront eingesetzt werden konnten. Sie weisen auch darauf hin, dass die Erfordernisse der Luftverteidigung die Konzentration der Flugzeugproduktion auf Jäger statt auf Bomber notwendig gemacht hätten, was die Kriegsfähigkeit Deutschlands weiter geschwächt habe. (Sie denken dabei an den taktischen Einsatz von Bombern an der Front.) Zudem produzierte Deutschland keine schweren Bomber, und die leichten Luftwaffe-Bomber konnten nicht annähernd so viel Bombentonnage befördern wie die Lancaster und Halifax der RAF.

Schließlich verweisen die Historiker darauf, dass die Luftverteidigung eine Millionen Mann an der Heimatfront gebunden habe und dass eine weitere Million beim städtischen Zivilschutz unabkömmlich gewesen sei, was die personellen Ressourcen Deutschlands erheblich beansprucht habe – all dies sei direkt auf die Bomberoffensive zurückzuführen.[50]

Dies sind bedenkenswerte Argumente, wenngleich sie nicht so stichhaltig sind, wie es auf den ersten Blick scheint. Die Flakschützen eigneten sich nicht als Frontsoldaten und waren eher »Volkssturm«-Rekruten als voll ausgebildete Soldaten. Dazu gehörten 16-jährige Jungen genauso wie Männer über 38. Die Mehrheit der Männer und Frauen im Zivilschutz erledigten diese Tätigkeit zusätzlich zu ihren Fabrik- und Bürojobs; sie wurden abwechselnd freigestellt, um im Luftschutz oder als Brandwachen zu dienen. Den Mangel an schweren und leichten Bombern sah die deutsche Führung nicht als Problem an, weil man während des gesamten Kriegs an der Entwicklung von Raketen arbeitete, die die Bomber ersetzen sollten – die V1 und V2 sollten lediglich der Anfang eines ganzen Arsenals von Raketen sein. Zwar hat Hitler persönlich die Einsatzfähigkeit des Strahljägers Me 262 verzögert, weil er irrtümlicherweise forderte, ihn als taktischen Bomber umzukonstruieren; ein Umstand, der auf die verspätete Einsicht hindeutet, dass die deutschen Luftstreitkräfte in diesem Bereich ein Manko aufwiesen. Aber vermutlich sah er in der Me 262 eine Übergangslösung, solange das Raketenprogramm noch nicht abgeschlossen war.

Alles in allem ist die Behauptung zutreffend, die Bomberoffensive habe einen Teil der deutschen Kriegsanstrengungen für die Heimatverteidigung in Beschlag genommen, doch wie diese Ausführungen zeigen, wurden Kriegsressourcen nicht in einem solchen Umfang gebunden, wie eine undifferenzierte Formulierung dieser These nahe legt.

Fast alle anerkannten Experten, die sich mit der Flächenoffensive des Bomber Command befasst haben, stimmen darin überein, dass sie ein Fehlschlag war – ein Fehlschlag in militärischer Hinsicht; Antworten auf die Frage nach ihrer moralischen Vertretbarkeit kommen später. Das Flächenbombardement sollte die Moral der Deutschen untergraben und ihren Durchhaltewillen schwächen, und es hat in beidem eindeutig versagt. Man hat behauptet, die Offensive sei die längste fortgesetzte Schlacht des Krieges gewesen, und die Kämpfer an vorderster Front – die Flieger – seien an den meisten Kriegstagen mit dem Feind in Kampfhandlungen verwickelt gewesen. Diese außerordentliche Tatsache bezeugt die Standhaftigkeit und das Durchhaltevermögen der Flugzeugbesatzungen und des Bodenpersonals, die Tatkraft des Oberkommandos der Bomberkräfte, die hohe Einsatzbereitschaft der Fabrikarbeiter, die die Bomber und die Bomben produzierten, und den Einfallsreichtum der Wissenschaftler, die einen Krieg der Ideen gegen einen Feind führten, der an Intelligenz und Findigkeit ebenbürtig war. Aber diese gewaltigen Kraftanstrengungen stehen nicht nur in einem eklatanten Missverhältnis zu dem angestrebten Ziel, die Moral des Feindes zu brechen, sie haben sogar das genaue Gegenteil des Erhofften bewirkt.

Die Frage, ob das Flächenbombardement bis zu einem gewissen Grad die Ausweitung der deutschen Kriegsproduktion verlangsamt habe, ist nach wie vor offen. Gewiss aber hat es sie nicht lahm gelegt oder ihre Zunahme verhindert. Und als die deutsche Produktion gegen Kriegsende schließlich doch ins Stocken geriet und zusammenbrach, war dies auf andere, durchschlagendere Faktoren zurückzuführen – etwa die Präzisionsangriffe, die den Schwerpunkt der Operationen der 8. US Army Air Force bildeten.

Dieser letzte Punkt führt uns zu etwas anderem, in dem fast alle maßgeblichen Experten einer Meinung sind, nämlich zu der Frage, worin die eigentlichen Erfolge der Bomberoffensiven in Europa bestanden. Da waren zum einen die Präzisionsangriffe der 8. US Army Air Force, nachdem sie auf den europäischen Kriegsschauplatz verlegt worden war, später auch die der 15. US Army Air Force, die von Italien aus operierte, und gegen Kriegsende obendrein die des Bomber Command (mit einigen wenigen früheren Ausnahmen, wie etwa dem »Dam Buster«-Angriff). Zum anderen leisteten taktische Bombenangriffe einen erfolgreichen Beitrag zur Landung am und nach dem D-Day 1944.

Wenn man diese letztgenannten taktischen Luftangriffe genauer analysiert, zeigt sich, dass Erdkampfflugzeuge und Jagdbomber die wichtigste Luftunterstützung für die alliierten Truppen bei den Kampfhandlungen nach dem D-Day leisteten.[51] Vor der Landung und in den beiden Monaten unmittelbar im Anschluss daran spielten die Bomberkräfte der RAF und der 8. US Army Air Force eine wichtige Rolle bei der Zerstörung von Verteidigungsstellungen an den Landungsküsten und der Unterbrechung von Verkehrswegen hinter den deutschen Linien. Die Bomber waren keineswegs perfekte taktische Waffen – ein Punkt, auf den Arthur Harris immer wieder nachdrücklich hinwies –, aber sie zeigten sich in dieser Funktion als viel erfolgreicher, als er erwartete oder wohl auch wollte.[52] Sie griffen Häfen, Treibstoff- und Munitionslager an und gelegentlich auch feindliche Truppen in Stützpunkten, die den Vormarsch der alliierten Bodentruppen aufhielten. Einer davon befand sich in der Stadt Caen, die das Bomber Command am 7. Juli 1944 (unter großen Verlusten in der französischen Zivilbevölkerung) in Schutt und Asche legte, nachdem Montgomery darum ersucht hatte, die Verteidigungsstellungen vor einem Infanterieangriff zu schwächen. Wie der Zufall so spielte, war diese Spezialität des Bomber Command nicht gerade das, was die Truppen am Boden brauchten, denn die Trümmer behinderten ihren Vormarsch, und wenngleich das Bombardement die Eroberung Caens nicht zusätzlich erschwerte, so ersetzte es die alten Schwierigkeiten doch lediglich durch neue.[53]

Harris organisierte für den 7./8. August einen spektakulären 1000-Bomber-Angriff, um den Weg für die Canadian First Army frei zu machen, die auf Falaise vorrückte. Ein Beobachter des britischen Kriegsministeriums war ebenso tief beeindruckt von dem Anblick, wie es die kanadischen Truppen waren: Lärm, Flammen und Rauch waren gigantisch. Eine Woche später kamen einige von Harris' Bombern in der gleichen Kampfzone vom Kurs ab und töteten versehentlich 56 Kanadier durch eigenes Feuer. Dieser Zwischenfall nahm den Erfolgen der Vorwoche ihren Glanz. Doch als das Bomber Command im September 1944 von seinen Verpflichtungen zur Unterstützung des Bodenkriegs befreit wurde, bedankte sich Eisenhower überschwänglich bei Harris für das, was das Command geleistet hatte, und Harris selbst erhielt von Präsident Roosevelt den US-Verdienstorden.

Noch weitaus wichtiger war jedoch der Erfolg dessen, worin viele und insbesondere die amerikanischen Bomberkommandeure den wahren strategischen Nutzen des Bombers sahen: der Angriff auf

Schlüsselsektoren der deutschen Kriegsproduktion und vor allem auf die Treibstoffversorgung. Wenn die Luftangriffe einen Beitrag zum Sieg der Alliierten über Nazi-Deutschland geleistet haben, dann bestand er darin, die Treibstoffversorgung von Wehrmacht und Luftwaffe stark eingeschränkt zu haben. Harris, so erinnern wir uns, war strikt gegen ein »Allheilmittel«, also dagegen, einer bestimmten Zielkategorie Vorrang einzuräumen, seien es Treibstoffanlagen oder sonstige Ziele wie Kugellagerfabriken oder Verschiebebahnhöfe, die Experten in ökonomischer Kriegführung an ihren Schreibtischen als einen Engpass in der deutschen Produktion identifiziert hatten und die, wenn man sie noch weiter bedrängte, die deutschen Kriegsanstrengungen zum Erliegen brächten. Doch Harris irrte sich, und die Experten und die Amerikaner behielten Recht.

Wiederholte Bombenangriffe auf die Erdölfelder in Rumänien und Ungarn und auf Hydrierwerke für Synthese-Kraftstoffe in Deutschland sowie auf Ölraffinerien bei Wien, Bleckhamer und Odenthal versetzten Deutschland letztlich den Todesstoß. Die Öloffensive begann so richtig im Frühjahr 1944, als die Hydrierwerke in Leuna, Brux, Bohlen, Zeitz, Lutzendorf, Magdeburg und in mehreren weiteren Orten wiederholt bombardiert wurden. Speer ersuchte um ein Dringlichkeitstreffen mit Hitler, in dem er diesen drängte, Notstandsmaßnahmen zu ergreifen. Daraufhin ernannte Hitler Edmund Geilenberg zum Generalkommissar mit Sonderzuständigkeit für die Treibstoffversorgung und ermächtigte ihn, 350 000 Arbeiter für die Reparatur der Hydrierwerke und für die Verlagerung der Produktion an unterirdische Standorte zu requirieren. Aber diese Anstrengungen kamen zu spät; als sich die Treibstoffknappheit im Lauf des Jahres 1944 und in den letzten Kriegsmonaten verschärfte, blieben Flugzeuge am Boden, Panzer standen still, die Ausbildung von Ersatzpiloten kam zum Erliegen, und die meisten der neuen, hochleistungsfähigen Abfangjäger vom Typ Messerschmitt 262, von denen bis Ende 1944 über 1200 Stück produziert wurden und die den Krieg noch erheblich in die Länge hätten ziehen können, hatten weder Treibstoff noch ausgebildete Piloten, die sie hätten fliegen können.[54] Die Me 262 hatten obendrein einen extrem hohen Treibstoffverbrauch, und die zum Start bereiten Maschinen mussten ans Ende der

Startbahn geschleppt werden, um Treibstoff zu sparen – und zwar von Kühen, wie Adolf Galland berichtet, um auch noch den Treibstoff für Zugmaschinen und Lkws zu sparen.[55]

Speers ernsthafte Sorgen wegen der Treibstofflage waren voll und ganz gerechtfertigt. Bevor die Bombenangriffe auf die Treibstoffinfrastruktur im Mai 1944 begannen, produzierte Deutschland im Schnitt 316000 Tonnen pro Monat. Aufgrund der Luftangriffe fiel die Produktion bis Juni 1944 auf 107000 Tonnen und im September 1944 auf 17000 Tonnen. Die Produktion von Kerosin in den Hydrierwerken fiel von 175000 Tonnen im April 1944 auf 30000 im Juni und 5000 im September. In seinem Brief an Hitler vom 30. Juni 1944 schrieb Speer: »Es ist dem Gegner dabei gelungen, am 22. Juni die Ausfälle an Flugbenzin auf 90 % zu steigern. Nur durch die schnellste Wiederherstellung der beschädigten Werke [...] ist dieser katastrophale Ausfall [...] teilweise wieder aufgefangen.«[56]

Trotz seiner gänzlich unangebrachten Zweifel an dem »Allheilmittel«, Treibstoffziele anzugreifen, sah Harris schließlich den Nutzen dieser Bombardements ein – nach Ende des Kriegs. In seinen Memoiren schrieb er:

In den Wochen vor Kriegsende waren alle deutschen Streitkräfte wegen Treibstoffmangels außer Gefecht gesetzt. Die von den Hydrierwerken und anderen Anlagen produzierte Ölmenge war so gering, dass es dem Feind nichts gebracht hätte, den Treibstoff aufzubrauchen, indem er die Streitkräfte damit belieferte. Der Triumph der Treibstoffoffensive war vollständig und unbestreitbar.[57]

Es drängt sich einem der Eindruck auf, als habe Harris, durch die Ereignisse belehrt, sich einen der wenigen eindeutigen Erfolge des Bombenkriegs auf die eigenen Fahnen schreiben wollen. Er war nicht bloß skeptisch gewesen, sondern er hatte sich auch über Treibstoffziele als »Allheilmittel« mokiert und – schlimmer noch – sich den Bemühungen Portals und des Air Staff, ihn zur Konzentration auf diese Ziele zu veranlassen, energisch widersetzt. Als Offizier hatte er letztlich dem Befehl widerstrebend und etwas verspätet gehorcht, und in den vier Kampfmonaten von 1945 flog das Bomber Command 74 Einsätze gegen Treibstoffziele, jeweils die Hälfte bei Tag und bei Nacht; dabei wurden insgesamt 43 636 Tonnen Bomben abgeworfen. Allerdings flog die RAF weitaus weniger Luftangriffe gegen Treibstoffziele als die USAAF; den Löwenanteil der Einsätze bestritten die 8. US Army Air Force von ihren Stützpunkten in England und die 15. US Army Air Force von ihren Basen in Italien aus, wobei sie von ihren größeren Erfahrungen bei Tagpräzisionsangriffen profitierten.

Ein Beispiel für die unternommenen Anstrengungen ist die Serie von Angriffen auf Leuna, den größten Komplex zur Herstellung von Synthese-Kraftstoff in Deutschland. Sein mächtiger Verteidigungsring gegen Luftangriffe bestand aus leistungsfähigen Nebelanlagen und einer massiven Konzentration von Flugabwehrartillerie. Die Leuna-Werke waren eines der unbeliebtesten Einsatzziele bei alliierten Flugzeugbesatzungen während des Kriegs, weil sie eines der gefährlichsten waren. Leuna wurde zwischen Mai und Dezember 1944 22-mal angegriffen, 20-mal von der 8. US Army Air Force und zweimal von der RAF. Nach jedem Angriff wurden die Anlagen zwar wieder instand gesetzt, aber jedes Mal auf einem niedrigeren Produktionsniveau, so dass die Kapazität im Schnitt während dieses Zeitraums nur zu 9 Prozent ausgelastet war.[58] Im US Strategic Bombing Survey heißt es dazu:

Seit Mai 1944 überstieg der Ölverbrauch die Produktion. Die angelegten Vorräte waren in sechs Monaten praktisch erschöpft. Der Verlust der Ölproduktion hatte gravierende Auswirkungen auf die Streitkräfte. Im August wurde die abschließende Einlaufzeit für Flugzeugmotoren von zwei Stunden auf eine halbe Stunde verringert. Aufgrund des Treibstoffmangels wurde die Pilotenausbildung, die bereits reduziert worden war, noch einmal verkürzt. Den Sommer hindurch war die Mobilität der deutschen Panzerdivisionen im Feld eingeschränkt […] Im Dezember erreichte die Treibstoffknappheit laut Speer katastrophale Ausmaße. Als die Deutschen am 16. Dezember 1944 ihre Gegenoffensive [die Ardennen-Offensive] begannen, geriet diese aufgrund unzureichender Treibstoffvorräte bald ins Stocken. Sie rechneten damit, alliierte Vorräte zu erbeuten […] Im Februar und März 1945 massierten die Deutschen 1200 Panzer am Baranow-Brückenkopf an der Weichsel, um die Russen aufzuhalten. Doch Treibstoffmangel setzte sie außer Gefecht, und so wurden sie überrannt.[59]

Korrekterweise muss man allerdings hinzufügen, dass die deutsche Kriegsproduktion ungeachtet der Tatsache, dass sich Angriffe auf Treibstoffwerke weit mehr als »Allheilmittel« erwiesen, als es Harris geglaubt hatte, ab Herbst 1944 in fast allen Sektoren rückläufig war. Am 27. Januar 1945 berichtete Speer in einem Brief an General Heinz Guderian, dass die Kohle- und Stahlerzeugung sowie die Flugzeugproduktion drastisch zurückgegangen seien. Speer hatte im letzten Quartal 1944 die Fertigung von 12000 Jagdflugzeugen geplant, gebaut wurden jedoch nur 8600. (Angesichts der Umstände ist man geneigt, »nur« in Anführungszeichen zu setzen.)[60] Die deutlich verringerte Produktionsmenge in der letzten Kriegsphase ist direkt auf die Bomberoffensive zurückzuführen, die die Verlegung der Flugzeugwerke an weit verstreute, unterirdische Standorte notwendig machte.

Und man muss auch hinzufügen, dass sich die Historiker darüber streiten, ob Angriffe auf Treibstoffziele oder Bombardierungen von Verkehrswegen im letzten Kriegsjahr ausschlaggebend waren. Der US Strategic Bombing Survey für Europa vertrat eindeutig die Auffassung, dass die Zerschlagung der Ölinfrastruktur entscheidend gewesen sei, während andere die Zerstörung des Schienennetzes innerhalb des Reiches als wichtiger ansahen. In einer detaillierten Studie über die deutsche Kriegswirtschaft gelangte Alfred Mierzejewski zu dem Schluss, die Transportkrise infolge der Bombardierung des Schienennetzes im Herbst 1944 habe die Kohlelieferungen von der Ruhr und aus Schlesien zu Fabriken im übrigen Reichsgebiet zum Erliegen gebracht, und dies sei für den Produktionsrückgang verantwortlich gewesen. Speer ließ umgehend Arbeiter für die Instandsetzung des Schienennetzes abstellen, und die Lieferungen wurden wieder aufgenommen; doch als die Verkehrsverbindungen in den ersten Monaten des Jahres 1945 erneut bombardiert wurden, bedeutete der Vormarsch alliierter Bodentruppen aus Osten und Westen, dass das Nachschubproblem nicht mehr behoben werden konnte.[61]

Aber nun stellt sich durch die unterschiedlichen Auswirkungen des Bombenkriegs in Deutschland und Japan eine weitere Frage. Im Falle Japans folgte auf eine relativ kurze Phase verheerender Luftangriffe in kurzer Zeit die Kapitulation. Aber man sollte daraus nicht vorschnell auf einen Kausalzusammenhang schließen; »dieses folgt auf jenes, also hat jenes dieses verursacht« ist ein logischer Fehlschluss. Gleichzeitig ist die Frage nach einem kausalen Nexus überaus bedeutsam, insbesondere angesichts der Tatsache, dass die verheerende Bomberoffensive mit den Atombombenabwürfen zu Ende ging. Nur wenige Tage danach sprach Kaiser Hirohito persönlich zum ersten Mal im Rundfunk und verkündete die Kapitulation seines Landes.

Falls sich herausstellen sollte, dass die amerikanischen Luftangriffe auf Japan entscheidend zur Beendigung des Krieges im Pazifik beitrugen, dann müssen wir daraus folgern, dass Arthur Harris und die Strategen des Luftkriegs (siehe nächstes Kapitel) Recht hatten mit der Behauptung, hinreichend schwere Luftangriffe würden den Feind in die Knie zwingen und somit den Krieg beenden. Und die Frage, wieso dies nicht in Deutschland geschah, müsste dahingehend beantwortet werden, dass die alliierten Bombenangriffe bis in die Schlussphase des Krieges hinein einfach nicht schwer genug waren, um diesen Effekt zu erzielen (wie es zum Beispiel eine Atombombe getan hätte).

Nun könnte durchaus jemand behaupten, dass zu schwache Angriffe in der Tat das Gegenteil des Gewünschten bewirken, nämlich die Moral des Feindes zu festigen und – schlimmer noch – dessen Fähigkeit zu verbessern, den Bombenangriffen standzuhalten. Denn wenn die Schwere der Luftangriffe von einem niedrigen Ausgangsniveau allmählich gesteigert würde, wie es bei den Aktivitäten des Bomber Command ab 1940 geschah, würden sich die Luftverteidigung und der Luftschutz des Feindes immer besser darauf einstellen können, so dass selbst bei zunehmend schweren Angriffen deren Wirkung durch die im gleichen Maße wachsende Fähigkeit des Feindes, sie aufzufangen, neutralisiert würde.

Aber wenn – um dieses Argument weiterzuverfolgen – genügend Flugzeuge und Bomben verfügbar gewesen wären, um von Anfang an fortgesetzte massive Luftschläge zu führen, dann wäre der Krieg in Monaten statt in Jahren zu Ende gewesen, wie es in Japan geschah, als dort schwere Bombenangriffe geflogen wurden.

Treffen diese Argumente zu? Alles hängt davon ab, ob außer den Bombenangriffen noch andere Faktoren zur Kapitulation Japans beigetragen haben und an deren relativer Bedeutung. Die Antwort darauf wiederum hängt davon ab, ob Japan aus zivilen oder militärischen Gründen kapitulierte. Wenn die Schutzlosigkeit der Zivilbevölkerung der Grund für die Kapitulation war, dann hatten die Bombardements vermutlich großen Anteil daran. Die Verwundbarkeit der Zivilbevölkerung könnte die Folge von Lebensmittelknappheit oder anderen Entbehrungen gewesen sein, aber nach Lage der Dinge dürfte sie entweder eine Folge des Schocks ob der Bombardements oder der Furcht vor weiteren Zerstörungen von dem Ausmaß, wie sie die Atombomben anrichteten, oder von beidem gewesen sein.

Kapitulierte Japan dagegen aus militärischen Gründen – also weil die Staatsführung einsah, dass der Krieg nicht zu gewinnen war –, dann waren die Bombenangriffe nicht der entscheidende Faktor, auch wenn sie dazu beitrugen. In letzterem Fall könnten Arthur Harris und die Strategen, die Bombardements als eine kriegsentscheidende Maßnahme darstellten, das Beispiel Japan nicht als eine Bestätigung ihrer These anführen.

Die Frage, weshalb Japan im August 1945 kapitulierte, ist vielschichtig, und hier ist nicht der Ort, um sie eingehend zu analysieren. Doch gelangt Robert Pape in seiner detaillierten und meisterhaften Aufarbeitung der Frage zu einer eindeutigen Schlussfolgerung:

Hauptursache für die Kapitulation Japans war die Fähigkeit der Vereinigten Staaten, die militärische Verwundbarkeit der Heimatinseln so weit zu steigern, bis die japanischen Führer zu der Überzeugung gelangten, dass ihre Verteidigungsanstrengungen mit hoher Wahrscheinlichkeit zum Scheitern verurteilt wären. Der militärische Schlüsselfaktor, der zu dieser Einsicht führte, war die Seeblockade, wodurch Japans Fähigkeit, die für die Umsetzung seiner Strategie erforderlichen Streitkräfte aufzustellen und auszurüsten, untergraben wurde. Der wichtigste Faktor für die Wahl des Zeitpunktes der Kapitulation war der sowjetische Angriff auf die Mandschurei [9. August 1945, derselbe Tag, an dem die Atombombe auf Nagasaki abgeworfen wurde], weil er widerstrebende hohe Armeeoffiziere davon überzeugte, dass das Heimatland nicht zu verteidigen war.

Entgegen der Behauptung des Strategic Bombing Survey, auch ohne Atombombe, ohne sowjetischen Angriff, ohne die geplante amerikanische Invasion hätte Japan allein aufgrund der wirkungsvollen Luftangriffe zum genau gleichen Zeitpunkt kapituliert, so sorgten in Wirklichkeit die Seeblockade, die Invasionsdrohung und der sowjetische Angriff dafür, dass die Kapitulation auch ohne strategische Bomberoffensive weder früher noch später erfolgt wäre.[62]

Papes Urteil basiert auf der Auswertung der von der militärischen und zivilen Führung Japans im letzten Kriegsjahr getroffenen Entscheidungen. Er widerspricht ausdrücklich der Schlussfolgerung im US Strategic Bombing Survey für den Pazifik-Krieg, wonach auch ohne Atombomben der strategische Luftkrieg der entscheidende Faktor gewesen wäre. Diese Schlussfolgerung mag einigen Personen, die der Ansicht sind, dass gerade die Atombombenabwürfe jenes Zünglein an der Waage waren, das der Flächenoffensive über Deutschland fehlte, befremdlich vorkommen. Wenn irgendetwas an der Offensive der USAAF gegen Japan entscheidendes Gewicht zukomme, so doch wohl den Atombomben. Der Survey gelangte freilich zu dem Schluss, dass sie für den Kriegsausgang unerheblich waren.

Diese erstaunliche Einschätzung und die Tatsache, dass Papes gründliche und bestechende Analyse zweifellos bei einigen Historikern des Pazifik-Kriegs weiterhin auf Widerspruch stoßen wird, können wir hier auf sich beruhen lassen, da sie unsere gegenwärtige Fragestellung nur am Rande berühren. Wir sollten hier lediglich zur Kenntnis nehmen, dass die Behauptung, das Flächenbombardement habe *maßgeblich* zum Sieg beigetragen, für Japan sehr strittig ist und für Deutschland gänzlich in Abrede gestellt wird. Dies ist von Bedeutung, weil Befürworter der Offensiven auf deren vermeintliche militärische Wirksamkeit oder auch Notwendigkeit verweisen.

Noch wichtiger ist die Frage, wie sich diese Überlegungen auf die moralische Beurteilung des Flächenbombardements auswirken. Falls das Flächenbombardement ein notwendiges Mittel war, um die Achsenmächte zu besiegen, dann liegt darin – insbesondere angesichts des moralischen Status der Achsenmächte selbst – ein Rechtfertigungs- oder zumindest Schuldmilderungsgrund. Wenn das Flächenbombardement nicht wesentlich zur Niederlage der Achsenmächte beitrug, dann erscheint seine moralische Vertretbarkeit in erhöhtem Maße zweifelhaft. Mit dieser Frage werde ich mich später ausführlicher befassen.

Die längerfristigen Auswirkungen der Flächenangriffe auf Deutschland und Japan – nicht nur auf die materielle Infrastruktur dieser Länder, sondern auch auf die psychologische Tiefenstruktur der jeweiligen Völker – sind ein ganz anderes und sehr komplexes Thema. Es gehört zu der viel umfassenderen Fragestellung, wie die Deutschen und die Japaner nach Kriegsende den Konflikt insgesamt verarbeitet haben, und diese Vergangenheitsbewältigung verlief in beiden Ländern sehr unterschiedlich. (Ein hervorragender Ausgangspunkt für die Erkundung dieser Fragen ist Ian Burumas Buch *Erbschaft der Schuld*[63].) Die Schuldgefühle, die die meisten Deutschen der unmittelbaren Nachkriegsgenerationen in Bezug auf den Holocaust empfanden, und das von Deutschland erwartete Bekenntnis zu seiner kollektiven Verantwortung machten es für die Deutschen lange Zeit unmöglich, in der Katastrophe von 1945 etwas anderes als eine verdiente Strafe zu sehen. Die Japaner hingegen verbergen ihre Ansichten über den Krieg hinter einem charakteristisch zweideutigen Schleier des Abwiegelns; aber wenn man mit Japanern im persönlichen Gespräch über die Atombombenabwürfe auf Nagasaki und Hiroshima redet, erfährt man, dass sie in Japan als Kriegsverbrechen angesehen werden.[64]

Dies bringt einige japanische Intellektuelle gegen ihr eigenes Land auf. Buruma schildert eine Veranstaltung, auf der der Schriftsteller Kenzaburo Oe sein Land als rassistisch geißelte und den Japanern vorwarf, sie hätten sich nie mit ihren Verbrechen im Zweiten Weltkrieg auseinandergesetzt.[65] Oe diskutierte auf der Frankfurter Buchmesse, die zur Zeit der deutschen Wiedervereinigung stattfand, mit

Günter Grass. Grass lehnte die Wiedervereinigung ab: »Auschwitz hätte die Wiedervereinigung unmöglich machen müssen; ein vereintes Deutschland sei eine Gefahr für sich selber und für die ganze Welt«, sagte er.[66] Während Grass' Stellungnahme charakteristisch für die Einstellung der meisten Deutschen war, war Oes Kommentar untypisch für einen Japaner. Doch wie Buruma ausführt, hatte Japan sich zwar Gräueltaten in China und an Kriegsgefangenen schuldig gemacht – die sexuelle Versklavung von koreanischen Frauen, die berüchtigte »Einheit 731« in der Mandschurei, wo entsetzliche medizinische Experimente an lebenden menschlichen Versuchskaninchen (als »Holzklötze« bezeichnet) durchgeführt wurden, sowie die Aggressionen im Vorfeld des Krieges zunächst gegen China und dann gegen die USA –, aber Japan hatte keinen Holocaust zu verantworten, während Nazi-Deutschland die Verantwortung für die gleichen Kriegsverbrechen wie Japan *und* den Holocaust zu tragen hatte.[67]

Der Holocaust wirft einen so düsteren Schatten auf den Zweiten Weltkrieg, dass die Summe aller anderen Taten, die nicht mit dem Holocaust zusammenhängen, dadurch geschmälert wird. Auch aus diesem Grund wurde über schuldhaftes Handeln auf Seiten der Alliierten nur sehr wenig gesprochen – eine Schuld, die im Vergleich zu den Gräueltaten der Nazis verblasst und die die Siegerstaaten deshalb als vernachlässigbar erachtet haben. Dresden belastet immer mal wieder das öffentliche Gewissen, doch nur sehr wenige (abgesehen von rechtsradikalen Apologeten, die sich jedoch nicht für die historische Wahrheit oder historische Perspektive interessieren, sondern andere Anliegen verfolgen) sind der Ansicht, die alliierten Flächenoffensiven gegen Deutschland und Japan verdienten es, eingehend geprüft und beurteilt zu werden. Denn wenn sie ein Unrecht darstellen, dann bleiben sie ein Unrecht, auch wenn dieses durch den Holocaust und andere Aggressionen und Gräueltaten der Achsenmächte in den Schatten gestellt wird. Und genau darum geht es hier.

3

Die Vordenker und Strategen des Bombenkriegs

Nach den Luftangriffen auf Hamburg im Rahmen der Operation »Gomorrha« sagte der Chef des Bomber Command, Air Marshal Arthur Harris: »Ich wollte in Hamburg immer einen massiven Angriff. Es war die zweitgrößte Stadt Deutschlands, und ich wollte eine riesengroße Schau abziehen.«[1] Hamburgs Größe war ein Grund, weshalb die Stadt ausgewählt wurde, um die Macht der Bomberwaffe unter Beweis zu stellen. Eine Großstadt konnte auch dann getroffen werden, wenn die Bomben nicht besonders zielgenau abgeworfen wurden. Zudem war Hamburg relativ leicht zu finden, weil es in Küstennähe an der Elbe liegt und seine Silhouette selbst nachts aus großer Höhe leicht zu erkennen ist. Ein weiterer Grund war die relativ leichte Erreichbarkeit; der Bomberstrom hatte keinen allzu langen Anflug, so dass den Nachtjägern der Luftwaffe weniger Zeit für Angriffe blieb, und außerdem führte der größte Teil des An- und Rückflugs über die Nordsee, wo es keine Flak, keine Suchscheinwerfer und keine Fliegerhorste der Luftwaffe gab.

Harris' Bemerkung ist aufschlussreich, weil sie uns einen flüchtigen Einblick in die Denkweise eines Mannes gibt, der, beinahe täglich, Bombenangriffe – »Flächenbombardements«, »Bombenteppiche«, unterschiedslose Luftangriffe – auf dicht bevölkerte Städte plante und Hunderte von Flugzeugen losschickte, die tonnenweise Spreng- und Brandbomben geladen hatten, um diese Angriffe auszuführen. Die Äußerung klingt unpersönlich, was nicht recht zu dem Mann passt, von dem sie stammt; denn es stimmt nicht, dass Harris nur ein hartherziger und einfallsloser Mann gewesen ist, den Massentötungen durch Luftangriffe gleichgültig ließen. Er war unermüdlich um das Wohl seines Bomber Command-Personals bemüht, er war sich voll und ganz bewusst, dass er junge Männer unter seinem Befehl beinahe täglich in den Tod schickte – und da er während der deutschen Luftangriffe auf London mit eigenen Augen gesehen hatte, wie die City um die St. Paul's-Kathedrale in Flammen stand, wusste er ganz genau, was er über den deutschen Zivilisten entfesselte.[2] Er war nicht gebildet, aber er besaß zweifellos jene Härte, die man brauchte, um eine konsequente Strategie der Massentötungen umzusetzen; um zu einem ausgewogenen Urteil zu gelangen, muss man sich jedoch daran erinnern, dass »eben Krieg herrschte« (wie man damals häufig anführte), und er sah sich selbst als verantwortlicher Befehlshaber einer Offensive, die seine Heimat nicht nur vor einem gefährlichen Aggressor schützen sollte, sondern obendrein auch den Krieg gewinnen und damit das Regime vernichten würde, das die Welt in eine Katastrophe gestürzt hatte.[3] Und wie andere Befürworter des Flächenbombardements als einer kriegsentscheidenden Strategie konnte er behaupten, geglaubt zu haben, damit den Krieg verkürzen und insgesamt Menschenleben retten zu können – insbesondere auf britischer Seite, denn die Flächenoffensive bewahrte Zehntausende junger britischer Soldaten vor den Gefahren einer deutschen Invasion. Demgemäß argumentierten jedenfalls die Amerikaner nach dem Krieg, um ihre Luftangriffe gegen Japan und insbesondere die Atombombenabwürfe zu rechtfertigen.

Einige könnten im Hinblick auf ein persönliches Erlebnis von Harris – den Anblick der brennenden Londoner Innenstadt nach dem großen Brandangriff am 29. Dezember 1940 – behaupten, dass er nicht nur ganz genau wusste, was er Deutschland zufügte, sondern dies auch aus Rache getan habe. Um dies zu belegen, wird immer wieder eine Anekdote erzählt. Als Harris nach einer Sitzung im Luftfahrtministerium in London mit dem Auto zurück in sein Hauptquartier in High Wycombe brauste, wurde er von zwei Polizisten auf Motorrädern angehalten. Einer von ihnen sagte: »Sir, Sie fahren viel zu schnell; Sie könnten jemanden umbringen.« Harris antwortete: »Ich bin in wichtigen dienstlichen Angelegenheiten unterwegs. Da Sie es schon einmal erwähnen, es ist meine Aufgabe, Menschen umzubringen, und zwar Deutsche.« Worauf der Polizist angeblich entgegnete: »Sind Sie Air Marshal Harris, Sir?«, und als Harris dies bestätigte, sagte der Polizist: »Dann ist es was anderes, Sir. Entschuldigen Sie, dass ich Sie angehalten habe. Folgen Sie uns«, und die beiden eskortierten ihn in hohem Tempo nach Hause. Anschließend sagte Harris zu einem Adjutanten: »Das war die schnellste Fahrt meines Lebens – sie müssen mich gemocht haben.«[4]

Harris' Bemerkung über seinen dienstlichen Auftrag war nicht nur flapsig. In einer Diskussion mit dem Luftfahrtministerium über die Bombentypen, die bei den Angriffen auf deutsche Städte eingesetzt werden sollten, bestand Harris auf einem Verhältnis von zwei Drittel Brandbomben zu einem Drittel Sprengbomben. Er widersprach damit dem Standpunkt des Luftfahrtministeriums. Dieses vertrat die Ansicht, die deutschen Luftangriffe auf Großbritannien und der versuchsweise Brandbombenangriff auf die größtenteils aus alten Fachwerkhäusern bestehende Stadt Lübeck durch die RAF sprächen dafür, dass die Bombenladungen nur aus Brandbomben bestehen sollten. »Man drängt mich immer, ausschließlich Brandbomben einzusetzen«, schrieb er an das Luftfahrtministerium,

> aber ich bin mit dieser Strategie nicht einverstanden. Die moralische [d. h. psychologische] Wirkung von Sprengbomben ist enorm. Menschen können aus Feuersbrünsten entkommen, und die Zahl der Opfer bei einem reinen Brandangriff wäre verschwindend gering. Zusätzlich zu dem Schrecken des Feuers wollen wir Boches unter den Trümmern ihrer Häuser begraben, Boches umbringen und Boches terrorisieren. Daher der Anteil an Sprengbomben.[5]

Hätte Harris um die entsetzlichen Folgen von Feuerstürmen gewusst – und nicht nur die Brände gekannt, die in der City of London getobt hatten –, dann hätte er Brandbomben vielleicht mit dem gleichen blutrünstigen Optimismus eingesetzt wie Sprengbomben. Jedenfalls war seine Einstellung zu dem Sinn und Zweck der Flächenbombardements unmissverständlich: »Wir wollen Boches unter den Trümmern ihrer Häuser begraben, Boches umbringen und Boches terrorisieren.«

Er war auch nicht dafür, mit dieser Absicht hinterm Berg zu halten. Als er im November 1943 offiziell den Beginn seiner »Luftschlacht um Berlin« ankündigte, erklärte er öffentlich, dass Berlin als das Herz Nazi-Deutschlands wiederholt angegriffen würde, »bis es nicht mehr schlägt«. Lord Salisbury, ein lautstarker Kritiker der Flächenbombardements, schrieb an den Luftfahrtminister Sir Archibald Sinclair und monierte, Harris' Ankündigung widerspreche der offiziellen Regierungspolitik, wonach ausschließlich industrielle und militärische Ziele, nicht aber Zivilgebiete bombardiert werden sollten. Da die Regierung die Flächenangriffsstrategie nur widerwillig öffentlich einräumte, gab Sinclair eine ausweichende Antwort. Harris war aus zwei Gründen darüber verärgert. Erstens war er der Ansicht, dass die Flugzeugbesatzungen keine angemessene Anerkennung für ihre Anstrengungen erhielten, wenn diese Anstrengungen selbst nicht offiziell anerkannt würden. Damit hing der zweite Grund zusammen: Da nächtliche Flächenangriffe ziemlich ungenau waren, musste die Behauptung, das Bomber Command versuche, Präzisionsziele zu treffen, zwangsläufig Kritik herausfordern, weil das Bomber Command nach diesem Kriterium offenkundig immer versagte.[6]

Harris' Einstellung zum Flächenbombardement erforderte, wie er sagte, dass Menschen »mit empfindlichem Gemüt« keine Führungspositionen in den Bomberstreitkräften anstreben sollten.[7] Diese Ansicht wiederum basierte auf seiner unerschütterlichen Überzeugung, dass der Krieg durch Demoralisierung der feindlichen Bevölkerung, bis deren Widerstandswillen gebrochen ist, gewonnen werde. Er hatte aus seinem Doppeldecker auf die Schützengräben des Ersten Weltkriegs hinuntergesehen, und er war der Ansicht, dass sich bei richtiger Anwendung ausreichender Luftmacht die so kostspieligen und grausamen Bodenkämpfe erübrigen würden. Diese fest verwurzelte Überzeugung beherrschte sein Denken in einem solchen Ausmaß, dass er sich, wie im vorangehenden Kapitel dargelegt, nicht mit der Logik von Präzisionsangriffen – gegen Ölziele, wobei er dem Air Staff faktisch den Gehorsam verweigerte – abfinden wollte, sofern diese über eine geringfügige Ergänzung seiner Hauptaufgabe hinausgingen.

Doch mit dieser Einstellung folgte Harris lediglich den Grundsätzen früherer Theoretiker der Luftmacht, und diese wiederum hatten ihre Anschauungen aus der Erfahrung des Bombenkriegs in den ersten drei Jahrzehnten des Fliegens (von 1910 bis 1939) – im Ersten Weltkrieg, in den Kolonialkriegen und im spanischen Bürgerkrieg – abgeleitet. Wenn man versteht, woher diese Ansichten rührten, lassen sich die Überzeugungen und Ziele derer erklären, die im britischen und amerikanischen Militär für die Bombenkriegführung verantwortlich waren (nachdem, wie wir sahen, eine Zeit lang große Unterschiede zwischen der britischen und der amerikanischen Bombenkriegsdoktrin bestanden). Dies ist von entscheidender Bedeutung, denn wenn man die alliierte Bomberoffensive moralisch bewerten möchte, muss man ganz genau wissen, was diejenigen, die sie durchführten, wussten, glaubten und erhofften.

Außerdem muss man die Umstände kennen, die ihre Entscheidungen beeinflussten – insbesondere die Kriegslage zu dem Zeitpunkt, als sie sich für die eine oder andere Strategie entschieden. Dieses Kapitel befasst sich mit der ersten dieser beiden grundlegenden Fragestellungen; die zweite verschiebe ich auf Kapitel 6, wo ich die Argumente prüfe, die zur Verteidigung des Flächenbombardements angeführt werden.

Im Jahr 1899 fand in Den Haag eine internationale Friedenskonferenz statt. Sie kam auf Initiative eines Beraters des russischen Zaren Nikolaus II., des herausragenden russischen Völkerrechtstheoretikers Fjodor Fjodorowitsch von Martens, zustande und bildete den passenden Abschluss einer Reihe von Konferenzen, die in den 1890er Jahren in Den Haag abgehalten wurden. Dabei ging es um die Errichtung eines Völkerrechtsregimes.

Königin Wilhelmina der Niederlande war Gastgeberin der Konferenz von 1899, so dass diese mit den beiden königlichen Schirmherren den höchsten offiziellen Segen hatte. Ihr Zweck war nicht die Beilegung eines laufenden Krieges (auch wenn damals in Südafrika gerade ein Krieg zwischen den Briten und den Afrikaanern der burischen Republiken begann und ein kurzer, aber sehr folgenreicher Krieg zwischen den USA und Spanien, der die amerikanische Einflusssphäre von der Karibik auf den Pazifik ausdehnte, gerade zu

Ende gegangen war). Vielmehr sollte die Konferenz die Bedingungen für einen dauerhaften internationalen Frieden formulieren. Das zugrunde liegende Prinzip wird in der berühmten »Martens'schen Klausel« zusammengefasst, die nach dem geistigen Vater der Konferenz benannt ist und die Idee einer rechtlichen Rahmenordnung für die Austragung von Konflikten zwischen Völkern vorläufig zum Ausdruck brachte:

> Solange, bis ein vollständigeres Kriegsgesetzbuch festgestellt werden kann, halten es die hohen vertragschließenden Parteien für zweckmäßig, festzusetzen, dass in den Fällen, die in den Bestimmungen der von ihnen angenommenen Ordnung nicht einbegriffen sind, die Bevölkerung und die Kriegführenden unter dem Schutz und der Herrschaft der Grundsätze des Völkerrechts bleiben, wie sie sich ergeben aus den unter gesitteten Völkern feststehenden Gebräuchen, aus den Gesetzen der Menschlichkeit und aus den Forderungen des öffentlichen Gewissens.[8]

Die beredten letzten Worte dieses Absatzes passen gut zu dem Ideal, das sie zum Ausdruck bringen: *die Bevölkerung und die Kriegführenden [bleiben] unter dem Schutz und der Herrschaft der Grundsätze des Völkerrechts, wie sie sich ergeben aus den unter gesitteten Völkern feststehenden Gebräuchen, aus den Gesetzen der Menschlichkeit und aus den Forderungen des öffentlichen Gewissens.*

Mit bemerkenswerter Voraussicht befasste sich die Konferenz mit dem Thema des Luftbombardements in Form von »Geschossen oder Sprengstoffen«, die von Fesselballons aus abgeworfen werden (bis zu den ersten bemannten Luftfahrzeugen schwerer als Luft waren es noch vier Jahre hin). Die entsprechend verfasste Präambel der Erklärung, »IV. Haager Abkommen« genannt, zitiert die St.-Petersburger-Erklärung von 1868, in der eine internationale Militärkommission, die auf Einladung des russischen Reichsrates zusammentrat, sich auf das Verbot des Gebrauchs im Einzelnen aufgeführter Projektile, darunter Spreng- und Brandgeschosse, verständigte. Die Erklärung von St. Petersburg lautet folgendermaßen:

Auf Vorschlag des Reichsrates von Russland ist in St. Petersburg eine Internationale Militärkommission zusammengetreten, um zu prüfen, ob das Verbot eines Einsatzes gewisser Wurfgeschosse in Kriegen zwischen gesitteten Völkern zweckmäßig sei, und nachdem diese Kommission einvernehmlich die technischen Grenzen festgelegt hat, innerhalb deren die Notwendigkeiten des Krieges den Erfordernissen der Menschlichkeit Rechnung tragen sollten, sind die Unterzeichneten auf Weisung ihrer Regierungen ermächtigt, folgende Erklärung abzugeben:
In der Erwägung,
dass der Fortschritt der Zivilisation darauf hinwirken sollte, Not und Elend des Krieges so weit wie möglich zu lindern;
dass das einzige rechtmäßige Ziel, welches Staaten in Kriegszeiten verfolgen sollten, die Schwächung der feindlichen Streitkräfte ist;
dass es zu diesem Zweck hinreichend ist, die größtmögliche Zahl von Soldaten des Gegners außer Gefecht zu setzen;
dass der Gebrauch von Waffen, die das Leiden der außer Gefecht gesetzten Männer unnötig verschlimmern oder ihnen unvermeidlich den Tod bringen würden, von diesem Zweck nicht gedeckt ist;
dass der Gebrauch solcher Waffen aus diesem Grund den Gesetzen der Menschlichkeit widerprechen würde;
verpflichten sich die vertragschließenden Parteien wechselseitig, im Falle eines Krieges zwischen ihnen, ihren Land- und Seestreitkräften den Gebrauch jeglicher Wurfgeschosse mit einem Gewicht von unter 400 Gramm, die entweder Sprenggeschosse sind oder mit Knall- oder entzündlichen Stoffen gefüllt sind, zu verbieten [...]
Die vertragschließenden und beitretenden Parteien behalten sich das Recht vor, fernerhin zu einer Vereinbarung zu gelangen, sobald hinsichtlich künftiger Fortschritte in den Wissenschaften, was die Bewaffnung von Truppen anbelangt, ein präziser Vorschlag abgefasst wird, um somit die von ihnen aufgestellten Grundsätze zu wahren und die Notwendigkeiten des Krieges mit den Gesetzen der Menschlichkeit in Einklang zu bringen.

Bevor wir diese Fragen erörtern, wäre es angemessen, zuerst eine Minute schweigend innezuhalten und über den gesunden Menschenverstand und den humanitären Geist nachzudenken, der diese Worte beseelt, die vor so langer Zeit niedergeschrieben wurden, um den Gebrauch todbringender Waffentechniken zu reglementieren, die durch Missbrauch der rasant anwachsenden naturwissenschaftlichen Erkenntnisse schon damals entwickelt wurden. Die in St. Petersburg versammelten Männer konnten nicht ahnen, welche Waffen die Wissenschaft bis 1945 entwickeln würde, wie zwei Augustmorgen in Japan im selben Jahr beweisen sollten; aber sie erahnten die aufziehenden Gefahren, und sie waren Männer, die in gutem Glauben handelten. Die Schlüsselworte sind eindeutig: »Die vertragschließenden und beitretenden Parteien behalten sich das Recht vor, fernerhin zu einer Vereinbarung zu gelangen, sobald *hinsichtlich künftiger Fortschritte in den Wissenschaften, was die Bewaffnung von Truppen anbelangt,* ein präziser Vorschlag abgefasst wird, *um somit die von ihnen aufgestellten Grundsätze zu wahren und die Notwendigkeiten des Krieges mit den Gesetzen der Menschlichkeit in Einklang zu bringen.«*

Inspiriert von diesem Beispiel und den Blick in die Zukunft gerichtet, erklärten sich die 1899 in Den Haag versammelten Delegierten einverstanden, »für einen Zeitraum von fünf Jahren das Verschießen von Geschossen und Abwerfen von Sprengstoffen von Ballons aus oder durch andere neue Methoden ähnlicher Natur zu verbieten«. Wie aus der zeitlichen Beschränkung von fünf Jahren hervorgeht, sollte die Erklärung eine Übergangslösung sein, bis sich die Völkergemeinschaft auf ein formelles Kriegsvölkerrecht verständigt hätte. Das Fehlen einer solchen Kriegsrechtsübereinkunft – Konflikte wie der Burenkrieg und der chinesisch-japanische Krieg führten dazu, dass Gespräche über ein solches Abkommen auf Eis gelegt wurden – machte es erforderlich, dass die Übergangslösung in Kraft blieb, so dass das IV. Haager Abkommen durch eine weitere Haager Konferenz im Jahr 1907 mit demselben Wortlaut bekräftigt wurde. Zu diesem Zeitpunkt hatte der Ausdruck »oder mit neuen Methoden ähnlicher Natur« eine weitere Bedeutung angenommen, denn der Luftraum begann sich mit Flugzeugen zu füllen. Dies führte zu einem ironischen Umstand, der alle Bereiche der Zivilisation betrifft, die sich in rasanter Entwicklung befinden: nämlich dass diese Erklärung noch immer in Kraft war, als am 1. November 1911 –

zwangsläufig unter Missachtung des IV. Haager Abkommens – von einem Piloten der italienischen Streitkräfte, die gegen osmanische Truppen in Libyen kämpften, die ersten Bomben abgeworfen wurden.

Wie wir nur allzu gut wissen, fühlt sich die Menschheit, sobald Kampfhandlungen beginnen, nicht an Abkommen und Erklärungen gebunden, wie vernünftig und humanitär sie auch sein mögen. Aber diese Dokumente geben uns einen Maßstab für die moralische Beurteilung dieser Ereignisse an die Hand, und sie lassen in der Regel nicht viel Raum für Entschuldigungsgründe. Die Grundsätze und mehr noch der Geist der Erklärung von St. Petersburg aus dem Jahr 1868 und des IV. Haager Abkommens von 1899 und 1907 sind eindeutig; und der erste Bombenabwurf in der libyschen Wüste missachtete sie beide.

Der erste Bombenangriff wurde ausgeführt von Leutnant Giulio Gavotti, einem Artilleriebeobachter der italienischen Armee. Gänzlich aus eigenem Antrieb nahm er vier Granaten mit auf einen Flug über das osmanische Armeelager in Ain Zara und warf sie aus seinem Taube-Eindecker auf die wütenden Türken am Boden. Niemand wurde verletzt. Die Nachricht von der Eskapade wurde von der gebildeten Öffentlichkeit mit Verachtung aufgenommen, denn diese hielt den Angriff vor allem für unfair und unehrenhaft. Doch die Militärs waren anderer Ansicht und begannen sofort nach Mitteln und Wegen zu suchen, ein wirksames Kriegswerkzeug daraus zu machen.

Alle großen europäischen Staaten entwickelten und produzierten im Ersten Weltkrieg Luftfahrzeuge für den Abwurf von Bomben, und einige begannen sogar schon vor Ausbruch des Krieges damit. Das gilt sowohl für Frankreich als auch für Deutschland; die Franzosen entwickelten den Voisin-Bomber, die Deutschen bauten zu diesem Zweck das Zeppelin-Luftschiff um. So kam es, dass einer der frühesten Luftschläge des Ersten Weltkriegs die Bombardierung der Zeppelin-Basis in Metz-Frascaty durch Voisin-Flugzeuge am 14. August 1914 war. Die Voisin war ein Druckpropeller-Doppeldecker mit Stahlgerippe, der im weiteren Verlauf des Krieges mit immer leistungsfähigeren Motoren ausgerüstet wurde und schließlich eine

Bombenlast von 300 Kilogramm tragen konnte. Frankreich verfügte insgesamt über etwa 600 Voisin, mit denen es die deutschen Linien an der Westfront bombardierte. Die Voisin hatte nicht die notwendige Reichweite, um nach Deutschland selbst einzudringen, und die Franzosen wollten sie nicht gegen okkupierte Gebiete, in denen Franzosen lebten, einsetzen, so dass sie rein taktisch genutzt wurden. Dagegen war der Zeppelin, wie wir sehen werden, der erste echte strategische Bomber, der bei Luftangriffen gegen Städte in England zum Einsatz kam.

Russland und Italien wollten Frankreich nicht nachstehen und entwickelten schon bald eigene Bomber. Die russische Luftwaffe schaffte die riesige, von Igor Sikorsky konstruierte Ilja Muromez an, das erste viermotorige Flugzeug. Für ihre Zeit war sie ein echtes »technisches Wunderwerk«; sie konnte über fünf Stunden in der Luft bleiben, erreichte eine Spitzengeschwindigkeit von 135 Stundenkilometern und eine »Gipfelhöhe« von 3000 Metern; sie starrte von Maschinengewehren und konnte eine maximale Bombenlast von 700 Kilogramm tragen. Die russische Luftwaffe bildete ihre Bomben-Zielschützen gut aus, und die Treffgenauigkeit der Bombenwürfe der Ilja Muromez war hervorragend. Unter dem Befehl von Generalmajor M. V. Schidlowski war die russische Bomberflotte einer der Lichtblicke in den ansonsten glücklosen Anstrengungen Russlands an der Ostfront.

Italien trat relativ spät, im Mai 1915, in den Krieg ein, und obwohl das Land ansonsten schlecht für die Teilnahme an einem größeren Konflikt gerüstet war, verfügte es zu diesem Zeitpunkt über einen Verband dreimotoriger Caproni-Bomber. Die Caproni konnte bei einer Höchstgeschwindigkeit von 150 Stundenkilometern die Alpen überqueren und 540 Kilogramm Bomben laden. Sie griff Ziele in Österreich-Ungarn an.

Die USA waren im Ersten Weltkrieg weder ein großer Hersteller von Flugzeugen noch eine bedeutende Luftmacht. Sie hatten den Curtiss-»Jenny«-Doppeldecker, mit dem ihre Piloten trainierten (und der nach dem Krieg zum Lieblingsmodell der Landwirtschaftsflieger avancierte), doch als die Flieger der US Army im Frühjahr 1918 in den Krieg eintraten, wurden sie mit den in Frankreich hergestellten

Nieuport- und Spad-Jagdflugzeugen ausgerüstet und nahmen nicht an Bombenangriffen teil.

Im August 1914 besaß Großbritannien keine Bomber, doch bald nach Ausbruch der Feindseligkeiten bestellte die Royal Navy einige, wobei sie einen im Vergleich zu den Flugzeugtypen, die bei den anderen Krieg führenden Nationen im Dienst waren, Bomber mit schwächerem Leistungsprofil anforderte: einen doppelmotorigen Zweisitzer mit einer Höchstgeschwindigkeit von 120 Stundenkilometern und einer Bombenzuladung von 50 Kilogramm. Das Ergebnis war die Handley Page 0/100, die im November 1916 in Dienst gestellt wurde. Zunächst nur zur Unterstützung der Kriegsmarine eingesetzt, wurde sie schon bald an der Westfront und als Nachtbomber verwendet.

Es waren die Deutschen, die den Bombenkrieg im Ersten Weltkrieg am gewagtesten vorantrieben, zunächst mit den Zeppelinen und später mit den gefürchteten Gotha C-V-Bombern, die mit ihrer enormen Flügelspannweite von 24 Metern einen Furcht einflößenden Anblick boten, wenn sie zivile Ziele überflogen und Sprengbomben abwarfen. Die Zeppeline und Gotha flogen insgesamt 103 Luftangriffe gegen Großbritannien; sie griffen vorgeblich nur industrielle und militärische Ziele an, doch tatsächlich bombardierten sie kleinere und größere Städte. Zwischen Januar 1915 und November 1916 flogen die Zeppeline 208 Einsätze, und von Mai 1917 bis Mai 1918 flogen die Gotha 435 Einsätze, wobei sie insgesamt etwa 300 Tonnen Bomben über Großbritannien abwarfen. Sie gaben damit einen kurzen Vorgeschmack auf die Praxis des Flächenbombardements. Diese Angriffe forderten 1400 Todesopfer und 3400 Verwundete, und sie verursachten Sachschäden in Höhe von drei Millionen Pfund (in Pfund von 1914).

Aber vor allem lösten die Zeppeline und Gotha eine große Panik aus und begründeten damit die – wie sich zu spät zeigte, irrtümliche – Überzeugung, dass Bombenangriffe auf die Zivilbevölkerung eine besonders wirksame psychologische Waffe seien. Denn im Nachhinein stellte sich heraus – und darin liegt eine der schrecklichsten Ironien der Geschichte –, dass ein leichter Luftangriff oder auch der bloße Anblick von Bombern, die im Sturzflug herabstoßen, Menschen, die nicht daran gewöhnt sind, in Schrecken versetzt. Dagegen haben etwas schwerere Bombardements, als Großbritannien sie im Ersten Weltkrieg erlebte, genau die entgegengesetzte Wirkung auf die Moral der Bevölkerung, wie man an den Beispielen Großbritannien und Deutschland im Zweiten Weltkrieg ersehen kann. Hätte Deutschland in den Jahren 1916–18 kontinuierlicher massivere Flächenangriffe gegen britische Städte geflogen, dann hätten intelligente Beobachter erkannt, dass diese in Wirklichkeit kontraproduktiv waren – und daher trotz ihrer großen Schadenswirkung völlig nutzlos.

Doch intelligente Beobachter hätten dies auch so erkennen können. Zunächst brach in Städten, die von Gotha angegriffen wurden, eine schwere Panik aus. Der erste Angriff traf im Mai 1917 Folkestone; dabei wurden 95 Menschen getötet und 195 verletzt – die höchste Opferzahl, die ein einzelner Bombenangriff bis dahin forderte. Eine Welle des Schreckens erfasste das gesamte Land. Aber sie klang rasch ab; es kam weder zu einer Massenhysterie noch zu Ausschreitungen gegen die Regierung, die sich dem Wunsch der Bevölkerung nach Beendigung des Krieges beugen sollte. Vielmehr lösten die Gotha-Angriffe eine entschlossene militärische Gegenreaktion aus. Ein Jagdgeschwader wurde aufgestellt (einer seiner Piloten war Arthur Harris), um Bombenangriffe abzuwehren, und dies taten die Jäger so erfolgreich, dass zuerst die Zeppelin-Angriffe eingestellt wurden und dann die Gotha auf Nachtangriffe übergehen mussten. Außerdem wurde ein Ring von Sperrballons um London gezogen; die Ballons schwebten so hoch in der Luft, dass die Gotha sie kaum überfliegen konnten; zudem wurden erstmals Suchscheinwerfer und Flaks eingesetzt. Diese eindrucksvollen Maßnahmen der Luftverteidigung erwiesen sich als wirkungsvoll. Zwischen September 1917 und Mai 1918 wurden 61 Gotha über den Britischen Inseln abgeschossen, eine untragbare Verlustrate. Nach Mai 1918 wurden die Bomber nur noch für Angriffe an der Westfront eingesetzt; sie waren verjagt worden.[9]

Doch auch wenn die Gotha-Bombardements die zivile Moral nicht untergruben, lässt sich doch verstehen, weshalb Beobachter den gegenteiligen Schluss zogen. Sie spielten das Spiel der Extrapolation. Die Einwohner von Folkestone waren schockiert über den Angriff der Gotha. In anderen Städten mussten Arbeiter bei einem Angriff ihre Werkbänke verlassen, um Schutz zu suchen. Wenn der Angriff nachts stattfand, waren sie am nächsten Morgen wegen des Schlafmangels übermüdet. Man stelle sich – so die Beobachter – zehnmal, hundertmal so große Bomberflotten vor, die jeden Tag angriffen und viel mehr Bomben abwarfen. Sie zogen daraus verständlicherweise den Schluss, dass das normale Zivilleben zusammenbrechen würde. Dies war der Ausgangspunkt für die späteren Theorien über den Bombenkrieg.

In den ersten Jahren des bemannten Flugs mit strömungsgetragenen Luftfahrzeugen stellte man fest, dass Doppeldecker bessere Flugeigenschaften hatten als Eindecker. Daher sagte man voraus, dass die Flugzeuge der Zukunft zwölf Flügel haben würden. Dies ist ein Beispiel für eine solche Extrapolation und ihr allzu häufiges Ergebnis. Die Extrapolation von Bombenangriffen folgte dem gleichen Muster. Allerdings nur, was die vorhersehbare Weiterentwicklung von Bombern des Typs Gotha oder Ilja Muromez zur Lancaster anbelangte. Mit ihren schweren Bombenladungen vervielfachten die Lancaster die Größenordnung an Tod und Zerstörung durch Flächenbombardements, aber dies schmälerte nicht bloß die Wirkung auf die Moral, es verkehrte sie ins Gegenteil.

Aber was wäre, wenn die Extrapolation fortgeführt würde, über die Bombenlast von 1000 Lancaster hinaus, bis hin zu den Atomwaffen nach dem Zweiten Weltkrieg? Vielleicht kommt die Moraldoktrin hier endlich zu ihrem Recht; denn der bloße Gedanke an die Flächenwirkung von Kernwaffen hat bislang alle von ihrem Einsatz abgehalten und Kriege »lokal« begrenzt (auch wenn dies kein Trost für diejenigen ist, die davon betroffen sind). Den Ausbruch eines Krieges zu verhindern ist die wünschenswerte logische Grenze einer Luftkriegsstrategie, die in Bomben ein Mittel sieht, Kriege zu beenden, nachdem sie einmal begonnen haben. Bedeutet dies, dass die Theorie vom strategischen Bombenkrieg letztlich doch richtig ist – vorausgesetzt, dass die Zerstörungskraft der Bomberflotte so groß ist, dass ein einziger Angriff ganze Städte auf einen Schlag ausradieren und Millionen statt »nur« Zehntausende umbringen könnte?

Man könnte darauf mit der Behauptung reagieren, die auf Kernwaffen bezogene These von der »gegenseitig zugesicherten Vernichtung«, sollte sie ihren Abschreckungszweck nicht erfüllen und käme es zu einem größeren nuklearen Schlagabtausch zwischen zwei oder mehr Staaten, impliziere, dass die dabei durchgeführten Flächenbombardements den Krieg nicht wegen ihrer Auswirkungen auf die Moral beenden würden (auch wenn ein solcher Effekt zweifellos vorhanden wäre), sondern weil die Krieg führenden Staaten schlechterdings physisch nicht mehr imstande wären, nach den ersten Angriffen den Krieg noch fortzusetzen. Um die Moral der Bevölkerung kriegsentscheidend zu schwächen, würden Kernwaffen am besten von einem Land gegen ein anderes eingesetzt werden, das den Angriff nicht mit gleicher Münze vergelten kann.

Aber dies wäre vermutlich wiederum in einer anderen Hinsicht kontraproduktiv, denn der Sieger könnte keinerlei Nutzen aus dem besiegten Land ziehen, da ganze Landstriche infolge des radioaktiven Niederschlags unbewohnbar und die Bürger dieses Landes wohl in hohem Maße auf Unterstützung angewiesen wären. Sie hätten vermutlich auf lange Sicht einen hohen Bedarf an teuren medizinischen und sonstigen Hilfsleistungen, die der vermeintliche Sieger bereitstellen müsste.

Angenommen, die Auswirkungen von Flächenbombardements auf die Moral der Bevölkerung kommen erst im Atomzeitalter voll zur Geltung, dann lässt sich anhand dieser Überlegungen sagen, dass sie ebenfalls kontraproduktiv wirken. Wenn Sir Arthur Harris noch lebte, würde er einsehen, dass selbst das »sachgerechte« Maß an Bombermacht noch immer kaum dazu geeignet wäre, einen Krieg zu gewinnen, selbst wenn dadurch, wie in diesem letzten Szenario, tatsächlich ein Krieg gewonnen werden würde – der Sieg aber wäre ungemein schal.

Die zügige technische Weiterentwicklung der Luftfahrzeuge und ihre wachsende Bedeutung für die Kriegführung wirkten in den Jahren 1914–18 geradezu elektrisierend. In Großbritannien wurden die Luftstreitkräfte der Armee und der Kriegsmarine – das Royal Flying Corps und der Royal Naval Air Service – zur Royal Air Force zusammengelegt, und 1918 wurde ein engagiertes Oberkommando der Bomberstreitkräfte eingesetzt, mit dem hoch angesehenen Sir Hugh Trenchard an der Spitze. Die britische Luftwaffe, 1914 praktisch noch nicht existent, wuchs bis Kriegsende auf eine Streitmacht von 300 000 Mann an, im selben Zeitraum produzierte Großbritannien 50 000 Luftfahrzeuge aller militärischen Typen. Dieser erstaunliche Kraftakt erklärt zum Teil, weshalb in der Nachkriegszeit ungeachtet des raschen Abbaus der Luftstreitkräfte in den meisten Ländern (und nicht zuletzt in Großbritannien), Militärtheoretiker sich weiterhin mit den Möglichkeiten des Luftkriegs befassten und weshalb sich eine Reihe diplomatischer Initiativen der Großmächte – wie sich zeigen sollte, vergeblich – darum bemühten, ein internationales Abkommen zur Begrenzung beziehungsweise über das Verbot des militärischen Einsatzes von Flugzeugen insbesondere für Bombenangriffe zu erreichen.

Die Theoretiker reagierten blitzschnell. Tatsächlich hatte der erste von ihnen, sowohl zeitlich gesehen als auch im Hinblick auf seine Bedeutung für die Theorie des Flächenbombardements, lange vor Ausbruch des Ersten Weltkriegs seine Ansichten dazu niedergeschrieben. Es handelt sich um Giulio Douhet, einen außergewöhnlichen Mann aus der Region Savoyen in Norditalien, der Bücher über Militärtheorie (und außerdem Theaterstücke und Gedichte) schrieb, bevor er 1909 in die italienische Armee eintrat. Er erhielt das Kommando über einen Verband von neun Flugzeugen, der im Rahmen des Kriegs gegen die Türken nach Libyen verlegt wurde, und unter seiner Verantwortung ereigneten sich so drei Premieren der Luftfahrt: der erste Aufklärungsflug unter Kampfbedingungen, der am 23. Oktober 1911 stattfand, der erste Bombenangriff (siehe S. 145) am 1. November 1911 und der erste Abschuss eines Flugzeugs (durch türkisches Gewehrfeuer).

Aufgrund seiner Verdienste in Libyen wurde Douhet das Kommando über das neu aufgestellte Fliegerbataillon der italienischen Armee übertragen. Er hatte Pläne für die Weiterentwicklung der italienischen Luftstreitmacht und setzte sich unermüdlich, aber erfolglos für die Beschaffung von Spezialbombern für seine Streitkräfte ein. Schließlich beauftragte er von sich aus den Flugzeugkonstrukteur

Gianni Caproni mit der Konstruktion eines Bombers; daraus ging der oben beschriebene dreimotorige Bomber hervor, der nach Caproni benannt wurde. Da Douhet dies jedoch ohne offizielle Genehmigung getan hatte, wurde er seines Amtes als Befehlshaber der Fliegertruppe enthoben und zu einem Infanterieregiment abkommandiert. Seine militärische Laufbahn endete, als er von einem Kriegsgericht zu einem Jahr Gefängnis verurteilt wurde, nachdem er einen Artikel geschrieben hatte, in dem er der italienischen Armee aufgrund ihrer zahlreichen Mängel eine verheerende Niederlage voraussagte. (Er sollte alsbald Recht bekommen; die Katastrophe ereignete sich prompt 1917 in Caparetto, wo die italienischen Streitkräfte bei ihrer schlimmsten Niederlage aller Zeiten über eine halbe Million Tote und Verwundete zu beklagen hatten.)[10]

Befreit von seinen militärischen Verpflichtungen, widmete sich Douhet der Schriftstellerei und schrieb über die Zukunft des Krieges. Er verfasste ein Buch, das zu einem Klassiker seines Genres wurde, *Il dominio dell'aria* (*Luftherrschaft*), das 1921 erschien. Darin legte er die Theorie dar, die sich das RAF-Bomber Command im Zweiten Weltkrieg in ihren Grundzügen zu Eigen machte.[11] Wie wir sehen werden, hat sein Werk auch die amerikanischen Theorien über die Luftmacht nachhaltig beeinflusst.

Die Quintessenz von Douhets These kennen wir mittlerweile, da sie genau derjenigen entspricht, auf die sich das Bomber Command seit Februar 1942 stützte und die Arthur Harris' obersten Glaubenssatz darstellte. Sie lautet: Luftangriffe sollten sich gegen die Zivilbevölkerung eines feindlichen Staates richten, um deren Moral zu brechen und die eigene Regierung dazu zu zwingen, in Friedensverhandlungen einzutreten. Terror, Sachschäden und Entbehrungen aufgrund des Mangels an Lebensmitteln und anderen notwendigen Gütern sind die Schlüsselelemente. Douhet schrieb:

Man stelle sich nur einmal vor, was in einer Großstadt vor sich geht, deren Zentrum im Umkreis von rund 250 Metern durch eine 20-Tonnen-Last von Luftzerstörungsmaterial verheert wird. Einschlag auf Einschlag! Brände, Explosionen, einstürzende Häuserfronten. [...] Das Leben dieser Stadt ist erstickt. Die großen Verkehrsadern, die sie durchziehen, sind gelähmt. [...] Wie den Verkehr noch regelmäßig aufrecht-erhalten, produktive Arbeit in den lebenswichtigen Betrieben leisten? Würde nicht der Angriff eines einzigen feindlichen Fliegers genügen, um nunmehr eine Panik hervorzurufen. [...] Ein vollständiger Zerfall des Staatsapparates ist unvermeidlich, und der Augenblick nicht mehr fern, da die Bevölkerung, scheinbar schutzlos den Angriffen der feind-lichen Luftflotte preisgegeben, unter dem gemeinsamen Drang des Selbsterhaltungstriebes, die Einstellung des Kampfes um jeden Preis fordern wird [...][12]

Man könnte diese These durchaus Douhet-Trenchard-These nen-nen, denn als Sir Hugh Trenchard 1918 das Kommando über die RAF-Bomber übertragen wurde, baute er eine Streitmacht auf, die exakt diese Theorie umsetzen sollte. Die britischen Mitglieder einer Gruppe, die 1917 eingesetzt wurde, um die Luftwaffenpolitik der Briten, Franzosen und Amerikaner zu koordinieren, Inter-Allied Aviation Committee, formulierte Trenchards Standpunkt in Worten, die unmittelbar Douhet inspiriert haben könnten: »[Die Bombar-dierung ziviler Ziele hätte zur Folge], dass die deutsche Regierung ei-nem erheblichen und stetig anwachsenden Druck der Zivilbevölke-rung ausgesetzt wäre, der zum Zerfall politischer Strukturen führen könnte.«[13] Der Krieg endete, bevor Trenchard diese Strategie in grö-ßerem Umfang umsetzen konnte, aber bezüglich der Frage, wie ein Krieg gegen den Erzfeind Großbritanniens – die Franzosen – geführt werden sollte, trat er entschieden für diese Strategie ein: »Ich bin der Ansicht, dass es, obwohl es vermutlich zu lautstarkem Protest kom-men würde«, schrieb er 1925, nachdem er dafür plädiert hatte, die französische Bevölkerung zu bombardieren, falls die Kampfhand-lungen zwischen den beiden Nachbarn wieder aufgenommen wür-den, »die Franzosen bei einem Bomberduell vermutlich eher auf-schreien würden als wir.«[14] In der Überzeugung, Kriege sehr stark zu verkürzen, wenn die Bombardierung von Zivilpersonen in ihrem Mittelpunkt stünden, behauptete Trenchard, es würde nichts brin-gen, industrielle Ziele anzugreifen. Wie Douhet konzentrierte er sich ganz und gar auf die »moralische Wirkung«: »Das Volk, das die Bom-bardements am längsten aushält, würde letztlich gewinnen [...] Das

Ende eines Krieges wird für gewöhnlich dadurch herbeigeführt, dass eine Nation eine andere derart unter Druck setzt, dass die öffentliche Meinung die Regierung dazu zwingt, um Frieden zu ersuchen.«[15] Dies bedeutet des Weiteren, dass es wesentlich darauf ankommt, die ersten Schläge zu führen, bevor der Feind einen Angriff auf die eigene Zivilbevölkerung starten kann.

Aus unerfindlichen Gründen und ohne bekannte empirische Grundlage behauptete Trenchard, das Verhältnis von moralischer zu materieller Wirkung eines Bombenangriffs belaufe sich auf 20:1. Schließlich brachte ihn dies zu der Überzeugung, dass in einem Krieg, der aus einem Bomberduell besteht, letztlich der Nationalcharakter Ausschlag über Sieg und Niederlage gebe; und natürlich waren Trenchard und die meisten seiner Offizierskollegen der Meinung, dies verschaffe den Briten einen großen Vorsprung vor möglichen kontinentaleuropäischen Gegnern, allen voran den Franzosen.[16] Pape zitiert einen hohen britischen Offizier mit der Bemerkung, während des Ersten Weltkriegs hätten »die Franzosen stärker unter den Verlusten gelitten als die Briten. Dies müsse ebenfalls berücksichtigt werden, aber die Strategie, das französische Volk zu schlagen und dafür zu sorgen, dass es eher aufschreit als wir, ist von entscheidender Bedeutung – entscheidender als alles andere«. Dem scheint, um es ganz offen zu sagen, eine rassistische Einstellung zugrunde zu liegen. So behauptete beispielsweise J. F. C. Fuller, dass die Bevölkerungsgruppe, die während der Gotha-Angriffe auf London im Jahr 1917 am meisten in Panik geriet, »Juden aus dem East End« waren. In den 1920er Jahren bombardierten britische Streitkräfte irakische und afghanische Stammesangehörige, um ihre aufständischen Bestrebungen zu unterbinden, und die Tatsache, dass sie sich durch die Bombardements so leicht befrieden ließen, wurde als Bestätigung nicht nur der allgemeinen Wirksamkeit von Luftangriffen, sondern auch ihrer besonderen Wirksamkeit in Fällen, in denen es einem Volk »an Rückgrat fehlt«, interpretiert – eine Schwäche, die britische Kolonisatoren durchweg den von ihnen Kolonisierten zuschrieben. Es ist kein Zufall, dass Arthur Harris damals einen Bomberverband im Mittleren Osten befehligte, und zweifellos trug diese Erfahrung nachhaltig dazu bei, dass er sich der Auffassung von Douhet und Trenchard so vorbehaltlos anschloss.[17]

Wie in Kapitel 1 erwähnt, musste die Royal Air Force in den 1920er Jahren ihre Eigenständigkeit gegen Vereinnahmungsversuche durch die Royal Navy und die Army verteidigen, und Trenchard, mittlerweile Oberkommandierender der RAF, brauchte Argumente, um die Regierung dazu zu bewegen, den noch verbliebenen kümmerlichen Rest der Bomberflotte zu erhalten. Die Argumente über die Wirksamkeit von Bombardements spielten eine entscheidende Rolle. Nicht nur Trenchard brachte sie vor; er hatte die entschlossene Rückendeckung des berühmten Militärhistorikers Basil Liddell Hart, der in einem 1925 erschienenen Buch mit triftigen Gründen die These untermauerte, Bombenangriffe würden Kriege kürzer und billiger machen und insgesamt Menschenleben retten.[18] »Wenn man erst einmal erkannt hat, dass [in einem strategischen Bombenkrieg] mit viel weniger Verwundeten zu rechnen ist als [in einem Krieg], der sich mehrere Jahre hinzieht, dann wird uns der gesunde Menschenverstand zeigen, dass die ethischen Bedenken gegen diese Form des Krieges zumindest nicht schwerer wiegen als die Bedenken gegen die Kanonenfutter-Kriege der Vergangenheit.«[19] Er ging so weit hinzuzufügen, dass der Krieg noch schneller und billiger (gemessen in Menschenleben) enden würde, wenn man Gas einsetzen würde: »Gas mag sich durchaus als Rettung der Zivilisation vor dem im Falle eines weiteren Weltkriegs andernfalls unvermeidlichen Zusammenbruch erweisen.«[20] Aus Liddell Harts Standpunkt folgt unter anderem, dass die abschreckende Wirkung von Gasangriffen aus der Luft Kriege gänzlich verhüten könnte – ein Argument, das auch immer wieder von den Befürwortern von Atomwaffen vorgebracht wird.

Trenchard war von diesen Ansichten so angetan, dass er Exemplare von Liddell Harts Buch an ranghohe Offiziere und an die neue RAF-Stabsakademie in Andover schickte. Er konnte damals nicht ahnen, dass Liddell Hart seine Meinung später von Grund auf ändern sollte; im Jahr 1942, als die tatsächlichen Folgen des Flächenbombardements unübersehbar waren, schrieb Liddell Hart: »Es wäre der blanke Hohn, wenn die Verteidiger der Zivilisation den Sieg auf die barbarischste und ungeschickteste Weise erringen würden, die

die moderne Welt kennt... Um den Sieg zu erringen, setzen wir heute alles daran, in der Kriegführung eine neue, noch niedrigere Stufe [der Verrohung] zu erreichen – wie sie in der unterschiedslosen Bombardierung (bei Nacht) und wahllosem Hungertod besteht.«[21]

Im Jahr 1928 hielt es Trenchard für notwendig, die Formulierung seiner Ansichten, wenn auch nicht die Ansichten selbst, abzuschwächen, zweifellos weil die nörgelnde Stimme des moralischen Gewissens sich außerhalb der Seminare der RAF-Stabsakademie vernehmbar äußerte. In einem Memorandum an andere hohe Offiziere der Army und Navy – die Urheber dieser Bedenken – räumte er jetzt ein, dass es »den Geboten der Menschlichkeit widerspricht, wahllos eine Stadt zu bombardieren, zu dem alleinigen Zweck, die Zivilbevölkerung zu terrorisieren«. Aber er beteuerte, es sei völlig legitim, Arbeiter in den Rüstungsfabriken und Schauerleute, die militärische Güter verladen, zu demoralisieren. Weshalb sollte derjenige, der eine Schusswaffe herstellt, »schonenswerter« sein als derjenige, der sie bedient? »Die moralische Wirkung wird durch Bombardements unter solchen Umständen erzielt, aber sie ist das zwangsläufige Ergebnis einer rechtmäßigen Kriegshandlung – der Bombardierung eines militärischen Ziels.«[22] So entstand das offizielle Feigenblatt, mit dem während des Zweiten Weltkriegs die Flächenoffensiven gerechtfertigt wurden. Aber es wirft zumindest eine naheliegende Frage auf: Was ist ein »militärisches Ziel«? Wo verläuft die Front in einem modernen Krieg? Und die Rüstungsfabrik liegt doch gewiss auch noch an der Front?

Die Briten glaubten ihren Theoretikern, was die mutmaßliche Wirkung des Bombenkriegs anbelangte, so sehr, dass die Regierung 1939 für London folgende Prognosen erstellte: Sie rechnete in den ersten drei Wochen mit Bombenangriffen mit 250 000 Toten und mit 3 bis 4 Millionen Flüchtlingen, die in die umliegenden ländlichen Gebiete strömen würden. Sie erwartete 3 Millionen psychiatrische Behandlungsfälle aufgrund von Terror und Chaos. Sie ging davon aus, dass London im gleichen dreiwöchigen Zeitraum zu 50 Prozent zerstört werden würde. Schon zuvor hatten die Mathematiker die Zahl der Toten und Verwundeten pro Tonne abgeworfener Bomben berechnet; auf dieser Basis gelangten sie zu einem monatlichen Bedarf von 2,8 Millionen Krankenhausbetten und 1,86 Millionen Quadratmetern Sargholz. Im Rahmen der Vorbereitungen auf diese fürchterliche Katastrophe stellte das Gesundheitsministerium – in einer dieser Gesten, die durch ihre schiere Sinnlosigkeit bestechen – eine Million zusätzliche Totenscheine für Kommunalbehörden aus.[23]

Nicht bloß die Aussagen der Theoretiker veranlassten die britische Regierung dazu, sich ihre Sichtweise zu Eigen zu machen, auch der stete Strom scheinbarer empirischer Bestätigungen von Konfliktherden trug seinen Teil dazu bei. Die Italiener bombardierten 1936 Addis Abeba, die Japaner bombardierten 1937 Nanking, und im selben Jahr bombardierte die deutsche »Legion Condor« in Spanien die Stadt Guernica. (Bei dem Angriff kamen 1000 Menschen ums Leben, und die Stadt wurde zu 70 Prozent zerstört.) Weil Spanien mitten in Europa liegt, lösten die Berichte über heulende Sturzkampfbomber, die auf die Stadt und ihre Bewohner herabstießen, die sie im Tiefflug unter Beschuss nahmen, blankes Entsetzen aus. Die Kriegsgräuel in Nanking, die viel gravierender waren, aber auf der anderen Seite der Erde verübt wurden und sowieso eine Angelegenheit zwischen Asiaten waren, fanden nicht annähernd die gleiche Resonanz. Dennoch nährte allein der Bericht über die von der Luftmacht verbreiteten Schrecken die allgemeine Angst. Dass diese Bombardements unter »idealen Angriffsbedingungen« stattfanden – es gab keine Luftabwehr, die Angriffe erfolgten bei Tag –, fiel damals bei den Berechnungen nicht ins Gewicht. Die Leichen und die rauchenden Ruinen schienen eindringliche Bestätigung dessen zu sein, so dass sich selbst leicht skeptische Stimmen kaum noch Gehör verschaffen konnten.

Die 1930er Jahre hindurch hörten die Briten – und nicht nur sie – immer wieder von den Schrecken des Bombenkriegs und von der enormen Bedrohung, die er darstelle. Liddell Hart, der damals seine Meinung noch nicht geändert hatte, veröffentlichte im November 1933 im *Daily Telegraph* einen anschaulichen Bericht über tief verängstigte Zivilisten, die aus bombardierten Städten flohen.[24] In London beschloss die Regierung, Jagdstaffeln zur Abwehr von Bomberangriffen aufzustellen. Das Bomber Command war zwar offiziell 1936 gegründet worden, aber obwohl gleichzeitig Pläne für den Aufbau einer Bomberflotte entwickelt wurden (inbegriffen der großen vier-motorigen Bomber, die schließlich in Dienst gestellt wurden, als Arthur Harris an der Spitze des Command stand), rückten die Bomberkräfte jetzt gegenüber der dringend erforderlichen Jagdabwehr in den Hintergrund. Zudem stellte die erste Direktive an das Bomber Command unmissverständlich klar, dass es nicht dazu da sei, die These von Trenchard/Douhet/Liddell Hart umzusetzen, sondern dazu, die Armee zu unterstützen und feindliche Flugplätze anzugreifen. Das Command wurde ausdrücklich angewiesen, »nichts zu unternehmen, was als ein Angriff auf Zivilisten gedeutet werden und dem Feind einen Vorwand liefern könnte, es ebenso zu tun«.[25]

Tatsächlich war der Wunsch, einen potenziellen Feind – den man mittlerweile in Deutschland sah – davon abzuhalten, die Trenchard-Douhet-These auf britische Städte anzuwenden, so groß, dass ein besonderer Unterausschuss des Committee on Imperial Defence [Verteidigungsausschusses], der den Bombenkrieg in all seinen Aspekten beleuchten sollte, folgende Empfehlung aussprach: Die Regierung solle sich öffentlich bereit erklären, die zentrale Industrieregion Deutschlands, das Ruhrgebiet, nicht zu bombardieren und auch keine Seeblockade zu verhängen, da dies die deutsche Zivilbevölkerung empfindlich treffen würde. Dies formuliert in der Hoffnung, Deutschland würde im Gegenzug bei der Bombardierung britischer Städte Zurückhaltung üben.

Die Amerikaner stützten sich auf eine ganz andere Theorie der Luftmacht. Auch bei ihnen zielte der Einsatz der Luftmacht auf den Zusammenbruch des Feindes ab, allerdings nicht durch direkte Angriffe auf Zivilpersonen. Im Mittelpunkt dieser Theorie stand, industrielle Schaltstellen der feindlichen Wirtschaft zu zerstören, um so die Güterversorgung der feindlichen Bevölkerung zum Erliegen zu bringen und dadurch ihren Willen zur Fortsetzung des Krieges zu untergraben. Die Doktrin wurde in den 1930er Jahren von einer Gruppe von Offizieren an der Air Corps Tactical School erarbeitet, der amerikanischen Kaderschmiede für Luftwaffenoffiziere. Vier der Offiziere an dieser Akademie, Harold L. George, Haywood Hansell, Kenneth Walker und Laurence S. Kuter, erarbeiteten 1941 die erste

US-Luftkriegsdoktrin aus, den »Air War Plans Division – Plan 1« (kurz: AWPD-1).

Die Prämisse der dem AWPD-1 zugrunde liegenden Theorie lautete: Eine Volkswirtschaft sei in einem Krieg derart großen Belastungen ausgesetzt, dass eine relativ kleine Zahl von Bombern, die eine relativ geringe Menge von Bomben auf sorgfältig ausgewählte Ziele abwirft, lebenswichtige Bande im »industriellen Netz« des Feindes zerschneiden und daher einen raschen Sieg herbeiführen werde. Die primären Ziele, die im AWPD-1 aufgeführt wurden, waren Stromversorgung, Verkehrswege und Treibstoffanlagen. Wenn diese ökonomischen Stützpfeiler ausgeschaltet würden, so behaupteten die Autoren des Plans, würde die Moral der Zivilbevölkerung schon bald zusammenbrechen; sie glaubten sogar, dass der Feind innerhalb von sechs Monaten kapitulieren werde, wenn 54 aufgeführte Ziele in diesen Sektoren bombardiert würden. In diesem Plan wurde anerkannt, dass zielgenaue Bombenangriffe die Luftherrschaft erfordern, und so listete er als ergänzende Angriffsziele feindliche Luftwaffenbasen, Flugzeugfabriken und Bezugsquellen unverzichtbarer Rohstoffe für die Flugzeugproduktion wie Aluminium und Magnesium auf.

Die dieser Anschauung zugrunde liegende Überzeugung kommt mit löblicher Klarheit in Vorlesungen zum Ausdruck, die 1939 an der Air Corps Tactical School gehalten wurden und die Robert Pape in seiner Studie über den strategischen Einsatz der Luftmacht zur Zermürbung des Feindes zitiert. »Das Endziel aller militärischen Einsätze... besteht darin, den Willen der feindlichen Bevölkerung zu brechen, denn dieser ist die eigentliche Quelle der nationalen Politik des Feindes«, heißt es in einer Vorlesung mit dem Titel »Das Ziel des Krieges«. »Der Verlust des Durchhaltewillens in der Zivilbevölkerung ist viel entscheidender als die Niederlage des Soldaten auf dem Schlachtfeld... Luftstreitkräfte können sofort zur Erreichung dieses Endziels eingesetzt werden. Sie können direkt dazu benutzt werden, den Willen des Feindvolkes zu brechen.«[26]

In einer anderen Vorlesung wird die These vom »industriellen Netz« dargelegt: »Die moderne Kriegführung stellt eine gewaltige Belastung für das Wirtschaftssystem einer Nation dar, so dass sich dessen Störanfälligkeit durch Angriffe vervielfacht. Der Ausfall irgendeines Teils dieses komplexen, ineinander verschränkten Organisationsgefüges muss die Kriegführung dieser Nation ernsthaft beeinträchtigen und das gesellschaftliche Wohlergehen und die Moral ihrer Bürger nachhaltig stören.« Anschließend werden die Hörer aufgefordert, sich vorzustellen, was in den USA geschehen würde, wenn »Sektor für Sektor unseres großen Wirtschaftssystems [aufhörte], all jene zahllosen Artikel zu produzieren, die für das Leben, wie wir es kennen, unverzichtbar sind«.[27] In einer dritten Vorlesung werden diese theoretischen Grundsätze auf ein praktisches Beispiel bezogen: Wenn die Wasserversorgung von New York City zum Erliegen käme, müsste die Stadt wegen Wassermangels, Brandgefahr und Gefährdung der Volksgesundheit nach kurzer Zeit evakuiert werden. Wenn Eisenbahnbrücken von Bomben zerstört würden, käme es schon bald zu einer empfindlichen Lebensmittelknappheit, so dass die Stadt »unhaltbar« würde – auch in diesem Fall müsste die Bevölkerung evakuiert werden. Dies gilt auch für die Bombardierung von Kraftwerken: Strommangel »würde Tiefkühlkost verderben lassen«.[28]

Angesichts dessen, was Menschen in realen – nicht bloß theoretischen – Kriegen aushalten können, liegt es auf der Hand, dass die unausgesprochene Prämisse dieser letzten Bemerkungen lautet: Die Verweichlichung eines Volkes, seine Unfähigkeit, ohne Kühlschränke oder Toiletten auszukommen, führt zu einem schnellen Kriegsende. Derjenige, der diese Vorlesung hielt, vergaß offenbar, dass die Mehrzahl seiner Zeitgenossen in der Welt auch ohne Kühlschränke und Toiletten einigermaßen zufrieden lebte. Wie die bombardierten Zivilisten des Zweiten Weltkriegs in der ganzen Welt zweifelsohne bewiesen, sind Menschen – einmal abgesehen von verheerenden Atombombenabwürfen – viel härter im Nehmen, als es der Dozent der Air Corps Tactical School wahrhaben wollte.[29]

Diese Ausführungen zeigten, wie Pape bemerkte, eine deutliche Übereinstimmung mit den Ansichten eines in Russland geborenen amerikanischen Theoretikers der Luftmacht namens Alexander de Seversky. Dieser behauptete in einem Buch zu dem Thema, der Wille der Zivilbevölkerung, den Krieg zu unterstützen, würde mit Sicherheit dadurch gebrochen, dass man »ihre Daseinsgrundlagen wirkungsvoll zerstört – die Versorgung mit Nahrung, Unterkünften, Licht, Wasser, sanitären Einrichtungen und alles übrige«.[30] Offenbar bestand weitgehende Einigkeit unter denjenigen, die sich in den USA mit der Anwendung von Luftmacht befassten. Für sich betrachtet wirkte die These plausibel, und die bis dahin verfügbaren empirischen Daten schienen sie zu bestätigen.

Aber wie immer ging es nicht nur um Sachverhalte und Beweise. Interessengegensätze zwischen den Teilstreitkräften prägten die Debatte ebenfalls. So wie es der Royal Air Force gelang, nach dem Ersten Weltkrieg ihre Eigenständigkeit zu wahren, indem sie auf die Risiken und Verheißungen des Bombenkrieges hinwies – die Risiken, aus denen sich die Notwendigkeit ergab, eine eigenständige Jagdwaffe zur Abwehr feindlicher Bomber aufzubauen, und andererseits die Aussicht, durch anfängliche Bombardements raschere und »billigere« Siege zu erringen –, so wetteiferten die amerikanischen Militärflieger um Ressourcen, indem sie in ähnlicher Weise die Risiken und Vorteile ihrer Waffengattung herausstellten. Dabei half ihnen seit langem ihr erster und begeistertster Prophet des Bomberkriegs, General William »Billy« Mitchell, was seine These 1921 scheinbar unwiderlegbar bewies, indem er sechs ausgemusterte Kriegsschiffe bei einer Bombervorführung versenkte, die in den USA zu einer grundlegenden Neubewertung der Luftmacht führte.[31] Mitchell scheint später die weitere Entwicklung der Luftstreitkräfte eher behindert als gefördert zu haben, indem er offen Kritik an Kollegen in der US Army und Navy übte, die seinen Ansichten skeptisch gegenüberstanden; tatsächlich brachte er es fertig, dass man ihn wegen seiner hitzigen und unangemessenen Äußerungen vor ein Kriegsgericht stellte und unehrenhaft entließ. Doch als die Air Corps Tactical School einen eigenen Kader von Luftkriegstheoretikern zusammenstellte, brachten diese Argumente vor, denen sich das Kriegsministerium in Washington nicht länger verschließen konnte.

Es galt in den USA lange Zeit als ausgemacht, dass Amerika so weit von potenziell gefährlichen Feinden im Osten wie im Westen entfernt lag, dass es vor Luftangriffen sicher sei. Sofern ein Risiko bestand, ging es von der feindlichen Marine aus. Um die US Navy in dieser Hinsicht auszustechen, wiesen die neuen Theoretiker der

Luftmacht darauf hin – eingedenk Billy Mitchells eindringlicher Lektion –, dass Bomber der sicherste Schutz gegen Angriffe von Seestreitkräften seien. Dies setzte natürlich die Fähigkeit zu Präzisionsbombardements voraus. Daraufhin entwickelte die US Army Air Force eines der ersten präzisen Bombenzielgeräte, das berühmte Norden-Visier, und sie hütete dieses so eifersüchtig, dass sie es nicht einmal mit ihren britischen Freunden teilte. Zum Glück für die Luftkriegstheoretiker stellten feindliche Kriegsschiffe und industrielle Schlüsselziele die gleichen Anforderungen an die Fähigkeit zu Präzisionsangriffen, so dass deren Befürworter Washington davon überzeugen konnten, man könne zwei Fliegen mit einer Klappe schlagen.[32]

Nach Papes Ansicht gab es noch einen weiteren Grund dafür, dass die US Army Air Force die Strategie der Präzisionsbombardierung übernahm: Die angespannte Wirtschaftslage im Amerika der 1930er Jahre erforderte Strategien, die relativ billig waren.

> In den 1930er Jahren war es sinnvoll, durch die humanere und wirtschaftlichere Methode selektiver Angriffe den Willen des Feindes zu zermürben, [schrieb er], weil die Gesamtbudgets der Army, zu der das Air Corps zählte, rückläufig waren. Demgemäß brauchte das Air Corps eine Doktrin, die den Sieg nicht nur zu geringeren Kosten im Vergleich zu Army und Navy versprach, sondern auch kostengünstiger in absoluten Zahlen.[33]

Hinzu kam die Überlegung, dass die liberale öffentliche Meinung in den USA »das massenhafte Abschlachten von Zivilisten« nicht hinnehmen würde. In einer Bemerkung, die bezeichnend ist für den Wunsch, sich alles offen zu halten, schrieben die beiden Männer, die für die Umsetzung der amerikanischen Luftkriegsstrategie im kommenden Krieg zuständig sein sollten, General H. H. »Hap« Arnold und General Ira Eaker, in ihrem gemeinsam verfassten Buch *Winged Warfare,* das nur Monate vor dem Kriegseintritt Amerikas erschien: »Menschen sind keine vorrangigen Ziele, außer in besonderen Situationen. Bomber in viel größerer Zahl, als sie heute zur Verfügung stehen, sind notwendig, um Menschen durch Luftbombardements in so großer Zahl zu töten, dass der Wille eines ganzen Volkes gebrochen wird.«[34]

Als AWPD-1 1941 dem Kriegsministerium in Washington vorgelegt wurde, reagierte der gemeinsame Army-Navy-Ausschuss des Ministeriums mit Skepsis auf die Behauptung, die Luftmacht könne, auf sich allein gestellt, den Sieg erringen. Der Ausschuss hielt dem entgegen, »nur Landarmeen können letztlich Kriege gewinnen«. Aus diesem Grund wies der Ausschuss dem Fliegerkorps der Army eine untergeordnete Rolle zu, nämlich Unterstützung der anderen Streitkräfte, indem die Luftüberlegenheit errungen, die feindlichen Truppen geschwächt, die Leistungsfähigkeit der feindlichen Wirtschaft verringert und (letzte Aufgabe auf der Liste) die feindliche Zivilbevölkerung demoralisiert wurde. Diese Entscheidung bedeutete, dass die amerikanischen Fliegereinheiten weiterhin dem Befehl von Kommandeuren der Landstreitkräfte unterstanden. Die amerikanischen Flieger hatten dagegen gehofft, dass der AWPD-1 sie davon befreien würde. Erst nach der Ausgabe eines neuen Feldhandbuchs für die US Army Mitte 1943, das den Kommandeuren der Luftstreitkräfte größere Eigenständigkeit und Flexibilität einräumte, erhielten die US-Luftstreitkräfte die Befugnis zu selbstständiger Einsatzplanung – ein erster großer Schritt in Richtung ihrer späteren Anerkennung als unabhängige United States Air Force (nicht länger die United States *Army* Air Force) nach Ende des Krieges.[35]

Es kann als teilweiser Triumph für den AWPD-1 angesehen werden, dass die Anweisungen des neuen Feldhandbuchs die an der Air Corps Tactical School erarbeiteten Konzepte aus der Zeit vor dem Krieg mit einbezogen. Aber die Autoren des AWPD-1 hatten die Kontroverse um Präzisionsbombardements im Gegensatz zu Flächenbombardements schon längst für sich entschieden; theoretisch hatte dies nie in Frage gestanden. Und dies, obwohl AWPD-1 offiziell zugunsten eines zweiten Luftkriegsplans, AWPD-42 genannt, außer Kraft gesetzt worden war, und zwar weil AWPD-1 bald nach seiner Vorlage beim US-Kriegsministerium an die Presse weitergegeben wurde.[36] Die beiden Pläne unterschieden sich vor allem in der in den jeweiligen Listen aufgeführten Rangfolge kriegswichtiger Ziele. Während AWPD-1 von Fliegern entworfen worden war, wurde

AWPD-42 von einem Ausschuss ökonomischer Sachverständiger und Industrieller erarbeitet. Bei der Überarbeitung von AWPD-1 befasste sich der Ausschuss erneut mit der Frage, welche Engpässe in der deutschen Wirtschaft anvisiert werden sollten, um die deutschen Kriegsanstrengungen zum Erliegen zu bringen. Aber daraus folgt, dass die offizielle Luftkriegsstrategie der US-Bomberstreitkräfte weiterhin auf Präzisionsangriffe setzte, und dies sogar noch stärker als bisher.

Als die USAAF in Großbritannien eintraf, um sich am Angriff auf Nazi-Deutschland zu beteiligen, zerschellten die hochfliegenden Hoffnungen an der rauen Wirklichkeit. Das Wetter in Europa – niedrige Bewölkung, Regen, stellenweise Dunstschleier, dichter Nebel, diesige Tage, abrupte und unvorhersagbare Umschwünge von Sonne zu Schauer – hätte schon gereicht, um Tagpräzisionsangriffe nur schwer in die Tat umsetzen zu können, einmal ganz abgesehen von weitaus gravierenderen Behinderungen durch die Flaks und die Messerschmitt-Jäger der Deutschen. Das legendäre Norden-Bombenzielgerät erforderte einen geraden und gleichmäßigen Anflug über viele Kilometer, wobei der Bombenschütze das näher kommende Ziel visuell eindeutig identifizieren musste, was unter den Ausbildungsbedingungen in den USA kein Problem darstellte, unter realen Kriegsbedingungen bei europäischem Wetter aber kaum erreichbar war. In einem sehr skeptischen Bericht über den Einsatz der B-17 in Europa behauptet Stewart Ross – ein gelernter Historiker, der die Zielgenauigkeit von Bombenwürfen im Auftrag des US Army Ordnance Corps untersuchte –, die Einsatzberichte der USAAF enthielten mehr Legende als Wahrheit.[37] So gelangte er unter anderem zu dem Schluss, dass US-Bomber zwar offiziell den Befehl hatten, nur militärische oder industrielle Ziele anzugreifen und die bewusste Bombardierung von Zivilpersonen zu vermeiden, in der Praxis aber davon ausgegangen wurde, dass jede Stadt mit mehr als 50 000 Einwohnern wahrscheinlich militärische oder industrielle Anlagen beherbergte und daher ein legitimes Ziel sei. Die USAAF führe daher nicht nur unabsichtlich bei »blinden Bombenwürfen« (durch die Wolkendecke, auf Ziele, die vom H2S-Radar aufgespürt wurden) Flächenangriffe durch, sondern auch vorsätzlich. Er beschreibt, wie die Amerikaner auf dem europäischen Kriegsschauplatz in zunehmendem Maße Flächenangriffe akzeptierten und sich schließlich – was nur logisch war – im Luftkrieg gegen Japan ausdrücklich und offen zur Flächenoffensive bekannten, die das XXI. Bomber Command unter Curtis LeMay durchführte.[38]

Dies lässt vermuten, dass der Unterschied zwischen dem Vorgehen des RAF-Bomber Command und demjenigen der USAAF auf dem europäischen Kriegsschauplatz nicht so groß war, wie es die festgeschriebenen Grundsätze der Luftkriegführung der USAAF nahe legten. Aber zwei Punkte sollten erwähnt werden. Da ist zum einen, dass die RAF offiziell immer den Eindruck zu erwecken suchte, sie fliege keine wahllosen Luftangriffe gegen Zivilisten, sondern greife die Industriekapazität des Feindes an. Dass sie dies durch Bombardierung der Arbeiter (und all jener, die sich in deren Nähe aufhielten) statt ihrer Fabriken zu erreichen suchte und dass sie die Leistungsfähigkeit der deutschen Volkswirtschaft untergraben wollte, indem sie die Bevölkerung demoralisierte, »ausbombte« und die Überlebenden in Not und Elend stürzte, wurde mit einer ähnlichen Schönrederei verbrämt, der sich auch die Amerikaner bedienten. Doch während die Amerikaner Präzisionsangriffe fliegen wollten und durch die Umstände zu Flächenbombardements gezwungen wurden, wollte das RAF-Bomber Command Flächenangriffe fliegen und benutzte das rhetorische Bekenntnis zu Angriffen auf industrielle und militärische Ziele als Deckmäntelchen für seine eigentlichen Aktivitäten.

Und zum zweiten: Wenn die 8. und die 15. US Army Air Force Präzisionsangriffe durchführen konnten, dann taten sie dies auch; dies geschah hauptsächlich in den letzten Kriegsmonaten, als die Alliierten weitgehend die Luftherrschaft besaßen, und die »Fliegenden Festungen« bessere »Angriffsbedingungen« für ihre Luftschläge gegen kriegswichtige Sektoren der deutschen Wirtschaft vorfanden, insbesondere den Treibstoffsektor – mit, wie wir ebenfalls sahen, durchschlagender Wirkung. Im gleichen Zeitraum flog das Bomber Command weiterhin Flächenangriffe – tatsächlich bestand Harris nachdrücklich darauf, jene Städte auf seiner Liste zu bombardieren, die bislang verschont geblieben waren; und so zerstörten seine Flugzeuge Städte wie Würzburg und Hildesheim, deren historische Schönheit ihre militärische Bedeutung weit in den Schatten stellte.[39]

Allerdings verstärkt dies nur den Gegensatz zwischen den Anstrengungen der Amerikaner in Europa und den Flächenangriffen, die das XXI. Bomber Command unter Curtis LeMay auf dem pazifischen Kriegsschauplatz durchführte. Auch hier bemühte man sich, wenn auch eher halbherzig, darum, die Wahrheit mit der Behauptung zu kaschieren, die Flächenbombardements richteten sich gegen kriegswichtige Produktionsstätten. LeMay beteuerte, die Japaner fertigten Rüstungsgüter quasi in Heimarbeit, und die kleinen Holzhäuser der Zivilbevölkerung beherbergten gleichsam kleine Zulieferbetriebe für die Rüstungswirtschaft. Nach dem Brandbombenangriff auf Tokio am 9./10. März 1945 sagte er: »Es gibt keine unschuldigen Zivilpersonen… Die gesamte Bevölkerung hat mitgemacht und sich an der Produktion von Flugzeugen und Waffen beteiligt… Männer, Frauen und Kinder.«

Die Theorien und die Praxis, die wir im letzten Kapitel beschrieben haben, fanden nicht im luftleeren Raum statt. Auch nach den Haager Konferenzen von 1899 und 1907 wurden Anstrengungen unternommen, um zu verhindern, dass der Luftraum zu einem weiteren Kriegsschauplatz würde. Sir Edward Grey, britischer Außenminister von 1905 bis 1916 und damit einer derjenigen, die kraft ihres Amtes in den Ausbruch des Ersten Weltkriegs verwickelt waren – einige sagen, mit verantwortlich dafür waren –, vertrat die Ansicht, dass die Aufrüstung in den Jahren vor 1914 maßgeblich zum Kriegsausbruch beitrug.[40] Der vierte der berühmten »Vierzehn Punkte« von Woodrow Wilson wiederholte noch einmal die Notwendigkeit einer Rüstungsbegrenzung: »[Es müssen] ausreichende Garantien gegeben werden, dass jedes Land seine Rüstung auf das mit seiner inneren Sicherheit vereinbare notwendige Mindestmaß beschränkt.« In der Zwischenkriegszeit gab es immer wieder Bemühungen, die Größe der Land- und Seestreitkräfte zu begrenzen und die Waffentypen, die eingesetzt werden durften, zu reglementieren; und dazu zählten auch die Luftstreitkräfte. Dies war eine Verpflichtung, zu der sich alle Mitgliedsstaaten des Völkerbundes und alle Signatarstaaten des Versailler Vertrages nach dem Ersten Weltkrieg bekannten.

Ein gewisser Erfolg bei der Begrenzung der Flottenrüstung wurde

1922 erreicht, und ein bedeutsamer Augenblick war die Unterzeichnung des Kellogg-Briand-Pakts 1928. Dieses internationale Abkommen, das von vielen Mitgliedsstaaten des Völkerbundes unterzeichnet wurde – insbesondere den USA, Großbritannien, Frankreich und Deutschland –, ächtete den Krieg als Mittel der Politik.[41] Aber die Frage der Luftstreitkräfte erwies sich als sehr viel schwieriger. Der umfassendste und sorgfältigste Versuch, Regeln für die Luftkriegführung aufzustellen, wurde auf einer Konferenz unternommen, die zwischen Dezember 1922 und Februar 1923 in Den Haag stattfand. Die damaligen fünf Großmächte – Großbritannien, Frankreich, die USA, Italien und Japan – nahmen daran teil, aber weder Deutschland noch Russland, die damals nicht zu jenen Mächten zählten. Die auf der Konferenz ausgearbeiteten Artikel wurden von den teilnehmenden Regierungen nicht unterzeichnet, so dass die »Luftkriegsregeln« nie in Kraft traten; aber die Regelentwürfe, auf die sich die Teilnehmer verständigten, sind faszinierend, zeigen sie doch, dass die Gefahren des Luftkriegs klar und deutlich vorhergesehen wurden. Das, was in Konflikten geschah, nachdem sich die Mächte mit diesen Regeln befassten, und insbesondere die Ereignisse im Zweiten Weltkrieg müssen an den hier formulierten Grundsätzen gemessen werden.

Artikel 22
Das Luftbombardement zu dem Zweck, die Zivilbevölkerung zu terrorisieren, Privateigentum nicht-militärischen Charakters zu zerstören oder zu beschädigen oder Nichtkombattanten zu verwunden, ist verboten.
[…]

Artikel 24
1. Luftbombardements sind nur dann rechtmäßig, wenn sie sich gegen ein militärisches Ziel richten, das heißt gegen ein Objekt, dessen Zerstörung oder Beschädigung für den Kriegführenden einen eindeutigen militärischen Vorteil darstellt.
2. Solche Bombardements sind nur dann rechtmäßig, wenn sie sich ausschließlich gegen die folgenden Ziele richten: bewaffnete Streit-

kräfte, Festungswerke, militärische Anlagen oder Depots; Fabriken, die bedeutende und bekannte Zentren für die Herstellung von Waffen, Munition oder typischen militärischen Versorgungsgütern sind; Nachschublinien oder Beförderungsmittel, die für militärische Zwecke genutzt werden.

3. Es ist verboten, Städte, Dörfer, Wohnstätten oder Gebäude zu bombardieren, die sich nicht in der unmittelbaren Umgebung des Einsatzgebietes der Landstreitkräfte befinden. Falls die in Absatz 2 aufgeführten Ziele so liegen, dass sie nicht bombardiert werden können, ohne dass eine unterschiedslose Bombardierung der Zivilbevölkerung eintritt, müssen die Luftfahrzeuge von der Bombardierung absehen.

4. In der unmittelbaren Umgebung der Einsatzgebiete von Landstreitkräften ist die Bombardierung von Städten, Dörfern, Wohnstätten oder Gebäuden rechtmäßig, sofern die begründete Vermutung besteht, dass die Massierung der militärischen Kräfte hinreichend bedeutsam ist, um eine solche Bombardierung zu rechtfertigen, was jedoch unter Berücksichtigung der Bedrohung zu geschehen hat, die dies für die Zivilbevölkerung verursacht.

Artikel 25

Bei der Bombardierung durch Luftfahrzeuge muss der Befehlshaber alle notwendigen Maßnahmen ergreifen, um so weit wie möglich die öffentlichen Kulthandlungen, der Kunst, der Wissenschaft oder karitativen Zwecken dienenden Gebäude, historische Denkmäler, Lazarettschiffe, Krankenhäuser und andere Sammelstellen von Kranken und Verwundeten zu schonen, vorausgesetzt, dass diese Gebäude, Objekte oder Plätze zu diesem Zeitpunkt nicht für militärische Zwecke genutzt werden. Diese Gebäude, Objekte und Plätze müssen bei Tage mit Zeichen gekennzeichnet sein, die für Luftfahrzeuge sichtbar sind. Die Kennzeichnung anderer Gebäude, Objekte und Plätze als der oben angeführten gilt als Akt der Heimtücke. Im Fall von Gebäuden, die unter den Schutz der Genfer Konvention fallen, soll als Kennzeichen ein rotes Kreuz auf weißem Grund in der oben erwähnten Weise benutzt werden, und im Fall anderer geschützter Gebäude soll ein großes Viereck, das durch eine diagonale Linie in zwei Dreiecke unterteilt ist, wobei das eine Dreieck schwarz und das andere weiß sein sollte, verwendet werden.

Ein Kriegführender, der den Schutz der Krankenhäuser und anderer oben erwähnter privilegierter Gebäude bei Nacht sicherstellen möchte, muss die notwendigen Maßnahmen ergreifen, um die ausreichende Sichtbarkeit der genannten Erkennungszeichen zu gewährleisten.

Artikel 26
Die folgenden Sonderregeln werden beschlossen, um Staaten zu befähigen, auf ihrem Territorium gelegene bedeutende geschichtliche Denkmäler wirksamer zu schützen, vorausgesetzt, sie nutzen diese Denkmäler und das umliegende Gebiet nicht für militärische Zwecke und sie stimmen besonderen Regelungen für ihre Inspizierung zu.
1. Ein Staat ist berechtigt, wenn er es für richtig erachtet, eine Schutzzone um derartige auf seinem Territorium gelegene Denkmäler zu errichten. Solche Zonen dürfen in Kriegszeiten nicht bombardiert werden.
2. Die Denkmäler, um die eine Zone errichtet wird, müssen in Friedenszeiten anderen Mächten auf diplomatischem Wege angezeigt werden; die Benachrichtigung muss auch die Grenzen dieser Zone angeben. Die Benachrichtigung darf in Kriegszeiten nicht zurückgenommen werden.
3. Die Schutzzone kann, neben der Fläche, die von dem Denkmal oder der Gruppe von Denkmälern eingenommen wird, auch eine äußere Zone umfassen, die nicht breiter als 500 Meter sein darf, gemessen von der Kreislinie besagter Fläche [...]

Da diese Bemühungen zu scheitern drohten und an anderen Fronten nur ein langsamer Fortschritt zu erkennen war, fühlte sich der Völkerbund dazu veranlasst, eine Konferenz aller Mitgliedsstaaten einzuberufen, um endlich einen Durchbruch bei der Abrüstung – oder genauer, der Rüstungsbegrenzung – zu erzielen. Eine vorbereitende Kommission tagte zwischen 1925 und 1932 und versuchte sich darüber zu verständigen, welche Waffen in die Abrüstungsverhandlungen einbezogen werden sollten.[42] Als die Genfer Abrüstungskonferenz im Februar 1932 offiziell begann, waren sich die meisten Teilnehmerstaaten darin einig, dass Luftangriffe auf Zivilisten gegen Grundprinzipien verstoßen; aber durch die aktuelle politische Wirklichkeit geriet die Konferenz insgesamt bald ins Stocken. Frankreich weigerte sich, einer Begrenzung seiner Streitkräfte zuzustimmen, weil es Feindseligkeiten von Seiten Deutschlands befürchtete. Deutschland wiederum erklärte, solange die übrigen Staaten nicht auf das im Versailler Vertrag für Deutschland festgelegte Niveau abrüsteten, behalte man sich das Recht vor, bis zum Gleichstand mit den übrigen Mächten aufzurüsten. Während die festgefahrenen Verhandlungen wieder einmal unterbrochen waren, kam Hitler an die Macht, und bald darauf zog sich Deutschland von der Konferenz zurück. Wenngleich die Verhandlungen offiziell bis 1937 fortgeführt wurden (und lediglich unterbrochen waren), hatte man die Hoffnungen, einen Krieg durch Begrenzung der Kriegsmittel zu verhindern, längst begraben.

Als zu Beginn der Konferenz mehrere Länder die Forderung erhoben, U-Boote abzuschaffen und die Bewaffnung von Schlachtschiffen zu begrenzen, verlangten Italien und Japan die Abschaffung des Luftbombardements. Frankreich wollte Bombenangriffe jenseits eines Umkreises von soundso vielen Kilometern von der Front verbieten lassen – was voraussetzte, dass es eine Front gab wie 1914–18; die Briten aber wollten unter allen Umständen verhindern, dass es noch einmal zu einem solchen Krieg kam. Sowohl Großbritannien als auch, in geringerem Maße, Frankreich besaßen ausgedehnte Kolonialreiche und wollten sich das Recht vorbehalten, zur Durchsetzung ihres Herrschaftsanspruchs aufständische Gebiete gelegentlich zu bombardieren. Weshalb beide Länder gegen ein totales Verbot von Bombardements waren. Die Konferenz erwog die Möglichkeit, Offensivwaffen zu verbieten, aber Defensivwaffen zu erlauben; man musste jedoch feststellen, dass beides eine Frage der Perspektive war: U-Boote waren für Deutschland Defensivwaffen gegen eine britische Seeblockade, während die Briten darin Offensivwaffen sahen, die gegen britische Seehandelsrouten eingesetzt werden konnten. Die gleiche Schwierigkeit ergab sich in Bezug auf Bomben.

Einmal wurde der – reichlich aberwitzige, aber angesichts der völlig verfahrenen Situation auf dieser großen internationalen Konferenz auch verständliche – Vorschlag erörtert, die Luftfahrt an sich zu verbieten. Denn solange diese Technik vorhanden war – und sei es auch nur zu zivilen Zwecken –, könne man mit Sicherheit davon ausgehen, dass irgendein Land sie einsetzen würde, um ein anderes zu bombardieren. Stanley Baldwin, der frühere britische Premierminister, der zur Zeit der Konferenz das Handelsministerium leitete, war zutiefst beunruhigt über die Gefahren eines Luftkriegs. Er sagte dem US-Delegierten: »Der von uns eingeschlagene Kurs führt geradewegs in die Vernichtung unserer Zivilisation, und etwas Einschneidendes muss geschehen, sonst gehen wir alle zusammen unter.« Statt eines völligen Verbots der Luftfahrt forderte er lediglich die »völlige Abschaffung der gesamten Militärluftfahrt«.[43] Als Anthony Eden ihn als Unterhändler auf der Konferenz ablöste, schlug dieser stattdessen weit reichende Beschränkungen des Bombenkriegs vor, der jedoch grundsätzlich erlaubt bleiben sollte. Ein Verbot von Luftangriffen auf die Zivilbevölkerung sollte aber unter allen Umständen ausgesprochen werden. Die RAF befürchtete, Eden bewege sich in Richtung eines vollständigen Verbots des Luftbombardements, und zeigte sich äußerst ungehalten darüber. Der damalige Oberbefehlshaber der RAF, Sir John Salmond, schrieb an Eden und teilte ihm seine »schwer wiegenden Bedenken« gegen die britischen Vorschläge mit. In einer Situation, in der ein Land um sein Überleben kämpfe, sei es »unvorstellbar«, dass es auf Bombardements zur Selbstverteidigung verzichte; diese seien geradezu ein Gebot »der Logik und der praktischen Vernunft«.[44] Die Bombardierung von Zivilisten lehnte er ab: »Einem Land, das seine Bomber dazu verwendet, seinen Gegner zu terrorisieren statt ihn zu entwaffnen, dürfte kein militärischer Nutzen daraus erwachsen«, schrieb Salmond. Dennoch beteuerte er nachdrücklich, dass Bombardements eine notwendige Kriegswaffe seien. Die Briten sollten sich daher darauf konzentrieren, zu definieren, was ein »militärisches Ziel« sei, denn ohne eine solche Definition würden die Krieg führenden Staaten schlicht unterschiedslose Bombardements vornehmen.[45]

Einmal schienen die Gespräche in Genf tatsächlich auf ein grundsätzliches Verbot des Luftbombardements hinauszulaufen, und sowohl die US-amerikanische als auch die britische Regierung waren dafür, Letztere gegen den heftigen Widerstand der RAF. Doch der Teufel steckte im Detail, und insbesondere die Stellung der Zivilluftfahrt bei einem solchen Verbot blieb ungeklärt – denn, um es noch einmal zu sagen, ein Verkehrsflugzeug lässt sich leicht zu einem Bomber umrüsten, und kein Land, insonderheit nicht die USA, war bereit, bei der Zivilluftfahrt Abstriche zu machen. Enttäuscht wegen der ausbleibenden Fortschritte, hielt Stanley Baldwin am 10. November 1932 seine berühmte Rede. »Der Bomber«, so sagte er, »kommt immer durch... Angriff ist die einzige Verteidigung. Man muss schneller mehr Frauen und Kinder töten als der Feind, wenn man überleben will.«[46] Interessanterweise haben diese Äußerungen bei der RAF großen Anstoß erregt, denn sie wurde damit praktisch beschuldigt, Krieg gegen Frauen und Kinder zu führen, während – wie ihre Führungskader damals felsenfest glaubten – Bombardements den Krieg verkürzen und die Zahl der Opfer insgesamt verringern würden; vielleicht wäre ihre abschreckende Wirkung sogar so groß, dass sie Kriege gänzlich verhindern würden.

Wie gewöhnlich hingen die Bedenken der RAF gegen die Abschaffung von Bombern aufs Engste mit dem Fortbestand der RAF als eigenständiger Teilstreitkraft zusammen. Im Fall eines Verbots nämlich würden die Flugzeuge, die keine Bomber waren, wieder der Army und der Navy unterstellt, wo sie unterstützende Aufgaben wahrnehmen würden. Aus Sicht der RAF war es daher erfreulich, dass die Konferenz 1934 scheiterte; für die Menschheit dagegen war es ein Desaster.

Die gescheiterten Bemühungen um ein internationales Abkommen zur Begrenzung der Bomber und zur Einschränkung der Bombenkriegführung hatten zur Folge, dass der damalige britische Premierminister Neville Chamberlain sich sehr besorgt zeigte, als 1939 eine Ausweitung der Feindseligkeiten drohte. Die britische Luftverteidigung blieb noch immer weit hinter den Erfordernissen zurück, die Fähigkeit Großbritanniens zur Vergeltung in einem Bombenkrieg ebenso. Außerdem war die Regierung wegen der Propaganda beunruhigt, die die Briten selbst über die Schrecken des Luftkriegs verbreitet hatten. Denn in dem Bestreben, nicht nur ihre Eigenständigkeit, sondern überhaupt ihren Fortbestand zu sichern, hatte die RAF wiederholt auf die Grauen des Luftkriegs hingewiesen. Das Gleiche hatten Politiker wie Stanley Baldwin getan, die allzu deutlich sahen, was ein uneingeschränkter Luftkrieg bedeuten würde. Als daher Präsident Roosevelt am 1. September 1939, zwei Tage vor der Kriegserklärung Großbritanniens an Deutschland, seine Rundfunkansprache hielt, in der er die europäischen Mächte zu der Zusicherung aufforderte, Zivilpersonen nicht zu bombardieren, wollte Chamberlain dem Vorschlag unbedingt zustimmen. Dies ebenso sehr aus Überzeugung – er war ein entschiedener Pazifist – wie aus Kalkül, hoffte er doch, verheerende Luftbombardements gegen Großbritannien so lange hinauszögern zu können, bis es in der Lage war, einen Angriff zu erwidern. In seiner Rundfunkansprache sagte Roosevelt, er fürchte, dass »Hunderttausende unschuldiger Menschen, die nicht für die Feindseligkeiten verantwortlich und die nicht im Mindesten daran beteiligt sind«, getötet würden. Er bat die Staaten der Welt, »entschlossen den Willen zu bekunden, dass ihre Streitkräfte in keinem Fall und unter keinen Umständen die Zivilbevölkerung oder unbefestigte Städte aus der Luft bombardieren werden«.

Chamberlain war nicht der Einzige, der den Aufruf des Präsidenten positiv aufnahm: Die Franzosen bekundeten ebenfalls ihre Zustimmung – genau wie Hitler, während die Stukas der Luftwaffe zur gleichen Zeit Warschau bombardierten. Selbst wenn Chamberlains öffentliche Erklärungen über den Verzicht auf die Bombardierung von Zivilisten etwas Berechnendes hatten, deutet der eindringliche Charakter seiner Erklärungen darauf hin, dass sie mindestens genauso sehr Ausdruck einer tiefen Überzeugung waren. Am 14. September 1939 bekannte er sich vor dem Unterhaus am eindeutigsten zu diesem Verzicht: »Die Regierung Seiner Majestät wird niemals vorsätzlich Frauen und Kinder und andere Zivilisten angreifen, nur um Schrecken zu verbreiten.«[47]

Die gescheiterten internationalen Bemühungen um Rüstungsbegrenzung und um ein Verbot von Bombenangriffen auf Zivilisten in den 1920er und 1930er Jahren forderte ein noch größeres Opfer.

Ohne allzu große Übertreibung lässt sich sagen, dass die Zukunft der Menschheit selbst dieses Opfer war. Denn ohne Abkommen, die die Entwicklung neuer und gefährlicherer Waffen reglementierten, kam es notgedrungen zu einem Wettlauf um die Atombombe. Nicht genug damit, dass die Atombombe gegen die Zivilbevölkerung von Hiroshima und Nagasaki eingesetzt wurde; die Welt ist obendrein seither eine Geisel dieser Waffe, und es ist nur eine Frage der Zeit, bis sie wieder eingesetzt wird – Konfliktexperten sagen, »auf niedrigster Ebene«, entweder von Terroristen oder in einem regionalen Krieg (zum Beispiel) in Süd- oder Ostasien.

Von Anfang an wussten die Wissenschaftler, die an der Entwicklung von Atomwaffen beteiligt waren, ganz genau, was diese bedeuteten, und viele von ihnen wussten auch um die moralische Verwerflichkeit dieser Waffen. Der ungarische Physiker Leo Szilard, 1933 aus seiner Heimat geflohen, war so besorgt über das Zerstörungspotenzial von Atomwaffen, dass er seine Kollegen in der Atomforschung eindringlich aufforderte, ihre Forschungsergebnisse geheim zu halten. Als er im März 1939 entdeckte, dass ein Urankern bei Absorption eines Neutrons zwei Neutronen aussendet, was bedeutete, dass Kettenreaktionen möglich sind, war er voller schrecklicher Vorahnungen. »In jener Nacht hegte ich kaum Zweifel, dass die Welt schlimmen Zeiten entgegensieht«, schrieb er.[48] Er und ein Kollege brachten Einstein dazu, an Roosevelt zu schreiben und ihm die Gefahren – und Möglichkeiten – zu erläutern; denn Szilard und andere dachten, dass es bei der äußerst angespannten internationalen Lage für die Demokratien ratsam sei, Atomwaffen zu entwickeln, bevor es die Diktaturen taten. In einer Hinsicht hatten sie Recht: In Deutschland hatte die Wissenschaftsgemeinde durch die Entlassung von »Nichtariern« gemäß dem »Gesetz zur Wiederherstellung des Berufsbeamtentums« von 1933, in dessen Gefolge jüdische Wissenschaftler aus den führenden Universitäten und Forschungsanstalten (fast alle gingen nach Großbritannien oder Amerika) entfernt wurden, einen starken Aderlass erlebt. Dennoch wurde in einem Forschungsprojekt unter Leitung von Werner Heisenberg an der Entwicklung von Atomwaffen gearbeitet. (Ähnliche Forschungsprogramme, aber in viel kleinerem Umfang, waren in der UdSSR und in Japan aufgelegt worden.) Einige der deutschen Wissenschaftler hegten die gleichen moralischen Bedenken gegen Atomwaffen wie ihre Kollegen in anderen Ländern. Doch sobald Politiker in jenen Staaten, die schon bald gegeneinander Krieg führen sollten, deren Möglichkeiten erkannt hatten, traten die moralischen Skrupel in den Hintergrund, und die Entwicklung von Atombomben wurde unvermeidlich.

Zuvor aber war die Atomwaffenentwicklung in den USA und Großbritannien beinahe zum Stillstand gekommen – und zwar nicht aus moralischen Skrupeln, sondern aufgrund bürokratischer Hemmnisse. In beiden Ländern wurden Ausschüsse eingesetzt, die die Behauptungen von Wissenschaftlern über das Potenzial von Atomwaffen beurteilen sowie Kosten und Nutzen einer experimentellen Anwendung ihrer Theorien bewerten sollten. Der US-amerikanische Ausschuss war besonders skeptisch. Bei seiner ersten Sitzung äußerten sich seine Mitglieder geringschätzig gegenüber den Wissenschaftlern (darunter auch Szilárd), die die Möglichkeiten von Atomwaffen darlegten. Die Moral der Truppen, nicht die Zerstörungskraft der Bomben sei letztlich kriegsentscheidend, so ihr Urteil. In Großbritannien rückte ein Durchbruch bei der Erforschung der Kettenreaktion in Uran 235 im Jahr 1940 die Bombe in realistische Nähe, worauf ein britischer Ausschuss unter Leitung des Physikers G. P. Thomson eingesetzt wurde. Auch wenn dieser Ausschuss wie sein amerikanisches Gegenstück zunächst der Ansicht war, es sei »vergebliche Liebesmüh«, den Bau einer Atombombe in Betracht zu ziehen, änderte Thomsons Ausschuss im Sommer 1941 seine Meinung und teilte Churchill mit, Atombomben seien eine realistische Möglichkeit und könnten einen entscheidenden Einfluss auf den Krieg haben. Als dies im Frühherbst 1941 Roosevelt berichtet wurde, erteilte er sofort die Weisung für ein umfassenden Entwicklungsprojekt. So entstand das Manhattan-Projekt; der Rest ist Geschichte.

Die Männer, denen bei der Erforschung der Kettenreaktion in Uran 235 der Durchbruch gelang, waren Otto Frisch und Rudolf Peierls von der Universität Birmingham in England. Als sie die Größe der kritischen Masse berechneten, die erforderlich ist, um Reaktionen anzustoßen, bei denen Temperaturen erreicht werden, die denen im Zentrum der Sonne entsprechen, waren sie verblüfft: Die benötigte Menge betrug lediglich zwei bis drei Pfund spaltbaren Materials statt der Tonnen, die sie erwartet hatten. »Wir sahen uns an und begriffen, dass eine Atombombe doch möglich sein könnte«, schrieb Frisch. Ihre Zahlen sagten ihnen, dass zwei bis drei Pfund Uran 235 eine Explosion mit einer Sprengkraft von mehreren tausend Tonnen TNT erzeugen würden und dass die dabei freigesetzte Strahlung »noch lange Zeit nach der Explosion für Lebewesen tödlich« wäre. Ferner sahen sie voraus, dass nichts der Kraft einer solchen Explosion widerstehen könnte, dass der Wind die Strahlung weit über das Gebiet der Druckwelle hinaus verbreiten und dass »beim Einsatz einer Atombombe zwangsläufig eine große Anzahl von Zivilisten getötet würde«. Aus diesem Grund waren sie der Ansicht, dass sich Atombomben »vermutlich nicht als Waffen eignen, von denen [Großbritannien] Gebrauch machen sollte«. Abschließend meinten sie noch: »Sobald Deutschland im Besitz dieser Waffe ist oder sein wird, wäre [die] wirksamste Reaktion eine Gegendrohung mit einer ähnlichen Waffe«.[49]

Diese Denkschrift von Frisch und Peierls geht prägnant und umfassend auf sämtliche Aspekte von Atomwaffen ein: ihre enorme Zerstörungskraft, ihre moralische Verwerflichkeit, ihre Unvermeidlichkeit und die Notwendigkeit, der von ihnen ausgehenden Bedrohung eine gleichwertige Bedrohung entgegenzusetzen, womit die Abschreckungsdoktrin vorweggenommen wird.

Während Wissenschaftler also in erster Linie an ein Abschreckungsmittel dachten, hatten Roosevelt und seine Militärberater und mit ihnen Churchill ausdrücklich eine einsatzfähige Waffe im Sinn. Roosevelts Kriegsminister Henry Stimson äußerte nach dem Krieg, er habe Roosevelt nie sagen hören, dass Atombomben nicht eingesetzt werden sollten; vielmehr rechtfertige allein ihre Funktion als kriegsentscheidendes Instrument die Entwicklungsanstrengungen und -kosten. Churchill pflichtete dem bei: »Der Entschluss, ob die Atombombe eingesetzt werden sollte oder nicht«, schrieb er später, »…stand zu keinem Zeitpunkt zur Debatte. Es bestand einhelliges, spontanes, unleugbares Einvernehmen.«[50]

Unter denjenigen hingegen, die die ganze Tragweite begriffen, herrschte kein »unleugbares Einvernehmen«. Niels Bohr führte

Churchill bei einer persönlichen Unterredung am 16. Mai 1944 eindringlich die schrecklichen Folgen eines Atombombenangriffs vor Augen und mahnte ihn, die Entwicklung einer Atombombe zu verhindern. Churchill antwortete ihm ungehalten: »Was reden Sie da! Schließlich wird diese neue Bombe nur größer sein als unsere bisherigen Bomben. Die Grundsätze der Kriegführung bleiben dadurch unberührt. Und was mögliche Probleme in der Nachkriegszeit anbelangt, so gibt es keine, die ich nicht freundschaftlich mit meinem Freund Präsident Roosevelt ausräumen könnte.«[51] Bei Roosevelt hatte Bohr mehr Glück. Er traf ihn am 26. August 1944 und mahnte ihn eindringlich, sich für internationale Kontrollen von Atomwaffen einzusetzen und die Russen über ihre Existenz zu informieren. Roosevelts freundliche Art vermittelte Bohr den Eindruck, bei dem Präsidenten sei ihm gelungen, was ihm bei dem Premierminister versagt geblieben war. Doch bei einem Treffen zwischen den beiden alliierten Führern im folgenden Monat setzte sich Churchill mit seiner Einstellung durch: Die Existenz der Atombombe solle geheim gehalten werden, dementsprechend sollten auch keine Schritte unternommen werden, um ihren Einsatz international zu kontrollieren; die Bombe sollte gegen Japan zum Einsatz kommen, wenn dies »nach reiflicher Überlegung« als notwendig erachtet wurde. Professor Bohr wiederum sollte unter Beobachtung gestellt werden, um sicher zu gehen, dass er den Russen keine Informationen über die Atombombe zukommen ließ. Churchill war sogar der Meinung, Bohr solle sicherheitshalber inhaftiert werden.[52]

Bohr war keineswegs der einzige Wissenschaftler, der sich darum bemühte, Washingtons politische und militärische Führer davon abzuhalten, die Bombe tatsächlich einzusetzen, statt nur damit zu drohen. Im Juni 1944 wurde eine Gruppe Chicagoer Wissenschaftler in Washington vorstellig. Sie forderten nicht nur aus moralischen Motiven, sondern auch aus dem ganz pragmatischen Grund, dass der Einsatz von Atombomben ein verheerendes Wettrüsten auslösen werde, die US-Regierung solle vor der Weltöffentlichkeit erklären, dass sie die Bombe zwar besitze, aber nicht einsetzen und sogar ganz darauf verzichten werde, wenn alle anderen Staaten ebenfalls der militärischen Nutzung der Atomkraft abschwören würden.

Im Juli 1944 unternahm auch Leo Szilard einen erneuten Vorstoß. Er reichte eine Petition ein, die er selbst und 69 weitere Physiker unterzeichnet hatten. Darin erklärten sie, die Regierung habe »die Pflicht, sich Zurückhaltung aufzuerlegen«. Die Regierung aber hatte bereits beschlossen, die Atombombe einzusetzen. Der für den Einsatz der neuen Waffe zuständige Ausschuss vermerkte die Bedenken der Wissenschaftler in seinem Sitzungsprotokoll, bekräftigte jedoch, ohne weiteren Kommentar, seinen Beschluss, die Bombe solle »bei der erstbesten Gelegenheit... ohne Vorwarnung« zum Einsatz kommen.[53]

Ein hochrangiges Mitglied der Washingtoner Regierung war gegen den Einsatz der Bombe und machte sein Amt und seinen Einfluss zunächst geltend, diesen zu verhindern, und als dies scheiterte, den potenziellen Schaden zu mindern. Es handelte sich um Henry Stimson, den Kriegsminister von Präsident Roosevelt und später von Präsident Truman. Stimson erreichte unter anderem, dass Kyoto von der Liste der potenziellen Ziele gestrichen wurde. Kyoto war zusammen mit Hiroshima, Kokura und Nigata ausgewählt worden. Diese Städte blieben von konventionellen Luftangriffen verschont, nachdem die Entscheidung zum Einsatz der Atomwaffe gefallen war, damit deren Schadenswirkung in diesen Städten zuverlässiger gemessen werden konnte. Kyoto war von 769 n. Chr. bis zur Verlegung des Sitzes der kaiserlichen Regierung nach Edo, dem späteren Tokio, im Jahr 1868, Hauptstadt Japans gewesen. Die Stadt, die fast 2000 Tempel, Klöster und Gärten zählte, war damals wie heute das kulturelle und historische Zentrum Japans, und Stimson war sich ihrer Bedeutung sehr wohl bewusst. General Leslie Groves, der militärische Leiter des Manhattan-Projekts, war verärgert darüber, dass Stimson Kyoto von der Liste gestrichen hatte. Aber Stimson sagte ihm, dass ein »so mutwilliger Akt« wie der Abwurf einer Atombombe auf Kyoto eine stabile politische Nachkriegsordnung im eroberten Japan ungemein erschweren würde.

Auch die konkrete Zielplanung für den Atombombenabwurf beunruhigte Stimson. Die Gruppe von Beratern des Weißen Hauses, die sich mit diesem Aspekt befasste, der Interimsausschuss, empfahl, die Bombe über einem Stadtzentrum, nicht über dem Stadtrand abzuwerfen, wo industrielle oder militärische Ziele im Allgemeinen lagen, weil ihre Wirkung dort durch die Nähe dünn besiedelter ländlicher Gebiete verringert würde. Jedenfalls, so der Ausschuss, seien Industrieziele in Großstädten als Ziele *per se* zu klein und unbedeutend. Stimson lehnte die Bombardierung von Innenstädten mit der Begründung ab, dies würde den USA den Ruf eintragen, »noch schlimmere Gräuel als Hitler zu begehen«. Er sprach sich dafür aus, die Japaner bei einem Angriff vorzuwarnen, damit den USA nicht die »Schmach anhaftet, die vielleicht mit der unbedachten Anwendung einer solchen Waffe verbunden ist«.[54] Seine Bemühungen, in denen er von mehreren rangniedrigeren Mitgliedern der Regierung unterstützt wurde, blieben bekanntlich vergeblich. Präsident Truman hörte lieber auf den Mann, den er zu seinem Außenminister ernannt hatte: James Byrnes. In der Regierung Roosevelt fungierte Byrnes als Vorsitzender des Office of War Mobilization [Amt für Kriegsmobilmachung], und in dieser Funktion hatte er sich nachdrücklich dafür eingesetzt, dem Manhattan-Projekt sowohl finanzielle als auch personelle Priorität einzuräumen. Jetzt wollte er unbedingt, dass seine Anstrengungen Früchte trugen. Auf einer Sitzung des Interimsausschusses am 1. Juni 1945 plädierte Byrnes entschlossen dafür, die Atombombe über einem Großstadtgebiet abzuwerfen und zwar schon sehr bald. Und er begründete dies in erster Linie damit, dass die USA der UdSSR die unvergleichliche militärische Schlagkraft von Atomwaffen demonstrieren sollten, um (wie Leo Szilard bemerkte) »Russland in Europa leichter in den Griff zu bekommen«.

Dieses Motiv wurde eingehend erörtert und wird unter anderem zur Rechtfertigung der Atombombenabwürfe auf Hiroshima und Nagasaki herangezogen. Wir werden uns daher in Kapitel 6 eingehender damit befassen.

In einer Diskussion über die Strategen des Bombenkriegs kann man den Abschnitt über die Atombombe nicht beschließen, ohne auf die Folgen ihres Abwurfs einzugehen. Einer der Augenzeugen in der B-29, die am 6. August 1945 die *Enola Gay* begleitete, war Luis Alvarez, ein am Manhattan-Projekt beteiligter Wissenschaftler. Auf dem Rückflug von Hiroshima – die Pilzwolke ragte noch immer über der

Stadt auf – verspürte er den Drang, an seinen vierjährigen Sohn zu schreiben. »Die Reue, die ich darüber empfinde, dass ich heute Morgen an der Tötung und Verstümmelung von Tausenden japanischer Zivilisten mitgewirkt habe«, schrieb er bekümmert, »wird gemildert durch die Hoffnung, dass diese schreckliche Waffe, die wir erschaffen haben, die Länder der Erde zusammenbringen und künftige Kriege verhindern wird.« Robert Lewis, ein Besatzungsmitglied der *Enola Gay*, schrie, als er die Folgen der Explosion beobachtete, »Schau dir das an! Schau dir das an! Schau dir das an!… Mein Gott, schau dir an, wie dieses Miststück abgeht!« In sein Bordbuch schrieb er wenig später, als die Begeisterung der Nachdenklichkeit gewichen war: »Mein Gott, was haben wir getan?«[55]

In der amerikanischen Öffentlichkeit empfand man überwiegend Freude und ein Gefühl des Triumphs; Meinungsumfragen ergaben, dass 85 Prozent der Amerikaner den Abwurf befürworteten. Aber auf beiden Flügeln des politischen Spektrums wurde auch ernsthaftes Bedauern bekundet. Ein liberaler Kommentator, Dwight McDonald, schrieb betrübt von Amerikas »Abstieg in die Barbarei«, während der Konservative David Lawrence sagte: »[Der Verweis] auf die militärische Notwendigkeit… wird niemals die einfache Wahrheit aus unserer Erinnerung tilgen können, dass unter allen zivilisierten Staaten gerade wir nicht davor zurückschreckten, die zerstörerischste Waffe aller Zeiten unterschiedslos gegen Männer, Frauen und Kinder einzusetzen.«[56]

Sehr aufschlussreich ist, was Präsident Truman damals dachte und sagte. Auf die Aufforderung eines US-Senators, die härtesten Mittel einzusetzen, um Japan zur Kapitulation zu zwingen, antwortete Truman in einem Brief vom 9. August 1945 – also drei Tage nach dem Abwurf der Atombombe auf Hiroshima und am Tag des Abwurfs der Bombe auf Nagasaki – mit folgenden Worten:

Ich weiß, dass Japan eine Nation ist, die in der Kriegführung ein schreckliches Maß an Grausamkeit und Unzivilisiertheit zeigt. Dennoch kann ich mich nicht dazu durchringen, zu glauben, dass wir, weil sie Bestien sind, uns ebenso verhalten sollten. Ich meinesteils bedaure die Notwendigkeit, wegen der »Starrköpfigkeit« der Führer eines Volkes eine große Zahl von Zivilisten auszulöschen, und, damit Sie es wissen, ich werde es nur dann tun, wenn es absolut notwendig ist... Ich möchte das Leben so vieler Amerikaner wie möglich schützen, aber ich fühle mich auch den Frauen und Kindern in Japan menschlich verbunden.[57]

Neben dieser Passage soll ein Auszug aus einer Rundfunkansprache Trumans am selben Tag zitiert werden:

Der Weltöffentlichkeit wird nicht entgangen sein, dass die erste Atombombe auf Hiroshima abgeworfen wurde, einen militärischen Stützpunkt. Der Grund dafür war, dass wir bei diesem ersten Angriff so weit wie möglich das Leben von Zivilpersonen schonen wollten. Aber dieser Angriff ist nur eine Warnung vor dem, was noch kommen wird. Wenn Japan nicht kapituliert, müssen wir seine Kriegsindustrien bombardieren, und dabei werden leider Tausende von Zivilpersonen ums Leben kommen. Ich rate japanischen Zivilisten dringend, sofort Industriestädte zu verlassen und sich vor der Vernichtung in Sicherheit zu bringen.[58]

Wie diese Textstellen belegen, haben die USA die Atombombenangriffe mit der gleichen offiziellen Begründung gerechtfertigt, wie das die britische Regierung bezüglich der Flächenbombardements der RAF über Deutschland tat: Es habe sich um industrielle und militärische Ziele gehandelt. Es ist aufschlussreich, dass in *offiziellen* Verlautbarungen dieser Begründung nicht versucht wurde, Zivilpersonen unter Bedingungen eines totalen Krieges als legitime militärische Ziele umzudefinieren. Solche Überlegungen waren auf Diskussionen innerhalb der Regierung und des Oberkommandos beschränkt, und sie wurden später von denjenigen ins Feld geführt, welche die alliierte Bombenkriegführung im Zweiten Weltkrieg verteidigten.

Untersucht man die Einstellungen derjenigen genauer, die alliierte Bomberoffensiven planten und leiteten, so ist man mit einem heiklen Problem konfrontiert. Weshalb hielten die Air Marshals Portal und Harris die Zerstörung deutscher Städte für ein legitimes Mittel, um Deutschland zu besiegen? Es kann nicht sein, dass sie nicht über den Sieg hinausdachten; sie müssen sich Gedanken darüber gemacht haben, wie es nach dem Krieg in Deutschland weitergehen sollte. In den Monaten nach der Landung in der Normandie erfuhren sie aus erster Hand von den Schwierigkeiten der Bodentruppen, als diese durch die von alliierten Luftangriffen schwer zerstörten französischen und niederländischen Gebiete vorstießen – beziehungsweise sich vorkämpften. Caen war ein bemerkenswertes Beispiel. In den Straßen der Stadt türmten sich die Trümmer so hoch, dass sie erst geräumt werden mussten, bevor sie wieder befahrbar waren, und es war unverkennbar, dass eine teilweise zerstörte Stadt hervorragende Schlupflöcher für Verteidiger bot, die in mühsamem Häuserkampf niedergerungen werden mussten. Die Stabschefs der alliierten Luftstreitkräfte und ihre politischen Vorgesetzten müssen doch erkannt haben, dass ein völlig zerbombtes Deutschland noch größere Schwierigkeiten für Bodentruppen bereithalten würde.

Aber wie sah ihre Zukunftsplanung für die Zeit aus, in der die alliierten Streitkräfte Deutschland besetzen würden? Kam es den Stabschefs der alliierten Luftstreitkräfte und ihren politischen Vorgesetzten nicht in den Sinn, dass nach dem Sieg eine funktionstüchtige öffentliche Verwaltung aufgebaut und die Bevölkerung zumindest mit Lebensmitteln und Wasser, Unterkünften und medizinischer Hilfe versorgt werden mussten? Portal und Harris selbst dachten vielleicht, dafür seien andere zuständig, und ihre Aufgabe bestehe lediglich darin, Deutschland zur Kapitulation zu zwingen, alles Weitere sei nicht mehr ihre Sache. Dann hätten sie aber eine sehr beschränkte Sicht der Dinge gehabt. Angenommen, das träfe zu, haben sich übergeordnete Stellen nicht mit der Frage befasst? Welche Vorstellung hatten die Regierungen auf beiden Seiten des Atlantiks von der Nachkriegsordnung? Welche Pläne wurden erarbeitet, und weshalb berücksichtigten sie nicht die potenziellen Schwierigkeiten, die ihnen aus den gewaltigen materiellen Zerstörungen erwuchsen, die in den Großstädten Deutschlands täglich schlimmer wurden, obwohl ein Ende des Krieges in Sicht war?

Oder wurden diese Aspekte berücksichtigt und vielleicht sogar begrüßt?

Gegen Ende seines Werks *Luftkrieg und Literatur* berichtet W. G. Sebald von einem Brief, den er von einem gewissen Dr. H. aus Darmstadt erhielt »und den ich mehrmals durchlesen musste, weil ich meinen Augen nicht traute«, wie Sebald schreibt.

> [...] enthält er doch die These, die Alliierten hätten mit dem Luftkrieg das Ziel verfolgt, die Deutschen durch die Zerstörung ihrer Stadt von ihrem Erbe und Herkommen abzuschneiden und so die dann in der Nachkriegszeit tatsächlich erfolgte Kulturinvasion und allgemeine Amerikanisierung vorzubereiten. Diese bewusste Strategie, so heißt es in dem Brief aus Darmstadt weiter, sei ersonnen worden von den im Ausland lebenden Juden, und zwar aus dem speziellen Wissen heraus, das sie sich bekanntermaßen auf ihren Wanderungen angeeignet hätten von der menschlichen Psyche, von fremden Kulturen und Mentalitäten.[59]

Dieser Brief verstörte Sebald zu Recht, denn sein Antisemitismus lässt seine Nähe zum deutschen Neonazismus erkennen. Hätte Sebald das Internet konsultiert, so hätte er vielleicht gesehen, dass bei Neonazis aller Länder und nicht zuletzt bei ihren nordamerikanischen Gesinnungsbrüdern mit ihrer Ideologie von der Überlegenheit der weißen Rasse Rassismus und Verschwörungstheorien, wie sie Dr. H. propagierte, zum festen Repertoire gehören. Leider spielen ihnen manche Überlegungen, die während des Zweiten Weltkriegs darüber angestellt wurden, was mit Nachkriegsdeutschland geschehen solle, direkt in die Hände – wie sie während des Kriegs Goebbels in die Hände spielten, ihm einen Propagandacoup und dem Nazi-Regime einen Vorwand lieferten, das deutsche Volk zu ermuntern, im Jahr 1945 bis zum Letzten zu kämpfen. Denn leider legten einzelne Verantwortliche in der Regierung Roosevelt tatsächlich einen Plan für Nachkriegsdeutschland vor, der, wenn er auch nicht ganz Dr. H.s Hirngespinsten entsprach, diesen doch bedenklich nahe kam. Die Flächenbombardements von deutschen Städten zerstörten deren Bibliotheken, Schulen, Universitäten, Theater, Museen, Kunstgalerien, Geschäfte, Denkmäler, architektonischen Schätze, Krankenhäuser, Hotels, Werkstätten, Ateliers, Konzertsäle – kurz: die kulturelle Substanz, die materiellen Zeugnisse der deutschen Geschichte und Wesensart. Und dies kam hinzu zu der Zerstörung der Häuser und Fabriken, der städtischen Ämter und Wasserwerke, der Straßen und Brücken, ganz zu schweigen von den Verlusten an Menschenleben – kurz: der für die Aufrechterhaltung des öffentlichen Lebens unverzichtbaren Infrastruktur. Diese Zerschlagung des materiellen, kulturellen und sozialen Ordnungsgefüges wurde bis in den letzten Kriegsmonat hinein massiv fortgesetzt, das heißt, sie ging nicht bloß unvermindert weiter, sondern wurde noch intensiviert. Dies legt die Frage nahe, ob es Absicht war, Deutschland derart zu schwächen, dass es sich nicht wieder erholen und nicht mehr, wie in den zurückliegenden dreißig Jahren zwei Mal geschehen, zu einer gefährlichen Bedrohung für den Weltfrieden werden konnte.

Denn die materielle Zerstörung zielt letztlich auf eine grundlegendere Zerstörung ab – die Vernichtung dessen, was man heute »Sozialkapital« nennt, also der Institutionen und der Kultur, auf deren Grundlage eine Gesellschaft funktioniert. Niemand wollte, dass der Nazismus und seine Institutionen überlebten, und zwar aus sehr guten Gründen. Aber die Frage ist: Diente die Flächenoffensive in irgendeiner Weise dem Wunsch, Deutschland als solches auszulöschen? Haben wir es mit einem versuchten »Kulturozid« zu tun?

Der umstrittene Plan für Nachkriegsdeutschland, den Roosevelt und Churchill kurze Zeit befürworteten, wird nach dem Mann, der ihn erarbeitete, Morgenthau-Plan genannt. Henry Morgenthau jr. war elf Jahre lang, von 1934 bis 1945, Finanzminister von Präsident Roosevelt und daher eine Schlüsselfigur von Roosevelts New Deal. Als der Krieg in Europa seinen Höhepunkt erreichte, legte Morgenthau einen Plan vor, der die Deindustrialisierung des Ruhrgebiets, die Abtretung deutscher Gebiete an Frankreich und Polen und die Aufteilung des restlichen Territoriums in zwei reine Agrarstaaten vorsah. Die Schwächung und »Agrarisierung« Deutschlands sollte sicherstellen, dass es nie mehr zu einer Großmacht aufsteigen konnte; und wie Morgenthau in seinem Buch *Germany Is Our Problem* (1945) darlegte, war es notwendig, dies mit institutionellen Mitteln zu gewährleisten, da die Deutschen seines Erachtens von Natur aus »militaristisch« waren.[60] Nach anfänglicher Zustimmung von Roosevelt und Churchill auf der zweiten Konferenz von Quebec

1944 ließen beide den Plan fallen, teils aufgrund der Bemühungen des unermüdlichen Henry Stimson, teils weil Churchill erkannte, dass in der bevorstehenden Kraftprobe mit der Sowjetunion in Europa ein erneuertes Deutschland gebraucht würde. Er zog sogar in Erwägung, ein entnazifiziertes Deutschland alsbald in die Reihen der Alliierten aufzunehmen, damit die Wehrmacht Seite an Seite mit den alliierten Truppen einen sowjetischen Vorstoß, der – wie Churchill eine Zeit lang fürchtete – bis zur Atlantikküste gehen könnte, zurückschlagen würde.

Doch der Morgenthau-Plan wurde nicht so schnell verworfen, als dass er der Aufmerksamkeit Goebbels entgangen wäre. Dieser benutzte ihn dazu, den Kampfeswillen der Deutschen zu stärken. Deutsche, die die Kapitulation gegenüber den Alliierten in Erwägung zogen, um allzu großen Gebietseroberungen der Sowjets an der Ostfront zuvorzukommen, wurden durch die »apokalyptische Zukunftsvision« entmutigt, die Goebbels jetzt, angesichts dieses Plans, vom Leben unter alliierter Besatzung zeichnete.[61] In Anspielung auf Vorschläge derer, die drastische Maßnahmen befürworteten, um die Deutschen davon abzuhalten, ein weiteres Mal zu einer Bedrohung für den Frieden zu werden, schrieb er:

Vor einigen Monaten beschäftigte sich die britische Öffentlichkeit auf das Lebhafteste mit der bekannten These jenes berüchtigten Lord Vansittart, die dahingeht, dass Deutschland in Versailles viel zu milde behandelt worden sei und nach diesem Kriege gänzlich niedergeschlagen werden müsse. [...] Vor einigen Tagen brachte das amtliche englische Reuters-Büro in einem Überseekabel die Meinung eines von der britischen Regierung ausgehaltenen Emigrantenblattes zum Ausdruck dahingehend, dass alle deutschen Kinder von zwei bis sechs Jahren ihren Müttern weggenommen und für die Dauer von 25 Jahren ins Ausland geschickt werden müssten. Bei dieser Methode würden die Deutschen, wie es hieß, ihre Nationalität vergessen. Es würde ein Völkergemisch entstehen, das nicht mehr als deutsch zu bezeichnen sei. Hätte das Reuters-Büro diesen Wahnwitz nicht amtlich weitergegeben, so könnte man immerhin zugunsten der englischen Regierung annehmen, dass es sich hier um eine zwar indiskutable, aber immerhin um eine Entgleisung eines Unzurechnungsfähigen handele. [...] Unsere Mütter werden jetzt wissen, wofür ihre Söhne, und unsere Frauen, wofür ihre Männer draußen kämpfen. Jeder Arbeiter und jeder Bauer ist sich mehr noch als bisher klar darüber, wofür er den Hammer schwingt und den Pflug durch die Scholle führt. Millionen Kinder schauen uns an. In ihnen sieht der Feind unsere Zukunft, und in ihnen will er diese vernichten. So lasst uns also ans Werk gehen. Aus dem Mund des Feindes haben wir vernommen, was auf dem Spiele steht.[62]

Die negativen Auswirkungen des Morgenthau-Plans scheinen sich, zumindest indirekt und zeitweise, nach dem Krieg bemerkbar gemacht zu haben. Unter anderem beeinflussten sie Roosevelts Haltung zu den konzilianten Plänen, die das US-Außen- und das -Kriegsministerium für Nachkriegsdeutschland entworfen hatten. Diese Pläne sahen ein wirtschaftlich unabhängiges Deutschland vor, in dem ein relativ hoher Lebensstandard aufrechterhalten werden sollte, und zu diesem Zweck (so verlangte es der Plan des US-Außenministeriums) sollte »die deutsche Industrie nicht umfassend und dauerhaft beeinträchtigt werden«. Offenbar auf Drängen Morgenthaus sandte Roosevelt ein äußerst kritisches Memorandum an Stimson und Außenminister Cordell Hull, in dem er erklärte, diese Pläne seien unannehmbar, weil sie Deutschland allzu schnell wieder in den Vorkriegszustand versetzten.[63]

Am 15. September 1944 auf der zweiten Quebec-Konferenz stimmten Roosevelt und Churchill dem Morgenthau-Plan zu, sie paraphierten einen Entwurf des Plans, der die »Ausschaltung der Kriegsindustrien an Ruhr und Saar« und die »Umwandlung Deutschlands in ein Land mit primär agrarischem und ländlichem Gepräge« vorsah. Anthony Eden, Churchills Außenminister, und Cordell Hull, sein Kollege in der Regierung Roosevelt, waren beide entsetzt, als sie davon erfuhren. In seinen Lebenserinnerungen schrieb Eden: »Ich mochte den Plan nicht, und ich war auch nicht der Ansicht, dass er in unserem nationalen Interesse lag.« Hull nannte ihn »einen Plan blinder Rache«, und Stimson sagte, er bekämpfe »Brutalität mit Brutalität«.[64]

Churchill scheint der Idee zunächst ablehnend gegenübergestanden zu haben; er sagte Morgenthau, der Plan bedeute, dass Großbritannien »an einen Leichnam gekettet« wäre. Doch dann veranlassten ihn zwei Überlegungen, dem Plan vorübergehend zuzustimmen. Zum einen brauchte Großbritannien dringend Geld, und Morgenthau hatte ihm zu verstehen gegeben, dass nach dem Krieg Leihpachtverträge im Wert von 6,5 Milliarden Dollar zu vergeben wären. Da Roosevelt den Plan befürwortete und Churchill mit leeren Taschen am Konferenztisch saß, hielt er es für taktisch klug, dem Plan zuzustimmen.

Zum anderen überzeugte ihn sein Berater Lord Cherwell (Professor Frederick Lindemann), dass Großbritannien auch noch in anderer Hinsicht wirtschaftlich vom Morgenthau-Plan profitieren würde. Cherwell behauptete (in einem Schreiben an Churchills Leibarzt Lord Moran), der Premierminister habe zunächst gesagt, der Plan sei »eine grausame Bedrohung für das deutsche Volk« – wie die Deutschen auch ohne Goebbels' Zutun erkannten –, doch dann habe er – Cherwell – »Winston erklärt, der Plan würde Großbritannien vor dem Bankrott retten, da er einen gefährlichen Konkurrenten ausschalte... Winston hatte dies noch nicht bedacht«.[65]

Schließlich konnte Eden Churchill von dem Plan abbringen, und, was noch wichtiger war, Hull und Stimson konnten Roosevelt das Vorhaben ebenfalls ausreden, und so wurde der Plan fallen gelassen.[66] Bei Churchill dauerte es nicht lange, sein erstes instinktives Misstrauen gegen ein wirtschaftlich entkräftetes Deutschland, das kein Handelspartner für Großbritannien und kein Markt für britische Güter wäre – ganz zu schweigen von dem Bedarf an einträglichen britischen Gütern und Dienstleistungen während des Wiederaufbaus –, wieder zu wecken. Aber er sah auch sehr schnell den bereits erwähnten Aspekt ein, dass man ein erneuertes und wirtschaftlich lebensfähiges Deutschland für den kommenden Kalten Krieg bräuchte, den Churchill mit größerer Klarheit voraussah als die meisten, wie seine berühmte Rede über den »Eisernen Vorhang« bald zeigen sollte.

Wäre der Morgenthau-Plan das einzige Konzept gewesen, das eine »Bestrafung« Nachkriegsdeutschlands vorsah, dann wäre er vielleicht kein so fruchtbarer Boden für rechtsextreme Apologien der Nazi-

Vergangenheit Deutschlands. Aber es gab noch weitere Befürworter eines geschwächten Deutschland, und nicht wenige forderten weitergehende, manchmal noch drastischere Maßnahmen.[67] Einer von ihnen war Bernadotte Schmitt, Professor für Moderne Geschichte an der Universität Chicago mit Spezialgebiet Deutschland. Er hatte das Land erstmals 1906 als Rhodes-Stipendiat der Universität Oxford besucht und wegen des deutschen Militarismus eine starke Abneigung gegen das Land entwickelt. »Ich habe Deutschland seither nicht mehr getraut«, schrieb er. In einer Rede vor dem National Council for Social Studies in Indianapolis Ende November 1941, nur etwas mehr als eine Woche vor dem japanischen Überfall auf Pearl Harbor, forderte er, die deutsche Bevölkerung von 80 auf 30 Millionen zu reduzieren, damit Deutschland in Europa nicht mehr für so viel Unfrieden sorgen könne. Freilich sagte er nicht, wie dies erreicht werden solle.[68]

Einen noch extremeren Standpunkt vertrat Theodore Kaufman in *Germany Must Perish!*, das er 1940 privat verlegte. Es ist ein krasses Beispiel dieses Genres; darin wird die systematische Sterilisierung aller Deutschen gefordert, damit es, sobald die existierende deutsche Bevölkerung ausgestorben sei, keine aggressiv-militaristische Nation mehr gebe, die den Weltfrieden bedrohe. »Der jetzige Krieg ist kein Krieg gegen Adolf Hitler«, beginnt das Buch.

Und es ist auch kein Krieg gegen die Nazis. Es ist ein Krieg von Menschen gegen Menschen, von zivilisierten Menschen, die nach dem Licht streben, gegen unzivilisierte Barbaren, die sich der Finsternis hingeben… [Hitler, der Kaiser, Bismarck sind] lediglich Spiegel, in denen sich die jahrhundertealte angeborene Gier des deutschen Volks nach Eroberungen und Massenmord widerspiegelt… Dieses Mal hat Deutschland der Welt den TOTALEN KRIEG aufgezwungen. Daher muss es sich darauf gefasst machen, eine TOTALE STRAFE zu bezahlen. Und es gibt eine, nur eine solche TOTALE STRAFE: Deutschland muss endgültig untergehen! Und zwar buchstäblich – nicht nur in der Phantasie![69]

Und so weiter. Es ist bemerkenswert, dass dieses Buch, obwohl es von seinem Autor privat verlegt wurde, vielfach und insgesamt positiv rezensiert wurde – und dies vor dem Kriegseintritt der USA und bevor der Holocaust an den europäischen Juden richtig begonnen hatte.[70]

Im Jahr 1944 veröffentlichte ein Jurist namens Louis Nizer (anders als Kaufman in einem angesehenen Verlag) das Buch *What to Do with Germany*. Darin forderte er, die Nazi-Führung, Gestapo-, SS- und Armeeoffiziere ab dem Rang des Obersten, Beamte des Volksgerichtshofs und Mitglieder des Reichstags wegen Mordes vor Gericht zu stellen. Außerdem sprach er sich dafür aus, Deutschland zu deindustrialisieren oder zumindest die deutsche Industrie ausländischer Kontrolle zu unterstellen. Seine Anklage gegen den deutschen Volkscharakter ist unmissverständlich:

[Ein] Volk, das zweimal in einer Generation Angriffskriege gegen all seine Nachbarn in nah und fern anzettelte, kann nicht unschuldig sein. Wie kommt es, dass ein Gebiet auf der Erde, das nicht größer als Texas ist, ständig explodiert und die Welt verwüstet?
Und was waren die Trinksprüche, Schlagworte, Hymnen, Schlachtrufe dieses Volkes? »Der Tag« – an dem Deutschland die Welt beherrschen wird. »Deutschland über alles.« »Morgen beherrschen wir die Welt.« Die Welt beherrschen! Die Welt beherrschen! Menschen, die von seinem solchen Ziel wie elektrisiert sind, sind keine unschuldigen Opfer böser Führer.[71]

Schlimmer noch, Nizer behauptete, die Deutschen seien psychisch krank und litten unter einer Reihe von Sexualstörungen, insbesondere Sadismus, Homosexualität und Sodomie. In einem rhetorischen Höhenflug, der nicht gänzlich mit dieser These in Einklang steht, fragt er: »Lassen sich die Grausamkeit und Blutrünstigkeit der Deutschen auf sexuelle Hemmungen zurückführen? Sind die pornographischen Neigungen der Deutschen, die durch amtliche Dokumente wie Streichers *Stürmer* gefördert werden, von Bedeutung?«[72]

Und dergleichen mehr. Aber trotz der Mischung aus Exzessivität und Legalismus, die Nizers Buch kennzeichnet – und die zweifellos viele Menschen ansprach, wenn man die Verhasstheit des »Boche« in den Kriegsjahren bedenkt –, zieht sich eine Idee wie ein Leitfaden durch das Werk: Das deutsche Volk – nicht bloß seine Führer, sondern das Volk insgesamt – ist dafür verantwortlich, dass die Welt in einen Krieg gestürzt wurde. Dies hing angeblich damit zusammen, dass die Deutschen als Volk – bei solchen Argumenten ist man allzu schnell mit Verallgemeinerungen bei der Hand – einen Hang zum Exzessiven hätten, der sie seit jeher zu einer Bedrohung von Frieden und Stabilität machte. »Unter [Hitler, dem Kaiser, Bismarck, Karl dem Großen] kämpften Millionen von Deutschen fanatisch, heroisch und opferbereit. Sie handelten dabei nicht aus einem inneren Zwang«, so Nizer, »sondern aus dem Willen, ein Programm umzusetzen, verbunden mit der Bereitschaft, dafür zu sterben. Die viel gepriesene Effizienz deutscher Angriffskriege stützt sich auf Millionen kleiner Rädchen, die perfekt ineinander greifen; unwillkürliche Gefügigkeit würde dafür kaum ausreichen.«[73]

Der Chor antideutscher Stimmen in den USA war groß. Norman Cousins, der Herausgeber der *Saturday Review of Literature*, meinte, »ein tiefer, lodernder Hass« auf die Deutschen sei notwendig, um dem Kampf gegen sie Durchschlagskraft zu verleihen.[74] Der Ton gewann an Schärfe, als Rex Stout und Clifton Fadiman zusammen mit 16 weiteren Literaten in das amerikanische War Writers Board eintraten, eine Abteilung des für Propaganda zuständigen Office of War Information. Das Board versorgte das Office of War Information mit gesinnungsfesten Schriftstellern, die bei Bedarf rhetorisch anspruchsvolle Texte lieferten. Laut James Martin wurde »Fadiman von einigen als der zügelloseste Deutschenhasser des gesamten Krieges betrachtet, während andere diese Auszeichnung eher Lord Vansittart aus England und Amerikanern wie Shirer, Kaufman, Quentin Reynolds, Walter Winchell, Ben Hecht, Stout, Louis Nizer und Henry Morgenthau vorbehielten. Eine vollständige Namensliste würde allerdings in die Hunderte gehen«.[75]

Der auf die Deutschen bezogene Ausdruck »kollektive Schuld« wurde von Lord Robert Vansittart geprägt, der zunächst Sekretär von Stanley Baldwin und Ramsay MacDonald und anschließend Staatssekretär im britischen Außenministerium war, bis sein radikaler Deutschenhass und seine ablehnende Haltung gegen »Beschwichtiger« dazu führten, dass er pro forma zum »außenpolitischen Berater« befördert, faktisch aber ins Abseits manövriert wurde. (Es gibt Hinweise darauf, dass er entweder damals oder im Verlauf des Krieges eine Rolle in den Nachrichtendiensten spielte; beispielsweise wurde er 1945 in der kanadischen Presse als »ein Sprecher der britischen Nachrichtendienste« bezeichnet.) Mitte der 1930er Jahre war man in der britischen Öffentlichkeit zutiefst geteilter Meinung über Hitler und Deutschland, und die Kontroverse zwischen den beiden Lagern wurde mit großer Erbitterung geführt. Die *Times* war das Aushängeschild der prodeutschen und Pro-Hitler-Fraktion, während Churchill, Vansittart und andere eine entschieden antideutsche Linie verfolgten und vor den Gefahren warnten, die Hitler und der womöglich wiedererwachte deutsche Militarismus darstellten. In diesem Fall sollten sie Recht behalten, aber Vansittarts Argumentation ging über die Notwendigkeit hinaus, Nazi-Deutschland zu besiegen; vielmehr befürwortete er Maßnahmen, die dafür sorgen sollten, dass von Deutschland endgültig keine militärische Bedrohung mehr ausgehen konnte.

Vansittart erhielt 1940 die Peerswürde, und er benutzte das Oberhaus als Plattform, um ein hartes Durchgreifen gegen Deutschland nach Kriegsende zu fordern. Seine Ansichten waren so entschieden, dass extreme Spielarten des Deutschenhasses »Vansittartismus« genannt wurden. In seinem Buch *Bones of Contention* (»Zankäpfel«; veröffentlicht kurz vor Kriegsende, im März 1945) schrieb er: »Die Germanen sind so grausam, wie es sich jemand, der sie nicht selbst erlebt hat, kaum vorstellen kann, und sie sind ein Volk, das zu Lug und Trug geboren ist.« Das waren nicht seine eigenen Worte; vielmehr zitierte er den römischen Historiker Paterculus aus dem 1. Jahrhundert n. Chr. Ferner zitierte er Tacitus, Seneca, Claudian, Nazarius, Ammianus, Marcellinus, Ennodius, Quintilian und Josephus, die sich ähnlich äußerten.[76]

Am 10. März 1943 sagte er während einer Debatte über Nachkriegsdeutschland im Oberhaus:

Ich möchte Deutschland nicht zerstören. Ich möchte Deutschland nur endgültig als militärische Macht zerstören; und außerdem möchte ich allen deutschen Ambitionen, Intrigen und Bemühungen, die wirtschaftliche Vormachtstellung in Europa zu erlangen, ein für alle Mal ein Ende setzen… Unter diesen unbedeutenden Vorbehalten begrüße ich das Überleben Deutschlands unter einer Bedingung: dass es ein gänzlich anderes Deutschland sein wird.[77]

Verwandt mit den Theorien der »Kollektivschuld« und des »fehlerhaften Nationalcharakters« ist die Prämisse von Daniel Goldhagens 1996 erschienenen Buchs *Hitlers willige Vollstrecker – Ganz gewöhnliche Deutsche und der Holocaust.* Goldhagen unterstellt den Deutschen einen gleichsam genetisch verankerten Antisemitismus und daher eine entsprechende Fähigkeit zum Genozid, für den jeder »gewöhnliche Deutsche« aufgrund seiner Wesensart anfällig und für den der deutsche Volkscharakter insgesamt verantwortlich sei. Goldhagens Buch war nicht nur deshalb umstritten, weil es dieses Erklärungsmodell wieder aufgriff, sondern auch wegen seiner fragwürdigen wissenschaftlichen Vorgehensweise, was ein Thema für sich ist.[78] Hier soll uns aber etwas anderes interessieren: Wenn noch 1996 solche Beschuldigungen gegen das deutsche Volk *als Ganzes* erhoben werden konnten, dann waren die Ansichten während des Zweiten Weltkriegs zu der Frage, wie Nachkriegsdeutschland aussehen solle, erst recht von solchen Verallgemeinerungen beeinflusst. Die angeführten Beispiele extremer Ansichten, wie sie etwa Kaufman und Nizer vertraten, und Konzepte wie der Morgenthau-Plan, die beinahe in praktische Politik umgesetzt worden wären, verdeutlichen die Ansichten derjenigen, die direkt an den Kampfhandlungen gegen Deutschland beteiligt waren. Die Soldaten der Army kämpften gegen die Soldaten der Wehrmacht; die Navy kämpfte gegen die deutsche Kriegsmarine; nur die RAF hatte die Städte und die Bevölkerung Deutschlands vorsätzlich und buchstäblich im Visier, und daher war die Frage, was während des Krieges getan werden konnte, um die Nachkriegsverhältnisse zu beeinflussen, für sie viel präsenter als für die Army und Navy. (Angesichts der Tatsache, dass die USAAF auf dem europäischen Kriegsschauplatz hauptsächlich auf Präzisionsangriffe setzte, ist es für die Frage der Nachkriegsordnung in Japan von großer Bedeutung, die Einstellung ihrer Oberbefehlshaber zu analysieren.)

Dieser Punkt lässt sich weiter erhellen, wenn man ihn aus einer anderen Perspektive betrachtet. Im Bosnien-Krieg 1992–95 beschossen ultranationalistische Serben die Bibliothek von Sarajewo, um die dort aufbewahrten Tausender von osmanischen, persischen und arabischen Manuskripten zu vernichten. Der spanische Schriftsteller Juan Goytisolo beschrieb dies als einen Versuch, das kulturelle Gedächtnis der bosnischen Muslime auszulöschen und einem neuen serbischen Eroberungsmythos den Weg zu bahnen. Er nannte diesen Akt »Memorizid« – Auslöschung des Gedächtnisses. In der Geschichte und der Mythologie finden sich zahllose Beispiele für »Memorizide« beziehungsweise »Kulturozide«, wie man solche Taten allgemeiner und zutreffender nennen könnte. Die Geschichte kennt zahllose Fälle der Plünderung und Zerstörung von Städten, der Auslöschung von Kulturen (man denke nur an die Kulturen der Ureinwohner Nord- und Mittelamerikas, die Kelten Westeuropas, die Ureinwohner Indiens), des Ikonoklasmus (der Zerstörung von Wandgemälden, Statuen und Devotionalien durch die Puritaner), der Verbrennung von Büchern und derjenigen, die sie schrieben (durch Qin Shi, den ersten Kaiser von China, oder durch die Inquisition) – es gibt unzählige Beispiele.

Für einige – und dazu gehören nicht die modernen Neonazis und ihre Gesinnungsgenossen, für die diese Fragen keiner ernsthaften Prüfung mehr bedürfen, sondern ein Gegenstand fanatischer Gewissheit sind – ist die Frage von Bedeutung, inwieweit der Versuch, die Großstädte Deutschlands dem Erdboden gleichzumachen, eine besondere Qualität hatte. Dass dieser Versuch unternommen wurde, steht fest. Doch welche Absicht lag dem zugrunde? Eine Stadt besteht nicht bloß aus Häusern und Fabriken (wir lassen einstweilen die Frage der dort lebenden Menschen beiseite). Um es noch einmal zu betonen: Eine Stadt beherbergt Bibliotheken, Schulen, Krankenhäuser, Universitäten, Theater, Museen, Denkmäler, Kirchen, Versammlungsorte, Forschungsanstalten, Konzerthallen, Kunstgalerien, Ateliers, Antiquitätenläden, Buchhandlungen, Zeitungsredaktionen, architektonisch bedeutsame Gebäude, ja das ganze Spektrum von Bildung, Literatur, Kunst und kulturell-wissenschaftlichem Leben. Unmittelbar nach einem Bombenangriff brauchen die Überlebenden Lebensmittel und Unterkünfte. Aber längerfristig reichen Wasser, Nahrung und Unterkunft nicht aus, um das Überleben zu sichern, ganz zu schweigen von Wiederaufschwung und Wachstum. Und sobald die Überlieferungen einer Gemeinschaft untergegangen sind, dauert es eine Zeit lang, neue aufzubauen. Viele der deutschen Städte waren vor dem Nationalsozialismus Orte bezaubernder Schönheit; als die Nazi-Zeit vorbei war, waren 40 Prozent der 70 größten Städte zerstört, hauptsächlich durch Luftangriffe. Ganze Stadtgebiete sind heute von funktionalen, recht steril anmutenden Bauten geprägt. Ist es vorstellbar, dass diese Zerstörung ausgeführt wurde, ohne an die Folgen zu denken, die dies für die Situation nach dem Krieg und die längerfristige Zukunft des Landes und seiner Bevölkerung bedeuten?

Wie die Reaktionen von Eden, Hull, Stimson und schließlich auch Churchill auf den Morgenthau-Plan zeigen, waren die Chancen dafür, dass eine Politik Morgenthau'schen Stils im Nachkriegsdeutschland uneingeschränkt umgesetzt würde, denkbar gering – auch wenn Deutschland tatsächlich geteilt wurde, was in manchen Kreisen trotz des Kalten Krieges mit Befriedigung aufgenommen wurde. Da die Alliierten den Wiederaufbau Westdeutschlands und seine Wiedereingliederung in die internationale Staatengemeinschaft nach der Entnazifizierung als notwendig erachteten, können sie auch nicht beabsichtigt haben, Deutschland derart in Schutt in Asche zu legen, dass es sich nicht wieder erholen konnte. Doch rückblickend deutet alles darauf hin, dass der Luftkrieg gegen Deutschland das Ziel verfolgte, möglichst viel von dem Land, seinen Menschen und seinem kulturellen Erbe zu zerstören. Das Gleiche gilt für die Flächenbombardements der USAAF über Japan. Hätte der Krieg in Europa oder im Pazifik Monate oder ein Jahr länger gedauert und hätte die Intensität der Flächenoffensiven weiter zugenommen, dann hätte man den Eindruck einer versuchten völligen Vernichtung gewinnen müssen. Harris hatte eine berühmtberüchtigte Liste mit Städten, die bombardiert werden sollten, und an deren Bombardierung er stur festhielt. Im Februar und März 1945 griffen seine Bomber diese Städte systematisch an – sie zerstörten mithin hübsche historische Städte von geringer oder gar keiner militärischen Bedeutung, wie die Verwüstung Würzburgs und Hildesheims zeigt.[79]

Wie erklärt sich die große und scheinbare Diskrepanz zwischen der anhaltenden Zerstörungskampagne und der Tatsache, dass die Eckpfeiler der offiziellen Politik der Alliierten gegenüber Nachkriegsdeutschland Entnazifizierung, Wiederaufbau und Wiedereingliederung in die internationale Völkergemeinschaft waren?

Meine Antwort darauf ist notwendigerweise vorläufig, weil sie spekulativ ist. Im Fall der RAF-Luftangriffe auf dem europäischen Kriegsschauplatz kamen zwei miteinander zusammenhängende Faktoren zum Tragen. Zum einen die relative Eigenständigkeit des Bomber Command, zum anderen die Eigendynamik, die aus seiner stetig wachsenden Zahl von Bombern und Bomben erwuchs, die alle eingesetzt werden mussten, und dies in einem Luftraum, der in den letzten Kriegsmonaten bei weitem nicht mehr so gefährlich war wie in den Anfangsjahren. Dies versetzte der Kampagne des Bomber Command einen Schwung, ähnlich einem Lkw, der ungebremst einen Abhang hinunterrollt. Bis April 1945 leistete die Wehrmacht an der Westfront beharrlichen Widerstand, und die Alliierten kamen nur sehr zäh voran. Daher war der Einsatz aller verfügbaren Mittel zur Bekämpfung des Feindes – auch die Bombardierung von Städten ohne militärische Bedeutung hinter der Front – weiterhin erlaubt, selbst wenn strategische Bombenangriffe (im Gegensatz zu taktischen Angriffen auf dem Schlachtfeld) von den Befehlshabern der Heeresstreitkräfte nicht als besonders hilfreich für ihre unmittelbare Aufgabe angesehen wurden.

Im Fall der USAAF lassen sich die Wucht und die Massivität der Flächenoffensive auf dem pazifischen Kriegsschauplatz ebenfalls mit zwei Faktoren erklären. Zum einen wurde geglaubt und gehofft, dass eine Bomberoffensive den Krieg gegen Japan ohne Invasion entscheiden könnte. Zum zweiten waren es – ganz offen gesagt – rassistische Vorurteile gegen und Wut auf die Japaner. Dafür gab es mindestens vier Hauptgründe: erstens der heimtückische Angriff auf Pearl Harbor. Zweitens die grausame Behandlung amerikanischer Kriegsgefangener durch die Japaner, wie jene US-Soldaten bezeugten, die beim Vorstoß der Amerikaner im Pazifik befreit wurden.

Drittens der erbitterte Widerstand der Japaner gegen diese Vorstöße. Viertens die Taktik der Kamikaze-Angriffe, die für die Amerikaner Ausdruck eines abstoßenden asiatischen Fanatismus waren. All diese Faktoren ließen die Japaner als »Untermenschen« erscheinen. Die amerikanische Propaganda stellte sie damals in Wort und Bild so dar, und diese Einstellung war nicht bloß rhetorischer Natur.

Ronald Schaffer weist darauf hin, dass sich die Haltung der Amerikaner den Japanern gegenüber schon lange vor Pearl Harbor verhärtet hatte, nicht zuletzt wegen der Gräueltaten, die sie in China begangen hatten. Sie wussten von dem berüchtigten Bataan-Todesmarsch, bevor ihre Bomber über Stützpunkte in Reichweite des japanischen Mutterlandes verfügten, und sie wussten, dass amerikanische Piloten nach ihrer Gefangennahme von japanischen Soldaten hingerichtet worden waren. Aufgrund all dessen war die Einstellung des amerikanischen Militärs zu den Japanern von tiefer Feindseligkeit geprägt. General »Tooey« Spaatz berichtete nach dem Krieg, in der US Army Air Force habe es eine weit verbreitete Abscheu vor den Japanern gegeben; General Haywood Hansell sagte, amerikanische Flieger und Soldaten seien der »einhelligen Auffassung« gewesen, dass die Japaner »Untermenschen« seien.[80]

Der Stabschef der USAAF, General »Hap« Arnold, teilte diese Einstellung. Am 16. Juni 1945 schrieb er nach einem Besuch Manilas, das gerade von den Japanern befreit worden war, in sein Tagebuch:

Augenscheinlich hat man in den USA nie über die Gräuel der Japaner berichtet – in die Luft geworfene Säuglinge, die mit dem Bajonett aufgefangen wurden, Sektionen an lebenden Menschen, das Verbrennen von Gefangenen, die man zunächst mit Benzin besprengte, worauf eine Handgranate geworfen wurde, um sie in Brand zu setzen. Diejenigen, die zu fliehen versuchten, wurden mit Maschinengewehren niedergemäht, wenn sie aus der Tür kamen. Und ständig neue Berichte dieser Art, die offenbar glaubhaft sind.[81]

Er hörte Berichte über Vergewaltigung und Mord und erfuhr, dass diejenigen, denen von japanischen Soldaten Gewalt angetan worden war, »keinen einzigen Japaner verschonen wollten, [egal ob] Männer, Frauen oder Kinder«, und sogar wünschten, »Gas, Feuer, ja beliebige Mittel einzusetzen, um das ganze Volk auszurotten«.[82]

Der nächste Eintrag in Arnolds Tagebuch ist die Skizze eines geplanten Luftangriffs auf Japan, »um japanische Industrien und Großstädte sowie Japan selbst vollständig zu zerstören«. Hier zeigte sich ein ganz anderer »Hap« Arnold als auf dem europäischen Kriegsschauplatz, wo er zu den Architekten des Präzisionsbombardements gehörte. Schaffer erzählt eine aufschlussreiche Anekdote über eine Sitzung nach dem Abwurf der Hiroshima-Bombe, in der General George Marshall Leslie Groves, dem Leiter des Manhattan-Projekts, sagte, er möge sich, wegen der hohen Zahl ziviler Todesopfer, nicht allzu sehr über das Ereignis freuen. Groves antwortete, seine Gedanken seien nicht bei den toten Japanern, sondern bei den Männern des Bataan-Marschs. Vor dem Büro von Marshall klopfte Arnold Groves auf die Schulter und sagte: »Ich bin froh, dass Sie das gesagt haben – ich sehe das genauso.«[83]

General Curtis LeMay, zuständig für die Flächenoffensive gegen Japan, war der gleichen Meinung wie seine Kameraden. Er schilderte den Brandbombenangriff auf Tokio in unmissverständlichen Worten: »Wir versengten und sotten und buken in jener Nacht vom 9. auf den 10. März in Tokio mehr Menschen zu Tode, als in Hiroshima und Nagasaki zusammen genommen verdampften.«[84] Von ihm stammt der berüchtigte Ausspruch: »Damals machte es mir nicht viel aus, Japaner umzubringen... Wenn ich den Krieg verloren hätte, wäre ich vermutlich als Kriegsverbrecher angeklagt worden... Jeder Soldat denkt über die moralischen Aspekte seines Tuns nach. Aber Kriege sind immer unmoralisch, und wenn einem das zu schaffen macht, ist man kein guter Soldat.« Und aus seiner Zeit als Stabschef der US Air Force in den Anfangsjahren des Vietnamkriegs stammt auch sein berüchtigter Ausspruch, er wolle die Nordvietnamesen »in die Steinzeit zurückbomben«.[85]

Es mag sonderbar anmuten, die Eigenständigkeit des RAF-Bomber Command als Erklärung für die konsequente Fortsetzung seiner Flächenangriffe auf deutsche Städte gegen Kriegsende anzuführen.

Doch zwei Fakten bestätigen dies. Zum einen die Analyse der Tagebücher von Lord Alanbrooke, der als Field Marshal Sir Alan Brooke Chef des Imperial General Staff im Zweiten Weltkrieg und damit Vorsitzender des Ausschusses der Stabschefs (COS) war, dem die Oberbefehlshaber der britischen Armee, Kriegsmarine und Luftwaffe angehörten. Seine Tagebücher zeigen – und man nimmt dies mit leicht ungläubigem Erstaunen zur Kenntnis –, dass der COS und die britische Regierung der Flächenoffensive des Bomber Command nur eine sehr geringe Bedeutung beimaßen.[86] Das soll heißen: COS und das Kriegskabinett Churchills begnügten sich damit, den gesamten Apparat des Bombenkriegs, von der Flugzeug- und Bombenproduktion bis zu Harris' praktisch völlig eigenständiger Leitung der Operationen im Zentrum des Geschehens, am Funktionieren zu halten; teils weil sie glaubten, dies werde den allgemeinen Druck auf den Feind aufrechterhalten, teils weil es schwieriger gewesen wäre, den Apparat zu stoppen, als ihn weiterlaufen zu lassen.

In Alanbrookes Tagebuch ist jede COS-Sitzung mit ihrem Thema verzeichnet; diese Sitzungen fanden fast täglich statt. Air Marshal Sir Arthur Harris wird in dem gesamten Tagebuch nur zweimal erwähnt, beide Mal geringschätzig. Am 13. Oktober 1943 – das Bomber Command bereitet sich zu dieser Zeit auf die Luftschlacht um Berlin vor – schrieb Alanbrooke (mitsamt der für ihn typischen Vorliebe für Ausrufezeichen):

Bert Harris besuchte uns heute Morgen während der COS-Sitzung. Seiner Meinung nach ist der Vormarsch der russischen Armee allein auf die Erfolge der Bomberoffensive zurückzuführen!! Ich bin mir sicher, dass er davon überzeugt ist, wir alle hinderten ihn daran, den Krieg zu gewinnen. Wenn das Bomber Command freie Hand hätte, würde die Sache viel schneller zu einem Abschluss gelangen![87]

Am 15. Mai 1944 berichtete Alanbrooke über die Besprechung, an der General Eisenhower, König George VI., sämtliche britischen und amerikanischen Stabschefs und hochrangigen Kommandeure wie Harris teilnahmen, um die D-Day-Pläne zu beratschlagen. Er schreibt: »Bert Harris erzählte uns, er hätte diesen Krieg vermutlich gewonnen, wenn ihm die Existenz der anderen beiden Teilstreitkräfte keine Beschränkungen auferlegt hätte!«[88]

Sir Charles Portal wird in Alanbrookes Tagebüchern viel öfter erwähnt, weil die beiden im COS-Ausschuss Kollegen waren und daher ständig miteinander in Kontakt standen. Wie in Kapitel 1 dargelegt, war Portal zunächst ein entschiedener Befürworter des Flächenbombardements, dem er eine kriegsentscheidende Bedeutung zuschrieb, doch in den späteren Kriegsphasen hielt er auch Präzisionsangriffe auf kriegswichtige Industrien wie den Ölsektor für sinnvoll. Wie bereits erwähnt, kam es zwischen ihm und Harris zu einem endlosen Gerangel, weil Portal diesen dazu bewegen wollte, die Kräfte des Bomber Command auf diese Aufgabe zu konzentrieren. Das allein beweist, dass Harris aufgrund der relativen Bedeutungslosigkeit seiner Flächenoffensive für die übrigen Kriegsanstrengungen weitgehend freie Hand hatte. »Verbrachte den Nachmittag im Büro, um mich mit Portals jüngsten Ideen zur Kriegführung auseinanderzusetzen. Sie basieren selbstverständlich auf der Bombardierung Deutschlands, gegenüber der alles andere zurückstehen soll«, schrieb Alanbrooke am 29. September 1942.[89] Portals Glaube an die kriegsentscheidende Wirkung von Luftangriffen nahm niemals ab. Alanbrooke berichtet, Portal habe in einer »langen und schwierigen« COS-Sitzung am 1. Mai 1945, die dem Krieg in Asien gewidmet war, den Vorschlag unterbreitet, »Geschwader von Langstreckenbombern auf einer Insel bei Formosa zu stationieren«.[90]

Fest steht, dass sich Alanbrooke und Churchill in ihrer Bewertung des Luftkriegs und seiner Wirkung einig waren: Er könne allenfalls »eine Belästigung« für Deutschland darstellen. Churchill sagte dies bekanntlich unmissverständlich, nachdem er den Butt-Bericht über die Zielgenauigkeit (beziehungsweise Zielungenauigkeit) der Bombardements gelesen hatte: »Es ist äußerst fraglich, ob Bombenangriffe allein in dem gegenwärtigen Krieg ein entscheidender Faktor sein werden… Wir können allenfalls sagen, dass sie ein schweres und, wie ich ernstlich hoffe, wachsenden Ärgernis sein werden.«[91]

Das Bomber Command sah noch zwei weitere Vorteile des Bombenkriegs. Zum einen hob er die Moral an der Heimatfront, wie die euphorische Reaktion der Presse auf den 1000-Bomber-Angriff gegen Köln, den »Damm Buster«-Angriff, den Brandbombenangriff auf Hamburg und Berichte über die Luftangriffe auf Berlin im Winter vor der Landung in der Normandie zeigt. Dass sich dies positiv auf die Moral der Bevölkerung auswirkte, kam nicht unerwartet. In einem langen Krieg, dessen erste Jahre trostlos und voller Gefahren waren, bedeutete das Wissen, dass Großbritannien zurückschlug, eine starke psychologische Stütze. Es setzte auch andere Gefühle frei, zumindest bei manchen: Befriedigung darüber, dass man es den Deutschen mit gleicher Münze heimzahlte, insbesondere für das, was sie den britischen Städten während des *Blitz* von 1940/41 angetan hatten.

Zum Zweiten war die Flächenoffensive ein Mittel, um Stalin zu beruhigen – zumindest bis zu einem gewissen Grad –, denn dieser wollte unbedingt, dass die Westalliierten auf ihrem Kriegsschauplatz handelten, um Druck von der Ostfront zu nehmen. Vor allem wollte er eine zweite Front – eine Landung auf dem europäischen Kontinent von Westen her –, und er wollte sie 1942, lange bevor die Westalliierten überhaupt an so etwas denken konnten. Sie spielten auf Zeit und machten unterdessen vage Versprechungen, wonach in diesem Jahr eine zweite Front eröffnet werden sollte, doch stattdessen eroberte Rommel Tobruk, und Deutschland schien vor dem Sieg zu stehen. Durch eine gewaltige Kraftanstrengung gelang es den Sowjets in den letzten Wochen des Jahres 1942, das Blatt zu wenden. Im Sommer jenes Jahres waren die Beziehungen zwischen der UdSSR und den Westalliierten angespannt, weil Stalin ihnen Unredlichkeit, Schwäche und Feigheit vorwarf. Verärgert darüber, schlug Churchill Stalin Ende Juli ein persönliches Treffen vor, woraufhin Stalin den Premierminister in den Kreml einlud. Churchill traf am 12. August 1942 in Moskau ein und erklärte, weshalb bis zum Jahresende nichts aus einer zweiten Front werde.[92] Das Treffen begann in aufgeladener Atmosphäre, denn Stalin warf den Alliierten vor, sie hätten Angst vor den Deutschen und scheuten Risiken, ohne die jedoch kein Krieg zu gewinnen sei. Doch Churchill spielte zwei Trümpfe aus: zum einen den Plan für Operation »Torch« (Fackel), angloamerikanische Landungen in Nordafrika im Rücken von Rommels Armee, und zum anderen den Plan für schwere Luftangriffe auf Deutschland durch das Bomber Command. Richard Overy beschreibt, was geschah, als Churchill Stalin davon unterrichtete:

> Die Stimmung verbesserte sich schlagartig. Stalin gefiel das Vorhaben einer Landung in Nordafrika, da diese seiner Ansicht nach die Niederlage Rommels besiegeln und den Kriegsaustritt Italiens beschleunigen würde. Noch besser gefiel ihm die Idee der Bombardierung. Hierin »stimmten die beiden Männer zum ersten Mal überein«, telegraphierte [der amerikanische Botschafter] Harriman am nächsten Tag dem amerikanischen Präsidenten. Stalin regte an, neben Fabriken auch Wohnhäuser zu bombardieren, und unterbreitete Churchill Vorschläge, welche Städte sich am besten als Ziele eigneten. »Bald hatten die beiden – jedenfalls auf dem Papier – die bedeutendsten Industriestädte Deutschlands zerstört«, berichtete Harriman nach Washington. Die Atmosphäre hatte sich entspannt. Stalin akzeptierte, dass die Briten ihren »Beitrag nur durch eine Bombardierung Deutschlands leisten« konnten, wie Churchill es formulierte, und der britische Premier versicherte seinem Gastgeber, dass diese Bombardierung »gnadenlos« sein werde, um die Moral der deutschen Bevölkerung zu brechen.[93]

Und so wurde dem Bomber Command der Kurs vorgegeben, an dem es unbeirrbar festhielt. Nur die Landung im Jahr 1944 erforderte ein vorübergehendes Abweichen davon, doch dann schwenkte man wieder auf den Kurs ein, der nach Harris' Ansicht im Herbst 1944 die Entscheidung bringen sollte. Schon in der Direktive vom 14. Februar 1942 war das Bomber Command zu Flächenbombardements ermächtigt worden, und dieser Auftrag wurde in der »Pointblank«-Direktive, auf die sich Großbritannien und die USA auf der Konferenz von Casablanca im Januar 1943 verständigten, noch einmal erweitert. Diese Direktive definierte die Aufgabenverteilung bei der Vereinigten Bomberoffensive der RAF- und USAAF-Bomberkräfte: Erstere sollten ihre Nachtangriffe fortsetzen, Letztere sollten ihre Ziele bei Tag angreifen.[94]

Abgesehen von den Bemühungen Portals, Harris in den letzten Kriegsmonaten zu Angriffen gegen Ölziele zu bewegen, war der einzige spätere Versuch, die Flächenbombardements neu auszurichten beziehungsweise zu begrenzen, Churchills berühmtes Memorandum vom 28. März 1945, das schließlich die Strategie des Flächenangriffs in Frage stellte.[95] Ein Punkt, der im Zusammenhang mit diesem Memorandum nur selten hervorgehoben wird, bezieht sich auf ihren abschließenden Absatz: »Der Außenminister hat über dieses Thema mit mir gesprochen, und ich halte es für notwendig, dass wir uns stärker auf militärische Ziele konzentrieren wie etwa Treibstoffwerke und Nachschublinien hinter der Front, statt auf bloße Akte des Terrors und der mutwilligen Zerstörung, wie eindrucksvoll diese auch sein mögen.«[96] Dieses Memorandum wurde nach Protesten Portals und des Luftfahrtministeriums zurückgezogen, aber die Katze war aus dem Sack. Außenminister Anthony Eden war offenbar besorgt darüber, wie die Flächenoffensive nach dem Krieg bewertet werden könnte; eine Sorge, die sich möglicherweise aus Gesprächen mit Stimson ergab, der einen klaren Standpunkt in dieser Frage vertrat. Daher beschloss Eden offenbar, Churchill von dieser Position zu überzeugen, und das Ergebnis war das Memorandum vom 28. März. Unmittelbar vor der Bombardierung Dresdens sechs Wochen zuvor hatte Churchill unbedingt einen Luftschlag gewollt, um seine Unterstützung für den Vormarsch der Roten Armee unter Beweis zu stellen. Vielleicht wollte er den Sowjets auch die Schlagkraft der britischen Bomberwaffe vor Augen führen, so wie die Amerikaner den Sowjets durch die Atombombenabwürfe eine Lektion erteilt hatten.[97] Auf der Konferenz von Jalta hatte Stalin die Westalliierten darum gebeten, die Nachschublinien hinter der deutschen Ostfront anzugreifen, um die Verlegung von Verstärkungstruppen zu unterbinden. Berlin und Leipzig wurden als Ziele erwähnt, nicht aber Dresden. Ein wichtiger Grund dafür lag darin, dass die Sowjets »die RAF und USAAF eindeutig von Gebieten fernhalten wollten, die sie vielleicht bald besetzen würden«.[98] Was immer die Gründe sein mögen, zu der Zeit, als Churchill das Memorandum vom 28. März formulierte, hatte sich seine Einstellung zur Flächenoffensive gewandelt. Hatte er zuvor zwischen Interesse und relativer Gleichgültigkeit geschwankt, so zeigte Churchill sich ihr nun ablehnend gegenüber. In seiner Siegesansprache auf BBC-Radio am 13. Mai 1945 erwähnte er das Bomber Command mit keinem Wort. Diejenigen, die an Einsätzen des Bomber Command mitwirkten, bekamen keine Auszeichnungen, und Arthur Harris durfte seinen abschließenden Kriegsbericht, der die Aktivitäten seines Command während des Krieges zusammenfasste, nicht veröffentlichen.

In Anbetracht all dieser Befunde kann man wohl die spekulative Schlussfolgerung ziehen, dass die Alliierten zwar nicht ausdrücklich das Ziel verfolgten, Deutschland so stark zu schwächen, dass es nach dem Krieg nur noch für eine »Agrarisierung« taugte, dennoch hatte die weitgehende Autonomie des Bomber Command zur Folge, dass es bis in die letzten Kriegswochen hinein so agieren konnte, als wollte es genau dieses Ziel erreichen. Insbesondere Harris, aber auch Portal, scheint von einer vielleicht stillschweigenden Annahme ausgegangen zu sein: Dass aus einer Bombenkriegsstrategie, die darauf abzielt, *den Willen und die Fähigkeit der Deutschen zur Kriegführung zu zerstören,* leicht die Ansicht erwächst, diese Bombardements würden unwiderruflich auch *den Willen und die Fähigkeit zerstören, überhaupt jemals wieder Krieg zu führen*, nachdem der gegenwärtige Krieg beendet sei.

Die Behauptung, das Bomber Command der RAF habe in halber Eigenregie gezielt versucht, eine Art selbst konzipierten Morgenthau-Plan umzusetzen, würde meines Erachtens zu weit gehen. Doch die massiven Zerstörungen in den bombardierten Städten hatten zwangsläufig ebendiese Tendenz. Dies ist eine Feststellung, die noch unabhängig ist von der Frage, ob die Flächenoffensive moralisch vertretbar war oder nicht. Schließlich gab es etliche Stimmen, die behaupteten, dies sei genau das Richtige. Aber Harris und Portal können nicht allein und persönlich dafür verantwortlich gemacht oder gelobt werden – je nach Standpunkt –, dass die Bomberoffensive quasi die Voraussetzungen für die Umsetzung des Morgenthau-Plans schuf. Die obersten militärischen und politischen Führungsinstanzen der Alliierten, und insbesondere der Briten, trifft die Hauptlast der Verantwortung, denn sie haben die Bomberoffensive eingeleitet und ihre Fortführung nicht unterbunden. Ob sie nicht nur verantwortlich, sondern auch schuldig sind, das ist die Kernfrage dieses Buches.

Um die Meinungen und Beweggründe derjenigen, die für den Bombenkrieg verantwortlich waren, umfassend zu verstehen, müssen wir noch einen sehr wichtigen Punkt erörtern, nämlich die Kriegsumstände, unter denen sie ihre Überlegungen anstellten. Diese Umstände erklären den Wandel der britischen und amerikanischen Luftkriegsstrategie, der in der Praxis wiederum dazu führte, dass statt Präzisionsangriffen Flächenangriffe geflogen wurden. Bei den Briten vollzog sich dieser Wandel im Februar 1942 und bei den Amerikanern auf dem pazifischen Kriegsschauplatz Ende 1944. In beiden Ländern folgte die Strategie den Tatsachen und nicht umgekehrt. Die Schwierigkeiten, die das Bomber Command bei der Navigation und der Zielführung der Bomben hatte, bedeuteten, dass es bereits zivile Gebiete bombardiert hatte, obgleich es vor der Direktive über Flächenangriffe vom 14. Februar 1942 versuchte, Ziele selektiv zu treffen. Das Gleiche gilt für die Einsätze der 8. und der 15. Army Air Forces über Europa. Aber die praktischen Schwierigkeiten, Präzisionsziele zu treffen, war nur ein Faktor, der diesen Wandel herbeiführte. Wichtiger war die Lage auf den Kriegsschauplätzen in Europa und im Pazifik. Die Flächenoffensiven auf beiden Kriegsschauplätzen werden üblicherweise auch damit gerechtfertigt. Wir werden diese Aspekte in Kapitel 6 erörtern.

4

Stimmen des Gewissens

Im Ersten Weltkrieg gab es mehr Wehrdienstverweigerer und Kriegsgegner als im Zweiten, aus dem guten Grund, weil Letzterer aus der Sicht der Alliierten ein gerechtfertigter Krieg war und weithin auch als solcher gesehen wurde. Gerechtfertigt war er, weil er sich der unbestrittenen militärischen Aggression durch den Faschismus erwehrte. Manchen kam es jedoch nicht nur darauf an, dass der Krieg gerechtfertigt war, sondern auch fair und gerecht geführt wurde; für sie waren einige Kriegshandlungen der Alliierten daher unzulässig. Diese Menschen erfüllte unter anderem die Blockade Kontinentaleuropas mit Sorge, weil sie schlimmes Leid über die Bevölkerung in besetzten Ländern wie etwa Griechenland brachte, wo eine Zeit lang eine Hungersnot drohte.

Für weitaus größere Bedenken sorgte indes die Flächenoffensive. Im Sommer 1941 gründete der britische Quäker und Pazifist Corder Catchpool ein Committee for the Abolition of Night Bombing [»Komitee zur Abschaffung nächtlicher Bombenangriffe«]. Catchpool war im Ersten Weltkrieg zunächst freiwilliger Lazarettwagenfahrer, hatte sich nach Einführung der allgemeinen Wehrpflicht jedoch geweigert, einen Ersatzdienst zu leisten, der die Kriegsanstrengungen unterstützte; deshalb wurde er zu zwei Jahren Haft mit Zwangsarbeit verurteilt. Nach Ausbruch des Zweiten Weltkriegs bewogen ihn zwei Umstände zur Gründung seines Komitees gegen nächtliche Bombardements: die Erfahrung des *Blitz* und ein Brief an die *Times* vom 17. April 1941, in dem George Bell, der Bischof von Chichester, die Frage stellte: »Wenn Europa auch nur einen Funken Gesittung besitzt, was kann dann die nächtliche Bombardierung von Städten und den Terror gegen Nichtkombattanten rechtfertigen?« In seinem Brief appellierte Bell sowohl an Deutschland als auch an Großbritannien, auf diese Taktik zu verzichten, und Catchpool beschloss, darauf hinzuwirken, dass zumindest sein Heimatland dem Aufruf Folge leistete.

Catchpool setzte sich nachdrücklich und tatkräftig für den Frieden ein. Noch während seiner Haft veröffentlichte er 1918 einen Bericht über seine Erfahrungen als Pazifist wie auch als Häftling.[1] Nach seiner Entlassung ging er nach Deutschland und arbeitete dort für das Friends War Victims Relief Committee [»Hilfswerk für Kriegsopfer«], das gegründet worden war, um die Versöhnung zwischen den Krieg führenden Nationen zu fördern. Nach der Machtergreifung durch die Nationalsozialisten blieb er noch eine Zeit lang in Deutschland. Doch durch die Hilfe, die er Juden zukommen ließ, geriet er ins Visier der Gestapo. Er wurde verhaftet und verhört, kurz darauf kehrte er nach England zurück. Er machte sich keinerlei Illusionen über Nazi-Deutschland, blieb als Quäker aber dennoch seinen pazifistischen Grundsätzen treu.

Zu denen, die Catchpool für sein Komitee gewinnen konnte, zählten Professor Stanley Jevons, T. C. Foley, Stuart Morris sowie die Romanschriftstellerin und beredte Pazifistin Vera Brittain. Nicht alle Mitglieder waren Pazifisten wie Brittain und Catchpool selbst, doch sie alle waren entschiedene Gegner von Luftbombardements auf die Zivilbevölkerung. Als Erstes reichte das Komitee eine Petition ein, in der die britische Regierung aufgefordert wurde, auf Nachtbombardements zu verzichten. Bedenkt man die damaligen Umstände, ist es erstaunlich, dass 15 000 Unterschriften zusammenkamen, darunter die von drei Bischöfen, sechs Unterhausabgeordneten und Pazifisten wie auch Nichtpazifisten.

Als sich im Frühjahr 1942 abzeichnete, dass die Royal Air Force ihre Luftangriffe ausweiten würde – ungefähr zu dieser Zeit wurde Arthur Harris zum Oberkommandierenden des Bomber Command befördert –, nannte sich das Committee for the Abolition of Night Bombing um in Bombing Restriction Committee [»Komitee zur Beschränkung von Bombardements«] und verstärkte seine Bemühungen. In ihrem alle zwei Wochen erscheinenden *Letter*, den sie für die

Friedensbewegung verfasste, schrieb Vera Brittain: »[Wir] müssen entscheiden, ob wir wollen, dass die Regierung durch ihr Bomber Command weiterhin in unserem Namen eine Politik des Massenmords betreibt. Hat eine Nation das Recht, ihre jungen Männer zum Instrument einer solchen Politik zu machen?«[2]

Das Komitee wollte Informationen über den völkerrechtlichen Status des Flächenbombardements zusammentragen und die Bemühungen des Internationalen Roten Kreuzes unterstützen, »Schutzgebiete« auszuweisen, in denen Bombardements verboten sein sollten, um daraufhin Bischof Bell mit Daten zu versorgen, die er für seine Kritik des Flächenbombardements im Oberhaus verwenden konnte. Im Bereich der Datensammlung war das Komitee überaus erfolgreich.

George Bells Einstellung gegenüber Fragen der Kriegführung war nicht von weltfremder Naivität geprägt. Er wusste besser als viele andere, was in Nazi-Deutschland auf dem Spiel stand. Vor Ausbruch des Krieges im Jahr 1939 hatte er sich tatkräftig dafür eingesetzt, dass Menschen jüdischer Abstammung in Großbritannien Asyl gewährt wurde, und er unterhielt Kontakte zu Personen des deutschen Widerstandes, darunter Dietrich Bonhoeffer und Martin Niemöller. Im Jahr 1942 trafen sich Bell und Bonhoeffer im neutralen Stockholm, und der Deutsche bat Bell, der britischen Regierung eine Botschaft zu übermitteln und sie um Unterstützung bei einem geplanten Putsch gegen Hitler zu bitten. Der deutsche Widerstand verlangte, dass Großbritannien eine deutsche Nachfolgeregierung anerkenne und einem Waffenstillstand zustimme. Bell unterrichtete nach seiner Rückkehr Außenminister Eden sowie Unterhausführer Stafford Cripps über dieses Ansinnen, und die beiden wiederum verständigten Churchill. Die britische Regierung reagierte jedoch nicht darauf und gab keinerlei Zusicherungen. Vielmehr legte sie sich schon bald auf die Forderung nach einer »bedingungslosen Kapitulation« fest, auf die sich Churchill bei seinen Gesprächen mit Roosevelt auf der Konferenz von Casablanca verständigt hatte.

Das enttäuschende Ergebnis dieser Bemühungen hielt Bell indes nicht von dem Versuch ab, mäßigend auf die britische Bomberoffensive einzuwirken, die er unverblümt als »Vernichtungsbombardement« bezeichnete. Er war in der anglikanischen Kirche, die seine Haltung missbilligte, weitgehend isoliert, und es besteht weitgehendes Einvernehmen darüber, dass er wegen seiner wiederholten und freimütigen Kritik am Bombenkrieg nicht in der Nachfolge William Temples zum Erzbischof von Canterbury ernannt wurde, als Letzterer im Oktober 1944 starb.[3] Allerdings fand er einen kirchlichen Verbündeten im Oberhaus, und zwar in Cosmo Lang, einem ehemaligen Erzbischof von Canterbury. Repräsentativer für die offizielle Linie der Kirche war indes der Erzbischof von York, Cyril Foster Garbett, der so weit ging, sich in der Presse für das Flächenbombardement auszusprechen.

Im Parlament insgesamt stand Bell jedoch nicht allein da. Im Oberhaus teilten Lord Addison und der Marquis von Salisbury sowie Lord Lang seine Einstellung, im Unterhaus wiederum hatte er Richard Stokes, Reginald Sorensen und Rhys Davies auf seiner Seite. Das Bombing Restriction Committee lieferte nicht nur Parlamentariern Munition für deren Bemühungen, sondern informierte auch die Öffentlichkeit darüber, was in ihrem Namen geschah, und hinterfragte die Verschleierungen und Unwahrheiten in regierungsamtlichen Verlautbarungen über die Ziele und die Eigenart der Bomberoffensive. Das Komitee veröffentliche Plakate und Flugblätter, und Vera Brittain verfasste eine Schrift, die eigentlich eine kurze Abhandlung werden sollte, aus der aber ein kleines Buch wurde, das die Debatte über den Bombenkrieg nachhaltig befruchten sollte; ihr *Seed of Chaos: What Mass Bombing Really Means* (»Saat des Chaos: Was Massenbombardements wirklich bedeuten«) erschien im Frühjahr 1944.

Unmittelbarer Anstoß zu dieser bemerkenswerten kleinen Schrift waren die Operation »Gomorrha« und der Beginn der »Luftschlacht um Berlin« im November 1943 sowie der triumphierende Ton in britischen Presseberichten über diese Angriffe. Empört und in dem Gefühl, dass die Zeit drängte, begann Brittain, die vom Bombing Restriction Committee zusammengetragenen Informationen zu analysieren, um der Öffentlichkeit ein vollständiges Bild der Vorgänge zu liefern. Ihren Titel entlehnte sie Alexander Popes *The Dunciad*; dort heißt es im vierten Buch: »*Then rose the seed of Chaos, and of Night / To blot out order and extinguish light*« (»Auf ging die Saat des

Chaos und der Nacht / Und löschte aus die Ordnung und das Licht«). Ihren Leitspruch entnahm sie dem Buch Jeremia, 6:15: »Schämen müssten sie sich, weil sie Gräuel verüben.«[4]

Trotz des Ruhms der Autorin und der scharfen Kontroverse, die *Seed of Chaos* auslöste, blieb die Schrift nicht lange im Buchhandel, weil sie zweifellos nur als Stimme des Augenblicks galt und ihre polemische und mahnende Intention eng an diesen Augenblick gebunden ist. Doch jede Diskussion über die moralische Rechtfertigung eines eines Krieges und die Stellung von Zivilpersonen im Krieg entspringt einem aktuellen Anlass. Allein dies ist schon ein guter Grund dafür, Brittains kleine Schrift hier zusammenzufassen.[5] Doch vor allem stellt dieses Buch eine höchst wertvolle Quelle dar, um nachzuvollziehen, welche Ansichten gegenüber der Bomberoffensive damals im Schwange waren. Es dokumentiert mit wunderbarer Klarheit die intellektuelle Auseinandersetzung, die innerhalb Großbritanniens über den moralischen Status der Bomberoffensive geführt wurde; dies sogar in einer Zeit, als der Ausgang des Krieges nach wie vor ungewiss war, auch wenn sich die Lage mit jedem Tag hoffnungsvoller erwies. Zudem hatten es die abscheulichen Nazi-Gräuel, nicht zuletzt an den europäischen Juden, der alliierten Seite damals noch nicht leichter gemacht, die Frage der eigenen moralischen Verantwortung nicht bloß zu relativieren, sondern gänzlich auszuklammern.

Bemerkenswert an Brittains kleinem Buch ist ferner, dass die darin enthaltenen Fakten, Erkenntnisse und Beurteilungen selbst dann höchst löblich wären, wenn das Buch zehn Jahre nach dem Krieg geschrieben worden wäre. Doch es wurde im Winter 1943/44 verfasst, als der darin angeprangerte Bombenkrieg an Umfang und Stärke noch zunahm, wenngleich man noch ein Jahr von dem großen Crescendo der letzten Kriegsmonate entfernt war. Allein die Existenz des Buches zeigt also, dass man sich zumindest in unterrichteten Kreisen weder über die Art und Weise noch die Auswirkungen der Bomberoffensive getäuscht haben kann. Dadurch lassen sich Fragen nach dem Wissenstand und den Absichten derer, die für die Planung und Durchführung des Bombenkriegs verantwortlich waren, leichter beantworten.

Zu Beginn ihres Buches behauptet Brittain, dass das britische Volk nicht richtig begreife, was in den bombardierten Städten in Deutschland und anderen europäischen Ländern geschehe. Wegen eines typisch britischen Mangels an Phantasie, so schreibt sie, wurde »unsere gesamte Geschichte hindurch Unrecht begangen oder blieben Missetaten zu lange ungesühnt, einfach weil wir das wahre Ausmaß des von uns verursachten oder nicht gelinderten Leids nicht erkannten«. Brittain hoffte, wenn sie der Öffentlichkeit die Tatsachen ungeschönt darlegte, würde diese ihre Landsleute dazu bewegen, »sich zu erheben und die Regierung aufzufordern, ihre Politik zu ändern«.[6]

Die Regierung, so heißt es weiter, habe den wahren Charakter der »Vernichtungsbombardements« geschickt vor der Öffentlichkeit verschleiert. Sie verwende Euphemismen wie »ein Gebiet zermürben«, »ein Ziel neutralisieren«, »Flächenbombardement«, »die Abwehrstellungen mit einem Bombenteppich belegen« und »einen Bombenfächer auf ein Industriegebiet legen«. Bis zum Sommer 1943 fanden sich Berichte über Luftangriffe gegen Deutschland und deutschbesetzte Länder nur in kleinen Meldungen auf den letzten Seiten der Zeitungen. Dies änderte sich jedoch bald. Den Anfang machte der *Daily Telegraph*. Ganze Titelseiten wurden den Luftangriffen gewidmet, und auf den Innenseiten erschienen sachkundige Artikel von Piloten. Die ersten Angriffe im Rahmen der »Luftschlacht um Berlin« im November 1943 »wurden wie Galaveranstaltungen behandelt, bei denen die Presseleute sämtliche Zurückhaltung fahren lassen durften«. »Doch wenn die Fakten erst einmal bekannt sind«, so Brittain, »werden wir das ganze schreckliche Leid, das sich dahinter verbirgt, erkennen.«[7]

Die Leute verdrängten das damit verbundene Unbehagen, indem sie sich an zwei Argumente klammerten. Das erste lautet, Luftangriffe verkürzten den Krieg – »eine Behauptung, die gern von Ministern, Beamten, Unterhausabgeordneten und einigen führenden Kirchenvertretern vorgebracht wird«. Das zweite Argument lautet: »Auch wir hatten unter Vernichtungsangriffen zu leiden«, und daher seien die Briten berechtigt, diese mit gleicher Münze heimzuzahlen.

Gegen das erste Argument erhebt Brittain vier Einwände. Erstens bestehe keine Gewissheit, dass der Krieg durch Bombenangriffe tatsächlich verkürzt werde. Doch nur absolute Gewissheit könne als Rechtfertigung für das gelten, was ein Kommentator so beschrieb: »Britische Jungs werden in Flugzeugen verheizt, während sie die Bevölkerung am Boden verschmoren.« »Mr. Churchill selbst hat das Massenbombardement als ›Experiment‹ bezeichnet«, fährt Brittain fort. Dies zeige, dass auch er nicht sicher sei, dadurch den Krieg verkürzen zu können. »Sicher scheint dagegen der kontinuierliche Verfall der moralischen Werte, der in den tiefsten Abgründen des menschlichen Geistes endet, zu denen dieses Argument führt.« Die Deutschen hätten im Ersten Weltkrieg behauptet, ihre U-Boot-Blockade Großbritanniens verkürze den Krieg, doch niemand in Großbritannien sei damals der Ansicht gewesen, dies rechtfertige jene Vorgehensweise.[8]

Churchills Bemerkung über das »Experiment« war in einem Artikel des Magazins *Time* am 7. Juni 1943 veröffentlicht worden, in dem es hieß, die Befehlshaber der britischen und amerikanischen Bomberstreitkräfte (Arthur Harris und Ira Eaker) hätten »ihren militärischen Vorgesetzten versichert, Deutschland könne noch in diesem Jahr aus dem Krieg gebombt werden«, doch Churchill habe – so *Time* – »den Standpunkt des globalen Strategen formuliert, als er sagte: ›Das Experiment ist durchaus einen Versuch wert, solange andere Maßnahmen nicht ausgeschlossen werden.‹« Der *Time*-Redakteur hatte Churchills Äußerung kursiv gesetzt.

Brittains zweiter Einwand gegen die Behauptung, Bombenangriffe würden den Krieg verkürzen, lautet, dass »verkürzen« unter den gegebenen Umständen ein irreführender Begriff sei. Dieser impliziere eine Begrenzung oder Verringerung der »Gesamtmenge« an Zerstörung und Leid, das der Krieg mit sich bringe, doch »bei einem umfangreichen, konzentrierten Angriff, der nur ein paar Minuten dauert, können mehr Menschen getötet oder verwundet werden als bei einer großen Schlacht, die sich zwei oder drei Wochen hinzieht«. Hinzu komme, so ergänzt sie, »die Zerstörung eines unersetzlichen kulturellen Erbes an Kunstschätzen, Kulturdenkmälern und historischen Schriftstücken, die ganze Jahrhunderte menschlicher Schaffenskraft verkörperten. Im Grunde bedeutet eine Massenbombardierung großer Bevölkerungszentren *eine Beschleunigung jenes Abschlachtens, jenes Leids und der materiellen Zerstörung, wie sie an den militärischen Fronten üblich sind*«.[9]

Brittains dritter Einwand lautet, dass Massenbombardierungen nicht zu Volkserhebungen oder zum Zusammenbruch der Moral im Feindesland führten. Die Opfer seien zu geschockt und erschöpft, zu sehr mit den unmittelbaren Erfordernissen des Überlebens beschäftigt, um sich gegen ihre Herrscher zu erheben. »Aber sobald sie sich von dem Trauma wieder erholen, kann man davon ausgehen, dass zumindest bei der Mehrheit der Wunsch nach Rache aufkommt… So legen wir in Europa unablässig die psychologischen Grundlagen für einen Dritten Weltkrieg.«[10]

Und viertens schade die systematische Zerstörung der deutschen Industrie auf lange Sicht den Briten selbst, da der Wohlstand Kontinentaleuropas bisher weitgehend auf ihr beruht habe und Deutschland einer der besten Absatzmärkte Großbritanniens sei.[11] Dieses Argument gab, obschon zweifellos von anderer Seite an ihn herangetragen, ein Jahr später bei Churchill den Ausschlag, nachdem er bei der Konferenz von Quebec kurzzeitig dem Morgenthau-Plan zugestimmt hatte.

Brittain widerlegt das zweite Argument – die Deutschen hätten mit dem Vernichtungsbombardement angefangen und verdienten eine Vergeltung mit gleicher Münze –, indem sie eine scharfe Erwiderung auf diese Überlegung aus der Feder George Bernard Shaws zitierte: »Mit dem Zerbomben der Städte haben die teuflischen Gräuel des Krieges diesmal einen solchen Höhepunkt erreicht, dass alle Gegenbeschuldigungen in dieser Hinsicht lächerlich sind. Die Liste der deutschen Gräueltaten an uns ist genauso lang wie die unserer Gräueltaten an ihnen, wenn wir sie vor einen unparteiischen internationalen Gerichtshof stellen.«[12] Hier unterläuft Shaw und Brittain jedoch aufgrund ihres begrenzten Wissensstandes von 1943 ein Fehlurteil. In Bezug auf eine »Liste der Gräueltaten« sollte Nazi-Deutschland alle anderen weit in den Schatten stellen; in Bezug auf Bombenangriffe lagen die Deutschen bereits weit hinter den Alliierten zurück.

Brittains Buch bietet aber noch weitere Antworten im Hinblick auf die Kontroverse, ob die Repressalien gerechtfertigt waren oder nicht. Zunächst, so die Autorin, sei nicht leicht zu beantworten, wer mit den Bombardierungen von Zivilisten in Gebieten weitab der Front begonnen hatte. Bomben, die für industrielle Ziele bestimmt waren, mögen versehentlich auf zivile Gebiete gefallen sein; ein Vergeltungsschlag mit gleichen Mitteln wird unternommen; dieser provoziert eine weitere Repressalie – bis es schließlich zu ausgedehnten Bombenteppichen auf Städte kommt. »Der erbitterte Wettkampf geht weiter, bis der Massenmord an Zivilisten Teil unserer Strategie geworden ist – ein Rückfall in die Barbarei, den wir 1939 mit Entsetzen hätten bedenken sollen.«[13]

Gewiss, Großbritannien hatte schwer unter dem *Blitz* gelitten, doch die Waffen und Methoden, die der RAF Ende 1943 zur Verfügung standen, steigerten die Zerstörungskraft von Massenbombardements ganz erheblich. »Meine eigene Erfahrung ist relativ begrenzt, doch als Londonerin, die ungefähr sechshundert Luftangriffe mitgemacht und achtzehn Monate als freiwillige Brandwache gedient hat, habe ich genug gesehen und gehört, um zu wissen, dass zumindest ich vehement protestieren muss, wenn dieser schändliche Terror hilflosen Zivilpersonen eines anderen Landes zugefügt wird.« Und die Autorin führt weiter aus: »Auch glaube ich nicht, dass die Mehrzahl unserer Flieger, denen eingeredet wird, Massenbombardierungen verkürzten die Dauer ihrer Gefährdung, wirklich ihr eigenes Leben retten möchten, indem sie deutsche Frauen und Kleinkinder opfern, ebenso wenig wie unsere Soldaten bei Kampfhandlungen ›feindliche‹ Mütter und Kinder als Schutzschilde benutzen würden.«[14]

Und drittens begebe man sich durch »Vergeltung mit gleicher Münze« auf das Niveau des Feindes, wobei man doch eben wegen der pervertierten Werte des Feindes überhaupt gegen ihn in den Krieg gezogen sei. In Großbritannien begriffen dies jene am klarsten, die am stärksten unter den Bombenangriffen gelitten hätten. Dies habe sich deutlich bei einer Meinungsumfrage gezeigt, die im April 1941, noch während der deutschen Luftangriffe, zu folgender Frage durchgeführt wurde: »Wären Sie dafür oder dagegen, dass die Royal Air Force grundsätzlich Angriffe auf die deutsche Zivilbevölkerung fliegt?« In schwer bombardierten Gebieten wie der Londoner Innenstadt waren 47 Prozent gegen und 45 Prozent für Vergeltungsmaßnahmen, der Rest war unentschieden. Dem gegenüber sprachen sich in den nördlichsten Landkreisen Englands, die keine deutschen Luftangriffe erlebt hatten, 76 Prozent für Vergeltungsmaßnahmen aus.[15]

Brittain weist nun darauf hin, dass diese Meinungsumfrage zeige, wie irrig eine nur zwei Monate später geäußerte Behauptung Churchills sei: »Wenn die Bürger Londons«, erklärte er in einer Rede in der Londoner County Hall, »heute Abend darüber abstimmen müssten, ob wir uns einer Konvention anschließen sollten, wonach die Bombardierung aller Städte einzustellen sei, würde die überwiegende Mehrheit rufen: ›Nein, wir werden es den Deutschen mit gleicher Münze und noch einer Draufgabe heimzahlen.‹«[16]

Brittain legte eindringlich dar, dass die moralischen Maßstäbe der Kriegführung mit zunehmender Dauer des Konflikts immer mehr verloren gingen. Sie verglich Churchills Ansprache in der County Hall mit einer Rede, die er, damals noch Lord der Admiralität, am 27. Januar 1940 gehalten hatte – einer Rede, in der er die deutschen Bombenangriffe auf Städte in Polen als »neue und abscheuliche Form des Angriffs« verurteilt und behauptet hatte, die britische Regierung werde niemals diesem Beispiel folgen, wenn das britische Volk fordere, dass die Bomber der RAF nicht mit Flugblättern, sondern mit Bomben beladen würden. Achtzehn Monate später erklärte Churchill vor dem Unterhaus: »Noch im Laufe dieses Jahres werden deutsche Städte, Häfen und Zentren der Kriegsproduktion einer so langen, schweren und intensiven Feuerprobe unterworfen werden, wie sie noch kein Land erlebt hat.«[17] Ein weiteres Jahr später stellte er in einer Rede vor dem amerikanischen Kongress in Washington klar: »Es ist die Pflicht jener, denen die Führung des Krieges obliegt, ... den so notwendigen und wünschenswerten Prozess einzuleiten, die Städte und anderen militärischen Zentren Japans in Schutt und Asche zu legen, denn in Asche müssen sie liegen, bevor wieder Frieden auf der Welt einkehrt.«[18] Die Londoner Presse berichtete am folgenden Tag, Kongressabgeordnete seien so begeistert gewesen, dass sie nicht bloß applaudierten, sondern »lauthals ihre Zustimmung bekundeten«. Doch wie Brittain trocken ausführte, stand dies nicht ganz im Einklang mit der Rede, die Roosevelt ganze vier Monate später, am 8. September 1943, vor demselben erlesenen Gremium hielt, als er dem Kongress versicherte: »Wir [Amerikaner] bombardieren keine Wohnhäuser um der sadistischen Lust am Morden willen, so wie es die Nazis taten, sondern wir jagen sorgfältig ausgewählte Ziele in die Luft – Fabriken, Schiffswerften, Munitionsdepots.«[19]

Im selben Monat, am 21. September, erklärte Churchill vor dem Unterhaus:

Die beinahe vollständige systematische Zerstörung vieler Zentren der deutschen Kriegsanstrengung setzt sich in größerem Maßstab und in größerem Tempo fort. Das Werk der Verwüstung ist unbeschreiblich, und die Auswirkung auf die deutsche Kriegsproduktion in all ihren Formen… steht in nichts jener Zerstörung nach, die dem Leben und der Wirtschaft jenes verbrecherischen Systems insgesamt zugefügt wurde… Wir werden keine Opfer scheuen, vor keiner Gewaltanwendung zurückschrecken, um die Nazi-Tyrannei und den preußischen Militarismus zu vernichten.

Kurz darauf schickte er ein Lobschreiben an das Bomber Command für dessen Bemühungen, »Deutschland den Garaus zu machen«.[20] Wie die Geschichte zeigte, irrte er sich hinsichtlich der Auswirkungen auf die deutsche Kriegsproduktion, die immer noch Jahr für Jahr expandierte.

Über die Wortwahl, derer man sich bediente, herrschte Einigkeit. Informationsminister Brendan Bracken sagte der Presse im August 1943 während eines Besuchs in Kanada: »Wir beabsichtigen, das Volk, das für diesen Krieg verantwortlich ist, in jeder uns möglichen Weise zu bombardieren, in Flammen aufgehen zu lassen und erbarmungslos zu vernichten.« Der britische Luftfahrtminister Sir Archibald Sinclair erklärte am 5. November 1943 bei einer öffentlichen Versammlung in Cheltenham: »Wir werden weiterhin aus der Luft auf den Feind eindreschen, bis wir seine Rüstungsindustrie lahm gelegt, sein Verkehrssystem zerstört und seinen Kriegswillen gebrochen haben.«[21]

Am auffälligsten sind vielleicht die unbeabsichtigten Widersprüche und Paradoxien, die Brittain in der Wortwahl der Bombenkriegsbefürworter aufdeckte, wie sie sich in der britischen Presse widerspiegelte. In einem Leitartikel von John Gordon im *Sunday Express* vom 20. April 1942, in dem der gerade veröffentlichte Inhalt der Direktive an das Bomberkommando vom 14. Februar kommentiert wurde, hieß es: »Deutschland, der Urheber des Krieges durch Luftterror, stellt nun fest, dass der Terror mit einer Wucht zurückschlägt, die selbst Hitler in seinen sadistischsten Träumen nicht für möglich gehalten hätte.« Am nächsten Tag versicherte *News Chronicle*:

> Das deutsche Volk muss am eigenen Leib erfahren, was das wahnsinnige Kredo der Grausamkeit und Zerstörung seiner Herrscher bedeutet... Wenn wir sie durch die Härte unserer Vergeltung endlich davon überzeugen, dass sich Gewalt nicht auszahlt, und dazu bewegen können, rechtschaffene Weltbürger zu werden, dann ist der Verlust ihrer Kulturdenkmäler nichts im Vergleich zu dem Beitrag zu unserem gemeinsamen Erbe, den ihre Bekehrung zu gesittetem Verhalten bedeuten wird.[22]

Brittain verweist auf den Widerspruch in den beiden Leitartikeln: Großbritanniens Krieg durch Luftterror werde Hitlers sadistischste Träume überflügeln, und »harte Vergeltung« werde die Deutschen zu zivilisiertem Betragen bekehren. Und sie fügt hinzu: »Ein Volk, das durch seine Bezwinger in Apathie und Defätismus getrieben wird, dürfte wohl kaum zu der Erkenntnis gelangen, dass sich Gewalt nicht lohnt.«

Im August 1943, in den Wochen nach der Operation »Gomorrha«, veröffentlichte die britische Presse eine regierungsamtliche Verlautbarung, in der es hieß: »Mindestens 50 deutsche Großstädte wird bis Weihnachten das Schicksal Hamburgs ereilen.« Die Royal Air Force spannte einige ihrer Helden für PR-Maßnahmen ein, um die Unterstützung und die Moral der Bevölkerung aufrechtzuerhalten. Einer dieser Helden war der australische Pilot Captain Hugh Edwards (später Kommodore und Sir), der mit diversen Orden wie dem Victoria Cross, Distinguished Service Order und Distinguished Flying Cross ausgezeichnet worden war; sein Victoria Cross erhielt er für die Leitung eines unerschrockenen Bombenangriffs auf Bremen, bei dem er, unter Lebensgefahr, von Anfang bis Ende über dem Zielgebiet blieb, um seine Staffel zu dirigieren, und selbst so tief flog, um seine Bomben zielgenau abzuwerfen, dass bei seiner Rückkehr zum Fliegerhorst Telegraphendrähte an seiner von Kugeln durchsiebten Blenheim hingen. In verschiedenen Radiosendungen erklärte er die Ziele der Bomberoffensive, und am 13. Oktober 1943 veröffentlichte er einen Artikel in der *Daily Mail,* in dem er schrieb: »Das Bomber Command löscht riesige Industriegebiete Deutschlands aus.«[23]

Die Regierung hielt an ihrem offiziellen Standpunkt fest, die primären Ziele des Bomber Command seien »militärischer« Natur. Im Unterhaus erklärte Luftfahrtminister Sinclair am 31. März 1943: »Das Bomber Command greift nur militärische Ziele an«, und gab damit zu verstehen, dass Industrie- und Verkehrsziele ebenfalls militärisch seien, und infolgedessen auch Arbeiter, und mit diesen wiederum all jene, die in der Nähe der Arbeiter wohnten; denn Sinclair fuhr fort: »…Nachtangriffe gegen militärische Ziele schließen zwangsläufig die Bombardierung des Gebietes ein, in dem diese liegen.« Diese Erklärung, weshalb Städte mit Bombenteppichen belegt wurden, lieferte den Befürwortern der Bomberoffensive weitere Argumente an die Hand, um jene anzugreifen, die sich gegen das Flächenbombardement von Zivilpersonen aussprachen. In einem Leitartikel des *Sunday Dispatch* vom 21. März 1943 hieß es: »Bomberbesatzungen versuchen oft bei schlechtem Wetter und unter Beschuss tückischer Jagdflugzeuge, ihre Ziele zu treffen. Jeder Versuch, sie dazu zu bewegen, sich über Gebühr um Zivilisten zu sorgen, ist ein Versuch, ihre militärische Schlagkraft zu schwächen.«[24] Nicht nur die Wahrheit, sondern auch Besonnenheit fielen dem Krieg zum Opfer: Die Jäger, die deutsche Städte verteidigten, waren »tückisch«, im Gegensatz zu den Helden, die die Luftschlacht um England schlugen. Der Hinweis auf das Wetter ist in dieser Hinsicht von großer Bedeutung. In seiner Autobiographie schrieb Harris, in den ersten vier Kriegsjahren »entschied vor allem das Wetter über den Erfolg oder Misserfolg einer Operation«, weswegen das Bomberkommando so große Hoffnungen in die Navigationshilfe GEE setzte, als diese, wenn auch nur in geringer Stückzahl, 1942 eingeführt wurde. Harris schrieb:

> Konnte GEE bei Blindangriffen eingesetzt werden, das heißt, lieferte es dem Bombenschützen eine so genaue Standortpeilung, dass er die Bomben allein auf dieser Grundlage, ohne Sicht des Ziels, ausklinken konnte? Im Luftfahrtministerium war man der Meinung, GEE könne definitiv für Blindangriffe auf große Industriestädte, wenn auch nicht auf einzelne Fabriken, eingesetzt werden. Daher glaubte man, dass eine Großstadt durch eine geschlossene Wolkendecke angegriffen werden könne; man schätzte, wenn beispielsweise Essen nach diesem Verfahren bei fehlender Bodensicht angegriffen würde, nahezu die Hälfte aller abgeworfenen Bomben auf der Stadt niedergehen würden.[25]

Diese Bemerkungen passen nicht so recht zu Sir Archibald Sinclairs Beteuerung: »Das Bomber Command greift nur militärische Ziele an.«

Wie Brittain nachwies, waren sich die Kritiker der Bomberoffensive nicht nur über die offenkundige Tatsache im Klaren, dass die Waffen und Taktiken des Bomber Command auf größtmögliche Schadenswirkung abzielten, sondern auch darüber, wie einige dieser Taktiken und Waffen aussahen. So waren »Kaskadenbombenwürfe« beziehungsweise »Bombenteppiche« – das Abwerfen einer möglichst großen Zahl von Spreng- und Brandbomben in möglichst kurzer Zeit über einem weiträumigen Stadtgebiet – darauf angelegt, die feindlichen Hilfskräfte auf dem Boden Matt zu setzen. Bei dieser Taktik wurde auch ein Ring um das Hauptziel gebombt, damit Luftschutzkräfte und Löschtrupps nicht bis dorthin vordringen konnten.[26]

Den zweiten Angriff der Operation »Gomorrha« in der Nacht vom 27. auf den 28. Juli 1943, bei dem Brandbomben zum Einsatz kamen, nannte die britische Presse »den schwersten Luftangriff aller Zeiten«. In einem Zeitungsbericht hieß es: »Eine Million Brandbomben und Hunderte riesiger Zwei-Tonnen-Minenbomben wurden innerhalb von 45 Minuten abgeworfen, fünf Minuten schneller als bei dem Angriff mit 2300 Tonnen auf dasselbe Ziel am Samstag. Jede derartige Verkürzung des Bombardements bedeutet eine größere Zerstörung und größere Sicherheit für Flieger und Flugzeuge. Die Luftabwehr wird überwältigt.«[27]

Was dies am Boden bedeutete, wussten die Menschen in Großbritannien genauso gut wie die Überlebenden in Hamburg. Weniger als zwei Wochen nach Beendigung der Operation »Gomorrha« lieferte der *Daily Telegraph* seinen Lesern eine anschauliche Beschreibung des Feuersturms und seiner Folgen:

Die fürchterliche Hitze [der Brände, die durch die Bomben ausgelöst wurden,] erzeugt ein Luftvakuum in den bombardierten Bezirken, so dass Luft aus anderen Stadtgebieten einströmt. Auf diese Weise entstehen regelrechte Wirbelstürme. Diese sind so stark, dass Menschen zu Boden geworfen werden und die Feuerwehr mit ihren Gerätschaften nicht zu den zerbombten Gebieten vorrücken kann. Diese extrem starken Winde tragen das Feuer in umliegende Bezirke… Etliche Menschen erstickten dort, weil die Höllenfeuer den gesamten Sauerstoff aufbrauchten… Als man einige [Luftschutzräume] öffnete, stellte man fest, dass [die Schutzräume] zwar unversehrt, aber viele Menschen, die darin Zuflucht gesucht hatten, erstickt waren.[28]

Der Luftkriegskorrespondent des *News Chronicle*, Ronald Walker, zitierte Harris nach der Operation »Gomorrha«:

Die sechs Angriffe auf die Stadt, den Hafen und die U-Boot-Werften von Hamburg während vier Nächten und drei Tagen erfüllten wohl mehr als jede andere Angriffsserie auf Deutschland den Zweck, den Bombenangriffe laut Harris hatten: die völlige Auslöschung des Ziels… Air Chief Marshal Arthur Harris, Stabschef des Bomber Command der Royal Air Force, hat seine Luftkriegsdoktrin ziemlich unmissverständlich dargelegt: die vollständige Zerstörung der deutschen Industrie- und Hafenstädte, eine nach der anderen. Er würde gegen sie am liebsten Schläge von verheerender Wucht führen und die Bombardements so lange fortsetzen, bis alles in Schutt und Asche liegt.[29]

Die Presse porträtierte Arthur Harris in lobenden Worten als »einen Tiger ohne Mitleid im Herzen«. Ihm sei es zu verdanken, dass das Bomber Command zu einer Waffe von ungeheurer Zerstörungskraft geworden sei, und seine Strategie wurde beschrieben als »die Zerstörung deutscher Städte Abschnitt für Abschnitt«.[30] Dieses Bild von Harris sowie der aggressive Ton der Pressemeldungen über die Bomberoffensive wurde natürlich von der Regierung, angefangen bei Churchill selbst, als Teil der Propagandamaßnahmen unterstützt. Diese, so hoffte man, würde die deutsche Zivilbevölkerung einschüchtern und zur Kapitulation bewegen und im Zuge dessen die Nazi-Führung von der Aussichtslosigkeit ihrer Sache überzeugen. Doch die schreckliche Androhung der völligen Zerstörung von Städten muss in die Tat umgesetzt werden, wenn der Feind nicht kapituliert, und so wurde durch Aussagen wie diese eine selbst auferlegte Notwendigkeit geschaffen, die Drohung auch zu erfüllen. Und je wirkungsloser sie blieb, desto brutaler wurden die Bemühungen, Wirkung zu erzielen. Selbst vor der Operation »Gomorrha« – und lange vor den massiven Attacken der letzten sechs Kriegsmonate – konnte das Magazin *Time* daher schreiben: »Die Luftoffensive gegen Deutschland und die europäischen Achsenmächte krankt an Zurückhaltung. Das Ziel besteht nicht bloß darin, Städte, Industrien sowie Menschen und deren Durchhaltewillen in einem Ausmaß zu zerstören, wie dies bisher noch nie durch Luftangriffe versucht wurde. Ziel ist es auch, Hitler mit Bomben zu besiegen, und zwar noch 1943.«[31]

Um der britischen Öffentlichkeit zu zeigen, was dies konkret bedeutete, schrieb der Luftkriegskorrespondent des *Daily Telegraph* Ende Oktober 1943: »Hamburg bekam das Äquivalent von mindestens 60 ›Coventrys‹ zu spüren, Köln 17, Düsseldorf 12 und Essen 10. […] Von 9. Juli bis 17. Oktober wurden nicht weniger als 74 000 Tonnen Bomben auf Deutschland und das von Deutschland besetzte Europa abgeworfen.«[32]

Das Echo auf Meldungen wie diese war nicht durchweg positiv. Der *New Statesman* veröffentlichte am 30. November 1943 einen Brief von sechs Lesern aus Coventry, in dem es hieß:

Viele Bürger von Coventry, die den ganzen Schrecken eines massiven Luftbombardements durchlitten haben, möchten sich gegen Aussagen im *Daily Express* verwahren, wonach alle Einwohner Coventrys den Wunsch äußerten, die Menschen in Deutschland in noch viel höherem Maße als bislang zu bombardieren. Dies ist gewiss nicht die Ansicht *aller* oder auch nur der meisten Einwohner von Coventry. Unserer Meinung nach herrschen im Allgemeinen ein Gefühl des Entsetzens und der Wunsch vor, dass kein anderes Volk so leiden soll. Unserem Eindruck nach sehen die meisten Menschen keinerlei Sinn darin, die deutsche Arbeiterschaft zu bombardieren, und sie ziehen sehr wenig Genugtuung daraus zu erfahren, dass Hamburg in der gleichen Weise leidet, wie Coventry gelitten hat.[33]

Die Bürger Coventrys, die sich in diesem Sinne äußerten, standen nicht allein da. Ein Einwohner von Southwark, einem der am schwersten bombardierten Bezirke der britischen Hauptstadt, warf in einem Brief an den *Spectator* vom 24. September 1943 die Frage auf: »Wie kommt es, dass so viele religiöse Würdenträger, Politiker und Journalisten, die die deutsche Barbarei während der schweren Luftangriffe auf dieses Land anprangerten, nun entweder solche Methoden laut befürworten, wenn sie in verstärkter Form von den Alliierten angewandt werden, oder aber stillschweigend hinnehmen?«[34] Aus einer anderen stark zerbombten Stadt, Hull, kam folgender Kommentar:

Nach dem gnadenlosen Bombenangriff auf Hull, bei dem Zivilpersonen die Hauptleidtragenden waren, verurteilten wir rundweg solch barbarische Methoden der Kriegführung; und was damals für Deutschland Unrecht war, wird nicht rechtens, wenn wir es jetzt tun, bloß weil einige Zeit verstrichen ist und wir »Oberwasser« zu haben scheinen. Man kann nicht behaupten, es sei moralisch statthaft, dass Großbritannien ausgedehnte Gebiete wahllos bombardiere, ohne damit die gleichermaßen unmenschlichen Luftangriffe auf Hull zu rechtfertigen.[35]

Diese Einwände repräsentierten im Allgemeinen eine Minderheit der öffentlichen Meinung. Rose Macaulay, die entsetzt war über die

»beklagenswert gesunkenen moralischen Maßstäbe des britischen Volkes«, glaubte die nationale Stimmung treffend zu schildern, als sie ihrer Schwester über die öffentliche Reaktion auf George Bells Kritik an der Bomberoffensive schrieb:

> Ich frage mich, weshalb so viele Menschen rot sehen, wenn größere Menschlichkeit oder zivilisierte Fürsorge im Krieg gefordert werden. Ich habe in Geschäften die hitzigsten Kommentare über »diese alten Bischöfe« gehört; eine Frau meinte, es sei schön, daran zu denken, wie wir Berlin Dienstagnacht »eins auswischten«; und sie würde gern »den alten Chichester ganz oben auf den Scheiterhaufen werfen«. Es ist Unsinn, wenn Lord Latham [Vorsteher des Londoner Country Council] behauptet, es herrsche »keine Schadenfreude oder Begeisterung« unter den Engländern; er bekommt wohl nicht viel mit.[36]

Obwohl die Andersdenkenden in der Minderheit waren, bildeten sie eine ziemlich große Minderheit. Die Mass Observation Unit [Institut für Meinungsforschung] veröffentlichte am 12. Februar 1944 im *New Statesman* einen Bericht mit den Ergebnissen von Meinungsumfragen zu den Bombardierungen in verschiedenen Phasen des Krieges. Zu Beginn des Berichts wurde die Meinung im Jahr 1940, auf dem Höhepunkt der deutschen Luftangriffe, wiedergegeben: »Es wurde regelmäßig festgestellt, dass die Menschen nach einem Luftangriff im Bus, auf der Straße oder im Pub selten von Vergeltung sprachen.« Anfang 1944 »bekundete fast jeder Vierte Unbehagen oder Abscheu« gegenüber den britischen Methoden der Luftkriegführung.[37]

Die Kritik an der Bomberoffensive kam von gewöhnlichen Menschen, die selbst erfahren hatten, was es heißt, bombardiert zu werden, wie die vorangegangenen Zitate zeigen; und sie kam ebenso von Menschen mit militärischen Kenntnissen als auch von führenden Persönlichkeiten des kulturellen Lebens. So schrieb Generalmajor J. F. C. Fuller:

> Im letzten Krieg war es das Artilleriegefecht; in diesem Krieg ist es das Luftbombardement. Mit Hilfe des einen hat der Mensch ganze Schlacht-

felder ausgelöscht und sich damit der Möglichkeit beraubt, den anfänglichen Erfolg für sich zu nutzen, indem er im selbst geschaffenen Morast versank. Mit Hilfe des anderen hat er große Städte und riesige Industriegebiete vernichtet und damit ebenjene Fundamente zerstört, auf denen schließlich der Frieden aufbauen muss.[38]

Und George Bernard Shaw schrieb im Januar 1944:

> Was Gräueltaten betrifft, so haben wir 200 000 Tonnen Bomben auf deutsche Städte niederhageln lassen; und einige der größten Bomben sind zweifellos auf Kindergärten und Entbindungsheime gefallen. Als vorgeschlagen wurde, diese Methode der Kriegführung zu verbieten, waren wir es, die Einspruch erhoben und den Vorschlag zurückwiesen. Können wir behaupten, dass die schlimmsten Taten der Nazis… schrecklicher seien als das Bersten einer Bombe so groß wie ein Londoner Säulenbriefkasten in einem Kinderhort in Berlin oder Bremen?… Deutsche Zeitungen, bitte wiedergeben: Unsere Feinde sollten wissen, dass wir nicht alle den Kopf verloren haben und sich einige von uns darüber im Klaren sind, wie wir für eine reine Weste sorgen, bevor wir vor einen unparteiischen internationalen Gerichtshof treten.[39]

Die Kritik an den Methoden des Bomber Command beschränkte sich nicht auf nachdenkliche Minderheiten in der breiten Öffentlichkeit. Im Parlament wurde die Kriegskoalitionsregierung wiederholt mit Fragen zu dem Thema konfrontiert. Am 14. März 1943 berichtete die *Sunday Times* von Debatten, die in der vorangegangenen Woche im Unterhaus stattgefunden hatten. Der Tonfall sollte Sympathien für das Bombing Restriction Committee wecken:

> Unsere Stärke nimmt Tag für Tag zu, und zum ewig währenden Verdienst des Unterhauses haben seine Abgeordneten unmissverständlich die Versicherung eingefordert, dass die ursprünglich klare Unterscheidung zwischen militärisch-industriellen Zielen und dem wahllosen Abwurf möglichst vieler Bomben auf dicht besiedelte Gebiete nicht schrittweise aufgegeben werde; schließlich sollte unsere Überlegenheit nicht dazu verführen, unsere Wertmaßstäbe zu senken. Captain Balfour

sicherte dies zu, aber das Luftfahrtministerium kann kaum deutlich genug machen, dass wir in dieser Frage unsere Maßstäbe nicht vom Feind übernehmen; denn wir kämpfen für den Erhalt der Zivilisation, und der Feind nicht.[40]

Zwei Monate nach diesem Bericht wurde Clement Attlee im Unterhaus gefragt, ob die Regierung von einer der christlichen Kirchen auf das Thema Bombenkrieg angesprochen worden sei. Er verneinte dies. Corder Catchpool nannte dies eine »direkte Herausforderung, fast eine Einladung« der Regierung an die Kirchen, ihre Meinung zu äußern.[41] Abgesehen von einzelnen Geistlichen wie George Bell und einigen anderen schwiegen die Kirchen. William Temple, der Erzbischof von Canterbury, wies die Bitte einer Gruppe von Bombardementgegnern ab, bei ihm vorzusprechen. Ein gewisser Kanonikus Hannay schrieb spöttisch an den *Sunday Express* über den deutschen »Aufschrei« wegen des Luftangriffs auf Köln. Die Kirchen hätten wohl mehr Interesse zeigen können, als Sir Archibald Sinclair auf die im Unterhaus gestellte Frage, »ob auch anderen Städten der gleiche Sonderstatus zugebilligt wird, den Rom genießt«, erwiderte, »für alle Zentren gelten die gleichen Prinzipien. Wir müssen wichtige militärische Ziele bombardieren. Wir dürfen nicht daran gehindert werden, wichtige militärische Ziele zu bombardieren, weil schöne oder historische Gebäude in der Nähe stehen«.[42]

Einen guten Eindruck von der Atmosphäre im Unterhaus bei den Aussprachen über die Bombenkriegführung vermittelt der Bericht des *Evening Standard* vom 1. Dezember 1943; darin ging es um die Debatte nach Sir Archibalds Bekanntgabe, im November seien 13 000 Tonnen Bomben über Deutschland abgeworfen worden:

Als Mr. Stokes fragte, wie viele Quadratmeilen das Gebiet in Berlin umfasse, auf dem schätzungsweise 100 Prozent der 350 Minenbomben niedergingen, die unlängst bei einem einzigen Luftangriff abgeworfen wurden, erklärte Sir Archibald, er könne dies nicht beantworten, ohne dem Feind nützliche Informationen zu liefern. Mr. Stokes: Würde die richtige Antwort nicht lauten, dass die Regierung sich davor scheut,

Lancaster-Bomber beim Bombenabwurf: Man beachte die Rauchwolke einer
explodierenden Flakgranate auf der rechten Bildseite.

Air Marshall Arthur Harris.   Air Marshall Sir Charles Portal.

Die Besatzung eines Lancaster-Bombers verlässt nach der Rückkehr von einem Feindflug die Maschine, während Bodenpersonal das Flugzeug überprüft, April 1943.

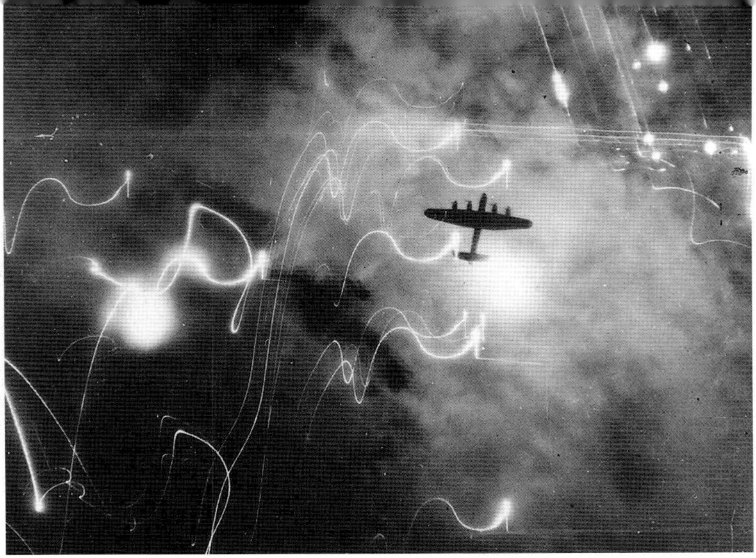

Ein alliierter Bomber über seinem Ziel.

B-17-»Fliegende Festungen« der USAAF in geschlossener Formation,
darüber Jagdflugzeuge.

Aachen, 1900.

Würzburg, 1938.

Die Dächer der Hamburger Altstadt
vor dem Zweiten Weltkrieg.

Lübeck vor 1900.

Luftangriff auf Berlin im Juli 1944.

Brennendes Gebäude in Hamburg während der Operation »Gomorrha«,
Juli 1943.

Die Bibliothek der Universität Hamburg nach der Operation »Gomorrha«.

Nürnberg, 1945.

Hannover, 1943.

Berlin, 1944.

Köln, 1945.

Opfer des Bombenangriffs auf Dresden, 14. Februar 1945.

Opfer des Brandbombenangriffs auf Hamburg, Operation »Gomorrha«,
Juli 1943.

Überlebende der Operation »Gomorrha«, Hamburg, Juli 1943.

General Curtis LeMay, Befehlshaber des XXI. Bomber Command der USAAF, bei einer Pressekonferenz, 3. August 1945.

Eine B-29 wird mit Bomben beladen, 24. November 1944.

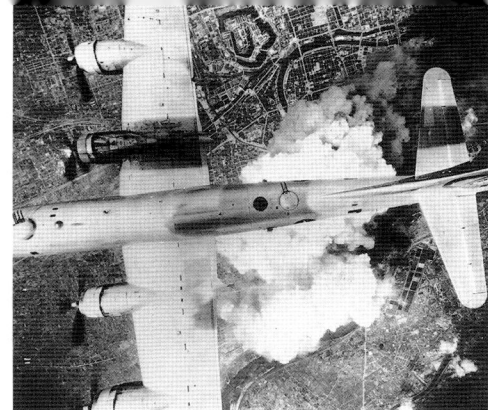

Eine B-29 beim Zielanflug über Osaka, Japan.

Bombenangriff auf Osaka durch 500 B-29-»Super-fortresses« am 1. Juni 1945. Sie warfen insgesamt 3000 Tonnen Brandbomben ab.

Luftaufnahme Osakas vom 9. Juni 1945.

Die Ginza in Tokio vor der Bombardierung im Jahr 1945.

Bomben fallen auf Kobe, 4. Juni 1945.

Das von Bomben zerstörte Kamamatsu, 9. Juni 1945.

Die Atombombe explodiert über Nagasaki.

Hiroshima nach der Explosion der Atombombe, 1945.

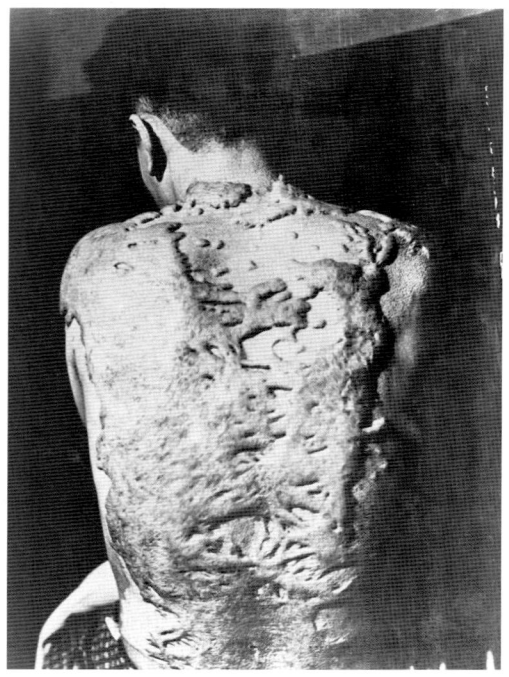

Überlebender, Nagasaki.

diese Information mitzuteilen? Sir Archibald: Nein. Berlin sei Schnittpunkt von zwölf strategischen Eisenbahnlinien und zweitgrößter Binnenhafen Europas. In dieser Stadt stünden Fabriken von AEG, Rheinmetall, Siemens, Focke-Wulf, Heinkel und Dornier. (Beifall.) Mr. Stokes: Wollen Sie nicht zugeben, dass die Regierung inzwischen die unterschiedslose Bombardierung Deutschlands gutheißt? Sir Archibald: Sie sind unbelehrbar. Ich habe eine Reihe hochwichtiger militärischer Ziele genannt. Mr. Shinwell: Würden Sie wohl anerkennen, dass wir, sosehr wir auch den Verlust von Zivilpersonen bedauern, die Bemühungen Ihres Ministeriums unterstützen und begrüßen, den Krieg zu einem raschen Ende bringen zu wollen? (Beifall.) Mr. Simmonds: Ist nicht zu erwarten, dass diese Bombardements unsere militärischen Verluste immens reduzieren, wenn wir nach Europa vorstoßen? Sir Archibald: Ja. Mr. Stokes wollte ferner wissen, ob die Strategie, die Einsätze des Bomber Command auf militärisch wichtige Ziele zu beschränken, geändert worden sei und nun auch Städte und größere Gebiete, in denen sich keine militärischen Ziele befinden, angegriffen werden dürften. Sir Archibald: Die Strategie wurde nicht geändert.

Hansard fährt dort fort, wo der *Evening Standard* aufhört:

Mr. Stokes: Mit Verlaub, die Erwiderung meines ehrenwerten Kollegen beantwortet nicht diese Frage. Soll ich das so verstehen, dass die Strategie geändert wurde und dass neue Angriffsziele des Bomber Command nicht bestimmte militärische Ziele, sondern große Gebiete sind, und wäre es nicht zutreffend zu sagen, dass die Mindestgröße eines Ziels inzwischen wahrscheinlich 16 Quadratmeilen beträgt? Sir Archibald Sinclair: Mein ehrenwerter Kollege hat wohl meine Antwort nicht gehört. Ich sagte, die Strategie wurde nicht geändert.[43]

Die Debatte im Oberhaus verlief, schon allein kraft altehrwürdiger Traditionen, schicklicher und gemäßigter im Ton. George Bells Bemühungen, dort Fragen zur Bomberoffensive durchzusetzen, passten sich ganz diesem Tonfall an. Die *Times* brachte einen ausführlichen Bericht über seine Rede vor den Mitgliedern am 9. Februar 1944:

Er [George Bell, der Lordbischof von Chichester] vergesse weder die Luftwaffe noch deren schreckliche Bombenangriffe auf Belgrad, Warschau, Rotterdam, London, Portsmouth, Coventry, Plymouth, Canterbury und viele andere Orte von militärischer, industrieller und kultureller Bedeutung. Hitler sei ein Barbar. Es gebe keinen anständigen Menschen auf Seiten der Alliierten, der vorschlagen würde, wir sollten ihn uns zum Vorbild nehmen... Die Frage, die ihn interessiere, laute folgendermaßen: Wisse die Regierung um die volle Wirkung dessen, was unsere Luftbombardements anrichteten und was dadurch zerstört werde? War sie sich nicht nur der gewaltigen materiellen Schäden bewusst, die weitgehend irreparabel seien, sondern auch der Saat, die sie für die künftigen Beziehungen unter den Völkern Europas lege? Er erkenne die Legitimität konzentrierter Angriffe auf industrielle und militärische Ziele an... Er erkenne durchaus, dass Angriffe auf Zentren der Kriegsindustrie und des Verkehrssystems zwangsläufig Opfer unter der Zivilbevölkerung forderten. Aber es müsse ein ausgewogenes Verhältnis zwischen den angewandten Mitteln und den angestrebten Zielen bestehen. Eine ganze Stadt auszulöschen, weil gewisse Teile militärische und industrielle Ziele beherbergten, sei völlig unverhältnismäßig.

Als Beispiel nannte er Hamburg mit einer Bevölkerung zwischen einer und zwei Millionen Menschen. Innerhalb der Stadt gab es Ziele von höchster militärischer Priorität. Zufällig sei Hamburg auch die demokratischste Stadt in Deutschland gewesen, in der die Opposition gegen die Nazis am stärksten war [...]

Berlin, die Hauptstadt des Reiches, sei viermal so groß wie Hamburg. Die militärischen, industriellen und kriegswichtigen Einrichtungen in Berlin seien legitime Ziele, doch bis dato sei die Hälfte der Stadt zerstört worden, und es hieß, 74 000 Menschen seien ums Leben gekommen und bereits 3 Millionen obdachlos. Die Strategie laute Vernichtung, wie offen eingeräumt werde, und das sei keine vertretbare Kriegshandlung. Berlin sei eines der größten Zentren von Kunstgalerien auf der Welt. Es besitze eine der bedeutendsten Gemäldegalerien in Europa, vergleichbar mit der National Gallery, und eine der besten Bibliotheken Europas. All diese nichtindustriellen, nichtmilitärischen Bauten bildeten ein Ensemble, und das gesamte Gebiet soll zerstört worden sein. Diese Kunstwerke und Bibliotheken dürften für die Umerziehung der Deutschen nach dem Krieg gebraucht werden [...] Einige alte deutsche Städte abseits der großen Ballungsgebiete dürften so gut wie sicher vom Bomber Command angegriffen worden sein. Mancher wunderschöne historische Stadtkern sei hervorragend erhalten gewesen, und die industriellen und militärischen Einrichtungen lägen am Stadtrand. Wir hätten bereits viel zerstört; wir sollten es uns einmal, zweimal, dreimal überlegen, bevor wir den Rest zerstörten. [...] Er unterstrich besonders die Gefahr außerhalb Deutschlands, in Rom. Das Prinzip sei das gleiche... Die Geschichte Roms sei unsere eigene Geschichte. Dessen Zerstörung würde jeden guten Europäer bitter an die Zerstörung Roms durch die Goten oder die Plünderung Roms erinnern. Diejenigen, die beteuerten, eine bessere Welt schaffen zu wollen, müssten sich völlig untadelig verhalten. Die Zerstörung dieser Stadt wäre ein Verbrechen, das selbst im politischen Bereich auf den Täter zurückfalle. Es habe geheißen, das Flächenbombardement diene ausdrücklich dem Zweck, die Opferzahlen auf britischer Seite zu verringern und den Krieg zu verkürzen. Jeder wünsche aus ganzem Herzen, dass diese beiden Ziele erreicht werden, aber unmenschliche Methoden auf diese Weise zu rechtfertigen, erinnere an die Leitmaxime der Nazi-Ideologie »Gewalt geht vor Recht«.[44]

Der Regierungssprecher, Lord Cranborne, beschied daraufhin Bischof Bell knapp und unmissverständlich: »Diese großen Kriegsindustrien können nur gelähmt werden, indem sämtliches Leben der Städte, in denen diese angesiedelt sind, zum Stillstand gebracht wird.«[45]

Nachdem Vera Brittain die Fakten und Argumente dargelegt hatte, erläuterte sie den Vorschlag des Bombing Restriction Committee: Die Kriegsparteien mögen »Schutzgebiete« anerkennen, in die Frauen, Kinder und alte Menschen im Vorfeld von Bombenangriffen auf Städte mit militärischen Zielen evakuiert werden könnten. Das Komitee zählte einige Städte ohne jede militärische Bedeutung auf, die als Zentren von Schutzgebieten dienen könnten, darunter Bonn, Heidelberg, Baden-Baden und Homburg. Ein Korps von Beobachtern aus neutralen Ländern könne gebildet und der Aufsicht des Roten Kreuzes unterstellt werden, um zu gewährleisten, dass keine militärischen oder industriellen Einrichtungen in den Schutzzonen versteckt würden.

Unabhängig vom Bombing Restriction Committee, aber mit dessen uneingeschränkter Unterstützung, legte eine Gruppe wichtiger Persönlichkeiten unter Leitung des bekannten Science-Fiction-Autors J. D. Beresford dem Kriegskabinett einen Brief mit der Forderung vor, die »Vernichtungsbombardements« einzustellen und im Parlament sowie im ganzen Land eine Diskussion zu führen, »damit diese Strategie, nach der das britische Volk in kommenden Jahren beurteilt werden wird, auf dem freien und überlegten Urteil des britischen Volkes zu dieser Frage beruhe«.[46]

Auf den letzten Seiten von *Seed of Chaos* schreibt Vera Brittain so, als sei sie erschöpft von all dem, was sie zu berichten hat: »Aus unseren Bombenangriffen während der letzten achtzehn Monate kann nur ein Geisteskranker oder ein zutiefst amoralischer Mensch nicht den Schluss ziehen, dass moderne Kriegführung und moderne Zivilisation absolut unvereinbar sind und dass das eine oder das andere weichen muss.«[47]

Wie dieses ungewöhnliche Dokument zeigt, waren die Fakten und Argumente bezüglich des Flächenbombardements im Winter 1943/44 jedem, der sich ernsthaft dafür interessierte, ebenso zugänglich, wie sie es heute sind. Auch wenn wir im Rückblick natürlich über eine breitere Perspektive verfügen und andere Sachverhalte mit einbeziehen können, etwa die Bombardierung Dresdens, den massiven Bombeneinsatz in den letzten Kriegsmonaten, die Erkenntnis, wie bösartig der Nationalsozialismus tatsächlich war, und die nach dem Krieg gewonnene Erkenntnis darüber, wie wichtig die Bombenangriffe für den Ausgang des Kriegs insgesamt waren. In dem Plädoyer, das vom Bombing Restriction Committee und jenen vorgebracht wurde, die sich für dessen Anliegen aussprachen, sei es in Briefen an die Presse oder in Reden vor dem Parlament, finden sich einige der Aspekte einer Anklage, die ein Kläger gegen die Bomberoffensiven vorbringen könnte. In den Erwiderungen von Ministern, Fliegern und Journalisten, die Flächenangriffe befürworteten, und in den Zielen jener, die die Verantwortung für die Bomberoffensiven trugen, finden sich einige der Aspekte, die als Verteidigung vorgebracht werden können. In den folgenden Kapiteln werde ich auf jeden der Aspekte zurückkommen.

Ein früher Entwurf zu *Seed of Chaos* wurde vor Weihnachten 1943 von einem der Anhänger des Bombing Restriction Committee in die USA gebracht, damit die Aktivisten in Amerika all jene Fakten und Argumente kennen lernten, die das Komitee in Großbritannien zusammengetragen hatte. Ohne Vera Brittains Wissen und Einwilligung erschien das Manuskript unter dem Titel »Massacre by Bombing« [»Bombenangriffe als Gemetzel«] in *Fellowship*, dem Magazin einer amerikanischen Friedensorganisation namens Fellowship of Reconciliation [»Gemeinschaft der Versöhnung«]. Besondere Beachtung in der Öffentlichkeit fand Brittains Aufsatz aufgrund der Unterschriften von 28 Schriftstellern und vor allem Geistlichen[48], die sich hinter den Artikel stellten und eine Erklärung hinzufügten, wonach »Christen bewogen werden sollten, sich selbst zu prüfen, wie weit sie an diesem Bacchanal des Todes beteiligt sind, selbst wenn sie Tausende von Meilen entfernt sind«.[49]

Das Echo auf ihre Schrift überraschte und empörte Vera Brittain. Anschaulich schildert der Historiker James Martin die Reaktionen:

Angriffe auf Miss Brittain gab es zu beiden Seiten des Atlantiks zu Hunderten in jedem nur erdenklichen Kommunikationsmedium; allein die gedruckten Verrisse hätten etliche Bände gefüllt. Die *New York Times* meldete, ihre Leserbriefe sprächen sich fünfzig zu eins gegen sie aus, und wichtige Persönlichkeiten meldeten sich wiederholt zu Wort. Weil so viele Unterzeichner des Vorworts zu »Massacre by Bombing« bekannte protestantische Geistliche waren, schien es, als stünden jene Geistlichen ähnlicher Konfessionen, die Flächenbombardements befürworteten, unter Druck, sich sofort laut gegen Miss Brittain und ihren kleinen Kreis von Anhängern auszusprechen. Der berühmte Bischof der Episkalkirche, William T. Manning, verunglimpfte Miss Brittain in einem Brief an *The New York Herald Tribune*, und der Reverend Daniel A. Poling, Herausgeber des *Christian Herald* mit einer Auflage von einer viertel Million und Major des Army Chaplain Corps [Korps der Militärgeistlichen] sowie Vorsitzender der International Christian Endeavour Society [Internationale Gesellschaft für christliche Bestrebungen], zog besonders heftig vom Leder und beschuldigte die gesamte Gruppe, die gegen die Bombardements protestierte, »dem Feind Beistand zu leisten«; dies war, wie sich zeigte, ein allgemeiner, zu erwartender und weit verbreiteter Vorwurf.[50]

Eine besonders perfide Attacke leistete sich ein katholischer Priester in Connecticut, Reverend Paul Koslowski, der im Zuge seiner Kritik an Brittain schrieb: »Es bleibt uns nichts anderes übrig, als diese Bestien in ihren Höhlen anzugreifen – das heißt in den deutschen Städten –, wo sie weitere Massenmorde an unschuldigen Menschen planen. Der Ausspruch Christi: ›Wenn dich einer auf die rechte Wange schlägt, dann halte ihm auch die andere hin‹, ist in der Theorie wunderbar, kann aber nicht für menschliche Bestien gelten, die von Rache und Eroberungsgelüsten berauscht sind.«[51] Einer der wenigen amerikanischen Geistlichen, die Brittain zustimmten, war der Herausgeber der *Catholic World*, Pater Gillis, der darauf hinwies, die Logik ihrer Kritiker laufe auf das Diktum hinaus, »Missionare sollten Kannibalen fressen, weil Kannibalen Missionare fressen«.[52]

Selbst die besonnenen Zeitschriften in Amerika, wie *New Republic* und *Nation*, kritisierten Brittains Haltung, auch wenn sie ihren Widerspruch gemäßigter formulierten. In der *New Republic* hieß es, »jene, die zu den Waffen greifen, um die Angriffe anderer gegen die Menschheit zu beenden, müssen tun, was nötig ist, um zu gewinnen«, und in modernen Kriegen gebe es keine Nichtkombattanten mehr. (In einer treffenden Bemerkung wies James Martin darauf hin, dass man sich diese Meinung in der Sicherheit eines New Yorker Bürogebäudes gebildet hatte.)[53] *Nation* behauptete, Brittains Buch (das inzwischen als eigenständiger Nachdruck verbreitet wurde) sei »kaum objektiv beziehungsweise verlässlich dokumentiert«; die Herausgeber kamen zu diesem Urteil, weil sie sich fragten, ob überhaupt »Vernichtungsbombardements« stattfanden. Letztlich schlussfolgerten sie jedoch, falls diese tatsächlich stattfänden, seien sie zwar »eine abscheuliche Notwendigkeit«, aber nichstdestotrotz eine Notwendigkeit.[54]

Die gefeierte amerikanische Journalistin Dorothy Thompson veröffentlichte eine eigene Kolumne in Londons *Sunday Chronicle*, in der sie der britischen Öffentlichkeit mitteilte, dass eine »britische Pazifistin in den USA Zorn erregt«. Brittain habe keineswegs Widerstand gegen die Bomberoffensive geweckt, schrieb Thompson, sondern »sogar eine heftigere Verteidigung der Luftkriegführung ausgelöst als jede einzelne politische Aktion bis dato«.[55]

Vera Brittain reagierte nur auf eine einzige der US-Attacken gegen sie, und auch dies nur im Privaten. Jene Kritik kam von William Shirer, dem damals führenden amerikanischen Journalisten, der berühmt geworden war für sein *Berliner Tagebuch*, das auf Beobachtungen Hitlers und führender Nazis während Shirers Zeit als Deutschlandkorrespondent vor dem Krieg beruhte. In der *New York Herald Tribune* vom 12. März 1944 warf er Brittain unter der Schlagzeile »Replik auf den Protest gegen die Bomberoffensive« vor, ein Sprachrohr der Nazi-Propaganda zu sein. Ihrem Ehemann George schrieb sie, Shirer habe sie und das Bombing Restriction Committee praktisch beschuldigt, nicht nur »Nazi-Verführte«, sondern »Nazi-Agenten« zu sein, und behauptet, sämtliche Informationen in dem Buch stammten aus Nazi-Quellen. »[Er] versäumt es zu erwähnen«, schrieb sie, »dass die meisten dieser Quellen britische Pressekorrespondenten und britische Zeitungen waren – ganz zu schweigen von heimgekehrten Kriegsgefangenen!«[56]

In Amerika ging ein Schrei der Entrüstung bis hinauf ins Weiße Haus. Der Staatssekretär im Kriegsministerium, Robert Patterson, warf dem Bombing Restriction Committee vor, »den Feind zu unterstützen«; Eleanor Roosevelt, die Frau des Präsidenten, bezeichnete Brittains Argumentation als »sentimentalen Quatsch«; und der Präsident selbst erteilte den 28 Unterzeichnern des ersten Abdrucks von Brittains Aufsatz in *Fellowship* »eine scharfe Rüge«. Im Namen des Präsidenten ging bei *Fellowship* ein Brief ein, in dem es hieß, der Präsident sei zwar »besorgt und entsetzt« über die »Vernichtung von Leben«, die mit den Bombenangriffen einhergehe, doch die einzige

Möglichkeit, weitere Menschenleben zu retten, bestehe darin, den Feind zu zwingen, seine Haltung zu ändern.[57]

Als *Seed of Chaos* im Frühjahr 1944, einige Wochen nach der kontroversen Veröffentlichung in Amerika, in Großbritannien erschien, erregte es kaum Aufsehen. Vera Brittain vermutete als Grund dafür, dass die Amerikaner selbst keine Luftangriffe erlebt hätten und daher eher dazu neigten, sich unbarmherzig zu geben. Oder wie C. E. Montague einst geschrieben hatte: »Die Hölle kennt nicht den Zorn des Nichtkombattanten.«[58] Die einzige nennenswerte Reaktion, die durch das Buch ausgelöst wurde, kam aus einer eher unerwarteten Richtung. George Orwell kritisierte es in der *Tribune* vom 19. Mai 1944:

> Miss Vera Brittains Pamphlet *Seed of Chaos* ist ein eloquenter Angriff auf unterschiedslose »Vernichtungsbombardements«. [Sie] nimmt jedoch nicht den pazifistischen Standpunkt ein. Sie ist anscheinend ganz erpicht darauf, dass wir den Krieg gewinnen. Sie möchte lediglich, dass wir uns an »legitime« Kriegsmethoden halten und die Bombardierung von Zivilpersonen einstellen, die, wie sie fürchtet, unserem Ruf in den Augen der Nachwelt schaden dürfte [...]
>
> Nun, niemand, der bei Verstand ist, betrachtet Bombardements oder anderweitige Kriegshandlungen mit irgendetwas anderem als Abscheu. Andererseits schert sich kein anständiger Mensch um die Meinung der Nachwelt. Und es hat etwas äußerst Abstoßendes an sich, den Krieg als Instrument zu akzeptieren und sich gleichzeitig vor der Verantwortung für dessen offensichtlich barbarische Aspekte drücken zu wollen. Der Pazifismus ist ein vertretbarer Standpunkt, solange man bereit ist, die Konsequenzen zu tragen. Aber alles Gerede von wegen »Begrenzung« oder »Humanisierung« des Krieges ist reiner Humbug, weil sich nämlich der Durchschnittsmensch nicht darum schert, Schlagwörter unter die Lupe zu nehmen.[59]

Die Schlagwörter, die Orwell für eine genauere Analyse heraussucht, sind »das Töten von Zivilpersonen«, »Gemetzel unter Frauen und Kindern« und »die Zerstörung unseres kulturellen Erbes«; und er stellt ihre unausgesprochenen Prämissen in Frage, nämlich dass Luftbombardements mehr von diesen Übeln anrichteten als Bodenkämpfe und dass es schlimmer sei, Zivilisten zu töten als Soldaten. Weiter schreibt Orwell:

> Es versteht sich von selbst, dass man keine Kinder töten darf, wenn es irgendwie vermeidbar ist, doch nur in Propagandaschriften ist es so, dass jede Bombe auf eine Schule oder ein Waisenhaus fällt. Eine Bombe tötet einen Querschnitt der Bevölkerung, aber nicht unbedingt eine repräsentative Auswahl, denn die Kinder und werdenden Mütter werden gewöhnlich als Erste evakuiert, und einige der jungen Männer dienen an der Front. Wahrscheinlich eine unverhältnismäßig große Zahl von Bombenopfern dürfte im mittleren Alter sein. (Bis dato haben deutsche Bomben zwischen sechs- und siebentausend Kinder in diesem Land getötet. Das sind, glaube ich, weniger, als im selben Zeitraum bei Verkehrsunfällen ums Leben kamen.)[60]

Kennzeichnend für Orwells Einstellung war seine Überzeugung, dass die Immunität der Zivilbevölkerung in vergangenen Kriegen jene überhaupt erst möglich machte – ähnlich wie die unbarmherzige Begeisterung für Flächenbombardements, der sich die Amerikaner in sicherer Distanz hingaben. Im Jahr 1937 hatte er geschrieben: »Manchmal ist es mir ein Trost zu denken, dass das Flugzeug die Bedingungen des Krieges verändert. Wenn der nächste große Krieg kommt, erleben wir vielleicht einen in der gesamten Geschichte noch nie da gewesenen Anblick: einen Hurrapatrioten mit einem Einschussloch.« Inzwischen werde die Last des Krieges gleichmäßiger von allen Seiten in den Krieg führenden Nationen getragen. »Die Immunität des Zivilisten – eines der Phänomene, die Krieg überhaupt erst möglich machen – ist zerschlagen worden. Im Gegensatz zu Miss Brittain bedaure ich das nicht. Ich habe nicht das Gefühl, der Krieg werde ›humanisiert‹, indem man ihn auf das Abschlachten der Jungen beschränkt, und er werde ›barbarisch‹, wenn auch die Alten getötet werden.«[61]

Brittain schickte als Antwort einen Brief an die *Tribune*, in dem sie bemerkte, Orwell »scheint anzunehmen, dass Pazifisten, wenn es ihnen nicht gelingt, einen Krieg zu verhindern, einfach das Handtuch werfen und alle Exzesse hinnehmen sollten, die die Kriegstreiber anzetteln«.[62] Sie hätte hinzufügen können, dass bei Luftbombardements tatsächlich mehr Zivilisten getötet, Frauen und Kinder abgeschlachtet und mehr Kulturgüter zerstört werden als bei Bodenkämpfen; und dass es schlimmer ist, Zivilpersonen zu töten als Soldaten, weil Letztere dazu ausgebildet und beauftragt sind, uns und die Unseren zu töten, und zu diesem Zweck bewaffnet sind, Zivilpersonen dagegen nicht. Das Argument wird natürlich irrelevant, wenn der Zivilist an einer Drehbank steht und die Waffen produziert, die der Soldat gegen uns einsetzt; andererseits hat keiner der Disputanten, die die Notwendigkeit des Krieges akzeptierten, damals oder heute erklärt, die Kriegsindustrien und deren Arbeiter sollten immun sein, wie George Bells Rede vor dem Oberhaus belegt.

Orwell ging im Frühjahr 1945 als Kriegsberichterstatter für den *Observer* nach Deutschland. Er war entsetzt über das, was er sah, und schrieb in einem Moment scheinbaren Gesinnungswandels: »Wenn man durch die zerstörten Städte Deutschlands geht, spürt man echte Zweifel am Fortbestand der Zivilisation.«[63] Vera Brittain erhielt inzwischen Hetz- und Schmähbriefe aus ganz Nordamerika und Großbritannien, darunter auch einen Umschlag voller Hundekot. Die Einwände und Beschimpfungen, die sie provoziert hatte, tangierten sie nicht weiter; wenn man sich für eine unpopuläre Sache einsetze, gebe es nichts Schlimmeres als ignoriert zu werden; massive Reaktionen dagegen zeigten, dass es einem gelungen sei, den Gegner ordentlich aufzurütteln.[64]

Auf jeden Fall kommt es unter solchen Umständen auf die Meinung jener an, deren Meinung etwas wert ist. Im Juli 1944 erhielt Brittain einen Brief von Basil Liddell Hart, der viele Jahre zuvor ein eloquenter Befürworter des Luftbombardements gewesen war und sich inzwischen entschieden dagegen aussprach. In seinem Brief bekundete er »tiefen Respekt vor Ihrem Mut, den Anspruch menschlichen Anstands in einer Zeit aufrechtzuerhalten, in der das Kriegsfieber wütet«, und er fügte hinzu, er schreibe speziell aus einem Grund: »Da Sie wahrscheinlich mehr als genügend Belege für den

Unmut bekommen, den Sie stiften, freut es Sie vielleicht, ein Zeugnis des Respekts zu sehen, den Sie einflößen.«[65]

Der Lauf der Ereignisse schließlich erstickten die Kontroverse. Im Sommer 1944 tauchten die ersten Flugbomben vom Typ V1 über London auf, anfangs nicht in ausreichender Zahl beziehungsweise mit genügend Sprengkraft, um eine ernsthafte Bedrohung darzustellen, außer für jene, auf die sie niedergingen, doch gefährlich genug, um Ängste zu schüren. Denn die Menschen wussten, sobald sie hörten, dass der Düsenantrieb der Flugbomben aussetzte, stürzten diese auf die Stadt hernieder, und es war sehr beunruhigend, eine V1 auf sich zufliegen zu hören, die plötzlich still wurde. Im Juni landeten die Alliierten in der Normandie. Die Nachrichtenflut von der Invasionsfront sowie die Tatsache, dass das Bomber Command und die 8. Army Air Force mit taktischen Aufgaben beschäftigt waren, hatten zur Folge, dass das Flächenbombardement kaum noch in den Meldungen auftauchte. Als die Flächenangriffe im Herbst mit noch größerer Intensität wieder aufgenommen wurden, waren die Bodenkämpfe nach wie vor das beherrschende Thema in den Zeitungen und Rundfunksendungen. Ferner war London selbst wieder ernsthaft von Flächenbombardements bedroht, als die V2-Raketen auftauchten, die mit Überschallgeschwindigkeit flogen und folglich erst zu hören waren, wenn sie detonierten. Der Angriff mit V-Waffen auf London war nicht unerheblich, nahezu 9000 Menschen kamen in den letzten vierzehn Monaten des Krieges dadurch ums Leben. Auf dem Höhepunkt der Offensive im Juni und Juli 1944 gingen bis zu 100 Raketen am Tag auf London nieder. Diese »Wunderwaffe« war Hitlers Antwort auf die Landung in der Normandie. Und einer der Triumphe der Bombenkriegführung durch die Alliierten waren die Angriffe auf V-Waffen-Abschussrampen im Juli 1944, wodurch die Intensität der Angriffe auf London verringert wurde.[66]

Und dann tauchte das zutiefst verstörende Filmmaterial aus den Konzentrationslagern auf, die im April 1945 von den Alliierten befreit wurden – Bergen-Belsen, Neuengamme, Ohrdruf, Buchenwald und Dachau. Diese Zeugnisse weckten eine solche Abscheu vor Deutschland, dass an eine Fortsetzung der Diskussion über die moralische Verantwortung gegenüber deutschen Zivilisten gar nicht mehr zu denken war. Britische Verbände befreiten Neuengamme und Bergen-Belsen, amerikanische Truppen die anderen Lager. In Bergen-Belsen fand man 60 000 Häftlinge, fast alle krank und halb verhungert; 10 000 starben in den Wochen unmittelbar nach der Befreiung. Bilder von britischen Soldaten, die mit Planierraupen ganze Berge ausgemergelter Leichen in Massengräber schoben, machten jede Diskussion über Moral in jedem anderen Zusammenhang zunichte.

Nach Kriegsende stand man vor ganz neuen Problemen – einem zerstörten Deutschland und Europa und der Notwendigkeit, möglichst viele führende Nazis zu fassen und vor Gericht zu stellen. Diese Probleme beanspruchten die ganze Aufmerksamkeit, die in jener Zeit der Erschöpfung und der Erleichterung aufzubringen war. Man kann durchaus argumentieren, dass die Flächenangriffe auf Japan und der Abwurf der Atombomben aus ebendiesem Grund weder in den Vereinigten Staaten noch in Europa auch nur einen Anflug negativer Stimmung in der Öffentlichkeit aufkommen ließen. Nach einem solch ungeheuren Trauma wollte jeder so schnell wie möglich nach vorn sehen, und so waren die ersten Nachkriegsjahre wahrlich keine Zeit der kritischen Selbstprüfung und des nüchternen Bilanzierens. Selbst in der viel umfassenderen und bedeutsameren Frage des Holocaust musste erst einige Zeit verstreichen, bis sich Überlebende und Augenzeugen nach einer Phase der Verdrängung so weit gefasst hatten, dass sie sich mit der Erfahrung und ihrer tieferen Bedeutung auseinandersetzen konnten. Der richtige Zeitpunkt, um über andere Aspekte kriegsbedingter Schäden und Übel nachzudenken – wenn sie denn als solche bezeichnet werden konnten –, war noch nicht gekommen, weder für die Opfer der schrecklichen Flächenangriffe in Deutschland und Japan noch für die Militärs der Siegernationen, deren Luftstreitkräfte diese Angriffe jahrelang Woche um Woche durchgeführt hatten.

Der zentrale Aspekt, den wir aus diesem Kapitel festhalten sollten, ist der: Die Bomberoffensiven waren bereits umstritten, als sie durchgeführt wurden, und jeder, der bereit war, darüber nachzudenken und sich anzuhören, was zu jener Zeit darüber bekannt war, hätte nahezu ebenso gut über die Fakten informiert und mit den Argumenten pro und contra vertraut sein können wie jeder heutzutage. Dies galt sicherlich für jene, die mit der Kriegführung im Allgemeinen und den Bomberoffensiven im Besonderen betraut waren; die entsprechenden Informationen gingen täglich über ihre Schreibtische, und die Ziele und Absichten sind bezeugt und verbürgt, wie die Zitate belegen. Für die Absichten und den Wissensstand jener, die im Namen der Alliierten die Flächenangriffe planten und ausführten, gilt also das, was in der Rechtsprechung als *mens rea* bezeichnet wird – volles Schuldbewusstsein ohne jede Einschränkung. Das bedeutet zumindest, dass niemand sagen kann: »Vergib ihnen, denn sie wussten nicht, was sie taten.«

5

Die Anklage gegen das
Bombardement

Um die Behauptung, die alliierten Flächenbombardements im Zweiten Weltkrieg seien Unrecht gewesen, glaubhaft zu vertreten, bedarf es zweier Dinge. Zum einen müssen wir die Bedeutung des »Unrechts«, um das es geht, klarstellen, und zum anderen müssen wir die Fakten des Bombenkriegs sowie das Wissen und die Absichten derjenigen, die Flächenoffensiven planten und leiteten, an den maßgeblichen ethischen und rechtlichen Grundsätzen messen. In den vorangegangenen Kapiteln habe ich die Flächenoffensiven, ihre Wirkungen sowie das Wissen und die Absichten derjenigen skizziert, die sie konzipierten und leiteten. Hier lege ich die Argumente für die These dar, dass das Flächenbombardement Unrecht war und dass diejenigen, die dafür die Verantwortung tragen, Unrecht begingen. Und zu diesem Zweck erörtere ich die humanitären und ethischen Kriterien, anhand deren die Fakten der vorherigen Kapitel beurteilt werden sollen.

Wie dieser letzte Punkt zeigt, verstehe ich unter »Unrecht« ein moralisches Unrecht, einen Verstoß gegen humanitäre Werte und sittliche Maßstäbe der Behandlung von Menschen. In Philosophieseminaren lassen sich leichter Einwände, Widerlegungen und Gegenbeispiele gegen beliebige Definitionen von Sittlichkeit – und damit verbundene Begriffe wie »das Gute« und »richtiges Verhalten« – finden, als allgemeines Einvernehmen darüber erzielen, was genau unter diesen überaus wichtigen Grundbegriffen eigentlich verstanden wird. Damit will ich nicht behaupten, dass wir nicht wissen, was »richtig« und »falsch« bedeutet. Vielmehr ist es ein Vorwurf an die Adresse der zeitgenössischen Philosophie, die es zugelassen hat, dass das Wort »akademisch« in der Aussage »es ist nur akademisch« gleichbedeutend wurde mit »nichtssagend und belanglos«. Sobald man sich außerhalb des Seminarraums befindet und (beispielsweise) einer Bande von Schlägern gegenübersteht, die eine alte Frau angreifen, spielen Definitionsprobleme nicht die geringste Rolle. Natürlich herrschen in jeder Gesellschaft und zwischen Gesellschaften tiefgehende Meinungsverschiedenheiten über Grundfragen der Ethik, aber es gibt auch fundamentale Übereinstimmungen. Und man vergisst allzu leicht, dass die bedeutenden ethischen Theorien der philosophischen Überlieferung und die großen Weltreligionen in der Frage, was das »Gute« sei, mehr Gemeinsamkeiten haben als in anderen Punkten. Es genügt zu sagen, wenn nicht jemand *per se* etwas Unrechtes daran findet, eine Bombe auf ein Haus zu werfen, in dem unbewaffnete und nicht-kämpfende Frauen, Kinder und ältere Menschen Schutz suchen – und einmal abgesehen von relevanten, den Sachverhalt verkomplizierenden Nebenaspekten wie zum Beispiel der Möglichkeit, dass diese Frauen, Kinder und Älteren in einer Rüstungsfabrik arbeiten –, dann wird diese Person kaum verstehen, warum man sich bemühte, humanitäre Regeln zum Schutz von Zivilisten in Kriegszeiten zu erarbeiten, die jene ethischen Grundsätze verkörpern, wie sie in diesem Kapitel zitiert werden.

Für jeden eingefleischten Humanisten oder Pazifisten enthält der Ausdruck »gerechter Krieg« einen Widerspruch. Doch kurzes Nachdenken genügt, um das Gegenteil zu beweisen. Die Annahme, dass ein Krieg, so schrecklich er auch an sich sein mag, manchmal vollkommen gerecht ist, wird durch das Beispiel des Widerstands der Alliierten gegen den militaristischen Faschismus im Zweiten Weltkrieg vollauf bestätigt. Dieser Kampf ist ein zentrales Beispiel für die legitime Anwendung von Waffengewalt, um einen Angriff abzuwehren und Unterdrückung und Völkermord zu beenden. Es versteht sich von selbst, dass nur der Krieg der Alliierten gerecht war, nicht dagegen der Krieg der Achsenmächte, deren Kriegshetze und -führung eine unerhörte Aggression darstellte, die, abgesehen von einigen wahnwitzigen neonazistischen Apologeten, nur wenige nicht als verbrecherisch und unmoralisch bezeichnen würden.

Aber die Tatsache, dass ein Krieg gerecht ist, rechtfertigt nicht automatisch jede Handlung, die in seinem Verlauf begangen wurde. In einem gerechten Krieg können Taten begangen werden, die ungerecht sind. Und wenn die begangenen Ungerechtigkeiten sehr schwer wiegen, dann können sie die übergeordnete Gerechtigkeit des Krieges, in dem sie begangen wurden, in Frage stellen.

Die Theorie des gerechten Krieges findet ihren ersten klaren Ausdruck in den Schriften des heiligen Augustinus und des heiligen Thomas von Aquin. Im zweiten Teil seiner *Summa Theologica* prüfte Aquin die Aussage, dass »es immer Sünde ist, Krieg zu führen«, und behauptete im Gegenteil, dass Krieg unter drei Bedingungen gerechtfertigt sein kann. Diese sind, erstens, dass es einen gerechten Kriegsgrund gibt, zweitens, dass er mit rechtmäßiger Hoheitsgewalt begonnen wird, und, drittens, dass er in der rechten Absicht geführt wird, nämlich »das Gute zu befördern und das Böse zu verhüten«. Die ersten beiden Bedingungen stellen das *justum ad bellum* dar, den gerechten Kriegsgrund, auf den sich Augustinus Jahrhunderte früher berufen hatte, um die Behauptung aufzustellen, dass ein gerechter Grund für einen Krieg sämtliche Taten, die im Verlauf dieses Krieges begangen werden, rechtfertige: »Wenn wir etwas zu einem guten und rechtmäßigen Zweck tun und dabei jemanden unabsichtlich schädigen, dann sollte uns dies nicht zur Last gelegt werden.«[1] Aber dies lässt außer Betracht, was spätere Theoretiker als ein zweites Erfordernis für das *justum bellum* ansahen, nämlich rechtmäßiges Verhalten im Krieg: *jus in bello*.

Die drei Bedingungen von Aquin sind in sich klar und überzeugend und machen uns, vom Standpunkt der Ethik, das ungewöhnliche Geschenk eines Katalogs eindeutiger Grundsätze. Schwierigkeiten ergeben sich dann, wenn begründet werden soll, ob die Umstände eines bestimmten potenziellen Krieges derart beschaffen sind, dass die Grundsätze darauf zutreffen, insbesondere der erste und der dritte, denn der erste wirft immer die Frage auf: Kann x wirklich als ein gerechter Kriegsgrund gelten? Und der dritte wirft immer die Frage auf: Dient der beabsichtigte Krieg tatsächlich guten Zwecken?

Es gibt eindeutige Beispiele für einen gerechten Kriegsgrund. Verteidigung gegen einen Angriff ist ein solcher, ebenso der Beistand für ein Volk, das angegriffen wird. Ist es ebenso gerecht, einen Präventivkrieg gegen einen potenziellen Aggressor zu führen? Die Geschichte lehrt uns, dass Beschwichtigung und Tatenlosigkeit gefährliche Taktiken sind; aber wie kann man sicher sein, ob eine unerfüllte Bedrohung tatsächlich gefährlich ist, und kann man sicher sein, dass die Behauptung einer Bedrohung nicht die eigene Aggression verschleiern soll? Andererseits hat jedes Volk ein Recht auf Selbstverteidigung, und die beste Form der Verteidigung ist die Vermeidung eines Angriffs – möglichst auf diplomatischem Wege, aber wenn nötig mit Gewalt. Eine Regierung wird der Verantwortung gegenüber ihrem Volk nicht gerecht, wenn sie nicht ihr Bestes tut, um in Einklang mit anderen Werten, wie der Freiheit und dem Selbstbestimmungsrecht ihres Volkes, Schaden durch Aggressoren von ihm abzuwenden.

Welche Kriegsziele können als gerecht gelten? Thomas von Aquin sagte: die Beförderung des Guten und die Verhütung des Bösen. Damit ist gemeint, dass ein Krieg, der geführt wird aus Gründen wie Eigennutz, »Lebensraum«, Aneignung der Ölfelder eines anderen Volkes oder zur territorialen Expansion, nicht gerechtfertigt ist. Auf »die Verhütung des Bösen« können sich jene berufen, die sich präventiv verteidigen möchten, und das zu Recht, wenn die Bedrohung durch ein verbrecherisches Regime tatsächlich eine Gefahr für dessen Nachbarn darstellt. Der positive Zweck, die Beförderung des Guten, das nach der herrschenden Auffassung der dominierenden westlichen Welt zumindest die Herstellung von Frieden, Stabilität, Demokratie, Wohlstand und einer Situation, in der Sieger und Besiegte keine Feinde mehr sind, beinhaltet, lässt sich ebenfalls leicht definieren. Zu viele Kriege, gleich, ob sie von Anfang an gerecht sind oder nicht, scheitern darin, weil man sich allzu oft vor dem schwierigeren Kampf – »den Frieden zu gewinnen« – drückt.

Obgleich die Bedingungen des Aquinaten klar und einleuchtend sind, sind sie allein keine hinreichenden Bedingungen für den Beginn eines Krieges. Weitere Kriterien müssen erfüllt sein. Sind alle diplomatischen Bemühungen gescheitert? Herrscht unter allen Parteien, die auf der Seite der Nation stehen, die den Krieg führen möchte,

Einigkeit darüber, dass die Erfordernisse »gerechter Grund« und »lautere Absichten« erfüllt sind? Können die gewünschten Ziele nicht mit anderen Mitteln als militärischer Gewaltanwendung erreicht werden? In der Praxis sind Diplomatie und verschiedene Arten von Pressionen wie etwa Sanktionen die üblichen Mittel, um Staaten (oder diejenigen, innerhalb eines Staates, die mit Bürgerkrieg drohen) zum Einlenken zu bewegen, und in den meisten Fällen sind militärische Konflikte – ob gerecht oder nicht – der letzte Ausweg. Zweifellos lässt sich ein Krieg wohl kaum als gerecht bezeichnen, wenn er nicht die Ultima Ratio darstellt, dass heißt, wenn weitere Schritte möglich wären, um eine bewaffnete Auseinandersetzung zu vermeiden.

Moderne Theoretiker haben die drei Bedingungen des Aquinaten um zwei weitere ergänzt: Ein Krieg ist nur dann gerecht, wenn eine hinreichende Erfolgschance besteht, und die im Krieg eingesetzten Mittel müssen proportional – in einem angemessenen Verhältnis – zu den angestrebten Zielen sein. Die erste Ergänzung ist pragmatischer Natur; sie besagt, dass eine Regierung ein Unrecht an ihrem eigenen Volk begeht, wenn sie es in einen Krieg führt, den es nur verlieren kann.

Allerdings scheint dieses Kriterium sachkundiger Abwägung in einem Spannungsverhältnis zu dem moralisch Gebotenen zu stehen, denn es erscheint als ziemlich unmoralisch, um nicht zu sagen, rückgratlos, einen im Übrigen gerechten Krieg nicht zu führen, weil er zu kostspielig zu werden droht. Als die polnische Reiterei im Spätsommer 1939 gegen Hitlers Panzer galoppierte, um ihre Heimat zu verteidigen, erreichte sie damit gar nichts, aber die Tapferkeit der Kavalleristen verhalf ihnen zu einem moralischen Sieg und diente anderen als Vorbild.

Die zweite Ergänzung – dass die Mittel der Kriegführung verhältnismäßig zu den angestrebten Zielen sein müssen – ist ein Punkt, der von zentraler Bedeutung für meine Argumentation in diesem Buch ist. Sie ist strittig; denn als oberste Kriegsherren ansonsten so grundverschiedene Männer wie Churchill und Mao Zedong waren fest davon überzeugt, dass man nicht mit halbem Einsatz kämpfen sollte, sobald man in einen Krieg verwickelt sei. »Krieg führen ist nicht häkeln«, sagte Mao kurz und bündig. Ob dies den Einsatz von Kernwaffen, Giftgas oder »konventionellen« Flächenbombardements gegen zivile Bevölkerungszentren rechtfertigt, ist genau der strittige Punkt, um den es hier geht. Wenn der Sieg das Ziel ist, so eine Auffassung, ist die Anwendung »überwältigender militärischer Gewalt« ein sicheres Mittel, um das Ziel zu erreichen. Doch dies lässt eine Fülle von Fragen über die Auswirkungen dessen außer Betracht, insbesondere in Bezug auf jene, die von den Auswirkungen betroffen sind.

Die Frage, die wir hier beantworten möchten, lautet also nicht: Was macht einen Krieg zu einem gerechten Krieg? Oder: Waren die Gründen, die die Alliierten 1939 beziehungsweise 1941 zum Kriegseintritt bewogen, derart beschaffen, dass ihr Krieg ein gerechter war? Wir können diese Fragen zweifelsfrei bejahen. In einem anderen Buch könnte ein anderer Sachverhalt hinterfragt werden – die Entschlossenheit der Alliierten, sich mit nichts weniger als der bedingungslosen Kapitulation zufrieden zu geben, was den Krieg erheblich in die Länge zog und entsprechend die Zerstörungen und die Opferzahlen in die Höhe trieb. Dieses Thema könnte Fragen nach dem *justum ad bellum* aufwerfen. Aber in diesem Buch steht das Flächenbombardement – ein Punkt des *jus in bello* – im Mittelpunkt, und die Frage, die sich in Bezug darauf stellt, lautet: Sind die Flächenbombardements, die die Alliierten im Rahmen ihres gerechten Krieges durchführten, als moralisch statthafte Kriegshandlungen zu betrachten? Mit anderen Worten: Sind die britischen und amerikanischen Flächenangriffe im Zweiten Weltkrieg ein Verstoß gegen das *jus in bello* inmitten eines *justum bellum*?

Und was ist, wenn das Flächenbombardement einen solchen Verstoß darstellt? Betrachten wir noch einmal die Auffassung, dass es nicht nur die Zwecke, sondern auch die Mittel sind, die darüber entscheiden, ob ein Krieg gerecht ist. Bei genauerer Überlegung spricht vieles dafür, dass man die Frage von Zweck und Mittel getrennt betrachten kann und gelegentlich sollte, so etwa wenn man behauptet, dass die Zwecke gewisse Mittel nicht rechtfertigen – wie wir sie hier im Fall des Flächenbombardements betrachten. Aber selbst wenn wir davon ausgehen, dass Mittel und Zweck immer zusammen betrachtet werden müssen, müssen wir dann sagen, dass, falls sich die Flächenoffensive bei genauerer Prüfung als ein Unrecht erweist, dies die Gerechtigkeit der alliierten Sache schmälert?

Ich glaube nicht. Man könnte daraus kaum folgern, dass der Widerstand gegen den Nazismus im Besonderen und die Aggressionen der Achsenmächte im Allgemeinen grundsätzlich nicht gerecht war. Und dies ergibt sich nicht nur im historischen Rückblick, wo das ganze Ausmaß des Holocaust und anderer Gräuel zutage liegt: Das Wesen des Nazi-Regimes war schon vor Ausbruch des Krieges klar – und der Kriegsausbruch selbst brachte dessen aggressiven Charakter zum Vorschein.[2]

In philosophischen Diskussionen über den Krieg wird häufig der Standpunkt vertreten, dass, wenn der Krieg Regeln unterliegt, diese, wie immer sie im Einzelnen lauten, zumindest genau angeben müssen, welche Ziele auf welche Weise angegriffen werden dürfen (es sei denn, diese Regeln sind so freizügig gestaltet, dass damit »beliebige Ziele« und »auf beliebige Weise« gemeint ist und sie somit eigentlich gar keine Regeln sind). Bei der Frage, was als ein legitimes Ziel und eine legitime Waffe oder Angriffsmethode anzusehen sei, mag uns ein einfacher Grundsatz weiterhelfen: Die Sachschäden und die Verluste an Menschenleben, die durch Kampfhandlungen verursacht werden, sollten notwendig sein, um die Kriegsziele zu erreichen, und in einem angemessenen Verhältnis zu diesen stehen. Somit ist jede Kampfhandlung, die *notwendig und verhältnismäßig* ist, um den Krieg zu gewinnen, definitionsgemäß eine rechtmäßige (*just*) militärische Aktion. Aus demselben Grund ist jede unnötige oder unverhältnismäßige Kampfhandlung unrechtmäßig.

Nach einer anderen Auffassung sind gewisse potenzielle Angriffsziele grundsätzlich tabu, selbst dann, wenn solche Angriffe den Sieg befördern. Die wichtigsten dieser Angriffsziele sind »unschädliche« [engl.: *innocent*] Personen und ihr Eigentum. Der Begriff »Unschädlichkeit« ist hier sehr wichtig: Das lateinische *nocens* bedeutet so viel wie »schädigende Handlungen begehend«; die Vorsilbe »in« bedeutet »nicht« oder »un-«; *in-nocens* bedeutet daher »keine schädigenden Handlungen begehend«. Daraus folgte eine Verpflichtung für die Krieg führenden Parteien, zwischen Kombattanten und Nichtkombattanten zu unterscheiden, und im Rahmen ihrer Kriegführung dürfen sie Letzteren nicht absichtlich Schaden zufügen, entweder als ein Mittel zu den von ihnen verfolgten Zwecken oder als ein Zweck an sich.

Diese Formulierung, »sie dürfen den Unschädlichen nicht absichtlich Schaden zufügen«, trägt der Tatsache Rechnung, dass »Unschädliche« im Verlauf von Kampfhandlungen unabsichtlich geschädigt werden können; der heutige Euphemismus dafür lautet »Kollateralschaden«. Der Kriegführende begeht kein Unrecht, wenn der Schaden, den er »Unschädlichen« zufügt, ein unvermeidlicher Nebeneffekt von Kampfhandlungen ist – auch dann nicht, wenn diese Schäden voraussehbar sind. Dies hängt damit zusammen, dass hier die »Doktrin der Doppelwirkung« gilt. Diese Doktrin besagt, dass Schädigungshandlungen legitim sind, wenn die Schädigung eine unabsichtliche Nebenwirkung des Strebens nach Verwirklichung eines legitimen Ziels ist. Nehmen wir das Beispiel von Ärzten, die sterbenskranken Patienten immer höhere Morphiumdosen verabreichen, um deren Schmerzen zu lindern, dadurch aber das Leben dieser Patienten verkürzen. Sie wissen um diese lebensverkürzende Wirkung des Morphiums, aber sie haben nicht die Absicht, zu töten, sondern Leid zu mildern. Die »doppelte Wirkung« ist die Schmerzlinderung und die Lebensverkürzung; nur Erstere ist beabsichtigt. Und da es sich um ein moralisch gutes und legitimes Ziel handelt, ist die Inkaufnahme der Nebenwirkung, obwohl sie vorhersehbar ist, moralisch nicht verwerflich.

Das Prinzip der doppelten Wirkung ist aus mehreren Gründen strittig, unter anderem deshalb, weil sich allzu leicht Heuchelei oder Unehrlichkeit dahinter verbergen können. Es ist nicht schwierig, eine Absicht zu behaupten, zu kaschieren oder zu leugnen; es kommt häufig vor, dass wir bei anderen, ungeachtet einer scheinbar eindeutigen Absicht, »Hintergedanken« vermuten. Die Anwendbarkeit der Doktrin wird durch das Erfordernis eingeschränkt, dass der vorhersehbare, aber unbeabsichtigte Effekt nicht nur ein notwendiger Begleitumstand der gewünschten Hauptwirkung sein sollte, sondern auch ein hinreichender – was nichts anderes besagt, als dass er verhältnismäßig sein sollte. Wenn beispielsweise jemand die

Zahnschmerzen einer anderen Person dadurch kurieren wollte, dass er ihr den Kopf abschneidet, stünde die Nebenwirkung, nämlich der Tod desjenigen, der an Zahnschmerzen leidet, in keinem Verhältnis zu der beabsichtigten Wirkung, der Beseitigung der Zahnschmerzen.

Eine Schlüsselfrage lautet wie folgt: Angenommen, von einem Gegner geht eine tödliche Bedrohung aus; ist es da nicht legitim, ihn unter Einsatz sämtlicher Mittel zu bekämpfen? Sind in Extremsituationen übliche moralische Regeln nicht außer Kraft gesetzt? Wenn dem so ist, dann können wir sagen, dass in solchen Situationen selbst Handlungen, die normalerweise als unmoralisch gelten, statthaft sind.

Einige Moralphilosophen, unter ihnen vor allem Immanuel Kant, bestreiten diese Auffassung ganz entschieden. Sie halten an dem Grundsatz fest, dass es niemals statthaft ist, beim Streben nach einem moralischen Gut unmoralische Handlungen zu begehen, selbst wenn dieses Gut das eigene Überleben oder der Sieg über einen gefährlichen Feind ist. Im Gegensatz zu dieser absoluten Position gehört die Überzeugung, dass Extremsituationen extreme Abhilfsmaßnahmen zulassen, zum Kernbestand einer Anschauung, die moralische Regeln als instrumentell begreift – das heißt als bloße Werkzeuge bei der Verwirklichung solcher Desiderate wie der guten Ordnung der Beziehungen innerhalb einer Gemeinschaft. Entsprechend sei es zulässig, diese Regeln den jeweiligen Umständen anzupassen, und dazu gehöre es auch, sie für die Dauer einer Extremsituation wie etwa eines Krieges außer Kraft zu setzen.

Beide Positionen haben ihre unverkennbaren Schwächen. Strenge Regeln erweisen sich aufgrund ihrer Starrheit oftmals als untauglich; flexible Regeln sind anfällig für willkürliche Auslegungen durch rhetorisch Versierte, die eine Situation absichtlich überzeichnen.

Die vorangehenden Ausführungen werfen einige der allgemeinen moralischen Gesichtspunkte auf, die hier geltend gemacht werden müssen. Theorien über »das Recht des Krieges« versuchen die Dinge konkreter zu fassen, indem sie Fragen nach dem gerechten Krieg von der Ebene der ethischen Abstraktion herunterholen und konkrete, präzise Prinzipien aufzustellen versuchen.

Den ersten systematischen Versuch, Recht und Unrecht im Krieg zu definieren, verdanken wir dem niederländischen Philosophen Hugo Grotius, der als Begründer des Völkerrechts gilt. Um sein 1625 erschienenes, epochales Werk *De Jure Belli ac Pacis* (»Vom Recht des Krieges und des Friedens«) kommt niemand herum, der sich ernsthaft mit den schwierigen Fragen, die der Krieg aufwirft, auseinandersetzen möchte, nicht zuletzt weil Grotius sich darum bemühte, Ordnung und Klarheit in das Problem zu bringen und moralische Grundsätze dafür aufzustellen. »Ich sah in den christlichen Ländern eine entartete Kriegführung, deren sich selbst rohe Völker geschämt hätten«, schrieb er. »Man greift aus unbedeutenden oder gar keinen Gründen zu den Waffen, und hat man sie einmal ergriffen, so wird weder das göttliche noch das menschliche Recht geachtet, gleichsam als ob auf Befehl die Wut zu allen Verbrechen losgelassen worden wäre.«[3] Außerdem war er der Ansicht, dass das Gewissen rechtsprechende Gewalt als oberste Richtschnur menschlicher Handlungen habe und dass der Mensch, wenn er diese Ermahnungen geringschätze, zu brutaler Härte abstumpfe. Diese beiden Gedanken zusammengenommen erklären, weshalb er sich darum bemühte, eine systematische Theorie des gerechten Krieges und der gerechten Kriegführung aufzustellen. Die ersten beiden Bücher seines bedeutenden Werks befassen sich mit der Frage, wann ein Krieg gerecht ist; das dritte Buch befasst sich mit der Frage, was gerechte Kampfhandlungen in einem Krieg sind.

Zu Grotius' Zeiten bezeichnete der Ausdruck »Recht des Krieges« keinen Kodex von vereinbarten und bindenden Regeln, die festlegen, wann Kriege rechtmäßig sind und welche Kriegshandlungen erlaubt beziehungsweise nicht erlaubt sind. Vielmehr bezeichnete der Ausdruck eine Gesamtheit von Annahmen und Überzeugungen, die sich gewohnheitsrechtlich herausgebildet hatten. Diese gewohnheitsrechtliche Überlieferung erlaubte im Allgemeinen fast jede beliebige Behandlung von Gefangenen, Geiseln, Nichtkombattanten und Eigentum. Als Grotius über Recht und Unrecht im Krieg nachdachte, wurden ihm fortwährend Beispiele für Letzteres vor Augen geführt, denn der schreckliche und blutige Dreißigjährige Krieg, der 1618 begonnen hatte, war zu seinen Lebzeiten in vollem Gange. In diesem Krieg ging es um Religion und Macht; der Kaiser des Heiligen Römischen Reiches Deutscher Nation, ein Habsburger, wollte die protestantischen Kleinstaaten hauptsächlich Nordeuropas, die nach der Reformation im 16. Jahrhundert der römischen Spielart des Christentums abgeschworen hatten, wieder unter dem Banner des Katholizismus zusammenführen.

Wie dieser Krieg, der bei weitem der schlimmste war, den Europa bis dahin erlebt hatte, nur allzu deutlich zeigte, zeichnete sich das »Recht des Krieges« nach damaligem Verständnis durch kompromisslose Härte aus. Dieses Kriegsrecht besagte zum Beispiel: Wenn man im Verlauf der Plünderung einer Stadt Nichtkombattanten mit dem Schwert tötet, begeht man keinen Mord, denn die feindlichen Soldaten würden genau das Gleiche tun, wenn es anders herum wäre und sie die Stadt der eigenen Seite plünderten. Zu Grotius' Lebzeiten gab es einige krasse Beispiele, die die praktische Umsetzung dieser Auffassung sinnfällig machten. Das berüchtigtste Exempel war die Plünderung Magdeburgs, die nur fünf Jahre nach der Veröffentlichung von *De Jure Belli ac Pacis* stattfand. Der Bürgermeister Magdeburgs, einer der wenigen Überlebenden der Gräueltat, schilderte die Plünderung in seinem berühmten Augenzeugenbericht:

Da ist es geschehen, dass die Stadt mit allen ihren Einwohnern in die Hände und Gewaltsamkeit ihrer Feinde geraten... Da ist nichts als Morden, Brennen, Plündern, Peinigen, Prügeln gewesen. Insonderheit hat ein jeder von den Feinden nach vieler und großer Beute gefraget... Unter welcher währenden Wüterei dann, und da diese so herrliche, große Stadt, die gleichsam eine Fürstin im ganzen Lande war, in voller brennender Glut und solchem großen Jammer und unaussprechlicher Not und Herzeleid gestanden, sind mit gräulichem ängstlichen Mord- und Zetergeschrei viel tausend unschuldige Menschen, Weiber und Kinder, kläglich ermordet und auf vielerhand Weise erbärmlich hingerichtet worden, also dass es mit Worten nicht genugsam kann beschrieben und mit Tränen beweint werden.[4]

85 Prozent der Bürger wurden abgeschlachtet, und die Asche der Feuersbrunst, die die Stadt zerstörte, wurde vom Wind kilometerweit in benachbarte Städte geweht.

Grotius erkannte an, dass »sich mit dem Recht zu handeln viele indirekte Folgen verbinden, die außerhalb der eigentlichen Absicht des Handelnden liegen, und auf die er an sich ein Recht nicht hätte«, aber: »Allein das, was das strenge Recht gestattet, wird deshalb... nicht in jeder Beziehung erlaubt; denn oft gestattet die Nächstenliebe nicht, dass man von seinem Rechte vollen Gebrauch macht.« Er zitiert zustimmend Ciceros Behauptung, dass Menschen dazu neigen, das rechtmäßig zu nennen, womit sie ungestraft davonkommen, und außerdem, dass sich die Menschen nicht an dem orientieren sollten, was ihnen die äußerste Strenge des Gesetzes gestatte, sondern an dem, »was sich ziemt«.[5]

Aber die Schlüsselfrage für Grotius lautet: Wie weit reicht das Recht, einen Feind und sein Vermögen in zulässiger Weise zu schädigen? Die Antwort ist nicht beruhigend; die gesamte Geschichte hindurch lassen die Sitten und Bräuche des Krieges erkennen, dass Kombattanten sich selbst immer beliebige Freiheiten herausnahmen, über deren Ausmaß Grotius schreibt:

Wie weit übrigens, um auf die Sache zurückzukommen, dieses Recht geht, geht daraus hervor, dass auch Kinder und Frauen ungestraft getötet werden können, und dies in jenem Recht enthalten ist... Daher ist es eher ein Beweis für einen Brauch des Völkerrechts, wenn in einem Psalm derjenige für selig erklärt wird, welcher die Kinder der Babylonier an den Felsen zerschmettert. Ähnlich sagt Homer (Illias XXII. 63): »...und die stammelnden Kinder/All' auf den Boden geschmettert in schreckenvoller Entscheidung.« 2. Thukydides erzählt, dass die Thracier einst nach Eroberung von Mykalessos die Frauen und Kinder getötet haben. Dasselbe erzählt Arrian von den Makedoniern nach der Einnahme von Theben... Tacitus erzählt, dass Cäsar Germanicus die Flecken der Marsen (eines germanisches Volksstammes) mit Feuer und Schwert verwüstet habe, und fügt hinzu: »Weder Geschlecht noch Alter wurde verschont.« Titus ließ auch die Frauen und Kinder der Juden bei den Tiergefechten von den wilden Tieren zerreißen. Dennoch gelten beide nicht als grausame Männer; so sehr war also die Grausamkeit zur allgemeinen Sitte geworden. Man darf sich daher nicht wundern, wenn auch Greise getötet wurden, wie Priamus von Pyrrhus.[6]

Und um das Unbehagen noch zu vergrößern, zitiert Grotius Cicero, der im dritten Buch seines Werks *De Officiis* (»Über pflichtgemäßes Handeln«) schreibt: »...es sei nicht gegen die Natur, den zu berauben, den man töten dürfe. Es ist deshalb nicht zu verwundern, dass das Völkerrecht die Zerstörung und Wegnahme der Sachen der Feinde gestattet, deren Tötung es sogar gestattet« – das heißt, das Eigentum des Feindes zu zerstören oder in Besitz nehmen. Und Grotius fährt fort:

> Polybius sagt deshalb, es gehöre zum Völkerrecht, die feindlichen Befestigungen, Häfen, Städte, Männer, Früchte und ähnliches entweder fortzunehmen oder zu zerstören. Und Livius sagt: »Es gäbe manches im Kriege, was ebenso zu tun wie zu erleiden recht sei; die Feldfrüchte verbrennen, die Wohnungen zerstören, Menschen und Vieh als Beute wegführen.« Auf jeder Seite erzählen die Geschichtsschreiber von der Zerstörung ganzer Städte, von Mauern, die der Erde gleich gemacht worden, von Verwüstungen der Felder, von Brandstiftungen.[7]

Dieser bedrückenden historischen Bestandsaufnahme setzt Grotius die Antwort der Menschlichkeit entgegen, die ebenfalls von Cicero stammt: »Selbst gegen die, welche unser Recht verletzen, bleiben Pflichten für uns bestehen; denn man muss in der Rache und Strafe Maß halten.« Und Cicero lobt jene glorreichen Zeiten der römischen Republik, »wo die Kriege ein mildes und notfalls anderes Ende nahmen«. Dies hört sich angesichts der anerkannten Härte, die das Recht der Stärkeren gewährt, ziemlich schwach und verhalten an. Grotius gibt eine etwas eindeutigere Antwort:

> Eine absichtliche [Tötung] ist nur gerechtfertigt zur Vollstreckung einer gerechten Strafe, oder wenn wir unser Leben und Eigentum nicht anders schützen können... Zu einer gerechten Strafe gehört, dass der Getötete etwas verbrochen hat, wofür ihn ein gerechter Richter mit dem Tode bestrafen würde.[8]

Dies ist kein Kriegsgesetz, sondern ein moralisches Gesetz, das auf die Sphäre des Rechts einwirkt, eine Schonung: »Selbst da, wo die Gerechtigkeit dies nicht verlangt, entspricht es doch der Milde, der Bescheidenheit, der Seelengröße. Sallust sagt: ›Durch Verzeihen habe das römische Volk seine Größe erhöht.‹«[9]

Die edle Gesinnung hinter Grotius' Bemühungen, humanitäre Gesichtspunkte in die unerbittlichen Kriegsgesetze einzuführen, gereicht ihm zur Ehre, aber sie genügt nicht, die Unmenschlichkeit, die in diesen unerbittlichen Gesetzen zum Ausdruck kommt, aufzuheben. Die Menschen verstanden unter »Kriegsrecht« weiterhin die Gebräuche und die Anschauungen, die aus dem Ehrgefühl oder der Menschlichkeit erwuchsen, die bei einzelnen Kommandeuren, Offizieren und Soldaten und in Regiments- oder nationalen Überlieferungen über die angemessene Behandlung von Feinden, Gefangenen und Nichtkombattanten und das zweckdienliche Verhalten in besetzten Gebieten fortbestehen mochten. In Kriegszeiten gab es oft zahlreiche Beispiele für edelmütiges, menschliches Betragen gegen den Feind; aber genauso oft – und man darf annehmen, noch öfter – fehlte es daran. Die Beschreibung dessen, was Voltaires Figur Candide sah, als er aus der Armee des »bulgarischen Königs« desertierte, gibt die Wirklichkeit so getreulich wieder wie eine Felddepesche, sogar im Zeitalter der Aufklärung:

Dieweil dann schließlich die beiden Könige jeder in seinem Feldlager ein Tedeum anstimmen ließen, fasste Candide den Entschluss, anderwärts über die Ursachen und ihre Wirkungen nachzugrübeln. Er kletterte über ganze Haufen von Leichen und Sterbenden hinweg und gelangte zunächst in ein nahegelegenes Dorf. Es lag in Schutt und Asche. Das Dorf hatte den Abaren gehört und war von den Bulgaren gebrandschatzt worden, wie es die Gesetze des geltenden Kriegsrechts mit sich brachten. Da lagen greise Männer, über und über mit blutenden Wunden bedeckt, und starrten auf ihre sterbenden Weiber, die mit durchschnittener Kehle noch ihre Kindlein an die blutüberströmten Brüste drückten. Dort verröchelten mit aufgeschlitzten Bäuchen Mädchen und junge Frauen, an denen zuvor ein paar Helden ihre geile Brunst gestillt hatten. Andere, halb verbrannt, schrien und jammerten herzzerreißend, man möge ihnen vollends den Garaus machen. Allenthalben lagen abgehauene Arme und Beine herum. Blut und Hirn waren verspritzt, wohin man schaute.

So rasch ihn seine Beine trugen, floh Candide in ein anderes Dorf. Es gehörte den Bulgaren, und die abarischen Helden hatten hier genauso unmenschlich gehaust.[10]

Die allerersten Bemühungen, die Kriegführung gewissen Regeln zu unterwerfen, reichen sogar noch weit vor Grotius zurück. Sie finden sich in einem klassischen chinesischen Text aus dem 6. Jahrhundert v. Chr., Sunzis *Die Kunst des Krieges*. Im zweiten Kapitel (»Über die Kriegführung«), das den Heerführer vor den wahrscheinlichen Kosten und den Risiken eines langen Feldzugs warnt, rät Sunzi, den Kampfeswillen der Truppen dadurch zu stärken, dass man ihnen erlaubt, Kriegsbeute zu machen, und dieses Recht bezieht sich auch auf die Waffen und Streitwagen der besiegten Feinde. Aber er fügt hinzu: »Die gefangenen Soldaten sollen freundlich behandelt und behalten werden.«[11] In einer Zeit, als Kriege fast ausschließlich aus Kampfhandlungen zwischen Heeren bestanden, betrifft die erste humanitäre Beschränkung, die einem einfällt, naturgemäß die besiegten Truppen. Und die meisten Theorien über den Krieg bis ins 19. Jahrhundert gingen von der Annahme aus, dass sich von Staaten aufgestellte Armeen und nicht ganze Staatsvölker in Kriegen gegenüberstehen. Zweifellos aus diesem Grund war die Genfer Konvention von 1864, die kranke und verwundete Soldaten unter Schutz stellte, das erste umfassende internationale Abkommen über humanitäre Aspekte des Kriegs. Es war Henri Dunant, der Gründer des Roten Kreuzes, der erreichte, dass diese Konvention angenommen wurde. Seine Organisation hat seither eine wichtige Rolle als neutraler Akteur gespielt, der sich, vielfach noch bei andauernden Kampfhandlungen, um die Linderung von kriegsbedingtem Leid bemüht.

Offenkundig war die Zeit reif dafür, gewisse Praktiken der Kriegführung durch Gesetz oder völkerrechtlichen Vertrag zu reglementieren. Im Jahr 1865 wurde ein Offizier der konföderierten Seite im amerikanischen Sezessionskrieg, Captain Henry Wirz, von der siegreichen Regierung der Nordstaaten wegen Tötung von Soldaten der

Nordstaaten-Armee im Kriegsgefangenenlager von Andersonville in Georgia, dessen Kommandant er gewesen war, angeklagt und zum Tode verurteilt.[12] Er war der Einzige, der in diesem blutigen Konflikt wegen Kriegsverbrechen vor Gericht gestellt wurde. Zusammenfassende Berichte über die Bedeutung seiner Verurteilung betonen, dass sein Gerichtsverfahren einen Präzedenzfall für Prozesse gegen Kriegsverbrecher im 20. Jahrhundert geschaffen habe, denn das Urteil stellte klar, dass der Vorwurf, gegen das Kriegsrecht und die Gesetze der Menschlichkeit verstoßen zu haben, nicht durch Berufung auf den Rechtfertigungsgrund des Befehlsgehorsams entkräftet werden kann. Seit Wirz ist allgemein anerkannt, dass Militärangehörige persönlich für Verbrechen belangt werden können, die sie in Ausführung von Befehlen begangen haben.

Dessenungeachtet ist Henry Wirz für einige Anhänger der konföderierten Sache ein Held, und zahlreiche Bücher und Artikel wurden geschrieben, um die Behauptung, die Insassen des Militärgefängnisses von Andersonville seien grausam behandelt worden, zu widerlegen und zugleich Wirz als einen aufrechten Offizier darzustellen.[13] Die Zeugenaussagen in seinem Prozess sind jedoch eindeutig, zumindest was die katastrophalen Zustände in dem Lager anbelangt; von den 45 000 Gefangenen, die zwischen Februar 1864 und Mai 1865 in Andersonville einsaßen, starb fast ein Drittel an Unterernährung und Krankheiten. Beschuldigungen, Gefangene seien ermordet oder grausamen Behandlungen unterzogen worden, sind strittig, und die Zeugenaussagen sind hier nicht so schlüssig. Wirz behauptete, alles, was er getan habe, sei von seinem Vorgesetzten, General John H. Winder, befohlen worden. Winder starb im Februar 1865 und entging somit einem Prozess, doch Wirz' vorgebrachte Verteidigung wurde verworfen, wodurch sein Verfahren zu dem wegweisenden Präzedenzfall wurde.

Der Prozess gegen Wirz ist nur ein Beispiel, in dem sich die intensive, historisch beispiellose Auseinandersetzung mit dem Kriegsrecht in der damaligen Zeit spiegelt. Bei Ausbruch des amerikanischen Sezessionskrieges bat die Regierung der Nordstaaten den Juristen Franz Lieber, für ihre Armee einen Kodex über die Regeln der Kriegführung zu verfassen. Ein Grund dafür war, dass die meisten Berufsoffiziere der Vorkriegszeit auf der Seite der Konföderierten kämpften, während die Armee der Nordstaaten von relativ unerfahrenen Offizieren geführt wurde, »die dringend darin unterwiesen werden mussten, wie man sich in einem Duell mit den Gentlemen der Südstaaten regel- und standesgerecht schlägt«.[14] Darauf folgten das Brüsseler Projekt für eine Internationale Erklärung über die Gesetze und Gebräuche des Krieges (1874) und das vom Institute of International Law auf seiner Konferenz in Oxford (1880) vorgelegte Handbuch, *The Laws of War on Land* [»Die Gesetze des Landkriegs«]. Die in beiden aufgelisteten Vorschläge enthielten ausdrücklich Schutzbestimmungen für Nichtkombattanten und – was für unsere Zwecke am wichtigsten ist – die Ächtung des Beschusses von Städten, die nicht militärisch befestigt sind.

Dadurch wurden maßgeblich die Überlegungen derjenigen beeinflusst, die 1899 an der Internationalen Friedenskonferenz in Den Haag teilnahmen (siehe Kapitel 3), auf der zum ersten Mal der Versuch unternommen wurde, das Luftbombardement Beschränkungen zu unterwerfen. Das Abkommen, das uns hier interessiert – das IV. Haager Abkommen –, übernahm bis in den Wortlaut hinein große Teile des Brüsseler Projekts und des Oxforder Handbuchs. Die Haager Konferenz war eine Reaktion auf die offenkundige Tatsache, dass der Krieg im Industriezeitalter eine viel größere Bedrohung darstellte als zu irgendeinem früheren Zeitpunkt in der Geschichte. Zynische Kommentatoren damals und heute weisen gern darauf hin, einer der Schirmherren der Konferenz, Zar Nikolaus II., habe gewusst, dass Russland den anderen Großmächten militärisch weit unterlegen sei, und daher habe hinter seinem Engagement für ein Rüstungsbegrenzungsabkommen das Kalkül gestanden, Russland so lange den Rücken frei zu halten, bis es mit den anderen Mächten gleichgezogen habe. Was immer die Beweggründe für die Konferenz gewesen sein mögen, hier wurden jedenfalls Ideen aufgegriffen, die untadelig waren. Ihr Ziel war nach den Worten des damaligen russischen Außenministers Graf Michail Nikolajewitsch Murawjew »eine mögliche Reduzierung der übermäßigen Rüstung, die auf allen Nationen lastet« und eine Revision der geltenden Grundsätze des Land- und Seekriegs.

Nach zehnwöchigen Beratungen verabschiedeten die 25 teilnehmenden Regierungen mehrere Abkommen und stimmten einer Reihe von Erklärungen zu. Zu Ersteren gehörten die Konvention für die friedliche Beilegung internationaler Streitigkeiten; das Abkommen betreffend die Gesetze und Gebräuche des Landkriegs und das Abkommen über die Anpassung der Seekriegführung an die Grundsätze der Genfer Konvention vom 22. August 1864.

Das wichtigste Dokument für unsere gegenwärtigen Zwecke ist das Abkommen betreffend die Gesetze und Gebräuche des Landkriegs (IV. Haager Abkommen). Es enthält die folgenden ausdrücklichen Bestimmungen:

In der Erwägung, dass bei allem Bemühen, Mittel zu suchen, um den Frieden zu sichern und bewaffnete Streitigkeiten zwischen den Völkern zu verhüten, es doch von Wichtigkeit ist, auch den Fall ins Auge zu fassen, wo ein Ruf zu den Waffen durch Ereignisse herbeigeführt wird, die ihre Fürsorge nicht hat abwenden können,
von dem Wunsche beseelt, selbst in diesem äußersten Falle den Interessen der Menschlichkeit und den sich immer steigernden Forderungen der Zivilisation zu dienen,
in der Meinung, dass es zu diesem Zwecke von Bedeutung ist, die allgemeinen Gesetze und Gebräuche des Krieges einer Durchsicht zu unterziehen, sei es, um sie näher zu bestimmen, sei es, um ihnen gewisse Grenzen zu ziehen, damit sie so viel wie möglich von ihrer Schärfe verlieren […]
Solange, bis ein vollständigeres Kriegsgesetzbuch festgestellt werden kann, halten es die hohen vertragschließenden Teile für zweckmäßig, festzusetzen, dass in den Fällen, die in den Bestimmungen der von ihnen angenommenen Ordnung nicht einbegriffen sind, die Bevölkerung und die Kriegführenden unter dem Schutze und der Herrschaft der Grundsätze des Völkerrechts bleiben, wie sie sich ergeben aus den unter gesitteten Völkern feststehenden Gebräuchen, aus den Gesetzen der Menschlichkeit und aus den Forderungen des öffentlichen Gewissens. […]

Die hohen vertragschließenden Teile… sind über folgende Bestimmungen überein gekommen:

[...]

ZWEITER ABSCHNITT: FEINDSELIGKEITEN

ERSTES KAPITEL: Mittel zur Schädigung des Feindes, Belagerungen und Beschießungen.

Artikel 22

Die Kriegführenden haben kein unbeschränktes Recht in der Wahl der Mittel zur Schädigung des Feindes.

Artikel 23

Abgesehen von den durch Sonderverträge aufgestellten Verboten, ist namentlich untersagt:

a) die Verwendung von Gift oder vergifteten Waffen,

b) die meuchlerische Tötung oder Verwundung von Angehörigen des feindlichen Volkes oder Heeres, [...]

d) die Erklärung, dass kein Pardon gegeben wird,

e) der Gebrauch von Waffen, Geschossen oder Stoffen, die geeignet sind, unnötige Leiden zu verursachen. [...]

g) die Zerstörung oder Wegnahme feindlichen Eigentums außer in den Fällen, wo diese Zerstörung oder Wegnahme durch die Erfordernisse des Krieges dringend erheischt wird, [...]

Artikel 25

Es ist untersagt, unverteidigte Städte, Dörfer, Wohnstätten oder Gebäude, mit welchen Mitteln es auch sei, anzugreifen oder zu beschießen.

Artikel 26

Der Befehlshaber einer angreifenden Truppe soll vor Beginn der Beschießung, den Fall eines Sturmangriffs ausgenommen, alles was an ihm liegt, tun, um die Behörden zu benachrichtigen.

Artikel 27

Bei Belagerungen und Beschießungen sollen alle erforderlichen Vorkehrungen getroffen werden, um die dem Gottesdienst, der Kunst, der Wissenschaft und der Wohltätigkeit gewidmeten Gebäude, die geschichtlichen Denkmäler, die Hospitäler und Sammelplätze für Kranke und Verwundete soviel wie möglich zu schonen, vorausgesetzt, dass sie nicht gleichzeitig zu einem militärischen Zwecke Verwendung finden. Pflicht der Belagerten ist es, diese Gebäude oder Sammelplätze mit deutlichen besonderen Zeichen zu versehen und diese dem Belagerer vorher bekannt zu geben.

Artikel 28
Es ist untersagt, Städte oder Ansiedelungen, selbst wenn sie im Sturme genommen sind, der Plünderung preiszugeben.[15]

Wenn diese Konvention im Zweiten Weltkrieg für Großbritannien rechtsverbindlich gewesen wäre, hätte jeder tüchtige Jurist die Flächenoffensive mühelos gegen den Vorwurf, sie verstoße gegen die Bestimmungen dieses Abkommens, verteidigen können. Die deutschen Städte waren nicht unverteidigt; ihre Bewohner waren umfassend unterrichtet worden, sowohl ausdrücklich durch Flugblätter und Rundfunksendungen als auch durch Exempel; die Zerstörung feindlichen Eigentums war – so würden Befürworter des Flächenbombardements behaupten – notwendig, um den Feind zu besiegen, und so weiter für sämtliche Bestimmungen, vielleicht sogar für Artikel 27, mit der Begründung, dass der Feind seine kulturell bedeutsamen und seine karitativen Gebäude nicht hinreichend deutlich gekennzeichnet habe und dass sowieso kein Bombenschütze, der nachts in großer Höhe über abgeworfenen Markierungsbomben fliegt, absichtlich eine Kirche oder ein Hospital bombardieren würde.

Aber natürlich geht eine solche Verteidigung am eigentlichen Punkt vorbei; denn das Abkommen artikuliert eine moralische Einstellung zur Kriegführung, gegen deren Geist das Flächenbombardement ziemlich eindeutig und nachdrücklich verstoßen hat, mag man auch legalistisch behaupten, seine Bestimmungen seien dem Wortlaut nach nicht verletzt worden.

Die Konventionen und Erklärungen von 1899 wollten nicht nur das Luftbombardement, sondern auch den Einsatz erstickender Gase und (die auf der Konferenz von 1864 verabschiedete Bestimmung wiederholend) von Dumdumgeschossen und anderen grausamen

Geschossen verbieten. In diesen Bestrebungen spiegelte sich die uralte Angst vor neuen Waffen wider, die ihrem Erstbesitzer einen unverhältnismäßig großen und, was ihre Wirksamkeit anbelangt, verheerenden Vorteil verschafft. So wollte Papst Innozenz II. 1139 die Armbrust als Waffe ächten, weil »sie zu mörderisch für die christliche Kriegführung« sei. Darin klingt der Gedanke der Verhältnismäßigkeit und der Beschränkung auf jene Mittel an, die für den Sieg unbedingt erforderlich sind. Diesen Grundsatz stellte Thomas von Aquin in den Mittelpunkt seiner Konzeption vom gerechten Krieg.

Im Jahr 1907 wurden die meisten Abkommen der Ersten Internationalen Friedenskonferenz bestätigt, und 1925 folgte dann das Genfer Giftgas-Protokoll, das die Anwendung von Gas im Lichte der Erfahrungen des Ersten Weltkriegs neu prüfte und den Gebrauch von Giftgas sowie die bakteriologische Kriegführung verbot. An dieses Abkommen hielten sich die Krieg führenden Staaten im Zweiten Weltkrieg im Verhältnis zueinander, allerdings befolgten die Deutschen es nicht im Hinblick auf die Juden und andere Bevölkerungsgruppen, die sie auslöschen wollten. Großbritannien zog 1940 in Erwägung, im Fall einer deutschen Invasion seine Küste durch den Einsatz von Giftgas zu verteidigen.[16]

Wie in Kapitel 3 erwähnt, war es auf der Allgemeinen Konferenz über Rüstungsbegrenzung und Abrüstung, die zwischen 1932 und 1934 in Genf stattfand, nicht gelungen, dem Luftbombardement Beschränkungen aufzuerlegen. Manche sind der Ansicht, dieses Scheitern sei darauf zurückzuführen, dass die Briten ihre zweimotorigen Doppeldecker-Bomber vom Typ Vickers Virginia als nützliches Instrument ansahen, um ihre Kolonien unter Polizeigewalt zu halten. Die früher erörterten relevanten Punkte betrafen die Frage, ob ein Bomber ein offensives oder defensives Flugzeug ist, und an dieser unlösbaren Problematik scheiterte die Konferenz. Im aufgeheizten Klima der damaligen Zeit wäre eine Abrüstungskonferenz sowieso nie weit gediehen. Die Errungenschaften früherer Konferenzen, die sich um die humanitäre »Zügelung« der Kriegführung bemühten, wurden durch das Scheitern der Genfer Gespräche in den 1930er Jahren zunichte gemacht. Erinnern wir uns daran, dass sowohl Deutschland als auch Japan diese Konferenz verließen, wobei Japan sicherheitshalber das 1922 geschlossene Abkommen über die Begrenzung der Flottenrüstung kündigte. Ein Beobachter hätte 1934 Grund zu der Annahme gehabt, dass hinsichtlich der humanitären Beschränkungen der Kriegführung seit jener Zeit vor 2000 Jahren, als ein kluger Römer erklärte, dass *inter arma silent leges* – unter Waffen schweigen die Gesetze –, kaum Fortschritte erzielt worden seien.

Wie dieser Überblick zeigt, hatten diejenigen, die bindende internationale Abkommen über das Kriegsrecht erreichen wollten, von Grotius' Tagen bis zum Ausbruch des Zweiten Weltkriegs 1939 kaum Erfolge erzielt, außer in einigen eng umschriebenen Bereichen wie der Behandlung von Kriegsgefangenen. Insbesondere was den Schutz von Zivilpersonen anbelangt, waren die Bemühungen vergeblich. Geoffrey Best räumt ein, dass das »Völkerrecht damals kaum ausdrückliche Bestimmungen über den Schutz der Zivilisten enthielt«, und er fährt fort, dies sei »einerseits darauf zurückzuführen…, dass man stillschweigend davon ausging, die Durchführung legitimer Kriegshandlungen schließe es aus, Zivilisten gesondert von der kriegerischen Haltung ihres Landes zu betrachten, und andererseits lag der Grund dafür in dem von den gesetzgebenden Staaten anerkannten ›zivilisatorischen Maßstab‹, der es unnötig erscheinen ließ, rechtsverbindliche Dokumente über ein Prinzip auszuarbeiten, das sich von selbst versteht.«[17] Dies lässt darauf schließen, dass sich der Krieg seit Mitte des 19. Jahrhunderts in einer Weise verändert hatte, die stillschweigend die Annahme in Frage stellte, dass »Zivilpersonen« – also Personen, die nicht den Streitkräften angehören – definitionsgemäß »Nichtkombattanten« und »Unschädliche« (erinnern wir uns an die Wurzel des lateinischen Wortes *innocens*) seien, denn im Industriezeitalter ließ sich der Beitrag, den in Fabriken und Verschiebebahnhöfen, auf Bauernhöfen und in Bergwerken, in Zeitungsredaktionen und auch in Krankenhäusern arbeitende Menschen zu den Kriegsanstrengungen ihres Landes leisteten, immer schwerer von demjenigen der Soldaten abgrenzen. In Großbritannien ging es der Propaganda unter anderem darum, den großen Kriegsbeitrag der Bergarbeiter und der Frauen der »Land Army« zu rühmen. Daraus folgte, dass tatsächlich oder potenziell jeder Bürger eines Landes an der Front eines Krieges stand, der keine traditionellen Frontlinien mehr kannte. Ein Terminus war um Mitte des 20. Jahrhunderts in bedrohlicher Weise gebräuchlich geworden, und seine Definition bezog Zivilisten mit ein. Dieser Ausdruck war »totaler Krieg«.[18]

Aber diese Argumente lassen außer Acht, dass man bei der Definition von »Kriegsgesetzen« von dem Grundsatz ausging, Zivilpersonen seien als Nichtkombattanten zu behandeln, auch wenn einige von ihnen an der Produktion von Waffen oder Truppenproviant beteiligt waren, weil nämlich andere Zivilisten, wahrscheinlich die meisten von ihnen, »unschädlich« in der exakten Bedeutung dieses Begriffs sind: Kinder, alte Menschen, die Behinderten und Kranken und zumindest viele Frauen. Für diese sollten die »Maßstäbe zivilisierter Behandlung« gelten.

Angesichts dessen lässt sich sagen, dass humanitäre Überlegungen darauf abzielten, die weitgehende Unversehrtheit von Zivilpersonen im Krieg zu gewährleisten, und dass man sich vor 1939 in der Tat erheblich darum bemüht hatte, dieses Ziel zu erreichen (*entgegen* den Ausführungen Bests, die nahelegen, dass in dieser Hinsicht keine großen Anstrengungen unternommen worden seien). Jeder, der damals die öffentlichen Diskussionen über humanitäre Fragen aufmerksam verfolgte, wusste dies, wie beispielsweise die Genfer Konferenz von 1932 bis 1934 und die Debatte über die Gefahren, die von Luftbombardements erwartet wurden, verdeutlichen. Daher ist die Beteiligung an Aktivitäten, die vorsätzlich gegen das maßgebliche Prinzip verstoßen, ein zentraler Punkt in der Anklageschrift.

Aber noch gewichtigere Anklagepunkte ergeben sich aus dem Kriegsrecht und den humanitären Erklärungen nach dem Krieg, beginnend in den drei Jahren unmittelbar nach Kriegsende (1945–48). Denn diese nahmen ausdrücklich Bezug auf die Kriegsgräuel und insbesondere den Völkermord. Außerdem behandelten sie eine Reihe weiterer Punkte: Schutz der Rechte des Individuums, Ächtung militärischer Aggressionen, Verbot der Zerstörung von Kulturgütern – und in den Genfer Abkommen von 1949 und ihren Protokollen: der Schutz von Zivilpersonen in Kriegszeiten.

Diese Überlegungen wirken sich direkt auf die Aufarbeitung der Kriegserfahrung und die moralische Bewertung des Krieges in der unmittelbaren Nachkriegszeit aus. Aus dem Schutz der Zivilpersonen gegen Bombardements, der in diesen Erklärungen und Abkommen der unmittelbaren Nachkriegszeit festgestellt wird, ergibt sich ein retrospektiver Unrechtsvorwurf gegen die Praktiken, die in diesen Dokumenten geächtet werden.

Ende Juni 1945 trafen sich Delegierte der Siegermächte – der USA, Großbritanniens, Russlands und Frankreichs – in London, um darüber zu beraten, auf welche Weise die Nazi-Führer für ihre von Anfang an, also bereits vor der Verabschiedung des Statuts des Internationalen Militärgerichtshofs (IMG), so benannten »Kriegsverbrechen« gerichtlich belangt werden sollten. Das Hauptproblem der Delegierten bestand darin, dass ein solches Verfahren historisch beispiellos war. Die Nazis hatten zweifellos schreckliche Verbrechen verübt, angefangen mit der Provokation eines Weltkriegs bis hin zum Völkermord an den europäischen Juden. Die Frage war nur: Auf der Grundlage welcher Gesetze konnten sie für diese Gräueltaten zur Rechenschaft gezogen werden? Da der IMG auf keinen geltenden Kodex einschlägiger Gesetze zurückgreifen konnte, setzte er sich dem Vorwurf aus, *rückwirkende* Gesetze zu schaffen, also Gesetze, die erst nach dem Begehen der Verbrechen, die sie selbst definierten, formuliert worden waren, etwas, was gegen die Grundsätze der natürlichen Gerechtigkeit und Rechtsstaatlichkeit verstößt.

Tatsächlich lässt sich argumentieren, dass die Angriffskriege des Deutschen Reiches gegen mehrere Konventionen und Verträge verstießen, die Deutschland unterzeichnet hatte – die Haager Regeln von 1907, den Versailler Vertrag, den Kellogg-Briand-Pakt von 1928, der den Krieg ächtete, und den Locarno-Vertrag. Die deutsche Besetzung Polens, Norwegens, der Niederlande und Frankreichs, Griechenlands, Jugoslawiens und der UdSSR verstieß sowohl gegen den Wortlaut als auch gegen den Geist dieser Übereinkommen.[19]

Darüber hinaus kannten alle zivilisierten Völker Gesetze gegen Mord, Folter und Versklavung, und diejenigen, die das Statut des Internationalen Militärgerichtshofs verfassten, waren der Ansicht, dass sie diese geltenden Gesetze schlicht auf die Aktivitäten des Nazi-Regimes innerhalb der Grenzen des deutschen Territoriums und der eroberten Gebiete anwandten. Der IMG habe keine *rückwirkenden* Gesetze geschaffen – wurde daher behauptet –, sondern lediglich geltende Gesetze unter den besonderen Umständen, mit denen er konfrontiert war, zur Anwendung gebracht. Tatsächlich war der IMG kein gesetzgebendes, sondern ein vollziehendes Organ.[20]

Bei den Beratungen zum IMG-Statut kam man überein, dass die Berufung auf den »Befehlsgehorsam« nicht als Rechtfertigungsgrund anerkannt werden sollte, auch nicht in einem Regime, in dem das Führerprinzip galt. Nach diesem Grundsatz besaß der Führer die unumschränkte Herrschaftsgewalt, und die Untergebenen waren zu bedingungslosem Gehorsam verpflichtet. Trotzdem stand im Soldbuch eines jeden deutschen Soldaten eine Klausel, wonach er einen gesetzwidrigen Befehl nicht befolgen musste. Und es stellte sich auch heraus, dass in Fällen, in denen die Wehrmacht Exekutionen oder Massentötungen durchführte, sich einzelne Soldaten freistellen lassen konnten und dies auch taten. Diese beiden Tatsachen untergruben die Berufung auf das Führerprinzip als Rechtfertigungsgrund.[21]

Als eine weitere Schwierigkeit sahen die Delegierten auf der Londoner Konferenz vorher, dass die Arbeit des IMG als »Siegerjustiz« abgestempelt würde, da sämtliche Konfliktparteien Gräueltaten begangen hatten. Zweifellos wurden diese in den Sitzungen nicht konkret benannt; die Angelegenheit scheint unter der Rubrik einer möglichen Berufung der Angeklagten auf den Rechtfertigungsgrund des »tu quoque« (»du auch«; gleiches Maß für gleichen Tatbestand) erörtert worden zu sein. In Wahrheit stand neben den fürchterlichen Verbrechen, die sowjetische Truppen auf ihrem Vormarsch nach Westen begingen – Hunderttausende von Vergewaltigungen, ganz zu schweigen von den grausamen Misshandlungen, den Fällen von Mord und Raub –, die unausgesprochene Tatsache im Raum, dass die Luftstreitkräfte der Westalliierten fünf Jahre lang immer schwerere Luftangriffe gegen zivile Ziele geflogen hatten, die meisten davon in Europa durch die RAF, während die USAAF in Japan kaum nachstand. Schließlich gelangte man zu der Überzeugung, dass, obschon es Argumente gab, mit denen die »tu quoque«-Verteidigung entkräftet werden konnte, es am einfachsten und sichersten wäre, diese Rechtfertigung in den Bestimmungen des Statuts für unzulässig zu erklären.[22]

Am Ende der ersten Augustwoche 1945 wurde das Statut für den Internationalen Militärgerichtshof aufgesetzt, verabschiedet und unterzeichnet. In dem Statut wurden vier Verbrechen aufgeführt, für die sich die Nazi-Führung gerichtlich verantworten sollte: Verschwörung zur Ausführung eines Angriffskriegs, Einleitung eines Angriffskriegs, Tötungen und Zerstörungen in einem Ausmaß, das nicht durch militärische Notwendigkeit gerechtfertigt war, und »Verbrechen gegen die Menschlichkeit«.

Der Oberbegriff »Verbrechen gegen die Menschlichkeit« bezog sich auf die versuchte Auslöschung der Juden sowie auf andere Verbrechen an Zivilpersonen, und es war ein neu eingeführter Tatbestand, der nicht älter war als der gerade zu Ende gegangene Krieg. In der Nürnberger Anklageschrift wurden »Verbrechen gegen die Humanität« exakt definiert als »Ermordung, Vernichtung, Versklavung, Verschleppung oder andere unmenschliche Akte gegen die Zivilbevölkerung vor oder während des Krieges, und die Verfolgung aus politischen, rassischen und religiösen Gründen in Ausführung des Planes für die Vorbereitung und Führung von Angriffs- und ungesetzlichen Kriegen«.[23] Diese Worte stellen eine Verbindung zwischen den Verbrechen gegen die Menschlichkeit und den Kriegsverbrechen her, für deren Aburteilung der IMG ebenfalls zuständig ist, aber ihr Bezug ist nicht eindeutig geklärt: Beziehen sie sich nur auf »Verfolgungen aus politischen [usw.] Gründen« oder auf sämtliche angeführten Verbrechen gegen die Menschlichkeit? Die Völkerrechtler legen diesen Passus für gewöhnlich in letzterem Sinne aus, was den Anwendungsbereich des Begriffs einschränkt. Dieselben Völkerrechtler behaupten, der Begriff als solcher sei daher weitgehend inhaltsleer, da sein Bedeutungsgehalt durch die Gesetze über Kriegsverbrechen, Völkermord und Menschenrechte, die seither in Kraft getreten sind, definiert werde.[24] Für unsere gegenwärtigen Zwecke ist folgender Gesichtspunkt von Belang: Die Einbeziehung eines spezifischen Anklagepunkts »unmenschliche Handlungen, begangen an einer Zivilbevölkerung« bringt eine ethische Einstellung zum Ausdruck, die für die moralische Bewertung des Flächenbombardements von Bedeutung ist.

Folgende Bestimmungen des Statuts des Internationalen Militärgerichtshofes sind für unsere Fragestellung von besonderem Interesse:

Artikel 6

Die folgenden Handlungen, beziehungsweise jede einzelne von ihnen, stellen Verbrechen dar, für deren Aburteilung der Gerichtshof zuständig ist. Der Täter solcher Verbrechen ist persönlich verantwortlich:

a) Verbrechen gegen den Frieden [...]

b) Kriegsverbrechen: nämlich Verletzung der Kriegsgesetze oder -gebräuche. Solche Verletzungen umfassen, ohne jedoch darauf beschränkt zu sein, Mord, Misshandlungen oder Deportationen zur Sklavenarbeit oder für irgendeinen anderen Zweck, von Angehörigen der Zivilbevölkerung von oder in besetzten Gebieten, Mord oder Misshandlungen von Kriegsgefangenen oder Personen auf hoher See, Töten von Geiseln, Plünderung öffentlichen oder privaten Eigentums, die mutwillige Zerstörung von Städten, Märkten oder Dörfern oder jede durch militärische Notwendigkeit nicht gerechtfertigte Verwüstung.

c) Verbrechen gegen die Menschlichkeit: nämlich Mord, Ausrottung, Versklavung, Deportation oder andere unmenschliche Handlungen, begangen an einer Zivilbevölkerung vor oder während des Krieges, Verfolgung aus politischen, rassischen oder religiösen Gründen, begangen in Ausführung oder in Verbindung mit einem Verbrechen, für das der Gerichtshof zuständig ist, und zwar unabhängig davon, ob die Handlung gegen das Recht des Landes verstieß, in dem sie begangen wurde, oder nicht.

Anführer, Organisatoren, Anstifter und Teilnehmer, die am Entwurf oder der Ausführung eines gemeinsamen Planes oder einer Verschwörung zur Begehung eines der vorgenannten Verbrechen teilgenommen haben, sind für alle Handlungen verantwortlich, die von irgendeiner Person in Ausführung eines solchen Plans begangen worden sind.

Artikel 7

Die amtliche Stellung eines Angeklagten, sei es als Oberhaupt eines Staates oder als verantwortlicher Beamter in einer deutschen Regierungsdienststelle, soll weder als Strafausschließungsgrund noch als Strafmilderungsgrund gelten.

Artikel 8

Die Tatsache, dass ein Angeklagter auf Befehl seiner Regierung oder eines Vorgesetzten gehandelt hat, gilt nicht als Strafausschließungsgrund, kann aber als Strafmilderungsgrund berücksichtigt werden, wenn dies nach Ansicht des Gerichtshofes gerechtfertigt erscheint.[25]

Die für unsere Fragestellung besonders bedeutsamen Passagen sind *mutwillige Zerstörung von Städten, Märkten oder Dörfern oder jede durch militärische Notwendigkeit nicht gerechtfertigte Verwüstung* und *unmenschliche Handlungen, begangen an einer Zivilbevölkerung*. Die letzten beiden zitierten Artikel weisen die Verantwortung für die im Statut benannten Verbrechen eindeutig denjenigen zu, die sie anordneten und genehmigten, sowie denjenigen, die, nach entsprechender Ermächtigung, diese Verbrechen planten und ausführten.

Wenn die Alliierten selbst auf der Grundlage des von ihnen erlassenen Nürnberger Statuts angeklagt würden, mit welchem Urteil müssten sie dann rechnen? Lässt man einmal den spezifischen Kontext der von den Nazis begangenen Aggressionen außer Betracht und beschränkt man sich darauf, die alliierten Flächenbombardements an den im Statut zum Ausdruck kommenden ethischen Maßstäben zu messen, dann versteht sich das Folgende unmittelbar von selbst. Die zweite Textstelle – *unmenschliche Handlungen, begangen an einer Zivilbevölkerung* – trifft uneingeschränkt auf die alliierten Flächenangriffe zu. Die erste Stelle dagegen – *mutwillige Zerstörung von Städten, Märkten oder Dörfern oder jede durch militärische Notwendigkeit nicht gerechtfertigte Verwüstung* – provoziert den Einwand, die Flächenoffensive sei nicht »mutwillig« gewesen, sondern »durch militärische Notwendigkeit gerechtfertigt«, wie wir im nächsten Kapitel sehen werden. Um diesen Einwand zu entkräften, muss man gar nicht auf die kleineren deutschen Städte verweisen, die in den letzten Kriegsmonaten zerstört wurden – darunter Würzburg, sozusagen das »kleine Dresden«. Die massive Bombardierung ziviler Ziele ist nach jedem Maßstab unverhältnismäßig, und genau dies meint dieser Anklagepunkt. Nehmen wir die Atombombenabwürfe auf Hiroshima und Nagasaki: Würde man behaupten, es habe sich um Angriffe auf militärisch wichtige Ziele gehandelt, in der Annahme, in diesen Städten hätten sich Industrieanlagen oder Kasernen befunden, so liefe der Abwurf einer Atombombe auf das Gleiche hinaus, wie wenn man einem Mann den Kopf abschnitte, um ihm seine Zahnschmerzen zu nehmen, derart unverhältnismäßig wäre die Operation. Das Gleiche gilt für den Brandbombenangriff auf Tokio, Operation »Gomorrha«, die Luftangriffe auf Berlin, Dresden und in der Tat sämtliche Aspekte des Bombenkriegs, auf welche die Bezeichnung »Flächenbombardement« zutrifft. Vorzubringen, es habe keine andere Möglichkeit gegeben, um das militärisch notwendige Ziel innerhalb des Stadtgebiets zu zerstören, und daher seien die Tötung von Zivilpersonen und die materiellen Kollateralschäden durch die Doktrin von der doppelten Wirkung gedeckt, greift hier nicht. Selbst wenn die öffentlichen Erklärungen der für die Planung und Durchführung der Flächenbombardements Verantwortlichen nicht aktenkundig wären – was sie sind; sie erklärten ausdrücklich, dass sie auf die Moral der Zivilbevölkerung abzielten –, bliebe das Ausmaß an Gleichgültigkeit gegen Menschenleben und menschliches Leid, das sich darin zeigt, dass man eine ganze Stadt bombardiert, bloß um eine Kaserne oder Fabrik zu zerstören, schuldhaft. Doch die Erklärungen sind schwarz auf weiß dokumentiert.

Die moralische Verwerflichkeit des Flächenbombardements wurde während und unmittelbar nach dem Krieg so klar und allgemein erkannt, dass das Flächenbombardement ausdrücklich verboten wurde, als man sich endlich um eine verbindliche Regelung des Kriegsrechts bemühte. Dies geschah in dem IV. Genfer Abkommen von 1949 und den späteren Zusatzprotokollen. Es enthält Vorschriften zum Schutz von Zivilpersonen in Kriegszeiten, einschließlich Geiseln, Diplomaten, Geheimagenten, Unbeteiligten und Bevölkerungen unter militärischer Besatzung. Das Abkommen verbietet Folter, kollektive Bestrafung und die Verbringung und Ansiedlung ziviler Staatsbürger der Besatzungsmächte in den besetzten Gebieten. Seit ihrer Verabschiedung im Jahr 1949 bis heute hat sich niemand auf die IV. Genfer Konvention berufen, obwohl es mehrere Fälle gab und gibt, auf die sie eindeutig anwendbar wäre, etwa Tibet, Bosnien, Ruanda, das Kosovo und die Palästinensergebiete.

Wie bei vielen vorausgegangenen Bemühungen, dem Krieg humanitäre Fesseln anzulegen, war auch bei dieser Genfer Konvention das Internationale Rote Kreuz die treibende Kraft. Und wie bei den gleichzeitigen Bestrebungen, die neu gegründeten Vereinten Nationen zu einer allgemeinen Erklärung der Menschenrechte zu veranlassen, wollten die Großmächte USA, Großbritannien, Sowjetunion und Frankreich dem Abkommen zunächst nicht beitreten. Im Fall der Menschenrechte waren es kleine Länder, Kolonien und Nichtregierungsorganisationen, die die Vereinten Nationen dazu drängten, sich gegen den Widerstand der Großmächte, die in einer solchen Erklärung ein Hemmnis für ihre internationalen und kolonialistischen Bestrebungen sahen, ausdrücklich zum Schutz der Menschenrechte zu bekennen.

Das Gleiche geschah mit dem vorgeschlagenen neuen Genfer Abkommen. Als das Rote Kreuz die Großmächte dazu einlud, an einer Überprüfung des Kriegsrechts und Gesprächen über den Schutz der Zivilpersonen in etwaigen künftigen Kriegen mitzuwirken, reagierte die britische Regierung ablehnend. Sie erklärte, sie habe mindestens die nächsten fünf Jahre keine Zeit, um sich mit diesen Fragen zu befassen. Die Sowjetunion wollte zunächst gar nicht teilnehmen.[26] Die weitere Entwicklung verlief zwar äußerst schleppend, doch führte sie schließlich ungeachtet des zähen diplomatischen Tauziehens und interner Grabenkämpfe innerhalb des Roten Kreuzes 1949 zur Verabschiedung des IV. Genfer Abkommens und zweier Zusatzprotokolle im Jahr 1977. Auszüge aus der Konvention und dem Ersten Zusatzprotokoll sind für unsere Fragestellung von zentraler Bedeutung:

Genfer Abkommen über den Schutz von Zivilpersonen in Kriegszeiten. Angenommen am 12. August 1949 von der diplomatischen Konferenz für die Errichtung Internationaler Konventionen zum Schutz von Kriegsopfern, abgehalten in Genf vom 21. April bis zum 12. August 1949.

TEIL 1   ALLGEMEINE BESTIMMUNGEN
Artikel 3
[...]
1. Personen, die nicht direkt an den Feindseligkeiten teilnehmen,
   einschließlich der Mitglieder der bewaffneten Streitkräfte, welche
   die Waffen gestreckt haben, und der Personen, die infolge
   Krankheit, Verwundung, Gefangennahme oder irgendeiner anderen Ursache außer Kampf gesetzt wurden, sollen unter allen
   Umständen mit Menschlichkeit behandelt werden, ohne jede
   Benachteiligung aus Gründen der Rasse, der Hautfarbe, der Religion oder des Glaubens, des Geschlechts, der Geburt oder des
   Vermögens oder aus irgendeinem ähnlichen Grunde.
   Zu diesem Zwecke sind und bleiben in Bezug auf die oben erwähnten Personen jederzeit und jedenorts verboten:
   a) Angriffe auf Leib und Leben, namentlich Mord jeglicher Art,
      Verstümmelung, grausame Behandlung und Folterung; [...]

TEIL II   ALLGEMEINER SCHUTZ DER BEVÖLKERUNG
           VOR GEWISSEN KRIEGSFOLGEN
Artikel 14
Schon in Friedenszeiten können die Hohen Vertragsparteien, und nach
der Eröffnung der Feindseligkeiten auf ihrem eigenen [Territorium]
und, wenn nötig, in den besetzten Gebieten Sicherheits- und Sanitäts-
zonen und -orte schaffen, die so organisiert sind, dass sie Verwundeten
und Kranken, schwachen und betagten Personen, Kindern unter fünfzehn Jahren, schwangeren Frauen und Müttern von Kindern unter sieben Jahren Schutz vor den Folgen des Krieges bieten [...]

Artikel 15
Jede am Konflikt beteiligte Partei kann entweder direkt oder durch Ver-
mittlung eines neutralen Staates oder einer humanitären Organisation
der gegnerischen Partei vorschlagen, in den Kampfgebieten neutrale
Zonen zu schaffen, die dazu bestimmt sind, die folgenden Personen
ohne jeglichen Unterschied vor den Folgen des Krieges zu schützen:
   a) die verwundeten und kranken Kombattanten oder Nicht-
      kombattanten;

b) die Zivilpersonen, die nicht an den Feindseligkeiten teilnehmen und die sich während ihres Aufenthalts in diesen Zonen
keiner Arbeit militärischer Art widmen. [...]

Artikel 16
Die Verwundeten und Kranken wie auch die Gebrechlichen und die
schwangeren Frauen sollen Gegenstand eines besonderen Schutzes und
besonderer Rücksichtnahme sein. [...]

Artikel 18
Zivilspitäler, die zur Pflege von Verwundeten, Kranken, Schwachen und
Wöchnerinnen eingerichtet sind, dürfen unter keinen Umständen das
Ziel von Angriffen bilden; sie sollen jederzeit von den am Konflikt be-
teiligten Parteien geschont und geschützt werden. [...]

TEIL III   STATUS UND BEHANDLUNG GESCHÜTZTER PERSONEN

ABSCHNITT I
Artikel 33
[...] Vergeltungsmaßnahmen gegen geschützte Personen und ihr Eigentum sind verboten.

ABSCHNITT III
Artikel 53
Es ist der Besatzungsmacht verboten, bewegliche oder unbewegliche
Güter zu zerstören, die persönliches oder gemeinschaftliches Eigentum
von Privatpersonen, Eigentum des Staates oder öffentlicher Körper-
schaften, sozialer oder genossenschaftlicher Organisationen sind, außer
in Fällen, wo solche Zerstörungen wegen militärischer Operationen
unerlässlich werden sollten.[27]

Die vorsichtige Formulierung dieser Bestimmungen, die das Luftbombardement ziviler Ziele *nicht explizit* benennen, wenn sie den
Schutz von Kindern, Frauen, Verwundeten und Kranken und die Ein-
richtung von sicheren Zonen für diesen Personenkreis fern der Kampf-
gebiete fordern, erklärt sich aus den Empfindlichkeiten und der poli-

tischen Gemengelage unmittelbar nach dem Krieg. Die beiden Länder, die über die meiste Erfahrung verfügten und diese bei der Abfassung der Bestimmungen über den Schutz von Zivilpersonen vor Luftangriffen hätten einbringen können, nämlich Deutschland und Japan, saßen als Kriegsverlierer nicht am Konferenztisch. Die beiden Länder dagegen, die am meisten davon profitierten, dass das Luftbombardement von Zivilpersonen nicht ausdrücklich als schweres Kriegsverbrechen geächtet wurde, nämlich die Siegernationen Großbritannien und USA, waren sehr präsent. So dauerte es bis 1977, weitere 25 Jahre, ehe im ersten Zusatzprotokoll zu den Genfer Abkommen von 1949 die gebotene ausdrückliche Formulierung auftauchte. Dieses Dokument stellt endlich klar und unmissverständlich fest, dass das Flächenbombardement unzulässig ist, und ächtet es. Es kommt einer rückwirkenden historischen Verurteilung der Flächenoffensiven des Zweiten Weltkriegs gleich. Deshalb soll es hier ausführlich zitiert werden:

Zusatzprotokoll zu den Genfer Abkommen vom 12. August 1949 über den Schutz der Opfer internationaler bewaffneter Konflikte (Protokoll I). Angenommen am 8. Juni 1977 von der diplomatischen Konferenz über die Neubestätigung und Weiterentwicklung des in bewaffneten Konflikten anwendbaren humanitären Völkerrechts.

TEIL III   METHODEN UND MITTEL DER KRIEGFÜHRUNG

ABSCHNITT I

Artikel 35. Grundregeln.

1) In einem bewaffneten Konflikt haben die am Konflikt beteiligten Parteien kein unbeschränktes Recht in der Wahl der Methoden und Mittel der Kriegführung.

2) Es ist verboten, Waffen, Geschosse und Material sowie Methoden der Kriegführung zu verwenden, die geeignet sind, überflüssige Verletzungen oder unnötige Leiden zu verursachen.

3) Es ist verboten, Methoden oder Mittel der Kriegführung zu verwenden, die dazu bestimmt sind oder von denen erwartet werden kann, dass sie ausgedehnte, lang anhaltende und schwere Schäden an der natürlichen Umwelt verursachen.

Artikel 36. Neue Waffen.
Jede Hohe Vertragspartei ist verpflichtet, bei der Prüfung, Entwicklung, Beschaffung oder Einführung neuer Waffen oder neuer Mittel oder Methoden der Kriegführung festzustellen, ob ihre Verwendung stets oder unter bestimmten Umständen durch dieses Protokoll oder durch eine andere auf die Hohe Vertragspartei anwendbare Regel des Völkerrechts verboten wäre.

Artikel 40. Pardon.
Es ist verboten, den Befehl zu erteilen, niemanden am Leben zu lassen, dies dem Gegner anzudrohen oder die Feindseligkeiten in diesem Sinne zu führen.

TEIL IV   ZIVILBEVÖLKERUNG
ABSCHNITT I. ALLGEMEINER SCHUTZ VOR DEN AUSWIRKUNGEN
VON FEINDSELIGKEITEN
Kapitel 1. Artikel 48. Grundregel.
Um Schonung und Schutz der Zivilbevölkerung und ziviler Objekte zu gewährleisten, unterscheiden die am Konflikt beteiligten Parteien jederzeit zwischen der Zivilbevölkerung und Kombattanten und zwischen zivilen Objekten und militärischen Zielen; sie dürfen daher ihre Kriegshandlungen nur gegen militärische Ziele richten.

Kapitel 11. Zivilpersonen und Zivilbevölkerung.
Artikel 50. Bestimmung der Begriffe Zivilpersonen und Zivilbevölkerung.
1) Zivilperson ist jede Person, die keiner der in Artikel 4 Buchstabe A, Absätze 1, 2, 3 und 6 des III. Abkommens und in Artikel 43 dieses Protokolls bezeichneten Kategorien angehört. Im Zweifelsfall gilt die betreffende Person als Zivilperson.
2) Die Zivilbevölkerung umfasst alle Zivilpersonen.
3) Die Zivilbevölkerung bleibt auch dann Zivilbevölkerung, wenn sich unter ihr einzelne Personen befinden, die nicht Zivilpersonen im Sinne dieser Begriffsbestimmung sind.

Artikel 51. Schutz der Zivilbevölkerung.

1) Die Zivilbevölkerung und einzelne Zivilpersonen genießen allgemeinen Schutz vor den von Kriegshandlungen ausgehenden Gefahren. Um diesem Schutz Wirksamkeit zu verleihen, sind neben den sonstigen Regeln des anwendbaren Völkerrechts folgende Vorschriften unter allen Umständen zu beachten.

2) Weder die Zivilbevölkerung als solche noch einzelne Zivilpersonen dürfen das Ziel von Angriffen sein. Die Anwendung oder Androhung von Gewalt mit dem hauptsächlichen Ziel, Schrecken unter der Zivilbevölkerung zu verbreiten, ist verboten. [...]

4) Unterschiedslose Angriffe sind verboten. Unterschiedslose Angriffe sind:

   a) Angriffe, die nicht gegen ein bestimmtes militärisches Ziel gerichtet werden,

   b) Angriffe, bei denen Kampfmethoden oder -mittel angewendet werden, die nicht gegen ein bestimmtes militärisches Ziel gerichtet werden können.

   c) Angriffe, bei denen Kampfmethoden oder -mittel angewendet werden, deren Wirkungen nicht entsprechend den Vorschriften dieses Protokolls begrenzt werden können und die daher in jedem dieser Fälle militärische Ziele und Zivilpersonen oder zivile Objekte unterschiedslos treffen können.

5) Unter anderem sind folgende Angriffsarten als unterschiedslos anzusehen:

   a) ein Angriff durch Bombardierung – gleichviel mit welchen Methoden oder Mitteln –, bei dem mehrere deutlich voneinander getrennte militärische Einzelziele in einer Stadt, einem Dorf oder einem sonstigen Gebiet, in dem Zivilpersonen oder zivile Objekte ähnlich stark konzentriert sind, wie ein einziges militärisches Ziel behandelt werden, und

   b) ein Angriff, bei dem damit zu rechnen ist, dass er auch Verluste an Menschenleben unter der Zivilbevölkerung, die Verwundung von Zivilpersonen, die Beschädigung ziviler Objekte oder mehrere derartige Folgen zusammen verursacht, die in keinem Verhältnis zum erwarteten konkreten und unmittelbaren militärischen Vorteil stehen.

6) Angriffe gegen die Zivilbevölkerung oder gegen Zivilpersonen als Repressalie sind verboten.

Kapitel III. Zivile Objekte.

Artikel 52. Allgemeiner Schutz ziviler Objekte.

1) Zivile Objekte dürfen weder angegriffen noch zum Gegenstand von Repressalien gemacht werden. Zivile Objekte sind alle Objekte, die nicht militärische Ziele im Sinne des Absatzes 2 sind.

2) Angriffe sind streng auf militärische Ziele zu beschränken. Soweit es sich um Objekte handelt, gelten als militärische Ziele nur solche Objekte, die aufgrund ihrer Beschaffenheit, ihres Standorts, ihrer Zweckbestimmung oder ihrer Verwendung wirksam zu militärischen Handlungen beitragen und deren gänzliche oder teilweise Zerstörung, deren Inbesitznahme oder Neutralisierung unter den in dem betreffenden Zeitpunkt gegebenen Umständen einen eindeutigen militärischen Vorteil darstellt.

3) Im Zweifelsfall wird vermutet, dass ein in der Regel für zivile Zwecke bestimmtes Objekt, wie beispielsweise eine Kultstätte, ein Haus, eine sonstige Wohnstätte oder eine Schule, nicht dazu verwendet wird, wirksam zu militärischen Handlungen beizutragen.

Artikel 53. Schutz von Kulturgut und Kultstätten.

[...] ist es verboten,

a) feindselige Handlungen gegen geschichtliche Denkmäler, Kunstwerke oder Kultstätten zu begehen, die zum kulturellen oder geistigen Erbe der Völker gehören, [...]

c) solche Objekte zum Gegenstand von Repressalien zu machen.

Artikel 54. Schutz der für die Zivilbevölkerung lebensnotwendigen Objekte.

[...]

2) Es ist verboten, für die Zivilbevölkerung lebensnotwendige Objekte wie Nahrungsmittel, zur Erzeugung von Nahrungsmitteln genutzte landwirtschaftliche Gebiete, Ernte- und Viehbestände, Trinkwasserversorgungsanlagen und -vorräte sowie Bewässe-

rungsanlagen anzugreifen, zu zerstören, zu entfernen oder unbrauchbar zu machen, um sie wegen ihrer Bedeutung für den Lebensunterhalt der Zivilbevölkerung oder gegnerischen Partei vorzuenthalten, gleichviel ob Zivilpersonen ausgehungert oder zum Fortziehen veranlasst werden sollen oder ob andere Gründe maßgebend sind.

[…]

4) Diese Objekte dürfen nicht zum Gegenstand von Repressalien gemacht werden.

Kapitel IV. Vorsorgliche Maßnahmen

Artikel 57. Vorsichtsmaßnahmen beim Angriff.

1) Bei Kriegshandlungen ist stets darauf zu achten, dass die Zivilbevölkerung, Zivilpersonen und zivile Objekte verschont bleiben.

2) Im Zusammenhang mit Angriffen sind folgende Vorsichtsmaßnahmen zu treffen:

    a) Wer einen Angriff plant oder beschließt,

        i) hat alles praktisch Mögliche zu tun, um sicherzugehen, dass die Angriffsziele weder Zivilpersonen noch zivile Objekte sind und nicht unter besonderem Schutz stehen, sondern militärische Ziele im Sinne des Artikels 52 Absatz 2 sind und dass der Angriff nicht nach diesem Protokoll verboten ist;

       ii) hat bei der Wahl der Angriffsmittel und -methoden alle praktisch möglichen Vorsichtsmaßnahmen zu treffen, um Verluste unter der Zivilbevölkerung, die Verwundung von Zivilpersonen und die Beschädigung ziviler Objekte, die dadurch mit verursacht werden könnten, zu vermeiden und in jedem Fall auf ein Mindestmaß zu beschränken;

      iii) hat von jedem Angriff Abstand zu nehmen, bei dem damit zu rechnen ist, dass er auch Verluste unter der Zivilbevölkerung, die Verwundung von Zivilpersonen, die Beschädigung ziviler Objekte oder mehrere derartige Folgen zusammen verursacht, die in keinem Verhältnis zum erwarteten konkreten und unmittelbaren militärischen Vorteil stehen;

b) ein Angriff ist endgültig oder vorläufig einzustellen, wenn sich erweist, dass sein Ziel nicht militärischer Art ist, dass er unter besonderem Schutz steht oder dass damit zu rechnen ist, dass der Angriff auch Verluste unter der Zivilbevölkerung, die Verwundung von Zivilpersonen, die Beschädigung ziviler Objekte oder mehrere derartige Folgen zusammen verursacht, die in keinem Verhältnis zum erwarteten konkreten und unmittelbaren militärischen Vorteil stehen;

[...]

3) Ist eine Wahl zwischen mehreren militärischen Zielen möglich, um einen vergleichbaren militärischen Vorteil zu erringen, so ist dasjenige Ziel zu wählen, dessen Bekämpfung Zivilpersonen und zivile Objekte voraussichtlich am wenigsten gefährden wird.

4) Bei Kriegshandlungen auf See oder in der Luft hat jede am Konflikt beteiligte Partei im Einklang mit den Rechten und Pflichten, die sich auf den Regeln des in bewaffneten Konflikten anwendbaren Völkerrechts für sie ergeben, alle angemessenen Vorsichtsmaßnahmen zu treffen, um Verluste unter der Zivilbevölkerung und die Beschädigung ziviler Objekte zu vermeiden.

5) Die Bestimmungen dieses Artikels sind nicht so auszulegen, als erlaubten sie Angriffe auf die Zivilbevölkerung, Zivilpersonen oder zivile Objekte.[28]

Dieses Protokoll ist mittlerweile rechtsverbindlich. Großbritannien ist ihm wie auch den Genfer Abkommen selbst beigetreten. Die USA sind den Abkommen beigetreten, nicht aber den Zusatzprotokollen. Aber dies enthebt die USA nicht den Verpflichtungen aus den Abkommen und ihren Zusatzprotokollen, da diese als Völkergewohnheitsrecht angesehen werden und daher als bindend für alle Staaten gelten, gleichviel ob sie Signatarmächte sind oder nicht.

Falls ein Land in der Praxis seine Verpflichtungen aus den Abkommen nicht erfüllt, können die Hohen Vertragsparteien aufgefordert werden, »Maßnahmen zu ergreifen, die geeignet sind, die Einhaltung des humanitären Völkerrechts zu gewährleisten«. Diese Formulierung ist so vage gehalten, dass sie ein breites Spektrum von Maßnahmen abdeckt, von diplomatischen Protestnoten bis zu bewaffneten Interventionen. Die Durchführung des humanitären Völkerrechts war die Achillesferse der seit dem Ende des Zweiten Weltkriegs andauernden Bemühungen, ein weltweites völkerrechtliches Regime zu errichten; aber ein Aspekt davon war die Einsetzung von Sondergerichten, die Menschenrechtsverletzungen ahnden sollen, wie etwa der Internationale Militärgerichtshof von Nürnberg, der Internationale Gerichtshof für Ex-Jugoslawien und der Internationale Strafgerichtshof.

Das IV. Genfer Abkommen und die Zusatzprotokolle verpflichten die Staaten im Wesentlichen dazu, ihre Streitkräfte unmissverständlich anzuweisen, keine unmittelbaren Angriffe gegen Zivilpersonen oder zivile Ziele vorzunehmen, keine unterschiedslosen Angriffe durchzuführen, das heißt, dass sie sich im Vorfeld von Kampfhandlungen darum bemühen müssen, zwischen militärischen Zielen und Zivilpersonen oder zivilen Objekten zu unterscheiden; keine Angriffe durchzuführen, die sich zwar gegen legitime militärische Ziele richten, aber Zivilpersonen in der Umgebung unverhältnismäßig stark beeinträchtigen würden; keine Waffen einzusetzen, die per se unterschiedslos Zivil- und Militärpersonen treffen; und im Übrigen alle notwendigen Maßnahmen zu ergreifen, um die Zivilbevölkerung vor den Auswirkungen von Kriegshandlungen zu schützen.

Jede einzelne dieser Bestimmungen zeigt: Wenn dieses Genfer Abkommen schon während des Zweiten Weltkriegs in Kraft gewesen wäre, dann hätten jene Personen auf britischer und amerikanischer Seite, die für die Flächenbombardements verantwortlich waren, aufgrund dieser Bestimmungen unmittelbar strafrechtlich hätten belangt werden können. Da diese Konvention damals jedoch noch nicht rechtsverbindlich war, zitiere ich sie hier nicht aus diesem Grund. Auch hat niemand vorgeschlagen, sie *rückwirkend* anzuwenden – abgesehen von allen übrigen Fragen scheiterte eine Anklageerhebung schon an der schlichten Tatsache, dass mittlerweile alle Verantwortlichen tot sind. Vielmehr zitiere ich das Abkommen aus dem gleichen Grund, aus dem ich die übrigen Bemühungen darlege, die unternommen wurden, um Zivilpersonen in Kriegszeiten zu schützen: um die zugrunde liegenden ethischen Wertmaßstäbe herauszustellen und das Flächenbombardement daran zu messen. Die Behauptung, Flächenbombardements könnten vor diesen Wertmaßstäben schlechterdings nicht bestehen, wird untermauert durch den Hinweis darauf, dass die im ersten Zusatzprotokoll formulierten Prinzipien den führenden britischen Politikern vor Ausbruch des Zweiten Weltkriegs deutlich bewusst waren. Einige von ihnen waren sogar der Ansicht, dass diese Prinzipien bereits die Geltungskraft von Völkergewohnheitsrecht hatten. »Erstens«, sagte Premierminister Neville Chamberlain am 21. Juni 1938 im Unterhaus,

> verstößt es gegen das Völkerrecht, Zivilpersonen als solche zu bombardieren und die Zivilbevölkerung vorsätzlich anzugreifen. Dies ist zweifellos ein Verstoß gegen das Völkerrecht. Zweitens müssen Ziele, die aus der Luft beschossen werden, legitime militärische Ziele sein und identifiziert werden können. Drittens muss der Angriff auf diese Ziele mit angemessener Sorgfalt ausgeführt werden, damit nicht aus Unachtsamkeit Zivilpersonen in der näheren Umgebung bombardiert werden.[29]

Dass die britische Regierung dies auch ernst meinte, belegen die Beschränkungen der Bombenkriegführung in der Anfangsphase des Krieges, die wir bei der Darstellung des Luftkriegs in Kapitel 1 erörterten. Und wie dort dargelegt, wurde diese Strategie im Februar 1942 nicht zuletzt wegen ihrer Erfolglosigkeit ausdrücklich aufgegeben, mit den uns allen bekannten Konsequenzen. Als Arthur Harris unmittelbar nach dem Krieg seine Memoiren schrieb, fühlte er sich zu folgenden Ausführungen berechtigt:

> Jedes Mal, wenn mir vorgeworfen wird, unsere Flugzeuge hätten gelegentlich [sic] Frauen und Kinder getötet, führe ich das Beispiel der Blockade an, auch wenn man den Kriegen der Vergangenheit zahllose weitere [Beispiele] entnehmen könnte. Ich vergesse nie, wie es so viele tun, dass es in allen gewöhnlichen Kriegen der Vergangenheit und der nicht so fernen Vergangenheit üblich war, Städte zu belagern und, falls sie der ordnungsgemäßen förmlichen Kapitulationsaufforderung nicht Folge leisteten, sämtliche Einwohner zu guter Letzt zu töten… Und was die Bombardierung anlangt: Welche Stadt wurde in welchem Krieg nicht aus sämtlichen feindlichen Geschützen, die in Reichweite standen,

unter volles Feuer genommen, solange sie Widerstand leistete? In Bezug auf das Völkerrecht lassen sich immer Argumente dafür und dagegen anführen, aber in dieser Sache – dem Einsatz von Flugzeugen im Krieg – gibt es nun einmal überhaupt keine völkerrechtlichen Vorschriften.[30]

Nach Ansicht von Geoffrey Best geht Harris' Behauptung, es habe »überhaupt keine völkerrechtlichen Vorschriften« über das Luftbombardement gegeben, zu weit; »aber er wäre nicht zu weit gegangen, wenn er sich darauf beschränkt hätte zu sagen, dass es kaum Regeln gab und dass diese größtenteils sehr allgemeiner Natur waren«. Worauf Best sogleich den Punkt anführt, der, wie wir im nächsten Kapitel sehen werden, von zentraler Bedeutung für die Verteidigung des Flächenbombardements ist: »Was die praktische Anwendung [dieser Grundsätze] unter den Umständen eines verzweifelten totalen Krieges gegen einen ungewöhnlich gefährlichen Feind anbelangt, so war sie mit Sicherheit höchst strittig.«[31]

Für unsere gegenwärtigen Zwecke genügt es, dass es um ein anerkanntes ethisches Prinzip geht. Wenn den verantwortlichen Personen vor und während des Zweiten Weltkriegs obendrein ein Grundsatz des Völkergewohnheitsrechts geläufig war, dann ist in der Tat eine Diskussion darüber zu führen, wie dieser Grundsatz zu Lebzeiten der Präsidenten Roosevelt und Truman, von Winston Churchill, ihrer Kriegskabinette und der Oberbefehlshaber ihrer Bomberstreitkräfte – General Hap Arnold, General Curtis LeMay, Lord Portal und Arthur Harris – hätte angewendet werden sollen.

Zum Großteil drehte sich hier die Diskussion um das »Kriegsrecht« – Konventionen, Abkommen, Erklärungen, die alle dem Status von verbindlichem Völkerrecht zustrebten, auf das man sich hätte berufen können, um diejenigen, die gegen diese Rechtsnormen verstießen, vor Gericht zu stellen und, falls sie schuldig gesprochen worden wären, zu bestrafen. Die Frage, ob damals – zu dem Zeitpunkt, als die Alliierten ihre Flächenoffensiven durchführten – verbindliche Völkerrechtsnormen in diesem Sinne in Kraft waren, ist, wie wir sahen, strittig; aber darum geht es hier nicht. Den Bemühungen seit

Grotius' Zeiten, unnötige und unverhältnismäßige Kriegshandlungen zu ächten und Schaden von Nichtkombattanten und ihren Kulturgütern, ihren Schulen und Krankenhäusern abzuwenden, liegt eine ethische Einstellung zugrunde, deren Charakter und Intention völlig eindeutig sind. Angesichts dessen geht es hier um die Frage, ob die alliierten Flächenbombardements gegen diese ethische Einstellung verstießen. Die Anklage jedenfalls behauptet dies.

Die Frage nach der Legalität im strengen Sinne spielt in einer Hinsicht eine Rolle. Wenn all die Anstrengungen seit Grotius in geltendes Völkerrecht umgesetzt worden wären, dann wäre die Frage berechtigt, ob das alliierte Flächenbombardement gegen dieses Recht verstieß. Juristisch gesehen ist dies von Belang, weil ohne eine entsprechende Rechtsnorm kein Verbrechen im eigentlichen Sinne begangen wurde: Nach dem alten römischen Rechtsgrundsatz *nullum crimen et nulla poena sine lege* gibt es kein Verbrechen und keine Strafe ohne Gesetz. Wenn es mithin kein Gesetz gab, gegen das die alliierten Flächenbombardements verstießen, dann kann man Flächenangriffe, streng genommen, auch nicht als »Kriegsverbrechen« und diejenigen, die sie planten und durchführten, nicht als »Kriegsverbrecher« bezeichnen.

Einer Sichtweise gemäß, stützten sich die Nürnberger Prozesse auf folgende juristische Strategie: Man behauptete, gewisse Handlungen, die bis dahin gesetzlich nicht unter Strafe standen, müssten aufgrund ihrer Ungeheuerlichkeit schlechterdings als Verbrechen gelten, und jene Personen, denen diese Untaten zur Last gelegt würden, müssten entsprechend vor Gericht gestellt und, im Falle eine Schuldspruchs, bestraft werden. Weil diese Taten in besonderer Weise gegen tief verwurzelte humanitäre Überzeugungen und Ideale des Naturrechts und der natürlichen Gerechtigkeit verstießen, hätten sie gleichsam selbst die Rechtsnorm geschaffen, die sie verletzten; nach dieser Auffassung bringt demnach die Tat selbst ein implizites Gesetz hervor, und unter diesen besonderen Umständen entspreche es der natürlichen Gerechtigkeit, dieses implizite Gesetz klar und deutlich zu formulieren und anzuwenden.

Wenn sich die Strafbarkeit der bei den Nürnberger Prozessen verhandelten Taten tatsächlich darauf stützt, dann laufen sie – wie bereits erwähnt – Gefahr, dem Grundprinzip zu widersprechen, dessen Schatten über dem Internationalen Militärgerichtshof in Nürnberg lag: dem Grundsatz des Rückwirkungsverbots von Gesetzen. Dieser Grundsatz bietet reichlich Diskussionsstoff. Aber der entscheidende Punkt liegt woanders: Er betrifft das fundamentale *ethische* Anliegen, das den Nürnberger Prozessen und allen Bemühungen, humanitäre Gesichtspunkte in der Kriegführung zur Geltung zu bringen, zugrunde liegt. Dieser ethische Punkt beinhaltet unter anderem die Aussage, dass die vorsätzliche Bombardierung von Städten zu dem Zweck, Zivilpersonen zu töten und zu terrorisieren, die ja nicht alle in Rüstungsbetrieben arbeiteten oder die Kriegsanstrengungen ihres Heimatlandes anderweitig unterstützten und unter denen viele Kinder und alte Menschen waren – und damit einhergehend die Zerstörung zahlreicher Kultur- und wichtiger Bedarfsgüter dieser Menschen, darunter Schulen und Krankenhäuser – gegen alle moralischen und humanitären Grundsätze verstößt, die in Verbindung mit der gerechten Kriegführung diskutiert werden.

Die Anklage gegen die britischen und US-amerikanischen Flächenbombardements in Europa und Japan während des Zweiten Weltkriegs lautet demnach, dass sie ein Verbrechen im moralischen Sinne – ein eklatanter Verstoß gegen das Sittengesetz – waren. Als Nächstes wollen wir daher ergründen, ob diese Anschuldigung trotz der Rechtfertigungsgründe, die im Folgenden dargelegt werden, aufrecht erhalten werden kann.

6

Die Verteidigung des Flächenbombardements

In seinen Memoiren über den Bombenkrieg schrieb Sir Arthur Harris:

> Ungeachtet der Geschehnisse in Hamburg erwiesen sich die Bomben-angriffe als eine vergleichsweise humane Methode. Zum einen bewahr-ten sie die Blüte der Jugend dieses Landes und unserer Alliierten davor, im Felde von [feindlichen] Truppen niedergemäht zu werden, wie es in Flandern geschehen war [...] Nun wird häufig behauptet, Bombenan-griffe seien besonders niederträchtig, weil sie Opfer unter der Zivilbe-völkerung forderten. Das stimmt, aber andererseits haben alle Kriege Opfer unter der Zivilbevölkerung gefordert. So hat beispielsweise im letzten Krieg... unsere Seeblockade Deutschlands... fast 800 000 Men-schenleben gekostet – natürlich hauptsächlich Frauen, Kinder und alte Menschen, weil der Feind um jeden Preis seine Soldaten ausreichend verköstigen musste.[1]

Der Krieg des Bomber Command wird in diesem Absatz mit zwei Argumenten gerechtfertigt; beide Gründe sollen die Schlussfolge-rung untermauern, wonach Bombenangriffe als Kriegswaffe »ver-gleichsweise human« seien. Harris' Behauptung, der Luftkrieg habe das Leben alliierter Soldaten gerettet, deckt sich mit dem Argument, mit dem die USA ihre Bombenteppiche auf japanische Städte legiti-mierten und das zugleich der wichtigste Rechtfertigungsgrund für ihre Atombombenangriffe darstellt. Harris' zweite Behauptung, Kriege hätten immer Opfer unter der Zivilbevölkerung gefordert, trifft zu; die von ihm genannte Zahl von deutschen Zivilisten, die infolge der Seeblockade im Ersten Weltkrieg verhungerten, ist ebenfalls richtig.

Dies sind nur zwei der Argumente, die von Verteidigern der alliierten Flächenoffensiven vorgebracht werden. Sie führen mindestens noch fünf weitere an. So behaupten sie, Flächenbombardierungen hätten den Durchhaltewillen der feindlichen Zivilbevölkerung untergraben; sie hätten die Kapazität und Effizienz der feindlichen Kriegsindustrien verringert; sie hätten der deutschen Wirtschaft und den deutschen Behörden logistische Probleme bereitet, indem sie diese dazu zwangen, in einem fort Instandsetzungsarbeiten durchzuführen und Flüchtlingsströme zu bewältigen; sie hätten Soldaten, Geschütze und Jagdflugzeuge gebunden und von den Fronten fern gehalten, und sie hätten die Kampffähigkeit feindlicher Soldaten an der Front verringert, weil diese sich Sorgen über das Schicksal ihrer Familien in der Heimat machten.

Offiziell konnte man leicht behaupten, das Hauptziel der Flächenbombardements sei die Kriegsindustrie des Feindes und Opfer unter der Zivilbevölkerung seien eine unvermeidliche Nebenwirkung. Angesprochen auf die Unverhältnismäßigkeit dieser Nebenwirkung, konnten Verteidiger dieser Strategie vorbringen, der Feind habe schließlich angefangen, und seine Verbrechen verdienten es, bestraft zu werden, es gehe um »sie oder wir«, und im Krieg seien nicht Sentimentalität, sondern Entschlossenheit und Härte gefragt, um zu überleben und den Sieg zu erringen. Denn schließlich war dies ein Krieg gegen einen furchteinflößenden, gefährlichen Feind, und – für die Briten – war bis weit ins Jahr 1942 hinein der Ausgang nicht nur offen, sondern es drohte sogar eine Niederlage. Denn obgleich die USA im Dezember 1941 in den Krieg eingetreten waren – was bedeutete, dass auf lange Sicht der Sieg wahrscheinlicher war als die Niederlage –, hatten die USA im Jahr 1942 noch nicht genügend Truppen nach Europa verlegt, die den britischen Streitkräften etwa bei der Abwehr eines weiteren deutschen Invasionsversuchs hätten tatkräftig beistehen können. Damals konnte sich Großbritannien praktisch nur durch Luftangriffe gegen Deutschland zur Wehr setzen. Ein mit Nachdruck vorgebrachtes Argument lautete daher: Die Flächenbombardements seien Ergebnis der Notwendigkeiten, die sich aus dem Krieg ergeben haben. Damit gibt man gleichzeitig zu verstehen, dass Angriffe auf die Moral und die Industrie des Feindes von entscheidender Bedeutung gewesen seien und dass Opfer unter der Zivilbevölkerung eine unvermeidliche Folge dieser Angriffe waren.

Die Verteidiger der Flächenoffensiven in der Nachkriegszeit haben sich insbesondere auf vier dieser Argumente berufen: die Auswirkungen auf die feindliche Kriegsindustrie, die logistischen Schwierigkeiten für die Wirtschaft und die Behörden, die Tatsache, dass militärische Ressourcen von den Fronten ferngehalten wurden und dass das Flächenbombardement ein wichtiges und eine Zeit lang sogar das einzige Mittel war, »um den Krieg nach Deutschland hineinzutragen«.

Bevor wir uns diesen Argumenten zuwenden, prüfen wir zunächst die beiden Rechtfertigungsgründe von Harris, da sie während der schwierigen Jahre, in denen er in jeder Nacht, in der es das Wetter erlaubte, als Oberkommandierender des Bomber Command Bomber nach Deutschland schickte, sein Denken und Handeln bestimmten.

Die Antwort auf sein erstes Argument – Bombenangriffe auf Zivilisten hätten das Leben von Soldaten gerettet –, gibt Vera Brittain in ihrem Buch *Seed of Chaos*. Sie lautet: Soldaten das Leben zu retten, indem man statt ihrer Zivilpersonen tötet, ist, moralisch gesehen, das Gleiche, wie wenn ein Soldat auf dem Schlachtfeld einen Zivilisten als Schutzschild nimmt. Soldaten verpflichten sich oft freiwillig, sie werden für Kampfeinsätze ausgebildet und bewaffnet, und obwohl sie Gefahren ausgesetzt werden, bemühen sich ihre Kommandeure im Allgemeinen, sie möglichst durch geeignete Taktiken vor Schaden zu bewahren. Zivilpersonen sind in einer ganz anderen Lage als Soldaten. Viele von ihnen nehmen nicht freiwillig an dem Krieg teil, unter dessen Folgen sie leiden, egal, ob sie in der Minderheit sind oder nicht. Zwar werden auch Maßnahmen zum Schutz der Zivilbevölkerung getroffen, aber die Bedingungen des modernen Krieges – insbesondere im Hinblick auf Bomben und Raketen – setzen sie ungeachtet aller Schutzmaßnahmen großen Gefahren aus.

Die Befürworter des Bombenkriegs können ihrerseits darauf erwidern, dass eine Armee von der Zivilbevölkerung in der Heimat ausgerüstet, verproviantiert und anderweitig unterstützt wird und dass es keinen grundsätzlichen Unterschied gibt zwischen zivilen Fabrikarbeitern, die ein Gewehr herstellen, und dem Soldaten, der es abfeuert. Aus diesem Grund sei der zivile Rüstungsarbeiter ein legitimes Ziel. Und wenn er ein legitimes Ziel in seiner Fabrik sei, weshalb sei er dann kein legitimes Ziel in seiner Wohnung?

Die Antwort ist teilweise richtig. Kriegsindustrien sind zweifellos ein legitimes Ziel von Kampfhandlungen. Aber es ist augenscheinlich besser, die Fabrik zu zerstören, als die darin arbeitenden Menschen zu töten; und wenn ihre Tötung vom Prinzip der Doppelwirkung gedeckt ist – als »Kollateralschaden« bei der Zerstörung der Fabrik –, so gilt dies nicht für ihre Familien und ihre Nachbarn. Die Tötung ihrer Familien und Nachbarn verletzt vielmehr den von Thomas von Aquin und Grotius aufgestellten Grundsatz, wonach eine gerechte Kriegshandlung immer verhältnismäßig sein muss. Es ist unverhältnismäßig, die Herstellung von Schusswaffen dadurch zu unterbinden, dass man einen Rüstungsarbeiter *und* seine Familie und seine Nachbarn umbringt.

Manchmal wird das Argument über die Einbindung von Zivilpersonen in die Kriegsanstrengungen auf die Spitze getrieben; dann heißt es, im modernen Krieg gebe es keine Nichtkombattanten: »Jeder ist an der Front.« Diese Behauptung ist leider wahr, aber nicht deshalb, weil Kleinkinder und ältere Menschen aus irgendeinem Grund nicht von bewaffneten und ausgebildeten Infanteristen oder Bomberbesatzungen in ihren Flugzeugen zu unterscheiden wären. Vielmehr ist dies darauf zurückzuführen, dass Zivilpersonen dadurch, dass sie zum Ziel militärischer Angriffe werden, an die Front geraten. Wenn Zivilpersonen durch ihre Arbeit die militärischen Anstrengungen ihres Landes unterstützen, so nur deshalb, weil sie als Arbeiter und Techniker in der Industrie für die Kriegsanstrengungen von entscheidender Bedeutung sind; sie – und nur sie – allein sind deshalb legitime Angriffsziele und stellen mit Sicherheit lediglich eine Minderheit in der Zivilbevölkerung.

Die Frage der Verhältnismäßigkeit spielt auch beim flächendeckenden Bombenkrieg eine wichtige Rolle. Das Bomber Command versuchte die deutsche Bevölkerung dadurch zu demoralisieren, dass es möglichst viele Deutsche tötete und die Überlebenden »ausbombte«, terrorisierte und ins Elend stürzte. Das war ein direkter Angriff auf Nichtkombattanten, der aus moralischen Gründen unannehmbar ist, auch wenn man zugesteht, dass jene Minderheit, die unmittelbar den militärischen Ressourcen zuarbeitete, mitten unter ihnen lebte. Aber wenn man behauptet, dass dies nicht nur den Willen, sondern auch die Fähigkeit zur Fortsetzung des Krieges beeinträchtigt habe – dass diese Angriffe also die Kapazität der deutschen Kriegsindustrien verringerten –, dann muss man feststellen, dass das eingesetzte Mittel in einem offensichtlichen Missverhältnis zu diesem Zweck stand. Dies bezieht sich nicht auf die Tatsache – auch wenn es eine Tatsache ist –, dass die Bombenteppiche die deutsche Kriegsproduktion nicht schwächten; es bezieht sich auf die Tatsache, dass es andere Möglichkeiten gab, die Kriegsproduktion zu treffen, mit weit geringeren Auswirkungen auf Zivilpersonen, zum Beispiel Präzisionsbombardements, wie sie die Amerikaner auf dem europäischen Kriegsschauplatz durchführten und die sich letztlich – gegen Ölziele gerichtet – als höchst effektiv erwiesen. Die amerikanischen Angriffe auf diese Art von Ziel waren verhältnismäßig und zweckdienlich; sie konnten auch zu Recht für sich in Anspruch nehmen, ein notwendiger Teil der Kriegsanstrengungen gegen Deutschland zu sein. Das Flächenbombardement der Zivilbevölkerung war dagegen nicht notwendig.

Harris' Versuch, die Strategie des Flächenangriffs mit dem Hinweis zu rechtfertigen, Kriege forderten immer Opfer unter der Zivilbevölkerung – sein zweites Argument –, ist nicht stichhaltig, ebenso wenig wie das Zahlenspiel, das er anfügt. Tatsächlich behauptet er, die Tötung von Zivilisten durch die von ihm angeordneten Flächenbombardements werde dadurch gerechtfertigt, dass von jeher in Kriegen Zivilpersonen getötet wurden; und außerdem hätten die Luftangriffe gegen Deutschland weniger Todesopfer gefordert als die britische Seeblockade im Ersten Weltkrieg. Um zu verstehen, wieso dieses Argument abwegig ist, stellen wir uns jemanden vor, der eine unerlaubte Handlung begangen hat und sich nun mit der Begründung entlasten möchte, von jeher seien unerlaubte Handlungen begangen worden, und einige davon seien schwerer als sein Vergehen. Um ein krasses Beispiel zu nehmen: Stellen wir uns einen Mörder vor, der sich selbst mit der Aussage verteidigt, es habe schon immer Morde gegeben und er habe sowieso nur zwei Menschen umgebracht, wohingegen ein anderer fünf ermordet habe. Würde ihn diese Argumentation entlasten? Nein. Harris' Blockade-Argument folgt der gleichen Logik, und diese Vergleiche überführen seine Haltlosigkeit. Man kann diesen Punkt noch kürzer formulieren: Ein leichteres Unrecht wird nicht durch ein schwereres Unrecht entschuldigt; und ein leichteres und ein schwereres Unrecht zusammen ergeben kein »Recht«.

Harris behauptete in Verbindung mit seinem Blockade-Beispiel auch, die Mittel, durch die Zivilpersonen in früheren Kriegen starben, seien manchmal grausamer gewesen als der Bombentod. Aber es ist fraglich, ob Verhungern eine grausamere Form des Todes ist, als zerrissen, verbrannt, unter Trümmern zerquetscht zu werden oder in einem Keller zu ersticken.[2]

Einen Punkt spricht Harris nur indirekt an, und heutige Verteidiger des Flächenbombardements erwähnen ihn kaum noch. Es geht um das einst viel gepriesene Luftkriegsziel, die »Zivilbevölkerung zu demoralisieren«. Dies sollte wesentlich dazu beitragen, den Krieg zu verkürzen, und das meinte Harris, als er davon sprach, der Luftkrieg rette das Leben junger Soldaten. Wie wir sahen, wurde die Moral der Zivilbevölkerung durch schwere Bombenangriffe nicht unterminiert – sofern die Moral dadurch nicht gestärkt wurde, stumpften die Menschen einfach nur ab –, und die Bombardements führten daher auch nicht zu einem Zusammenbruch des Kampfes- oder Arbeitswillens oder gar zu einem Umsturz. Aber dies wird mitunter damit begründet, dass die Luftangriffe, selbst in den letzten Monaten des Krieges in Europa, noch immer nicht schwer genug gewesen seien. Dagegen wird oft behauptet, die Atombombenabwürfe auf Hiroshima und Nagasaki hätten die Moral der Japaner endgültig gebrochen, und diese besonderen Flächenbombardements hätten den Krieg in Asien entschieden.

Wenn die Moral der Zivilbevölkerung ein entscheidender Faktor war, war es dann notwendig, so viele Einwohner von Hiroshima und Nagasaki zu töten? Hätte man nicht den gleichen Erfolg dadurch erzielen können, dass man in Sichtweite einer japanischen Großstadt eine Bombe zu Demonstrationszwecken abgeworfen oder den Japanern einen Film über eine Atombombenexplosion gezeigt hätte? Vielleicht hätte es durchaus genügt, den japanischen Streitkräften die Wirkung der Atombombe vor Augen zu führen.

In seiner Darstellung des amerikanischen Luftkriegs über Japan weist Ronald Schaffer darauf hin, dass man zunächst genau dies beabsichtigt habe. Truman habe seinen Kriegsminister Henry Stimson angewiesen, dafür zu sorgen, dass »militärische Ziele und Soldaten sowie Matrosen das Ziel sind und nicht Frauen und Kinder... Es soll ein rein militärisches Ziel sein, und wir werden den Japanern eine Warnung zukommen lassen und sie auffordern, zu kapitulieren und dadurch Menschenleben zu retten«.[3] Es bestand weitgehende Einigkeit unter den Wissenschaftlern, die an der Bombe arbeiteten, und unter einigen Offizieren des US-Oberkommandos, dass dies die angemessene Vorgehensweise sei.

Und tatsächlich wurde diese Vorgehensweise in einem gewissen Umfang umgesetzt. Auf der Potsdamer Konferenz am 26. Juli 1945 wurde Japan gewarnt, im Fall einer Fortsetzung des Krieges müsse die Bevölkerung mit »völliger Zerstörung ihres Heimatlands« rechnen.[4] Dabei wurde freilich nicht mit dem Einsatz einer neuen Waffe gedroht, und zu diesem Zeitpunkt war die Entscheidung für eine Demonstrationsexplosion statt eines Angriffs auf eine Stadt bereits revidiert worden – zugunsten des letzteren. Die Japaner hatten seit einiger Zeit bereits zaghafte Versuche unternommen, den Krieg zu beenden, nicht direkt, sondern über die Sowjets (die damals noch nicht mit Japan im Krieg standen); einige Kommentatoren behaupten jedoch, die Sowjets hätten eigene Pläne für die japanisch besetzten Gebiete in Ostasien verfolgt und aus diesem Grund Einzelheiten der japanischen Annäherungsversuche erst mit Verzögerung an die Westalliierten weitergeleitet und sie obendrein unrichtig dargestellt.

Als schließlich der Befehl zum Abwurf einer Atombombe auf Hiroshima General Carl »Tooey« Spaatz erreichte, den Befehlshaber der strategischen Bomberstreitkräfte der USAAF im Pazifik, ersuchte er um schriftliche Bestätigung des Befehls, da er nicht die Verantwortung dafür übernehmen wollte. Er hielt den Abwurf einer Atombombe nicht für notwendig; wie seine Kollegen vom RAF-Bomber Command erachtete er massive konventionelle Bombenangriffe für ausreichend (auch wenn sein Gesinnungswandel diesbezüglich spät und unerwartet kam). Dennoch führte er seine Befehle aus. Anschließend sprach er sich dafür aus, die zweite Bombe über unbewohntem Gebiet abzuwerfen, »um die Stadt und die Menschen vor ihren verheerenden Wirkungen zu schützen«.[5] Seine Befehle lauteten anders, und die Bombe wurde befehlsgemäß auf Nagasaki abgeworfen.

Es lässt sich kaum erkennen, welche mögliche *Rechtfertigung* heute noch für die Atombombenabwürfe vorgebracht werden könnte, auch wenn es an *Erklärungen* nicht mangelt: wie etwa das Bestreben der Amerikaner, den Sowjets ihre neue Waffenstärke vorzuführen, und der unverblümte Wunsch, an Japan Vergeltung zu üben, das als ein bösartiger und brutaler Aggressor galt, der den USA in Pearl Harbor eine demütigende Niederlage beigebracht hatte, den pazifischen »Hinterhof« der USA zu beherrschen drohte und dem man eine schmerzliche Lektion erteilen musste. Die Atombombenabwürfe sollten diese Lektion sein – auch wenn viele der Ansicht waren, dass der schwere Brandbombenangriff auf Tokio, die Verwüstung anderer japanischer Städte und die drohende totale Niederlage als Strafe schon mehr als ausreichten.

Wie beschrieben, sah Harris den Schlüssel zu einer erfolgreichen Luftkriegführung in der Verfügungsgewalt über eine überwältigende Bomberstreitmacht, die imstande war, jede Nacht eine weitere Operation »Gomorrha« oder mehr als eine Operation »Gomorrha« durchzuführen und so eine Großstadt nach der anderen auszulöschen, bis die deutsche Bevölkerung den Luftkrieg nicht länger ertragen konnte. Er war fest davon überzeugt, dass die Bombermacht eine kriegsentscheidende Waffe sei, und er tat alles – bis an die Grenze zur Befehlsverweigerung –, um zu beweisen, dass er Recht hatte.

Manche würden vielleicht behaupten, dass er in der Tat Recht hatte. Sie würden zu diesem Zweck vielleicht auf Hiroshima und Nagasaki verweisen, und sie würden sagen, die Leute glaubten nur deshalb, er habe sich geirrt, weil ihm bei Kriegsende noch immer nicht genügend »Pulverisierungskraft« zur Verfügung gestanden habe. Hätte er Atombomben besessen und sie auf Berlin, Hamburg, München, Köln und die Ruhr-Städte abgeworfen, dann wäre der Krieg sehr schnell zu Ende gewesen. Bei den Großangriffen, die er organisierte, den 1000-Bomber-Angriffen und den wiederholten schweren Luftschlägen gegen Berlin wollte er die vernichtende Wirkung erzielen, die erst erreicht werden konnte, als Atombomben zur Verfügung standen.

Das Problematischste an dem Plan, einen Krieg durch Bombardierung von Städten zu gewinnen, ist jedoch, dass diese Bombenangriffe mit der Massentötung von Zivilpersonen verbunden sind. Und wenn die Ansicht, der Sieg könne mit den gerade beschriebenen Mitteln errungen werden – einer Reihe von Atombombenangriffen, bis der Feind entweder kapituliert oder keine Feinde mehr übrig sind –, nur die logische Konsequenz der Überzeugung ist, der Krieg könne durch Bombenangriffe gewonnen werden, dann eröffnet sie einen entsetzlichen Ausblick darauf, was für Bombenangriffe notwendig gewesen wären, um diese Überzeugung bestätigt zu finden. Wie in Kapitel 3 dargelegt, wäre diese Vorgehensweise letztlich kontraproduktiv: Es wäre eine Art »Frieden der verbrannten Erde«, wobei man »Frieden« durch »Sieg« ersetzen oder um »Sieg« erweitern sollte.

Betrachten wir nun die übrigen Hauptargumente für das Flächenbombardement und kehren wir auf der Suche nach Rechtfertigungsgründen zum europäischen Kriegsschauplatz zurück, denn die Flächenoffensive war hier zwar nicht umfassender, dauerte dafür aber länger.

Eines der Argumente lautet, dass die Flächenangriffe Deutschland davon abhielten, seine 88-mm-Flaks und Messerschmitt-Jäger an die Front zu verlegen. Dies ist ein wichtiger Punkt, denn die 88-mm-Geschütze hätten als hochwirksame Panzerabwehrkanonen an der Ostfront gegen die Russen eingesetzt werden können, und 70 Prozent der Luftwaffe-Jäger waren zur Abwehr feindlicher Bomber an der

Heimatfront gebunden. Da die 8. Army Air Force erkannte, dass der Schlüssel zum Erfolg ihrer Präzisionsbombardements die Luftherrschaft war – ein Spiegelbild der Situation von 1940 bei der Luftschlacht um Großbritannien –, unternahm man größte Anstrengungen, um ebendieses Ziel zu erreichen. In den letzten Monaten des Jahres 1943 vervierfachte sich die Zahl der Mustang-, Lightning- und Thunderbolt-Jäger; die Verluste der Luftwaffe stiegen in besorgniserregendem Umfang und begannen die produzierten Stückzahlen zu übertreffen. Die 8. Army Air Force griff die Luftwaffe auch am Boden an – ihre Fabriken und Flugplätze, ihre Treibstofflager und die Zulieferbetriebe der Flugzeugfabriken –, mit der Folge, dass die Luftwaffe am D-Day nur 300 einsatzfähige Maschinen gegen 12 000 alliierte Flugzeuge aufbieten konnte.[6] An der Ostfront standen 500 Luftwaffe-Jäger 13 000 sowjetischen Flugzeugen gegenüber. Diese Zahlen belegen, dass ein Beobachter im Sommer 1944 hätte erkennen können, dass der Krieg für die Deutschen verloren war.

Zutreffend ist, dass die Bomberoffensive die 88-mm-Flaks und die Messerschmitt-Jäger in Deutschland band und damit ihren Einsatz an der Front verhinderte. Man bedenke aber, dass die Luftwaffe durch die Anwesenheit von Bombern im deutschen Luftraum an der Heimatfront gebunden war, gleichviel, ob diese Bomber Präzisionsziele angriffen, wie es die 8. Army Air Force versuchte, oder ob sie Stadtgebiete bombardierten, wie es die RAF tat. Es war nicht notwendig, dass die Bomber Städte angriffen; es genügte, dass sie da waren. Wenn ein Hauptziel der Bomberoffensiven darin bestand, Luftabwehrkräfte in Deutschland zu binden, dann hätten Luftangriffe als solche genügt, um dieses Ziel zu erreichen, ganz gleich, wie ungenau die Luftangriffe gegen Fabriken, Kraftwerke, Bahnlinien und Rangierbahnhöfe, Flugplätze, Kanäle, Brücken, Häfen, Dämme und Kohlezechen gewesen wären.

Außerdem waren die Bedienungsmannschaften von Suchscheinwerfern und Flakbatterien in Deutschland keine Fronttruppen. Viele von ihnen rekrutierten sich aus Jugendlichen oder älteren Männern. Die Flieger der Jagdwaffe waren zweifellos frontdiensttauglich; und ihr Fehlen an der Ostfront machte sich bemerkbar. Aber in der entscheidenden Phase der Landung waren sie an der Westfront im Einsatz, weil das Bomber Command und die 8. Army Air Force ebenfalls an der Westfront aktiv waren. Das Argument, die Bomberoffensive habe militärische Kräfte in Deutschland gebunden, trifft daher nur bedingt zu, jedenfalls nicht so uneingeschränkt, wie es sich die Verteidiger des Bombenkriegs wünschen würden. Und diese Kräfte wären, wie gerade erwähnt, sowieso gebunden gewesen, unabhängig von der Präzision der Angriffe.

Die Erwähnung der Flaks und der Luftwaffe-Jäger erinnert uns daran, dass das Bomber Command deshalb auf Flächenbombardements überging, weil Präzisionsangriffe bei Tag zu gefährlich und bei Nacht zu schwierig waren. Ist diese Tatsache ein moralischer Rechtfertigungsgrund, der von dem Vorwurf, vorsätzliche Angriffe auf Zivilisten seien Unrecht, entlastet? Nein. Betrachten wir eine Analogie: Wenn es Politikern nicht gelingt, ihre Bürger durch Argumente zu überzeugen, greifen sie gelegentlich zu Zwangsmitteln und inhaftieren oder erschießen sogar ihre eigenen Bürger, wie in der UdSSR Stalins oder im Chile Pinochets. Genau das Gleiche tat das Bomber Command und mit der gleichen moralischen Berechtigung. Sein Tun war in dieser Hinsicht vielleicht sogar noch verwerflicher, weil seine anfänglichen Präzisionsangriffe ausdrücklich von dem Bestreben bestimmt waren, Opfer unter der Zivilbevölkerung zu vermeiden oder zumindest zu begrenzen. Die Umstellung auf Flächenbombardements war daher eine strategische Kehrtwendung um 180 Grad unter Aufgabe eines anerkannten Prinzips. Die Erkenntnis des Bomber Command, dass es ohne moralische Kehrtwendung im Hinblick auf die Mittel nicht in der Lage wäre, seine Ziele zu erreichen, rechtfertigt den Einsatz dieser Mittel in keiner Weise.

Das Argument, die Flächenbombardements hätten die logistischen Kapazitäten Deutschlands überfordert, und zwar weil die Gefallenen beigesetzt, die Verwundeten versorgt, Unterkünfte, Lebensmittel und Kleidung für die Ausgebombten bereitgestellt, Flüchtlinge aufgenommen, Trümmer beseitigt, das Stromnetz, die Wasserversorgung und die Kanalisation instand gesetzt werden mussten, ist nicht besonders stichhaltig. Wie wir im Zusammenhang mit dem

1000-Bomber-Angriff auf Köln sahen, konnte Deutschland die durch den Bombenkrieg verursachten Probleme ohne weiteres bewältigen. Dies änderte sich erst in den letzten Kriegsmonaten, in denen die gesellschaftliche und staatliche Desorganisation aufgrund der unerbittlichen massiven Bombenangriffe, aber auch wegen des Vorrückens feindlicher Armeen und des endgültigen Zusammenbruchs der Versorgungsstrukturen rasch ein kritisches Ausmaß erreichte.

Deutschland konnte für die unangenehme Aufgabe, Leichen und Trümmer zu beseitigen, auf ein riesiges Reservoir von Zwangsarbeitern und Kriegsgefangenen zurückgreifen, und für Instandsetzungsarbeiten stand ihm ein Heer von Fremdarbeitern zur Verfügung. Die Kapazität der deutschen Wirtschaft wurde (wie die Diskussion des nächsten Arguments zeigt) durch die Bombenschäden kaum beeinträchtigt. Sie konnte auch weiterhin ihre militärischen und industriellen Verpflichtungen im Wesentlichen erfüllen, die Industrie schließlich hatte sogar unausgelastete Kapazitäten.

Dies führt uns direkt zu dem Argument, Flächenbombardements hätten der deutschen Industrie im Allgemeinen und der Rüstungsindustrie im Besonderen geschadet. Wir haben dieses Argument in Kapitel 2 erörtert und widerlegt. Wie wir dort zeigten, erhöhte sich die deutsche Industrieproduktion stetig und brach erst in den letzten Kriegsmonaten ein. Und dies war eine Folge der Präzisions-, nicht der Flächenbombardements – insbesondere von Treibstoffzielen und Verkehrswegen, auf denen Kohle zu den Industrieanlagen transportiert wurde. Als Albert Speer in Nürnberg auf seinen Prozess wartete, wurde er eingeladen, einen Vortrag vor einer Gruppe alliierter Militärs und hoher Regierungsbeamter zu halten, die sich für die deutsche Industrieproduktion während des Kriegs interessierte. Es hätte sie kaum überraschen dürfen, zu hören, dass die Industrie im Dritten Reich trotz des jahrelangen Bombenkriegs ihre Produktion weiter steigerte; vielleicht mit Ausnahme der Sowjetunion hatten alle größeren Krieg führenden Staaten während des gesamten Kriegs freie Kapazitäten – und die USA sogar einen Arbeitskräfteüberschuss –, die gegebenenfalls zur Deckung des militärischen Bedarfs hätten genutzt werden können. »Die deutsche Wirtschaft«, schreibt Richard

Overy, »hat im Krieg jedoch weitaus weniger Waffen produziert, als ihr mit den vorhandenen Rohstoffen und Produktionskapazitäten, dem Arbeitskräftepotenzial und wissenschaftlich-technischem Standard möglich gewesen wäre.«[7]

Roger Chickering und Stig Förster stellten die Anwendung des Begriffs »totaler Krieg« auf den Zweiten Weltkrieg unter Verweis auf dieses Argument in Frage. Dies ist ein berechtigter Einwand, nachdem Flächenbombardements manchmal von moralischer Kritik mit der Begründung ausgenommen werden, sie seien Teil des »totalen Krieges« mit all dessen Implikationen, zu denen gehört, dass sich ausnahmslos alle Mitglieder der Gesellschaft im Kampf gegen alle Mitglieder der feindlichen Gesellschaft befinden. Genau das bedeutet der Ausdruck »totaler Krieg«: Jeder stand tatsächlich oder potenziell an der Front eines Krieges, der Fronten im traditionellen Sinn nicht mehr kannte.[8]

Die schockierenden Zahlen bestätigen, dass der Zweite Weltkrieg mehr ein Krieg der Völker als der Armeen war: Zwischen 1939 und 1945 wurden auf allen Kriegsschauplätzen schätzungsweise 15 Millionen Soldaten, Matrosen und Piloten getötet, während über 45 Millionen Zivilisten umkamen. »Das zahlenmäßige Übergewicht der Zivilpersonen war kein zufälliges oder nebensächliches Merkmal dieses Kriegs; vielmehr spiegelt sich darin die zentrale Bedeutung von Zivilpersonen in dem Konflikt wider, ihr maßgeblicher Anteil am Ausgang des Krieges sowie die Schutzlosigkeit, die sie, als eine direkte Folge davon, mit den Soldaten teilten.«[9]

Aber hier werden zwei Dinge durcheinander gebracht. Auch wenn »totaler Krieg« bedeutet, dass jeder Einzelne in einer Gesellschaft in irgendeiner Weise davon betroffen ist, dass sein Heimatland Krieg führt – und dies war in den Krieg führenden Staaten Europas zweifellos der Fall, auf die USA trifft es allerdings in viel geringerem Maße zu und für Japan nur in den letzten sechs Kriegsmonaten –, so macht der »totale Krieg« doch nicht jeden Einzelnen selbst zu einem Kombattanten. Tatsache aber ist, dass der Zweite Weltkrieg gar kein »totaler Krieg« in diesem oder einem anderen Sinne war, wie es Chickering und Förster darlegen. Der größte Teil der Landfläche der Erde blieb verschont, viele Staaten waren unbeteiligt, und die beteiligten Staaten (von der Sowjetunion vielleicht einmal abgesehen) mussten nicht ihre allerletzten Ressourcen aufbieten.[10]

Die Industrie war ein legitimes Ziel, ja. Aber als man dann dazu überging, auch die Arbeiter als legitime Ziele anzusehen, weil es schwierig war, ihre Fabriken zielgenau zu bombardieren, fand man sich stillschweigend damit ab, dass auch ihre Familien und Nachbarn zu legitimen Zielen wurden. Genau darin liegt das moralische Vergehen, denn diese Vorgehensweise ist nicht mehr verhältnismäßig. Manchmal heißt es, wir würden aus der Not eine Tugend machen; in diesem Fall haben wir es zugelassen, dass das, was wir irrtümlich für eine Not hielten, zu einem Laster wurde.

Zur Verteidigung des Flächenbombardements würde jemand vielleicht einräumen, die Bombardierung der gesamten Stadt, in der sich Industrieanlagen befinden, statt nur der Fabriken selbst, sei fragwürdig. Doch dann würde er womöglich dagegenhalten: Was, wenn die Stadt voller Truppen war, die unterwegs zur Front waren; was, wenn sie viele Flüchtlinge beherbergte, die, wenn sie durch Bombenangriffe aufgehalten würden, Truppenbewegungen und den militärischen Nachschub ernsthaft behindern konnten, und in der außerdem mehrere wichtige Rüstungsfabriken standen und die auch noch ein zentraler Verkehrsknotenpunkt war? Wäre sie kein legitimes und sogar bedeutendes Ziel, wenn sie in der Nähe eines wichtigen Frontabschnitts lag?

Genau dieses Argument bringt Frederick Taylor zur Verteidigung der Bombardierung Dresdens am 14. Februar 1945 in seinem brillanten Buch vor, in dem er den Angriff eingehend analysiert und das die bislang umfassendste Darstellung dieses Luftangriffs ist.[11] Taylor weist darauf hin, dass das Ausmaß der Zerstörungen in Dresden zum Teil das Ergebnis einer unglücklichen Wetterlage war – der vorherrschende Wind trug mit zu dem Feuersturm bei, der einen Großteil der Schäden anrichtete und auf dessen Konto viele der Todesopfer gingen. Diese Folge des Luftangriffs war von den Angreifern nicht beabsichtigt, die der Darstellung der vorrückenden sowjetischen Streitkräfte glaubten und in Dresden ein wichtiges Nadelöhr sahen für Nachschub und Truppen auf dem Weg zur Ostfront und für

Flüchtlinge, die nach Westen strömten. Zudem, so Taylor, seien die Luftschutzvorkehrungen unzureichend gewesen, und die Einwohner der Stadt hätten keine Erfahrungen mit Bombenangriffen gehabt; das Fehlen einer Jagdabwehr und das Glück der Angreifer, für die alles glatt lief, hätten dann genügt, um dies zu dem »Angriff, der entsetzlich gut klappte« zu machen.[12]

Taylor stimmt der Schlussfolgerung des namhaften Historikers Richard Overy zu, der in seinem Buch *Die Wurzeln des Sieges* behauptete, die alliierten Luftangriffe hätten maßgeblich zum Sieg über Deutschland und Japan beigetragen (Overy schreibt, die Bomberoffensive sei »ein entscheidendes Element für den Sieg der Alliierten« gewesen).[13] Interessanterweise konzentriert sich Overy bei seiner Analyse der Ursachen dafür auf zwei Punkte: Erstens, die Bomberoffensive habe Flaks und Jagdflugzeuge an der Heimatfront gebunden, und, zweitens, die Luftangriffe hätten bis zum Januar 1945 die Industriekapazität Deutschlands so stark reduziert, dass sich Speer genötigt sah, an Hitler zu schreiben: »Ich erklärte der Sache nach, dass der Krieg auf dem Gebiet von Wirtschaft und Rüstung zu Ende sei.«[14]

Dies ist allerdings keine Rechtfertigung der Flächenbombardements. Denn man muss noch einmal darauf hinweisen, dass Präzisionsangriffe auf Industrie-, Verkehrs-, Energie- und militärische Ziele diese Geschütze und Jagdflugzeuge ebenfalls in Deutschland gebunden hätten; und man muss auch noch einmal betonen, dass Präzisionsangriffe gegen Treibstoff- und Verkehrsziele, nicht Flächenangriffe, die deutsche Kriegsproduktion drosselten und in den letzten Kriegsmonaten ins Stocken brachten.

In diesem Sinne war der Bombenkrieg ausschlaggebend, nicht aber das Flächenbombardement. Und hier geht es allein um die moralische Beurteilung des Flächenbombardements.

Die Bombardierung Dresdens wirft unter anderen folgende Fragen auf. Angesichts dessen, dass der Hauptgrund für den Luftangriff auf Dresden die Bedeutung der Stadt als Verkehrsknotenpunkt in der Nähe einer Region war, in der bedeutende militärische Ereignisse stattfanden, stellt sich die Frage, weshalb sich die Bombardements nicht gegen Schienenstränge und Straßen in der Umgebung der

Stadt beziehungsweise gegen Verkehrswege richteten, die entlang der kriegswichtigen West-Ost-Achse führten. Der Zielpunkt, der an die Flugzeugbesatzungen des Bomber Command ausgegeben wurde, war nicht der Rangierbahnhof der Stadt, sondern ein Stadion in der Nähe des Stadtzentrums.

Es war allgemein bekannt, dass sich Zehntausende von Flüchtlingen, die vor den vorrückenden sowjetischen Truppen flohen, in der Stadt aufhielten. War dies ein Grund, die Stadt zu bombardieren? Weshalb war es kein Grund, aus humanitären Motiven die Stadt nicht zu bombardieren?

Statt zu fragen, was die Gründe dafür waren, ausgerechnet diese Stadt zu bombardieren (statt andere Städte in der Nähe, die ebenfalls als Durchgangsstationen für Truppen und Flüchtlinge dienten), könnte man nach den Gründen dafür fragen, sie nicht zu bombardieren. Und die Antwort wäre vielleicht die gleiche, die US-Kriegsminister Henry Stimson gab, als er Kyoto von der Liste potenzieller Ziele für Atombombenangriffe strich.

Es gilt als allgemein anerkannt, dass eines der Hauptmotive für die Atombombenabwürfe auf Hiroshima und Nagasaki der Wunsch der Amerikaner war, den Sowjets die überlegene Waffenstärke der USA zu demonstrieren. Im Falle Dresdens trifft leider etwas Ähnliches zu. Max Hastings, ein scharfer Kritiker der Flächenoffensiven, zitiert eine Einsatzanweisung, die an die Staffeln des Bomber Command verschickt wurde, die für den Angriff auf Dresden abkommandiert worden waren. Der letzte Absatz lautet folgendermaßen: »Die Ziele des Angriffs bestehen darin, den Feind an einer Stelle zu treffen, wo er es am meisten spürt, hinter einer sich bereits in Auflösung befindlichen Front, die Benutzung der Stadt für einen weiteren Vorstoß zu unterbinden und den Russen nebenbei zu zeigen, wenn sie die Stadt erreichen, was das Bomber Command anrichten kann.«[15] Im Rückblick löst es tiefes Unbehagen aus, wenn man sich das Ausmaß moralischer Indifferenz betrachtet, das sich in dem Willen äußert, »den Feind an einer Stelle zu treffen, wo er es am meisten spürt« – das heißt die Zivilbevölkerung einer kulturhistorisch bedeutsamen Stadt –, und sich vergegenwärtigt, mit welcher Berechnung das Leben von Zivilisten und bedeutende historische Zeugnisse dazu benutzt wurden, um in einem diplomatischen Machtspiel einen Zug zu machen.

Die Flächenangriffe wurden auch mit dem Argument gerechtfertigt, sie seien in der ersten Hälfte des Krieges das einzige verfügbare Mittel für Großbritannien gewesen, »um den Krieg nach Deutschland hineinzutragen«, und da Präzisionsangriffe zu gefährlich gewesen seien, seien nur Flächenbombardements übrig geblieben.

Die genaue Bedeutung des Ausdrucks »den Krieg zum Feind tragen« ist nicht klar, obgleich er auf jeden Fall bedeutet, »den Feind daran erinnern, dass Krieg herrscht«, und vielleicht bedeutet er darüber hinaus, den Feind daran zu erinnern, »dass wir noch da und kampf-

fesmutig sind«. Zweifellos wollte Großbritannien diese Botschaft in der kritischen Phase des Krieges zwischen Sommer 1940 und der Wende Ende 1942 übermitteln. Da dieses Ziel mit Präzisionsangriffen nicht zu erreichen war, wurde im Februar 1942 der verhängnisvolle Entschluss gefasst, zu Flächenangriffen überzugehen. Waren Flächenbombardements die einzige Möglichkeit, um in diesem Sinne »den Krieg zum Feind zu tragen«? Offensichtlich nicht. Fast jede Luftkriegshandlung, wie etwa Angriffe auf die Seestreitkräfte und Häfen des Feindes und die Störung seiner militärischen Vorbereitungen in den besetzten Gebieten Frankreichs und der Niederlande sowie versuchte Präzisionsangriffe gegen wichtige Industrie- und Verkehrsziele, hätte bedeutet, »den Krieg zum Feind zu tragen«. Flächenbombardements waren nicht der einzige Weg, um dies zu bewerkstelligen. Auch wenn sie vielleicht mit der Genugtuung verbunden waren, einem Teil der feindlichen Volksgemeinschaft Schmerz, Kummer und Schäden zuzufügen, vermochten die Bombardements als solche den Kriegsverlauf nicht in nennenswertem Umfang zu beeinflussen.

Die Kriegslage nahm in mehrfacher Hinsicht Einfluss auf die Bomberoffensive. Vom Sommer 1940, als die britische Armee mitsamt ihrer Ausrüstung von den Stränden Dünkirchens evakuiert wurde, bis Ende 1942, als sich das Kriegsglück dauerhaft und endgültig gegen Deutschland wendete, befand sich Großbritannien in einer gefährlichen Lage. Es war mit der drohenden Invasion von 1940 fertig geworden, und der deutsche Überfall auf Russland 1941 bedeutete, dass sich diese Bedrohung mindestens ein oder zwei Jahre lang nicht wiederholen würde. Aber die »Atlantik-Schlacht« gab berechtigten Anlass zur Sorge; zwischen Dünkirchen und dem Wendepunkt dieser Schlacht auf hoher See Anfang 1943 war Großbritanniens lebenswichtige Verbindung über den Ozean nach Amerika ernsthaft bedroht. Churchill sagte, nachdem der Krieg gewonnen war: »Das Einzige, was mich in der ganzen Zeit wirklich beunruhigte, war die U-Boot-Gefahr.« Eine Kombination verschiedener Faktoren trug dazu bei, dass die Alliierten die Atlantik-Schlacht nach furchtbarem Ringen, in dem die deutschen U-Boote Schiffe mit einer Gesamttonnage von Millionen von Bruttoregistertonnen auf den Meeresgrund schickten, schließlich für sich entschieden. Die hauptsächlichen Faktoren waren die Entschlüsselung des Enigma-Kodes, die Entwicklung von Langstreckenflugzeugen zur U-Boot-Bekämpfung und die Tatsache, dass die Amerikaner schneller neue Schiffe (die berühmten »Liberty«-Schiffe) bauten, als die deutschen U-Boote sie versenken konnten. Letzteres war mit Abstand der wichtigste Faktor; wieder einmal waren Zahlen kriegsentscheidend: Industrieproduktion, Schiffstonnage, Personal, Ressourcen im Allgemeinen.

In dieser Phase trug Großbritannien die Last des Kampfes gegen Deutschland allein. Die Präsenz der USA auf dem europäischen Kriegsschauplatz begann 1942 in bescheidenem Umfang mit Vorauseinheiten der US Army Air Force, aber erst in der zweiten Hälfte des Jahres 1943 besaß die amerikanische Bomberflotte die nötige zahlenmäßige Stärke und die richtigen Methoden, um einen gewichtigen Beitrag zur Luftoffensive gegen Deutschland zu leisten. Mittlerweile waren die Alliierten in Süditalien gelandet und kämpften sich langsam und verlustreich nach Norden vor; Deutschland hatte in der UdSSR den Rückzug angetreten; und die Vorbereitungen für die Landung auf dem europäischen Festland am D-Day hatten begonnen. Harris selbst bestimmte den 5. März 1943 als den Tag, an dem das Bomber Command endlich voll einsatzfähig für die von ihm gewünschten Kampfaufträge sein sollte. Es war das Datum, an dem die Navigationshilfe OBOE endlich zuverlässig funktionierte und an dem Harris jene Typen von Flugzeugen in den Stückzahlen zur Verfügung standen, die er als wünschenswert erachtete.[16]

Interessanterweise fiel die Bereitschaft des Bomber Command für seine große Flächenoffensive mit dem Zeitpunkt zusammen, an dem sich das Kriegsglück zugunsten der Alliierten wendete. Das Argument, wonach das Bomber Command das einzige Mittel gewesen sei, um während Großbritanniens Schwächephase »den Krieg nach Deutschland zu tragen«, als Großbritannien den Kampf allein führen musste und für diese Aufgabe personell und materiell denkbar schlecht gerüstet war, übersieht die Tatsache, dass das Bomber Command selbst in jener unsicheren Zeit in beiderlei Hinsicht äußerst beschränkt war: die Anzahl und Reichweite seiner Flugzeuge war gering, und als Werkzeug der Kriegführung war es untauglich.[17] Und während des größten Teils dieser Zeit – vom Ausbruch der Feindseligkeiten bis frühestens Februar 1942 – war das Bomber Command (nach Ansicht von Portal und Harris) sowieso noch »lahm gelegt«, weil es keine Blankovollmacht für nächtliche Flächenbombardements von deutschen Städten hatte.

Als dann im Februar 1942 der Freibrief erteilt wurde, begann Harris, die drei 1000-Bomber-Angriffe des kommenden Sommers vorzubereiten. Nach diesen Angriffen hatte das Bomber Command sein Pulver für jenes Jahr allerdings verschossen; und die Angriffe waren lediglich Propaganda-Erfolge. Die Zerstörungen in Köln waren zwar verheerend, aber die Zahl der zivilen Opfer war gering, und die beiden anschließenden Luftangriffe richteten kaum Schäden an, weil sie ihre Ziele weit verfehlten. Was das Jahr 1942 betraf, so gelangen dem Bomber Command zwar einige äußerlich spektakuläre Operationen, deren konkrete Ergebnisse jedoch waren enttäuschend.

Das Paradoxe besteht darin, dass die Flächenbombardements erst dann in vollem Umfang aufgenommen wurden, als sich das Kriegsglück bereits gegen Deutschland gewendet hatte, und dass die verheerendsten Angriffe des gesamten Luftkriegs erst geflogen wurden, als die Niederlage Deutschlands absehbar war – in den letzten sechs Kriegsmonaten.

Wie die Diskussion des Luftkriegs der USA gegen Japan bereits gezeigt hat, gilt dort das Gleiche. Die Niederlage Japans stand außer Frage, als im März 1945 der schwere Brandbombenangriff auf Tokio geflogen wurde, und dies gilt erst recht für den August 1945, als die Atombomben abgeworfen wurden. Der Sieg im Krieg als Ganzes war eine Frage der Quantität – der Industriekapazität und der personellen Reserven –, und nach dem Kriegseintritt der USA stand der Sieg der Alliierten so gut wie fest. Die einzige Hoffnung der Achsenmächte, eine für sie günstige frühzeitige Einstellung der Kampfhandlungen zu erzwingen, bestand darin, durch einen glücklichen Entscheidungsschlag die Alliierten zu der Einsicht zu bewegen, dass der auf lange Sicht unvermeidliche Weg zum Sieg zu langwierig oder zu kostspielig würde. Diese Möglichkeit allerdings zerschlug sich durch den Beschluss der Alliierten auf der Konferenz von Casablanca Anfang 1943, als sie auf nichts weniger als die bedingungslose Kapitulation der Achsenmächte pochten. Aber die Hoffnung auf einen glücklichen Zufall in Verbindung mit der Tatsache, dass man angesichts der Forderung der Alliierten nichts zu verlieren hatte, ließ die Achsenmächte durchhalten, bis zum letzten Tropfen Treibstoff – im Fall Deutschlands – beziehungsweise bis zum letzten Funken Hoffnung im Fall Japans. Das japanische Oberkommando hatte im Frühjahr 1945 erkannt, dass die Verteidigung der Heimatinseln ein aussichtsloses Unterfangen war, und von da an – vier Monate vor den Atombombenabwürfen – streckten sie ihre Fühler aus, um herauszufinden, wie die Chancen für eine Beendigung des Krieges standen.

Dass die Niederlage Deutschlands und Japans schon Monate, wenn nicht Jahre im Voraus feststand, wird von einigen entschieden bestritten. Sie behaupten, der Ausgang des Konflikts sei bis kurz vor Kriegsende auf beiden Kriegsschauplätzen ungewiss gewesen, und andauernde Angriffe von allen Seiten auf sämtliche militärischen, zivilen und administrativen Einrichtungen der Achsenmächte seien unabdingbar gewesen, um den in jeder Hinsicht notwendigen Sieg über sie zu erreichen.

Ist dieser Einwand stichhaltig? Zu der Frage, ob der Sieg der Alliierten erst kurz vor Kriegsende gesichert war, muss man lediglich die Konsensmeinung der Historiker zitieren. Laut Robin Neillands stand im September 1944 fest, dass »Deutschland den Krieg verlieren musste«.[18] John Terraine stimmt dem zu: »Ende August 1944 war Deutschland offensichtlich besiegt.«[19] Die gleiche Einschätzung findet sich in vielen weiteren Quellen, und das Gleiche gilt auch für Japan.

Das Argument, der Sieg sei »in jeder Hinsicht notwendig« gewesen, ist zweifellos richtig. Vor dem Hintergrund dieses Arguments wird oft behauptet, den Krieg zu verlieren wäre das schlimmste moralische Unrecht überhaupt gewesen, weshalb aufgrund dessen alles, was unternommen wurde, um den Sieg zu erringen, durch dieses übergeordnete Ziel gerechtfertigt würde.

Man kann ohne weiteres zugestehen, dass der Sieg über die Achsenmächte »in jeder Hinsicht notwendig« war, und es ist zweifellos richtig, dass es moralisch verwerflich gewesen wäre, dieses Ziel nicht entschlossen und mit ganzer Kraft zu verfolgen. Aber damit lässt sich nicht die wahllose Bombardierung von Städten rechtfertigen, und zwar aus dem bekannten Grund, dass der Zweck nicht die Mittel heiligt. Angenommen, die Achsenmächte hätten den Krieg gewonnen: Wäre damit alles gerechtfertigt, was sie während des Krieges getan haben? Offenkundig nicht. In der Praxis ist der Sieg in der Regel mit der Freisprechung von jeglicher Schuld verbunden, da der Sieger Richter in eigener Sache ist – und die Geschichte wird von den Siegern geschrieben. In gleicher Weise glaubten die Siegerstaaten des Zweiten Weltkriegs, ihr Sieg enthebe sie von der Verantwortung, sich über einige Aspekte ihres Verhaltens selbst Rechenschaft abzulegen. Aber diese Einstellung ist als solche schon moralisch verwerflich.

Nehmen wir einen Augenblick lang an, sämtliche Argumente für das Flächenbombardement seien zutreffend, nämlich, dass sie den Feind demoralisierten, die Industriekapazität des Feindes verringerten, militärische Ressourcen des Feindes von den Fronten fernhielten, die Opferzahlen unter den eigenen Truppen reduzierten und den Krieg »zum Feind trugen«. Wir haben gesehen, dass diese Argumente nicht überzeugend sind; aber lassen wir sie einen Moment lang gelten. Machen sie Flächenbombardements moralisch vertretbar? Um zu einer bejahenden Antwort zu kommen, müsste man postulieren, Flächenbombardements seien der einzige Weg gewesen, um sich gegen die Achsenmächte zu behaupten. Ist diese Behauptung richtig? Offensichtlich nicht. Zum einen überstand Großbritannien die Zeit, in der von Nazi-Deutschland die größte Bedrohung ausging – die beiden Kriegsjahre, bevor Flächenangriffe zur britischen Luftkriegsstrategie wurden. Zum anderen hätten die von den Verteidigern der Flächenangriffe behaupteten Erfolge – die wir vorübergehend einmal zugestehen wollen – auch durch Präzisionsangriffe erreicht werden können, und dies vielleicht sogar effizienter. Auch dies zeigt, dass Flächenbombardements nicht notwendig waren.

Erinnern wir uns an die Kriterien für das *jus in bello*: Die eingesetzten Mittel sollen notwendig und verhältnismäßig sein. Die Flächenbombardierungen waren weder notwendig noch verhältnismäßig, ja noch nicht einmal annähernd notwendig und verhältnismäßig.

Die Urteile von Historikern – auch von solchen, die den Anstrengungen und Opfern des Bomber Command wohlwollend gegenüberstehen – über den Nutzen der britischen Luftoffensiven im Zweiten Weltkrieg sind bemerkenswert. In seiner vorzüglichen Darstellung des Bomber Command und seiner Kriegsanstrengungen führt Denis Richards die folgenden herausragenden Leistungen des Command an. Erstens das Legen von Minen, die die Bewegungsfreiheit von Handelsschiffen, die Deutschland mit Nachschub versorgten, einschränkten und deutsche U-Boote während kritischer Operationen wie dem Unternehmen »Torch« in Nordafrika 1942 und dem Unternehmen »Overlord« am 6. Juni 1944 in ihren Basen festsetzten. Außerdem beeinträchtigten Minen die Schulung von U-Boot-Besatzungen in der Danziger Bucht, als Großadmiral Dönitz seine neuen großen U-Boote für den Einsatz in der »Atlantik-Schlacht« vorbereiten wollte.[20] Das Bomber Command beschädigte ferner sechs der zwölf größten deutschen Kriegsschiffe so schwer, dass sie entweder sanken oder zumindest außer Gefecht gesetzt wurden; die abenteuerliche Versenkung der *Tirpitz* erforderte drei Luftangriffe, darunter einen von Behelfsflugplätzen in der UdSSR aus, auf denen die angreifenden Lancaster zwischenlanden mussten, bevor sie das Schlachtschiff in seinem Versteck in Kåfjord zu bombardieren versuchten. Dieselben Lancaster versenkten die *Tirpitz* am 12. November 1944 an ihrem Liegeplatz nahe Tromsø. Schließlich verzögerte und verminderte das Bomber Command durch seine Angriffe auf Peenemünde und auf Abschussbasen die V-Waffen-Produktion und trug so maßgeblich dazu bei, dass die Raketenangriffe auf London im Sommer und Herbst 1944 relativ geringe Schäden anrichteten.[21]

Bemerkenswerterweise waren dies alles Präzisionsangriffe. Wir können hier noch die Hilfe des Bomber Command bei der Abwehr der drohenden Invasion von 1940 hinzufügen und seinen Beitrag zum Zusammenbruch der deutschen Treibstoffversorgung in den letzten Kriegsmonaten – selbst wenn dies vor allem ein Erfolg der Amerikaner war. Auch dies waren Präzisionsangriffe. Richards erkennt nur einen nützlichen Effekt von Flächenbombardements: Sie hätten die italienische Bevölkerung dazu gebracht, im Krieg die Seiten zu wechseln. Fast alle Kampfhandlungen der Alliierten in Italien könnten dieses Lob für sich beanspruchen, aber es ist nur angemessen, das Bomber Command einzuschließen, dessen Besatzungen feststellten, dass Angriffe auf Mailand, Genua und Turin im Vergleich zu den Gefahren, die ihnen von Jagdflugzeugen und der Flak in Deutschland drohten, relativ sicher waren. Der Gedanke an die Gleichgültigkeit gegenüber der Zerstörung jahrhundertealter Kulturschätze, die unbekümmert bombardiert wurden, ist bestürzend, auch wenn die Gleichgültigkeit gegenüber der Möglichkeit ziviler Todesopfer – darunter mehrheitlich Kinder, Frauen und ältere Menschen – weitaus schlimmer ist.

Natürlich und durchaus zu Recht werden die Verteidiger des Bombenkriegs auf all die vorstehenden Kritikpunkte mit der Frage antworten: Was hätten die Alliierten denn sonst tun sollen? Man erhält die Antwort schlichtweg dadurch, dass man die Frage selbst präziser stellt: Was hätten die Alliierten *anstatt der Flächenangriffe* tun sollen? Die Antwort lautet: Das Bomber Command hätte an seiner Strategie von Präzisionsangriffen festhalten und sich darum bemühen sollen, solche Einsätze für seine Besatzungen sicherer zu machen und außerdem ihre Effizienz zu erhöhen. Die Tatsache, dass sich Präzisionsangriffe in den ersten Kriegsjahren als höchst riskant erwiesen, war der praktische Grund für die Umstellung auf Flächenangriffe. Aber es gab eine Alternative, die, hätte man an dem Grundsatz der weitestgehenden Schonung der Zivilbevölkerung festgehalten, zweifellos ergriffen worden wäre: nämlich die Suche nach geeigneten Abwehrmaßnahmen gegen die von der feindlichen Luftabwehr ausgehenden Gefahren – wie es die 8. Army Air Force tat, deren Antwort der Begleitschutz durch Langstreckenjäger war. Die RAF unternahm keine Anstrengungen in dieser Richtung, weil sie sich auf den nächtlichen Abwurf von Bombenteppichen konzentrierte. Aber die gleichen Anstrengungen hätten darauf gerichtet werden können, Präzisionsangriffe bei Tag sicherer und erfolgversprechender zu machen, genau so, wie es die Amerikaner taten.

Alle vier erwünschten Effekte, die den Kern der Verteidigung der Bomberoffensive ausmachen, wären auch durch Präzisionsbombardements erreicht worden. Flugabwehrkanonen und Jagdflugzeuge wären in Deutschland gebunden gewesen. Der Krieg wäre »nach Deutschland getragen worden«. Massive, gemeinsame britisch-amerikanische Präzisionsangriffe auf kriegswichtige Industrie- und Wirtschaftsziele hätten die Kapazität der deutschen Kriegsindustrien vielleicht viel schneller reduziert, als es die Präzisionsangriffe der 8. Army Air Force taten – und die Flächenangriffe gerade nicht –, und damit den Krieg vielleicht tatsächlich verkürzt. Und dies hätte vielleicht auch die Moral untergraben, und zwar bei denjenigen, bei denen es darauf ankam: nicht so sehr bei der Zivilbevölkerung, sondern bei den Truppen, die aufgrund unzureichender Versorgung mit Kriegsgerät und Treibstoff ihren Feinden wehrloser ausgeliefert gewesen wären.

Und all dies wäre ohne vorsätzliche Bombardierung von Zivilpersonen und daher mit geringeren zivilen Verlusten erreicht worden. Entsprechend hätten die Alliierten durchgehend moralischen Prinzipien treu bleiben können, im Einklang mit ihren Verlautbarungen vor und zu Beginn des Krieges, sie würden sich niemals zur gezielten Bombardierung von Zivilisten herablassen.

Die Verteidiger von Flächenangriffen würden an dieser Stelle vielleicht vorbringen, es sei während der Bomberoffensive nicht erkennbar gewesen, dass sie keine nennenswerten Auswirkungen auf die deutsche Kriegswirtschaft beziehungsweise die Moral der Bevölkerung gehabt habe. Die Hoffnung, den Krieg dadurch zu verkürzen, dass man die deutsche Bevölkerung dazu brächte, von ihren Anführern die Beendigung des Kriegs zu verlangen, sei tatsächlich vorhanden gewesen, und auch wenn sie das Flächenbombardement nicht rechtfertige, so entschuldige sie es zumindest oder gestatte es, für das Flächenbombardement gewissermaßen strafmildernde Umstände vorzubringen.

Darauf ist zu entgegnen, dass diejenigen, die für die Planung und Durchführung von Flächenbombardements verantwortlich waren, aufgrund der Debatten vor dem Krieg und allgemein bekannter Ängste sowie der Bemühungen in der Vorkriegszeit, die Bombardierung der Zivilbevölkerung durch internationale Abkommen zu begrenzen, genau wussten, dass es bereits unmoralisch war, Zivilpersonen überhaupt ins Visier zu nehmen. Tatsächlich hatte die britische Regierung zu Beginn des Krieges mehrfach und deutlich zum Ausdruck gebracht, dass sie gezielte Angriffe auf Zivilpersonen als barbarische und unzivilisierte Kriegshandlungen betrachte. Man kann sich nicht auf die Unkenntnis der Wirkungslosigkeit als Rechtfertigungs- oder Schuldausschließungsgrund berufen, wenn man gleichzeitig hoffte, die Bombardierungen seien ein wirksames Mittel, um den Krieg zu verkürzen. Die Verbindung von Unkenntnis und Hoffnung mag eine *Erklärung* dafür sein, weshalb die Verantwortlichen der flächendeckenden Luftkriegführung diese als Strategie auswählten und daran festhielten; aber eine Erklärung ist keine Entschuldigung.

Um die Maßstäbe, denen Roosevelt, Chamberlain und andere in Bezug auf die Luftkriegführung zu Beginn des Zweiten Weltkriegs genügen wollten – in Chamberlains Fall, wie wir sahen, teils aus innerer Überzeugung, teils aus dem pragmatischen Wunsch, Deutschland von Flächenangriffen auf Großbritannien abzuhalten –, in die richtige Perspektive zu rücken, wollen wir ein Beispiel aus jüngster Zeit anführen. Der amerikanische Kommentator Thomas Friedman schrieb im Frühjahr 2005 über die Behandlung von Gefangenen, die sich in Afghanistan und im Irak in amerikanischem Gewahrsam befanden:

Ja, ich weiß, der Krieg ist die Hölle, und überall geschehen hässliche Dinge. Ich sehe auch ein, dass es die USA in Ländern wie dem Irak und Afghanistan mit einem heimtückischen Feind zu tun haben, der, wenn er könnte, den USA schweren Schaden zufügen würde. Man fasst solche Leute nicht mit Samthandschuhen an. Aber Kriegsgefangene, vermutlich unter Folter, zu töten, ist eine unentschuldbare Gräueltat. Die Tatsache, dass der Kongress dies gerade achselzuckend abgetan hat und dass kein hoher Regierungsbeamter oder Offizier entlassen wurde, ist ein schreiendes Unrecht.[22]

Dieser Kommentar lässt sich, mit ein paar ausgetauschten Namen und Substantiven, rückwirkend auf den Zweiten Weltkrieg beziehen, und hier gilt der gleiche Grundsatz: Normen zivilisierten Verhaltens müssen auch unter schwierigen Bedingungen eingehalten werden, sowohl aus prinzipiellen Gründen als auch deshalb, weil immer irgendwann der Tag kommt, an dem man Rechenschaft ablegen muss.

Die Verteidiger des Flächenbombardements können einen letzten Trumpf ausspielen, der darin besteht, auf die gerade vorgebrachten Argumente zu erwidern: »Hat Moral im Krieg überhaupt einen Platz?« Wenn nicht, dann »ist alles erlaubt« und mithin auch das Flächenbombardement von zivilen Zielen. Dies wäre der absolute Rechtfertigungsgrund für sämtliche Handlungen, die unter dem Deckmantel des Krieges begangen würden – und leider ist dies oftmals so, denn dies sind nun mal die entsetzlichen Fakten des Krieges, von fürchterlichen Schlachten wie Stalingrad bis zu Gräueltaten, Bombenopfern, japanischen Kriegsgefangenenlagern, Männern, die in U-Booten auf dem Grund des Meeres sterben oder in den Cockpits von Flugzeugen verbrennen und so weiter und so fort – die Liste ist schrecklich und endlos, und wenn man darüber nachdenkt, wirken die feinsinnigen Nuancen ethischer Debatten völlig deplatziert.

Robin Neillands, dessen Frage »Hat Moral im Krieg überhaupt

einen Platz?«[23] ich anführe, zitiert sowohl Clausewitz als auch Lord Macaulay als Kronzeugen für die Anschauung, dass, sobald ein Krieg ausgebrochen sei, das Wichtigste darin bestehe, ihn »um jeden Preis zu gewinnen – besonders wenn diesen Preis der Feind zahlt«.[24] Nach Clausewitz ist es ein legitimes Kriegsziel, den Willen des Feindes zu brechen: »Die Hauptschlacht ist der blutigste Weg der Lösung; zwar ist sie kein bloßes gegenseitiges Morden und ihre Wirkung mehr ein Totschlagen des feindlichen Mutes als der feindlichen Krieger.«[25] Und Macaulay schrieb 1831: »Das Wesen des Krieges ist Gewalt; Mäßigung im Krieg ist Unsinn.«[26] Für Neillands ist die Auffassung, dass ein Krieg um jeden Preis gewonnen werden müsse, ein Punkt, »über den all jene Moralphilosophen endlos diskutieren, die eine so schonungslose Auffassung für inakzeptabel halten. Doch Kriege werden nicht von Moralphilosophen geführt«.[27] Interessanterweise sind die Übereinstimmungen zwischen Moralphilosophen einerseits und Soldaten, die an der Front gekämpft haben, andererseits größer als die Gemeinsamkeit zwischen Soldaten und Militärhistorikern. Das ist überaus aufschlussreich. Aber, so fährt Neillands fort: »In den Krieg müssen die einfachen Soldaten ziehen… und sobald sie sich im Krieg befinden, sind moralische Fragen nur noch von akademischer Bedeutung: Das Bestreben des Soldaten im Krieg ist es, am Leben zu bleiben und zu siegen.«[28] Das ist zweifellos richtig. Aber die oberste militärische und politische Führung im Krieg liegt bei jenen, die die Entscheidungen treffen, nicht bei den einfachen Soldaten, die nur widerwillig in den Krieg ziehen. Daraus ergibt sich ein gewichtiger Unterschied. Größere Verantwortlichkeit erfordert eine umfassendere Sicht nicht nur der strategischen, sondern auch der politischen, diplomatischen und schließlich auch menschlichen Belange des Krieges und der Kriegführung.

Doch auch gewöhnliche Leute, die vom Krieg eingeholt werden, stellen mitunter moralphilosophische Überlegungen an, wie Neillands in einem plötzlichen Sinneswandel einräumt:

Um zu siegen, müssen sie ihren Mitmenschen oft schreckliche Dinge antun, um selbst zu überleben. Doch alle Soldaten werden der Feststellung beipflichten, dass es dabei eine Grenze gibt. Handlungen, die diese

Grenze überschreiten – etwa das Töten von Gefangenen sowie von Frauen und Kindern –, sind zu verurteilen. Es gibt also auch im Krieg eine Moral, es muss sie geben; anders zu denken bedeutet, Barbarei zu entschuldigen.[29]

Dieser letzten Bemerkung ist meines Erachtens nichts weiter hinzuzufügen. Natürlich ist dies in Zeiten entsetzlicher Bedrängnis unendlich leichter gesagt als getan. Aber es ist nun einmal ein Kennzeichen wahrer moralischer Gesinnung, dass man sich auch in einer solchen Notlage darum bemüht, die Grenze nicht zu überschreiten.

Ich komme dahingehend zu dem Schluss, dass die für das Flächenbombardement vorgebrachten Rechtfertigungsgründe nicht überzeugend sind und die Anklage daher Bestand hat.

7

Urteil

Mein wichtigstes Beispiel für ein Bombardement von Zivilpersonen war in diesem Buch die Operation »Gomorrha«, die Serie von Luftangriffen auf Hamburg im Juli und August 1943. Ich hätte auch Dresden oder die Atombombenabwürfe auf Hiroshima und Nagasaki dezidiert anführen können, aber ich entschied mich für Hamburg. Warum?

Der Leser wird bemerkt haben, dass ich mich in dieser Abhandlung, von einer Ausnahme abgesehen, ausschließlich auf englischsprachige Quellen gestützt habe. Ich hätte die jüngste Flut deutschsprachiger Veröffentlichungen über die Erfahrungen deutscher Zivilpersonen, die im Zweiten Weltkrieg Luftangriffe erlebten, stärker berücksichtigen können, aber ich entschied, mich der Frage nach der moralischen Rechtfertigung der alliierten Flächenbombardements aus der Perspektive der einschlägigen Literatur in der Sprache der Siegermächte zu nähern. Weshalb?

Ich habe beide Entscheidungen aus ganz bestimmten, wohl erwogenen Gründen getroffen, die ich kurz darstellen möchte.

Die Bombardierung Dresdens und die Atombombenangriffe auf Hiroshima und Nagasaki sind, aus sehr gutem Grund, nahe liegende Ziele moralischer Missbilligung, wenn das Flächenbombardement kritisiert wird. Weiter vorn legte ich die Gründe dafür dar, weshalb sie Sonderfälle sind. Sie fanden statt, als der Krieg faktisch vorbei war, und beide können für sich den Anspruch erheben, einzigartige Kriegsereignisse zu sein. Dresden wegen des schrecklichen Blutzolls, den der Angriff unter der Bevölkerung forderte, und der grauenvollen Umstände des Bombentodes – die Menschen wurden von Trümmern zerquetscht, sie erstickten oder verbrannten –, die in so krassem Gegensatz zu der großen Schönheit und kulturellen Bedeutung ihrer Heimatstadt stand. Der Anspruch der Städte, auf die Atombomben abgeworfen wurden, ergibt sich aus der Tatsache, dass sie durch eine entsetzliche neue Waffe zerstört wurden und dass beide bis heute die einzigen geblieben sind, bei denen dies geschah. Zudem ließen die Angriffe ein Gift in den Überlebenden zurück, das sie im Verlauf der folgenden Monate, Jahre und Jahrzehnte tötete, ein teuflisches Vermächtnis, das in keiner Weise gerechtfertigt werden kann.

Operation »Gomorrha« wählte ich deshalb als Hauptbeispiel aus, weil sie stattfand, als der Krieg, obschon er sich zugunsten der Allierten entwickelte, noch keineswegs gewonnen war. Die Angriffe wurden mit Mitteln durchgeführt, die für den Zweiten Weltkrieg »konventionell« waren, zumindest bis August 1945; das heißt mit einer Mischung aus Brand- und Sprengbomben. Sie richtete sich klar und eindeutig gegen die Zivilbevölkerung einer Großstadt, die bei Nacht mit einem Bombenteppich belegt wurde, um jenes Ziel zu verwirklichen, das Arthur Harris selbst in drastischen Worten beschrieb als »Boches unter den Trümmern ihrer Häuser begraben, Boches umbringen und Boches terrorisieren«.

Wenn schon Operation »Gomorrha« ein unsittlicher Akt war, dann gilt dies umso mehr für Dresden, Hiroshima und Nagasaki. Wenn die Operation »Gomorrha« gemäß der Theorie vom gerechten Krieg *unnötig* und *unverhältnismäßig* war, dann gilt dies umso mehr für die Angriffe auf Dresden, Hiroshima und Nagasaki – und auch für die Brandbombenangriffe auf Tokio und andere japanische Städte, die Luftschläge gegen Berlin und die Zerstörung Würzburgs und vieler weiterer deutscher Städte, die in den allerletzten Kriegsmonaten aus keinem besseren Grund als dem, dass sie noch nicht bombardiert worden waren und dass viele Bomber und Bomben auf ihren Einsatz warteten, willkürlich und wahllos angegriffen wurden.

Wenn die Operation »Gomorrha« ein moralisches Verbrechen war, dann gilt dies auch für die Flächenoffensiven des Zweiten Weltkriegs insgesamt. Auch bei Luftangriffen, bei denen sich die Angreifer bemühten, Ziele präzise zu treffen – und die sich gegen Treibstoffziele, Abschussrampen von V-Waffen, Eisenbahnlinien und

U-Boot-Bunker richteten –, kamen Menschen ums Leben; aber hier greift der Rechtfertigungsgrund, dass nun einmal Krieg herrschte und dass so etwas im Krieg passiert. Dagegen lässt sich nicht behaupten, dass gezielte Angriffe auf die Zivilbevölkerung und der unerbittliche Abwurf von Tausenden von Tonnen Bomben auf die Zivilbevölkerung über mehrere Jahre hinweg eine unvermeidliche Nebenwirkung des Krieges seien.

Der zweite Punkt ist der, dass ich nur englischsprachige Quellen benutzt habe. Zwar stützen sich die meisten dieser Publikationen ihrerseits zum Teil auf deutsche Quellen, und so sind Fakten, Zahlen und Erzählberichte, die deutschen Quellen entnommen wurden, daher auf diesem Umweg in dieses Buch eingegangen. Außerdem sind einige meiner Quellen Bücher von Deutschen, die entweder auf Englisch geschrieben oder ins Englische übersetzt wurden. Aber ich habe es bewusst vermieden, aktuelle Publikationen wie Jörg Friedrichs *Der Brand* und *Brandstätten*, dem von Volker Hage herausgegebenen Sammelband *Hamburg 1943: Literarische Zeugnisse zum Feuersturm* oder Christoph Kucklicks *Feuersturm: Der Bombenkrieg gegen Deutschland* heranzuziehen. Diese Bücher laden ihre deutschen Leser ein, neben dem nationalen Gefühl der Schuld wegen der Nazi-Zeit einem zweiten Gedanken Raum zu geben, nämlich dass Hunderttausende von Deutschen in den Kriegsjahren unter Flächenangriffen zu leiden hatten, die nicht nur über 300 000 Menschenleben forderten, sondern auch gewaltige Schäden an dem architektonischen und kulturellen Erbe Deutschlands anrichteten. Zwei dieser Bücher, Friedrichs *Brandstätten* und Kucklicks *Feuersturm*, enthalten Fotos, die die Verwüstungen und das Leid der Opfer dokumentieren und die zum Teil hier zum ersten Mal veröffentlicht wurden; das erste Buch ist ein bebilderter Essay über die historischen Baudenkmäler – und das kulturelle Gedächtnis, das sie verkörpern –, die von den Bomben zerstört wurden. In *Der Brand* zieht Friedrich eine Bilanz der kulturellen Verluste, indem er die Bestände historischer Bauten, Kirchen, Paläste, Museen und Bibliotheken dokumentiert.

Ich halte diese Bücher für legitime und mittlerweile auch zeitgemäße Beiträge zu dem notwendigen Diskussionsprozess, um den Zweiten Weltkrieg in die angemessene Perspektive zu rücken. Ich erwarte nicht, dass dies irgendetwas an der Frage der Nazi-Kriegsverbrechen und der Verbrechen gegen die Menschlichkeit ändern wird, für die die Beweislast so erdrückend ist, dass nichts die Untaten, die damals in Deutschland oder in seinem Namen geschahen, auch nur teilweise entschuldigen könnte. Es geht nicht darum, eine Bilanz aufzumachen und dadurch, dass man darin die Leiden der Deutschen unter dem Flächenbombardement ausweist, die Schuld des Nazismus zu schmälern. Genau darum bemühen sich die Neonazis unzulässigerweise. Ich glaube nicht, dass es verantwortungsbewussten Historikern in Deutschland darum zu tun ist. Aber meine Argumentation in diesem Buch und das Urteil, zu dem ich aufgrund meiner Beweisführung gelange, ist jedenfalls unabhängig von ihrer Sichtweise des Themas, auch wenn sie in vielen Punkten zu ganz ähnlichen Schlussfolgerungen gelangen wie ich. Als ich dieses Buch schrieb, wollte ich die Sache nur vom Standpunkt eines Angehörigen der Siegermächte aus betrachten, der von den Früchten dieses Sieges profitierte, aber hofft, dass trotz des großen historischen Abstands das Unrecht, welches im Verlauf des Krieges begangen wurde, offen eingestanden werden kann.

Hauptsächlich aus zwei Gründen ist es wichtig, anzuerkennen, dass die Flächenoffensiven der alliierten Bomberstreitkräfte moralische Verbrechen sind. Zum einen, damit wir uns in den Siegernationen unserem Anteil an den Verbrechen, die im Verlauf dieses schrecklichen Krieges begangen wurden, stellen können; Verbrechen, die bei weitem nicht so schwer wiegen wie die der Nazis, auch wenn das schuldhafte Verhalten derer, die für die alliierten Flächenbombardements verantwortlich sind, unangenehme Überlegungen darüber auslösen sollte, mit welchen Handlungen sie, moralisch gesehen, auf einer Stufe stehen. Denn Flächenangriffe haben mehr mit den japanischen Taten bei dem berüchtigten Angriff auf Nanking gemein als beispielsweise mit Henry Stimsons Entscheidung, Kyoto von der Liste der Atombombenziele zu streichen. Es versteht sich eigentlich von selbst, dass eine zivilisierte Gesellschaft nur dann, wenn sie sich aufrichtig selbst betrachtet und das, was sie sieht, annimmt, dazulernen und danach auf dem rechten Weg weiterkommen kann. Es mag sich abgedroschen anhören und ist doch wahr: Wir schulden es unserer Zukunft, uns Klarheit über die Vergangenheit zu verschaffen.

Der zweite Grund ist der, dass wir Gefahr laufen, Fehler der Vergangenheit zu wiederholen, wenn wir uns nicht damit auseinandersetzen. Es gibt einen ganz besonderen Grund, in dieser Hinsicht besorgt zu sein. Schauen wir uns an, wie die Streitkräfte der USA in jüngster Zeit jene Aspekte des humanitären Völkerrechts (die Genfer Abkommen von 1949 und die beiden Zusatzprotokolle) auslegen, die Zivilpersonen schützen. Das 1977 unterzeichnete Protokoll zu den Genfer Abkommen verbietet militärische Angriffe auf Zivilpersonen und zivile Ziele, und Letztere werden in Artikel 52 (1) des Protokolls I wie folgt definiert: »Zivile Objekte sind alle Objekte, die nicht militärische Ziele… sind.« Artikel 52 (2) definiert militärische Ziele als »nur solche Objekte, die aufgrund ihrer Beschaffenheit, ihres Standorts, ihrer Zweckbestimmung oder ihrer Verwendung wirksam zu militärischen Handlungen beitragen und deren gänzliche oder teilweise Zerstörung, deren Inbesitznahme oder Neutralisierung unter den in dem betreffenden Zeitpunkt gegebenen Umständen einen eindeutigen militärischen Vorteil darstellt«. Betrachten wir nun die sehr weite Auslegung dieser Schutzvorschriften in US-Militärhandbüchern: »Das Streben nach militärischer Überlegenheit kann verschiedene Gesichtspunkte beinhalten, darunter auch die Sicherheit der angreifenden Streitkräfte… Wirtschaftliche Ziele des Feindes, die indirekt, aber wirkungsvoll dessen Kriegsfähigkeit stützen und aufrechterhalten, können ebenfalls angegriffen werden« (Kommentar zum Kommandeurshandbuch über das Seekriegsrecht, 8.1.1.). »Nach der offiziellen Doktrin der US Air Force kann die Moral der Zivilbevölkerung als solche ein legitimes Angriffsziel sein, weil die Schwächung des Kampfeswillens einen militärischen Vorteil verheißt« (Air Force Doctrine Document 1: Air Force Basic Doctrine, AFDD-1 [1997]). Mit anderen Worten: Die US Navy und die Air Force denken noch immer in Kategorien des Zweiten Weltkriegs über »die Moral der Zivilbevölkerung« und die Legitimität von Angriffen auf »wirtschaftliche« Ziele – man beachte, dass nicht von »Kriegsindustrien« oder einigen eng definierten wirtschaftlichen Zielen wie Öl-, Strom-, Wasserversorgung oder Verkehrsinfrastruktur die Rede ist. Der Ausdruck »wirtschaftliche Ziele« ist viel zu weit gefasst.

Solche Auslegungen der Genfer Abkommen und der Zusatzprotokolle sind angesichts der Tatsache, dass wir das alliierte Flächenbombardement als moralisches Verbrechen erkannt haben, nicht statthaft. Diese Anerkenntnis schränkt die Auslegungsfreiheit erheblich ein. Daher ist sie von Bedeutung.

Um die unangenehme Wahrheit über den moralischen Status des alliierten Flächenbombardements zu erfahren, müssen wir dazu nur die relevanten Fragen stellen. War es notwendig? War es verhältnismäßig? Stimmt es wirklich, dass alle Zivilpersonen ohne Ausnahme zur Kriegsfront gehören? Weshalb sind westliche Militärs heute – wenn auch nur in der Theorie, wenn auch nur als Lippenbekenntnis oder Propaganda – so bestrebt, »Kollateralschäden« zu vermeiden? Weshalb haben wir 1949 das Genfer Abkommen über den Schutz von Zivilpersonen in Kriegszeiten und die Zusatzprotokolle zu dieser Konvention, in denen dieser Schutz noch stärker verankert ist, verabschiedet? Besteht das alliierte Flächenbombardement im Zweiten Weltkrieg den Test der Nürnberger Rechtsgrundsätze, die die Alliierten selbst aufstellten? Wie verträgt sich das alliierte Flächenbombardement mit dem Geist der Allgemeinen Erklärung der Menschenrechte der Vereinten Nationen?

Die Erklärungen und Abkommen über Rechte und rechtmäßiges Verhalten im Krieg unmittelbar nach 1945 verdankten sich dem entschlossenen Willen, dass sich die schweren Menschenrechtsverletzungen während des Krieges auf keinen Fall wiederholen sollten. Die Verhandlungen darüber standen ganz unter dem Eindruck der Kriegsgräuel, es wurde ein Urteil über sie gefällt und unmissverständlich festgelegt, welche Taten als verwerflich anzusehen waren. Zu Recht stand dabei der Holocaust im Mittelpunkt der entsprechenden Überlegungen; aber diese bezogen auch andere Kriegsgräuel ein, und wie die Entstehungsgeschichte des IV. Genfer Abkommens zeigt, war das Flächenbombardement ein Teil davon, auch wenn diejenigen, die hauptsächlich dafür verantwortlich waren – Briten und Amerikaner –, die explizite Erwähnung dieses Begriffs verhinderten. Die historischen Ereignisse, die den Bestimmungen des 1977 angenommenen ersten Zusatzprotokolls zur Genfer Konvention von 1949 zugrunde lagen, werden darin stillschweigend übergangen. Aber die Bedeutung dieses Protokolls ist eindeutig: Als ein rückwirkendes Urteil über das Flächenbombardement benennt es dieses als Verbrechen.

Wir können noch viele weitere Fragen stellen, und sie erzeugen immer neues Unbehagen. Macht es, moralisch gesehen, einen Unterschied, ob man Frauen und Kinder bombardiert oder ob man sie mit einer Pistole erschießt? Liegt der Unterschied darin, dass man sie nicht sieht, wenn man sie bombardiert – man hatte nicht die Absicht, genau *diese* Frau und genau *dieses* Kind zu töten –, und dass sie grundsätzlich den Bombenangriff überleben können, etwa indem sie einen Luftschutzkeller aufsuchen? Aber wenn sie an einer Mauer stehen, vielleicht nur wenige Meter von der Mündung der Pistole entfernt, die man auf sie richtet, dann können sie nicht entkommen: Es ist eine persönlichere Situation, der Täter kann ihre Augen sehen. Ist das der Unterschied – die Anonymität der Tötung aus 7000 Meter Höhe?

Auf der Grundlage meiner Darlegungen in den vorangehenden Kapiteln beantworte ich nun die folgenden Fragen:

War das Flächenbombardement notwendig? Nein.

War es verhältnismäßig? Nein.

Widersprach es den humanitären Grundsätzen, die Menschen aufstellen wollten, um dem Krieg Schranken aufzuerlegen? Ja.

Widersprach es den allgemeinen moralischen Maßstäben, wie sie in den letzten 500 oder auch 2000 Jahren in der abendländischen Kultur anerkannt waren? Ja.

Widersprach es festgeschriebenen nationalen Gesetzesvorschriften, die Mord, Körperverletzung und Sachbeschädigung unter Strafe stellen? Ja.

Kurzum: War das Flächenbombardement Unrecht? Ja.

Ein schweres Unrecht? Ja.

Und jetzt kommen einige sehr heikle Fragen, die wir Briten uns selbst über britische Flieger – unsere Landsleute – stellen müssen.

Hätten sich die Besatzungen weigern sollen, Flächenangriffe zu fliegen? Ja. In einer idealen Welt, die es nicht gibt und erst recht nicht im Krieg, hätten sie darauf bestehen sollen, nur Angriffe gegen tatsächliche industrielle und militärische Ziele zu fliegen, und sie hätten, was die Auswirkungen ihrer Einsätze auf Zivilpersonen anbelangt, allenfalls unvermeidliche »Kollateralschäden« hinnehmen dürfen. Zweifellos waren viele der Ansicht – oder redeten es sich ein –, dass sie sowieso ebendies taten; und das war in aller Regel das, was man ihnen sagte, und zweifellos beschlossen einige, dies zu glauben, um ihr Gewissen zu erleichtern. Viele aber wussten ganz genau, was sie taten, und sie fanden sich damit ab, oder sie machten ihre Skrupel still mit sich aus, oder sie empfanden Reue. Aber in Kriegszeiten bläut man den Menschen ein, den Feind zu hassen, und im Zweiten Weltkrieg hatten die alliierten Flieger allen Grund zu der Annahme, dass das feindliche Regime aus üblen Verbrechern bestand. Die Besatzungen des Bomber Command und, auf dem pazifischen Kriegsschauplatz, die Besatzungen der USAAF konnten auf die Unterstützung des größten Teils der Öffentlichkeit und ihrer Vorgesetzten bauen. Sie brauchten beides, dazu die Überzeugung, einen gerechten Krieg zu führen – was richtig war –, damit sie den Mut für einen Auftrag aufbringen konnten, der, was immer man bei nachträglicher Betrachtung sonst noch darüber sagen kann, jedenfalls sehr gefährlich war.

Im Krieg gilt das »Element der Überraschung« als eine effiziente Taktik. Die militärische Planung wird demgemäß geheim gehalten, es sei denn, die Drohung mit einem Angriff hat Propagandawert oder soll feindliche Kräfte ablenken. Als Japan 1941 Pearl Harbor angriff, traf dies die US-Streitkräfte völlig unvorbereitet, und sie erlitten schwere Verluste. Ein Analytiker der japanischen Militärstrategie hätte gewusst, dass der Überraschungsangriff eine japanische Spezialität war – im Jahr 1905 überrumpelten japanische Streitkräfte die russische Flotte in Port Arthur in einer Weise, die wie eine Vorwegnahme von Pearl Harbor wirkte. Natürlich nannten die USA den japanischen

Angriff einen »heimtückischen Überfall«. Dies ist kein bloß rhetorischer Begriff; das Kriegsrecht verbietet nämlich »heimtückische Angriffe«, wenngleich dieses Verbot kaum beachtet wurde, wie der Verlauf des Krieges zeigt. In einem raffinierten Akt der Geschichtsklitterung und aufgrund ihres durchschlagenden Sieges im Krieg gelang es den USA, Pearl Harbor von einer schmählichen Niederlage in eine erhabene nationale Tragödie umzudeuten.

Aber zumindest galt der Angriff auf Pearl Harbor militärischen Einrichtungen. Beim zweiten Nachtangriff der Operation »Gomorrha« (demjenigen, der den fürchterlichen Feuersturm entfachte) bestand das vom Bomber Command geplante Element der Überraschung darin, dass der Bomberstrom zunächst nördlich an Hamburg vorbeiflog, als würde er Ziele tiefer in Deutschland angreifen, und dann herumschwenkte und die Stadt überraschend aus Osten angriff. Hier war die Zivilbevölkerung das Ziel. In ähnlicher Weise war das einsame Flugzeug, das am 6. August 1945 über Hiroshima seine Bahnen zog, für die Hunderttausenden von Menschen am Boden kein Anlass zur Sorge; entsprechend gingen sie wie gewohnt ihren alltäglichen Verrichtungen nach und ergriffen keine Schutzmaßnahmen. Als die Atombombe im Himmel über dem Stadtzentrum explodierte, rechnete kein Mensch im Detonationsgebiet damit.

Ein Überraschungsangriff auf die Zivilbevölkerung, der darauf abzielt, größtmöglichen Schaden, Schock, Zermürbung und Terror hervorzurufen: Die Unterschiede zwischen der Operation »Gomorrha« der RAF, den Atombombenangriffen der USAAF auf Hiroshima und Nagasaki und dem Terroranschlag auf das World Trade Center in New York am 11. September 2001 erscheinen minimal. Und einmal abgesehen von den Größenunterschieden und dem spektakulären Charakter des Ziels, unterscheidet sich dieser Terroranschlag seinerseits kaum von terroristischen Bombenanschlägen, die von baskischen Separatisten in Madrid oder von der IRA in London verübt wurden. All diese terroristischen Anschläge sind Gräueltaten – vorsätzliche Massenmorde an Zivilisten – zu dem Zweck, die Gesellschaft, der diese Zivilpersonen angehören, zu schädigen oder sie zu einem bestimmten Verhalten zu nötigen. Wenn man behauptet, dem Anschlag von 11. September 2001 und den Bombenangriffen auf Hamburg und Hiroshima liege das gleiche Prinzip zugrunde, dann behauptet man, dass auf alle drei das gleiche moralische Urteil zutrifft.

Zweifellos werden diese Vergleiche unangemessen provokativ erscheinen. Man kann darauf verweisen, dass die alliierten Bombenangriffe im Rahmen eines erklärten Krieges stattfanden, in dem Angriffshandlungen tatsächlich eine Form der Verteidigung sind, da der Feind das Gleiche tun wird, wenn er die Gelegenheit dazu erhält; Pearl Harbor und der 11. September dagegen waren heimtückische Angriffe auf schutzlose Ziele, das erste militärischer und das zweite ziviler Natur.

Dieses Argument ist stichhaltig, denn tatsächlich besteht hier ein Unterschied, auch wenn einige die Frage aufwerfen werden, ob diejenigen, die terroristische Attentate verüben, vielleicht glauben, dass sie sich in einem Krieg befinden und dass ihr Angriff in gleicher Weise eine Form von präventiver Verteidigung darstellt. Schön: Wir räumen den Unterschied ein, aber was folgt letztlich daraus? In all diesen Fällen geht es im Kern um einen Angriff auf die Zivilbevölkerung, der darauf abzielt, größtmöglichen Schaden, Schock, Zermürbung und Terror zu verursachen. Dies ist die Gemeinsamkeit dieser Ereignisse, gleich viel, ob sie in einem erklärten Krieg stattfinden oder nicht, und was diesen Kernpunkt anbelangt, sind solche feinsinnigen moralischen Abwägungen allenfalls irrelevant. All diese Angriffe sind moralisch verwerfliche Gräueltaten.

Hat man dies einmal erkannt, so wird das ganze Ausmaß der moralischen Bedenken, denen das alliierte Flächenbombardement im Zweiten Weltkrieg begegnet, unmittelbar deutlich. Es ist jetzt an der Zeit, diesen Punkt besonnen und nüchtern zu akzeptieren. Damit wahrt man die Bedeutung des ersten Zusatzprotokolls zum IV. Genfer Abkommen über den Schutz von Zivilpersonen (1977), das vielleicht eines Tages von einem internationalen Gerichtshof durchgesetzt werden wird; und es wird erklärt, weshalb es wirklich wichtig ist, alles daranzusetzen, in einem Krieg »Kollateralschäden« zu vermeiden. Dies sind, um es noch einmal zu sagen, zwar allzu oft bloße Lippenbekenntnisse, aber mit dem hohen Ziel ist wenigstens ein Anfang gemacht.

Vor allen Dingen wird diese Einsicht zu einer ehrlicheren Bewertung des Krieges beitragen, den die Alliierten zwischen 1939 und 1945 gegen die Achsenmächte führten: Es war ein gerechter Krieg gegen verbrecherische Feinde, in dem die späteren Sieger in einigen wichtigen Aspekten moralisch genauso tief sanken wie ihre Gegner, eine Tatsache, die inständig und offen bereut werden sollte.

Die Dinge ins rechte Licht zu rücken ist alles, was wir heute tun können. Aber das ist keineswegs wenig. Ich, der ich zu den Erben des Triumphs gehöre, den die moralisch überlegenen Streitkräfte über moralisch unterlegene in dem weit reichenden Konflikt 1939–45 errungen haben, bin der Ansicht, dass dies unsere Verurteilung der Gräueltaten des Nazismus im Besonderen und der Aggression der Achsenmächte im Allgemeinen auf eine noch festere Grundlage stellen wird, weil wir selbst nicht so tun, als hätten wir eine saubere Weste. Wir können jedoch behaupten, dass unsere Weste viel sauberer ist als die jener Personen, die die Welt in einen Krieg stürzten und unter seinem Deckmantel schwere Verbrechen begingen, und dass wir unsere Weste überhaupt nur deshalb schmutzig machten, weil wir so viel sauber machen mussten.

Ein passender Abschluss der Debatte liefert jemand, der selbst am Zweiten Weltkrieg teilnahm und der sein Urteil über den Nutzen der Flächenbombardements in einem interessanten Rahmen traf. Es war der Marineflieger Admiral Ralph Ofstie von der United States Navy, der sich nach dem Zweiten Weltkrieg in seinem Land an der Diskussion über den Stellenwert von Atomwaffen in der künftigen US-Militärdoktrin beteiligte. Da er am US Strategic Bombing Survey mitgewirkt hatte, war er hervorragend für diese Aufgabe qualifiziert. Er sagte bei einer Anhörung des Streitkräfteausschusses des Repräsentantenhauses, die alliierten Bomberoffensiven im Krieg hätten gezeigt, dass der strategische Bombenkrieg »per se ungenau« sei und dass, ganz gleich, wie seine Ziele definiert würden, er zwangsläufig mit dem »massenhaften Gemetzel an Männern, Frauen und Kindern im Feindesland« verbunden sei. Er sei nicht nur militärisch wirkungslos, sondern aufgrund seiner »erbarmungslosen, barbarischen Methoden« bewirke der Bombenkrieg auch einen moralischen Werteverfall in der Gesellschaft, deren Streitkräfte ihn ausführen. »Müssen wir«, fragte Admiral Ofstie, »den historischen Fehler des Zweiten Weltkriegs in ein dauerhaftes Konzept übertragen, nur damit das Ansehen derer, die uns in der Vergangenheit den falschen Weg wiesen, nicht getrübt wird?«[1]

Eine passende »Schlussstrophe« sollen uns die letzten Worte von Vera Brittains Buch *Seed of Chaos* liefern. Mitten im Krieg prophezeite sie: »Die abgestumpfte Grausamkeit, die uns dazu veranlasste, in den am dichtesten bevölkerten Städten Europas unschuldige Menschenleben auszulöschen, und die blinde Zerstörungswut, der historische Kulturgüter in einigen der schönsten Städte Europas zum Opfer gefallen sind, werden der künftigen Menschheit als eine Extremform des verbrecherischen Irrsinns erscheinen, von dem sich unsere politischen und militärischen Führer vorsätzlich haben heimsuchen lassen.«

Anhang

Anmerkungen

In den Anmerkungen verwendete Abkürzungen

BCWD   Bomber Command War Diaries (Kriegstagebücher des Oberkommandos der Bomberstreitkräfte)

OH   Official History, von Charles Webster und Noble Frankland, *The Strategic Air Offensive Against Germany 1939–45*, HMSO 1961

USSBS   United States Strategic Bombing Survey AHB (Auswertungsbericht über den strategischen Bombenkrieg der USA)

AHB   Air Historical Branch

1. Der Bombenkrieg

1   W. G. Sebald, *Luftkrieg und Literatur*, Frankfurt/M. 2005, S. 34.

2   Ebenda.

3   Ebenda.

4   Martin Middlebrook schildert den Verlauf der Operation »Gomorrha« ausführlich in seinem Buch *Hamburg, Juli '43*, Hamburg 1984/Berlin – Frankfurt/M. 1983.

5   *The Firestorm Raid*, OH, Bd. II, S. 154–5. Für die Opferzahlen und die Verluste des Bomber Command siehe Henry Probert, *Bomber Harris, His Life and Times*, London 2001, S. 261.

6   Zitiert nach Middlebrook, *Hamburg, Juli '43*, S. 277.

7   Vgl. Kapitel 2 unten, wo die Bedeutung der Panik, die sich nach der Bombardierung Hamburgs in Deutschland ausbreitete, und das Ausmaß, in dem sie Arthur Harris in seinem Glauben an die »moralische Wirkung« groß angelegter Bombenangriffe auf die Zivilbevölkerung bestärkte, diskutiert wird.

8   Stichhaltige Belege für diese Behauptung werden an geeigneten Stellen weiter unten angeführt, wo die Auswirkungen der Bomberoffensiven diskutiert werden. Siehe insbesondere Kapitel 2 und 7.

9   Die Annahme, die Alliierten hätten die Idee eines faktischen »Kulturozid« an Deutschland durch Bombardierung aller größeren deutschen Städte und Umwandlung des Landes in eine Kornkammer in Erwägung gezogen, darf nicht in Vergessenheit geraten lassen, dass das Nazi-Regime in Deutschland mit aktiver Unterstützung breiter Bevölkerungskreise den Genozid an den europäischen Juden nicht nur in Betracht zog, sondern ausführte, und mit der

slawischen Bevölkerung Osteuropas, soweit sie nicht zur Zwangsarbeit eingesetzt wurde, Ähnliches vorhatte. Ich sage jedoch noch einmal: Die Tatsache, dass ein Unrecht geringer ist als ein anderes, macht dieses nicht zu einem Recht; und der Tatsache, dass die Alliierten ernsthaft in Erwägung zogen, die deutsche – und die japanische – Kultur dauerhaft zu zerstören und dies mit Hilfe von Flächenoffensiven zu erreichen suchten, muss man offen ins Auge sehen.

10 Dies zeigt, welche Bedeutung vor Ausbruch der Feindseligkeiten bei der Kriegsplanung der Seekriegführung zugeschrieben wurde. Einige behaupten, die übermäßige Konzentration auf die Seekriegplanung sei typisch für das militärische Denken der Briten angesichts der ruhmreichen Marinegeschichte des Landes und der großen Kampfkraft ihrer Flotte, aber dies habe nicht den Realitäten des Zweiten Weltkriegs entsprochen. Dies trifft zu, auch wenn man die Bedeutung des Seekriegs berücksichtigt; hätte Großbritannien die »Atlantik-Schlacht« verloren, hätte es den Krieg ebenso sicher verloren wie bei einer Niederlage in der Luftschlacht um Großbritannien. Aber im Seekrieg spielten große Schlachtschiffe und Kreuzer nur eine Nebenrolle – entscheidend waren die effiziente Bekämpfung von U-Booten durch Langstreckenflugzeuge, das Bilden von Konvois, Mut und Durchhaltevermögen der Besatzungen von Handelsschiffen sowie das Wetter.

11 Im Jahr 1918 umfasste die neu gebildete RAF 188 Einsatz- und 194 Schulungsstaffeln.

12 Dennis Richards, *The Hardest Victory: RAF Bomber Command in the Second World War*, London 1994, Kapitel 1, *passim*.

13 Ebenda, S. 4.

14 Ihm folgten weitere Pläne, die jedoch nicht alle angenommen wurden. So wurde zum Beispiel »Plan H«, der 2500 Frontflugzeuge, darunter 1659 Bomber, forderte, 1937 dem britischen Kabinett vorgelegt. Diese Zahlen orientierten sich an der Kampfstärke der Luftwaffe, mit der man gleichziehen wollte. Der Plan wurde abgelehnt, weil die britische Regierung – mehr von Wunschdenken als von harten Fakten geleitet – den deutschen Zusicherungen, die Luftwaffe werde nicht so stark aufgerüstet, dass eine Ausweitung der britischen Luftmacht notwendig sei, Glauben schenkte.

15 Die Leistungsanforderungen für die neuen Bomber, die schließlich zur Entwicklung der Halifax und der Lancaster führten, den Hauptstützen des Bomber Command – und das gilt ganz besonders für die Lancaster, ein großartiges Flugzeug, das sich für die Aufgabe hervorragend eignete –, wurden 1936 festgelegt.

16 Die Spezifikationen für die Jäger waren 1934 festgelegt worden.

17 Vgl. Robert Jackson, *Before the Storm: The Story of Bomber Command 1939–42*, London 1972, Kapitel 2, *passim*.

18 In der Ausbauphase vor dem Krieg verfügte die RAF auch, neben anderen, schon bald technisch veralteten Typen, über die Langstreckenbomber Handley Page Harrow und Wellesley. Letzterer wurde zu Beginn des Krieges im Nahen Osten in geringer Zahl eingesetzt, und aufgrund seiner geodätischen Bauweise (einer seiner Konstrukteure war der bemerkenswerte Barnes Wallis) war er 40 Prozent leichter, als es bei herkömmlicher Bauweise der Fall gewesen wäre. Dies ist mitverantwortlich für seine enorme Reichweite. Beide Typen wären in dem Luftkrieg, wie er sich ab 1940 entwickelte, ein großer Nachteil gewesen.

19 Zitiert nach Jackson, *Before the Storm*, S. 76. Der vorangehende Bericht beruht auf *Before the Storm*, S. 70–75.

20 Ebenda, S. 89.

21 Robert Jackson, *Bomber! Famous Bomber Missions of World War II*, London 1980, S. 21–28.

22 Mehr über diese Bombenangriffe und ihre Auswirkungen auf die moderne Einstellung zum Luftkrieg unten.

23 In den ersten fünf Tagen des deutschen Angriffs auf die Niederlande und Frankreich verlor die Luftwaffe über 539 Flugzeuge, während die RAF 205 Flugzeuge aller Typen verlor. Zum damaligen Zeitpunkt des Krieges waren die relativen Verlustraten jedoch nicht von Belang; sie waren auf längere Sicht von Bedeutung. Für die unmittelbare Zukunft – die nächsten Tage, Wochen und allenfalls Monate – zählte die absolute Verlustrate der RAF.

24 Zugegebenermaßen muss angemerkt werden, dass die Angriffe manchmal mit einzelnen Flugzeugen erfolgten.

25 Vgl. Denis Richards, *Portal of Hungerford*, London 1977, S. X.

26 Jörg Friedrich, *Der Brand – Deutschland im Bombenkrieg 1940–1945*, München 2002, S. 70.

27 General Paul Deichmann (Ex-Luftwaffe), The Karlsruhe Studies, »Reasons of the Luftwaffe for changing over to mass attacks on London«, 1953–8; Wiederabdruck aus der Reihe der USAF Historical Studies.

28 USSBS, Befragungen von Werner Junck, 20.–24. April 1945.

29 Denkschrift »Die Weiterführung des Krieges gegen England«, zitiert nach: *Der Prozess gegen die Hauptkriegsverbrecher vor dem Internationalen Militärgerichtshof*, Band 18, Nürnberg 1948, S. 302. Vgl. auch die hervorragende Darstellung von John Ray in *The Night Blitz 1940–41*, London 1996, der hier ein hilfreicher Leitfaden war.

30 Ray, *Night Blitz*, S. 103.

31 Dieser immer wieder aufgewärmte Vorwurf wird ausführlich erörtert in (z.B.) Oberst F. W. Winterbotham, *The Ultra Secret*, New York 1974; Cave Brown, *Bodyguard of Lies* (2 Bde.), New York 1974; William Stevenson, *A Man Called Intrepid*, New York 1976 usw. Eine abschließende Bewertung dieser Behauptung stammt von jemandem, der bestens im Bilde war: John Colville, der in den Kriegsjahren in Downing Street arbeitete. In seinem Buch *The Churchillians* (London 1981, S. 62) schreibt er: »All diejenigen, die mit den Informationen, die abgehörten deutschen Funksprüchen entnommen wurden, befasst waren, wussten, dass man nicht um kurzlebiger Vorteile willen den Verdacht der Deutschen erregen durfte. Im Fall des Angriffs auf Coventry gab es kein Dilemma, denn erst als der deutsche Richtstrahl auf die dem Untergang geweihte Stadt fiel, wusste man, wo der Großangriff stattfinden würde. Der Premierminister wusste mit Sicherheit nichts. Die deutschen Funksprüche sprachen von einer Großoperation mit dem Decknamen ›Mondscheinsonate‹. Die übliche ›Boniface‹-Geheimhaltung war im Amt des Premierministers aus diesem Anlass aufgehoben worden, und am Nachmittag vor dem Angriff schrieb ich in meinem Tagebuch (das in Downing Street Nr. 10 unter Verschluss gehalten wurde): ›Es handelt sich offenbar um eine größere Luftoperation, aber das Luftfahrtministerium hat Schwierigkeiten, den genauen Zielort zu ermitteln.‹«

32 BCWD, S. 103.

33 OH.

34 Einen Hinweis auf die relative Wirkungslosigkeit der Luftbombardements zu diesem Zeitpunkt des Krieges liefern die akribisch verzeichneten Zahlen der Stadt Köln – gegen die sich im Juli 1942 der verheerende 1000-Bomber-Angriff richtete. Diese Zahlen zeigen, dass die Stadt zwischen Juni 1941 und Februar 1942 33-mal bombardiert wurde, aber nur 17 Prozent der abgeworfenen Tonnage innerhalb der Stadtgrenzen niedergingen. Obgleich Häuser und Fabriken beschädigt wurden und über 13000 Menschen vorübergehend obdachlos wurden, kamen bei all diesen Luftangriffen nur 138 Menschen ums Leben.

35 Zitiert nach Richards, *The Hardest Victory*, S. 97.

36 OH, Bd. IV., S. 135–40.

37 In der Nacht vom 16. auf den 17. Dezember 1940 führte die RAF zur Vergeltung des Angriffs auf Coventry einen Flächenangriff auf Mannheim durch. Der bis dahin größte Verband von

RAF-Bombern, der für einen Einzeleinsatz zusammengezogen wurde (134 Flugzeuge), nahm an diesem Angriff teil, bei dem 49 Menschen ums Leben kamen und fast 500 Gebäude zerstört wurden. Aber dieser Angriff läutete nicht den Beginn des Flächenbombardements ein, obwohl er »nach Coventry-Manier« durchgeführt wurde. Allerdings erleichterte er später die Durchsetzung der Strategie.

38 Edmund Fawcett machte mich darauf aufmerksam, dass das eindrucksvolle Foto, das die Kuppel von St. Paul's über einem Flammenmeer zeigt, in Wirklichkeit eine Collage für Propagandazwecke war; sie stammte von Harry Morgan, wie berichtet wird in *St Paul's: The Cathedral Church of London 604–2004*, hrsg. von Derek Keene, Arthur Burns und Andrew Saint, New Haven, CT, 2004.

39 Arthur Harris, *Bomber Offensive*, London 1947, S. 51–52.

40 OH, Bd. IV, S. 143–8.

41 Harris, Bomber Offensive, S. 115–117; dt. Übersetzung aus: Stephan Burgdorff/Christian Habbe (Hrsg.), *Als Feuer vom Himmel fiel – Der Bombenkrieg in Deutschland*, Bundeszentrale für politische Bildung, Bonn 2004, Bildteil, S. 128ff.

42 Harris, *Bomber Offensive*, S. 115.

43 Richards, *The Hardest Victory*, S. 120.

44 Vgl. Frederick Taylor, *Dresden, Dienstag, 13. Februar 1945*, München 2004, S. 158.

45 Auf die Liste der »Baedeker-Angriffe« werden manchmal noch weitere Städte gesetzt: Ipswich, Cambridge, Bury, St. Edmunds und Great Yarmouth; aber dies waren kleine Angriffe, und sie richteten nicht annähernd so schwere Schäden an wie die großen »Baedeker-Angriffe«.

46 Zitiert nach Richards, *The Hardest Victory*, S. 127.

47 Harris, *Bomber Offensive*, S. 113.

48 BCWD, S. 297.

49 Dieser sehr wichtige Punkt wird zusammen mit anderen im nächsten Kapitel erörtert.

50 Harris glaubte, die Gründung eines Elitekorps würde die Moral des Bomber Command beeinträchtigen, und er wurde in dieser Auffassung von allen Staffelkapitänen unterstützt. Schließlich ließ man die Geschwader selbst die besten Besatzungen auswählen, und die Einheit wurde einem außerordentlich fähigen australischen Flieger, Donald Bennett, unterstellt, der sich in Navigation und anderen Aspekten der Flugkünste hervorragend auskannte. Harris erfand den Namen »Pathfinder Force« [Pfadfinder-Verband, kurz: »PFF«] und ein Abzeichen für die Einheit: einen Adler.

51 Das Bomber Command hatte mittlerweile auch die hervorragende Mosquito in Dienst gestellt. Sie begleitete die »Pfadfinder« und wurde außerdem als Tagbomber und -aufklärer eingesetzt, weil sie sich aufgrund ihrer hohen Geschwindigkeit und Dienstgipfelhöhe den Jägern weitgehend entziehen konnte.

52 Probert, *Bomber Harris*, S. 252–53.

53 Ebenda, S. 253.

54 Richards, *The Hardest Victory*, S. 172f.

55 OH, Bd. II, S. 291.

56 Richards, *The Hardest Victory*, S. 196.

57 Zitiert nach Probert, *Bomber Harris*, S. 263.

58 Ebenda, S. 266.

59 OH, Bd. II, S. 193.

60 Die Statistik sieht folgendermaßen aus: Bei den 16 Großangriffen zwischen Mitte November und Ende März wurden 8700 Einzeleinsätze geflogen, von denen 500 Bomber nicht zurückkehrten. Dies entspricht einer Verlustrate von 5,8 Prozent, die damit über der »trag-

baren« Obergrenze von 5 Prozent liegt. Nach Ansicht der Harris gewogenenen Kommentatoren brach er die »Luftschlacht um Berlin« nicht ab, weil er sie, wie die Verfasser der amtlichen Kriegschronik, verloren gab, sondern weil die Vorbereitungen für das Unternehmen »Overlord« – die Landungsoperationen am D-Day – und die »Vereinigte Bomberoffensive« die Kräfte des Bomber Command an anderer Stelle banden. Es ist möglich, dass Harris mit der Offensive fortgefahren wäre, wenn »Overlord« nicht unmittelbar bevorgestanden und wenn die USAAF nicht weiterhin Bedenken gegen Angriffe tief im deutschen Hinterland gehabt hätte. Die Ergebnisse hätten sich allerdings vermutlich weiter verschlechtert. Die deutsche Luftverteidigung war zu diesem Zeitpunkt der Herausforderung mehr als gewachsen, wenngleich sie schon bald Niederlagen und anhaltende hohe Verluste hinnehmen musste, da die alliierten Offensiven an allen Fronten mit zunehmendem Erfolg ihre Kapazitäten überstiegen.

In einer detaillierten Darstellung des Bombenkriegs müsste an dieser Stelle der – aus alliierter Sicht – verheerende Fehlschlag des Angriffs auf Nürnberg Ende März 1944 geschildert werden, der das Bomber Command zahlreiche Flugzeuge und Besatzungen kostete, ohne einen großen Erfolg verbuchen zu können. Die meisten Bomber wurden durch unerwartet starke Winde weit vom Ziel abgetrieben, außerdem hatten sie aufgrund des schlechten Wetters Navigationsprobleme. Harris verlor kein Wort über dieses Debakel, aber es hätte ihn durchaus sein Amt kosten können, wenn die »Vereinigte Bomberoffensive« nicht etwa zur gleichen Zeit begonnen und einige beachtliche Erfolge, die für sich selbst sprachen, erzielt hätte.

61 Probert, *Bomber Harris*, S. 293.

62 Ebenda, S. 291.

63 Ebenda, S. 291f.

64 Richards, *The Hardest Victory*, S. 233.

65 Ebenda, S. 239.

66 Zitiert nach Probert, *Bomber Harris*, S. 305.

67 Ebenda, S. 308.

68 Ebenda, S. 311.

69 Richards, *The Hardest Victory*, S. 270.

70 Die Angaben über die Zahl der Todesopfer beim Luftangriff auf Dresden schwanken stark; sie reichen von 25 000 bis 150 000. Ich beziehe mich auf die vorsichtigste Schätzung, obgleich die Zahl wegen der vielen nicht identifizierbaren Leichen und der vielen Flüchtlinge in Wirklichkeit höher liegen dürfte. Vgl. Frederick Taylor, *Dresden*, München 2004, S. 479ff.

71 AHB Narrative, Bd. IV, S. 203.

72 Vgl. Hermann Knell, *Untergang in Flammen: Strategische Bombenangriffe und ihre Folgen im Zweiten Weltkrieg*, Würzburg 2006. Knell lebte als Junge in Würzburg, als die Stadt bei den Luftangriffen im Februar und März 1945 zerstört wurde. Hauptsächlich scheint die Stadt deshalb angegriffen worden zu sein, weil Würzburg knapp über 100 000 Einwohner hatte und daher »auf der Liste« der zu zerstörenden Städte stand.

73 OH, Bd. III, S. 112.

74 US Strategic Bombing Survey Summary Report (USSBS) (Pacific War), Washington, D.C., 1. Juli 1946, S. 16.

75 Ebenda.

76 Der USSBS spricht von 185 000 Toten; vgl. ebenda, S. 20. In nachfolgenden Berichten wurde die Zahl auf 100 000 herunterkorrigiert. Wir werden die genaue Zahl nie wissen, aber vermutlich liegt sie irgendwo dazwischen, vielleicht eher im Bereich der niedrigeren Zahl.

77 Ebenda, S. 20.

78 Ebenda, S. 24.

79 Ich kehre in späteren Kapiteln zu all diesen Punkten zurück.

2. Die Erfahrung der Bombardierten

1 Zitiert nach Middlebrook, *Hamburg, Juli '43*, S. 285.

2 Ebenda, S. 286.

3 Ebenda, S. 286f.

4 Ebenda, S. 291.

5 In London entspräche dies einer Fläche, die zwischen King's Cross, Hyde Park, der Themse und dem Tower of London liegt; in New York entspräche dies dem gesamten Gebiet von Lower Manhattan, vom Madison Square Park bis zum Battery Park, Vgl. ebenda, S. 289

6 Ebenda, S. 292.

7 Earl R. Beck, *Under the Bombs: The German Home Front 1943–45*, Lexington 1986, S. 69.

8 Ebenda, S. 70.

9 W. G. Sebald, *Luftkrieg und Literatur*, S. 36.

10 Middlebrook, *Hamburg, Juli '43*, S. 292f.

11 Ebenda, S. 294.

12 Ebenda, S. 297.

13 Ebenda, S. 304.

14 Ebenda, S. 305f.

15 Ebenda, S. 306.

16 Zitiert nach Christoph Kucklick, *Feuersturm: Der Bombenkrieg gegen Deutschland*, Hamburg 2003, S. 32.

17 Beck, *Under the Bombs*, S. 60.

18 Beck beschreibt hier die Erfahrungen, über die Josef Fischer berichtet, ein Kölner, der seine Erlebnisse während des Bombenkriegs aufzeichnete.

19 Siehe Kapitel 6 unten, wo ich die Frage erörtere, wann die Alliierten wussten, dass der Sieg über die Achsenmächte, auch wenn er noch erkämpft werden musste, aufgrund der industriellen und personellen Überlegenheit unvermeidlich war.

20 Kurt Vonnegut, *Schlachthof 5 oder der Kinderkreuzzug*, Reinbek b. Hamburg 1972, S. 206f.

21 John Hersey, *Hiroshima*, London 1946, S. 68.

22 USSBS Pacific, S. 17.

23 Ebenda, S. 20.

24 Hersey, *Hiroshima*, S. 182.

25 USSBS Pacific, S. 21.

26 Diese Zahlen werden zitiert nach Beck, *Under the Bombs*, S. 8f.

27 Ebenda, S. 9.

28 Ebenda, S. 111.

29 Richard Overy, *War and the Economy in the Third Reich*, Oxford 1994, S. 312. Overys Buch ist eine ausgezeichnete Studie über die deutsche Kriegswirtschaft, und es räumt mit einer Reihe von falschen Vorstellungen über die deutsche Wirtschaft auf. Vgl. auch Gitta Sereny, *Albert Speer: Sein Ringen mit der Wahrheit*, München 2005; Joachim Fest, *Speer – eine Biographie*, Berlin 1999.

30 USSBS Europe, S. 2.

31 Die Fotos in Antony Beevors großartigem Buch *Berlin 1945 – Das Ende*, München 2002,

zeigen dies; Beevor beschreibt den erbitterten deutschen Widerstand, der ohne eine Grundausrüstung unmöglich gewesen wäre.

32 Viele vergessen, dass die riesigen Škoda-Rüstungsfabriken in der Tschechoslowakei und die davon unabhängigen Škoda-Autofabriken zu den modernsten ihrer Art in Mitteleuropa zählten, denn das Land war das industrielle Zentrum des österreichisch-ungarischen Kaiserreichs gewesen, und das Talent seiner Bewohner für Produktgestaltung war unübertroffen.

33 In Großbritannien wurde der Arbeitskräftemangel, der dadurch entstand, dass Männer zum Wehrdienst eingezogen wurden, durch Frauen ausgeglichen, die deren Tätigkeiten übernahmen. In Deutschland geschah dies nicht; der Prozentsatz der erwerbstätigen Frauen war in Deutschland vor und nach 1939 gleich. Unter den Leiharbeitern und arbeitspflichtigen Kriegsgefangenen waren auch Frauen, aber ob sie zum Arbeitsdienst herangezogen wurden oder nicht, hing vom Status der Gruppe ab, der sie angehörten. So mussten jüdische und slawische Frauen arbeiten, während Französinnen und Niederländerinnen dies nicht mussten.

34 Richard Bessel, *Nazism and War*, London 2004, S. 132f. Die Gefangenen von Mittelbau-Dora erinnern an die Erdmenschen in C. S. Lewis' *Der silberne Sessel*.

35 Richards, *The Hardest Victory*, S. 301.

36 Ebenda, S. 195.

37 Robin Neillands, *Der Krieg der Bomber – Arthur Harris und die Bomberoffensive der Alliierten 1939–1945*, Berlin 2002, S. 363.

38 Richards, *The Hardest Victory*, S. 301.

39 *Die Tagebücher von Joseph Goebbels*, hrsg. v. Elke Fröhlich, Teil II, Band 4 (bearb. v. Elke Fröhlich), München u.a. 1995, S. 47.

40 Ebenda, Teil II, Band 8 (bearb. v. Hartmut Mehringer), München u.a. 1993, S. 365.

41 Joseph Goebbels, *Tagebücher*, hg. von Ralf Georg Reuth, München 1992, Bd. 5, S. 1967f.

42 *Die Tagebücher von Joseph Goebbels*, Teil II, Band 10 (bearb. v. Volker Dahm), München u.a. 1994, S. 424, und Richards, S. 212.

43 Ruth Andreas-Friedrich, *Der Schattenmann*, hrsg. von Jörg Drews, Frankfurt/M. 1986, S. 123.

44 Middlebrook, *Hamburg, Juli '43*, S. 400.

45 Marie Wassiltschikow, *Die Berliner Tagebücher der Marie »Missie« Wassiltschikow 1940–1945*, München 2002. Zugegebenermaßen hatte »Missie« Wassiltschikow aristokratische und gut situierte Freunde, und nachdem sie ausgebombt worden war, fand sie gastliche Aufnahme in dem geräumigen Domizil von Graf Gottfried von Bismarck-Schönhausen. Doch der Unterschied zwischen dieser Unterkunft und einem Keller, den sich mehrere Familie teilen, ist ein gradueller, kein grundsätzlicher: Entscheidend war, dass alle zusammenrückten, selbst jene, die wie Graf von Bismarck-Schönhausen, der wenig später wegen regimefeindlicher Aktivitäten vor Gericht gestellt wurde, kein Interesse an einem deutschen Sieg hatten.

46 Beck, *Under the Bombs*, S. 108.

47 Antony Beevor schildert in seinem ausgezeichneten, sehr kritischen Buch *Berlin 1945*, München 2002, diese schrecklichen Vorkommnisse am Rande des russischen Vormarschs gegen Ende des Krieges.

48 USSBS Europe, S. 15.

49 Ebenda, S. 14.

50 Richards, *The Hardest Victory*, S. 303.

51 John Terraine schildert in anschaulicher Weise die Typhoon-Angriffe auf deutsche Panzerdivisionen bei dem versuchten Gegenstoß der Wehrmacht am 7. August 1944 westlich von Mortain. Während die Typhoon der 2. Tactical Air Force mit ihren Raketen die Panzer ausschalteten, hielten Jäger der 9. Air Force Jagdflugzeuge der Luftwaffe auf Distanz. Terraine

zitiert Sir A. M. Coningham: »Dies war bis dahin eine der besten Demonstrationen des taktischen Nutzens von Luftstreitkräften in diesem Krieg. Sie zeigte, dass taktische Luftstreitkräfte maßgeblich zum Sieg in einer Schlacht beitragen können, und sie bewies die reibungslose Koordinierung des Luftwaffeneinsatzes, die kurzfristig durch Teamarbeit erreicht werden konnte, wie sie zwischen der 9. Air Force und der 2. Tactical Air Force perfektioniert worden war.« John Terraine, *The Right of the Line: The Royal Air Force in the European War 1939–1945*, London 1985, S. 661.

52 Probert, *Bomber Harris*, S. 293. Im Mai 1944 sagte Harris bei einer Sitzung im Hauptquartier Montgomerys: »Es liegt kein Widerspruch darin, zu sagen, dass der schwere Bomber eine ausgezeichnete strategische Waffe und eine der wirkungslosesten taktischen Waffen ist.«

53 Ebenda, S. 297.

54 Beck, *Under the Bombs*, S. 130f.

55 Neillands, *Der Krieg der Bomber*, S. 357.

56 »Erste Hydrier-Denkschrift« vom 30. Juni 1944, zitiert nach: Wolfgang Birkenfeld, *Der synthetische Treibstoff 1933–1945*, Göttingen/Berlin/Frankfurt/M. 1964, S. 238.

57 Harris, *Bomber Offensive*, S. 233.

58 USSBS Europe, S. 9.

59 Ebenda.

60 Zahlen aus Richards, *The Hardest Victory*.

61 Alfred Mierzejewski, *Bomben auf die Reichsbahn – Der Zusammenbruch der deutschen Kriegswirtschaft 1944–1945*, Freiburg 1992, S. 172ff.

62 Robert A. Pape, *Bombing to Win: Air Power and Coercion in War*, Ithaca, NY, 1996.

63 Ian Buruma, *Erbschaft der Schuld – Vergangenheitsbewältigung in Deutschland und Japan*, München u.a. 1994.

64 Während eines Gastaufenthalts an der Universität Tokio hatte ich Gelegenheit, Nagasaki und Hiroshima zu besuchen, und bei Gesprächen in beiden Städten bekam ich diese Auffassungen selbst zu hören. Was im Verlauf solcher Gespräche geäußert wird, wird vielleicht in einem öffentlicheren Rahmen abgestritten, aber die Ansicht zumindest einiger Japaner, japanische Betroffene der Flächenbombardements seien tatsächlich *Opfer*, entspricht in keiner Weise der üblichen Haltung, wie sie bei den Deutschen der Kriegs- und unmittelbaren Nachkriegsgenerationen anzutreffen ist, zumindest nicht in der gleichen freimütigen Weise. Diese Einstellung ändert sich gegenwärtig.

65 Buruma, *Erbschaft der Schuld*, S. 20.

66 Ebenda, S. 20.

67 Ebenda, S. 208.

3. Die Vordenker und Strategen des Bombenkriegs

1 Beck, *Under the Bombs*, S. 64.

2 Henry Proberts Buch *Bomber Harris* ist ein einfühlsames Porträt, das das einseitige negative Urteil über Harris hinsichtlich der moralischen Bewertung des Bomber Command im Krieg korrigieren sollte – und dies auch mit einigem Erfolg getan hat. Was immer man sonst noch über Harris sagen kann, fest steht, dass er eine herausragende Führungspersönlichkeit war, und seine Sorge um das Wohl und die angemessene Belohnung derjenigen, die unter seinem Befehl standen, gereicht ihm zur Ehre. Er hatte eine hartherzige und unnachgiebige Seite, er hielt stur an seinen Theorien fest, und sogar gegenüber dem Generalstab der RAF

zeigte er sich immer wieder unbotmäßig, so sehr, dass die Effektivität der britischen Luftwaffe darunter litt. Aber die meisten Menschen haben gute und schlechte Seiten, und Probert gelingt es vorzüglich, dem Leser eine Vorstellung von den großen Qualitäten Harris' zu vermitteln, ohne seine Fehler und Schwächen zu verschleiern.

3 Zweifellos würden einige behaupten, dass es schlimmer ist, gebildet und dennoch in der Lage zu sein, derartige Maßnahmen auszuführen; dieses Argument hat einiges für sich – denn dies muss für viele Angehörige der SS gegolten haben.

4 Probert, *Bomber Harris*, S. 154f.

5 Ebenda, S. 223.

6 Ebenda, S. 193f., 227.

7 Ebenda, S. 208.

8 Präambel zum IV. Haager Abkommen, zitiert nach *Völkerrechtliche Verträge*, hrsg. von Albrecht Randelzhofer, München 2004, S. 713f. Vgl. A. Nussbaum, »Frédéric de Martens, Representative Tsarist Writer on International Law, XXII *Acta Scandinavica juris gentium* (in: *Nordisk Tidsskrift for International Law*), 1952, S. 51–66.

9 Informationen über die Auswirkungen der deutschen Bombenangriffe auf die Britischen Inseln im Ersten Weltkrieg finden sich in Colin McInnes und G. D. Sheffield (Hrsg.), *Warfare in the Twentieth Century*, London 1988. Vgl. den Beitrag von J. Pimlott, »The Theory and Practice of Strategic Bombing«, in: McInnes und Sheffield, S. 121.

10 Caparetto ist das heutige Kobarid in Slowenien. Die Schlacht von Caparetto bildet den Rahmen der Handlung von Ernest Hemingways Roman *In einem anderen Land*.

11 Douhets Buch erschien zwanzig Jahre später unter dem Titel *The Command of the Air* auf Englisch, New York 1942; die von Roland Strunk besorgte deutsche Übersetzung erschien unter dem Titel *Luftherrschaft* im Drei Masken Verlag, Berlin, o. J. Die Kernthesen des Buches waren schon lange zuvor allgemein bekannt und Gegenstand von Diskussionen.

12 Douhet, *Luftherrschaft*, S. 49f.

13 Zitiert nach Pape, *Bombing to Win*, S. 60f.

14 Zitiert nach ebenda, S. 61.

15 Ebenda.

16 Ebenda.

17 Ebenda, S. 61f.

18 Basil Liddell Hart, *Paris, or the Future of War*, London 1925.

19 Ebenda, S. 50.

20 Ebenda, S. 45.

21 Zitiert nach Brian Bond, *Liddell Hart*, London 1979, S. 145.

22 Denkschrift vom Mai 1928 an andere hochrangige Offiziere, zitiert nach OH, Bd. IV, S. 74.

23 A. D. Harvey, Anm., S. 665.

24 Ebenda, S. 663.

25 Ebenda, Bd. 1, S. 99.

26 Pape, *Bombing to Win*, S. 63.

27 Ebenda, S. 63f.

28 Ebenda, S. 64.

29 Der von Pape zitierte Dozent ist M. S. Fairchild, Lehrbeauftragter an der Air Corps Tactical School. Diese Vorlesungen wurden 1939 gehalten, und ihre Mitschriften werden aufbewahrt in den Archiven der US Air Force Historical Research Agency in der Maxwell Air Force Base in Alabama. Ebenda, S. 63.

30 Zitiert ebenda.

31 Wie Douhet geriet auch Mitchell durch seine leidenschaftliche Begeisterung für die Luft-

macht in Schwierigkeiten. Seine taktische Finesse hatte er unter Beweis gestellt, als er in seiner Eigenschaft als Befehlshaber der US-Kampfflieger in Frankreich zu den Bodenoperationen zur Frontbegradigung bei St. Mihiel im letzten Jahr des Ersten Weltkriegs durch massive Luftunterstützung beitrug. Aber wegen seiner unverblümten Kritik an der zaudernden Haltung der US Army und Navy gegenüber den Luftstreitkräften wurde er 1925 vor ein Kriegsgericht gestellt, was das Ende seiner militärischen Laufbahn bedeutete. Zur Zeit des Prozesses hatte er den Rang eines Brigadegenerals. Er schrieb mehrere Bücher über Luftkriegsstrategie, und nach seinem Tod wurde ein Bomber nach ihm benannt, als Zeichen der Anerkennung, nachdem sich der Wirbel alter politischer Rivalitäten gelegt hatte.

32 Pape, *Bombing to Win*, S. 65.

33 Ebenda, S. 66.

34 Zitiert ebenda.

35 Bei dem fraglichen Feldhandbuch handelte es sich um das War Department Field Manual 100-20 (FM 100-20, *Command and Employment of Air Power*), das gewissermaßen die »Unabhängigkeitserklärung« der US-Luftwaffe war. Es übernahm einen Großteil der an der Air Corps Tactical School vor dem Krieg erarbeiteten Konzepte, nicht zuletzt mit der Aussage: »Der konzentrierte Einsatz von Luftstreitkräften trägt maßgeblich zum Sieg in einer Schlacht bei. Die Führung der verfügbaren Luftmacht muss durch den Befehlshaber der Luftstreitkräfte erfolgen, wenn diese innere Flexibilität und Fähigkeit, einen Entscheidungsschlag zu führen, voll und ganz zum Tragen kommen sollen.«

36 Dies soll das Werk des deutschfreundlichen US-Senators Burton Wheeler gewesen sein, der angeblich im Herbst 1941 Kopien des AWPD-1 an die *Chicago Tribune* und den *Washington Times-Herald* weitergegeben hat.

37 Stewart Halsey Ross, *Strategic Bombing by the United States in World War II: The Myths and the Facts*, Jefferson, NC, 2003. Er weist darauf hin, daß es selbst unter optimalen Bedingungen außerordentlich schwierig sei, aus einer Höhe von 9000 Metern mit einer gewöhnlichen (also ungelenkten oder »unintelligenten«) »Eisenbombe« ein Ziel zu treffen, das kleiner als ein Fußballfeld ist. Dem kann man nur zustimmen.

38 Ebenda, Kapitel 5, *passim*.

39 Während des Krieges konnte man praktisch von jeder deutschen Stadt sagen, dass sie eine gewisse militärische Bedeutung besaß. Die deutsche Kriegsproduktion war breit gestreut, Bahnlinien waren immer ein Ziel, Flüchtlinge gab es überall, und natürlich basiert das Flächenbombardement auf der Prämisse, dass die Zivilbevölkerung die militärischen Anstrengungen ihrer Regierung unterstützt. Frederick Taylor zeigt in seinem Buch *Dresden*, dass sich in der Stadt und ihrer Umgebung viele Einrichtungen befanden, denen ein militärischer und/oder strategischer Wert zugeschrieben werden konnte. Zwei Bemerkungen sind hier von Belang: Dresden besaß zweifellos eine gewisse militärische Bedeutung, aber die kulturelle Bedeutung der Stadt überwog diese. Es hätte also gute Gründe gegeben, sie nicht zu bombardieren, und im Fall von Würzburg und anderen historischen Städten gilt dies erst recht.

40 Beim Ausbruch der Feindseligkeiten sagte Grey in weiser Voraussicht: »Überall in Europa gehen die Lichter aus, und wir werden sie zu unseren Lebzeiten nicht mehr brennen sehen.« Angesichts der Tatsache, dass die Ereignisse von 1914 zu heißen und kalten Kriegen führten, die 75 Jahre lang, bis zum Fall der Berliner Mauer, dauern sollten, hatte er Recht.

41 Die vergleichsweise erfolgreichen Konferenzen über Seestreitkräfte fanden 1921, 1927 und 1930 statt. Der US-Außenminister Frank B. Kellogg und der französische Außenminister Aristide Briand haben dieses Abkommen ursprünglich ausgehandelt.

42 Diese Kommission wurde im Gefolge der Übereinkunft eingesetzt, die im Vertrag von

Locarno erzielt wurde, der die Grenzen Deutschlands festlegte. Es schien ein verheißungs-voller Augenblick zu sein, um den Friedensprozess mit einer Gesprächsrunde über die Be-grenzung der Kriegsmittel fortzusetzen, doch leider erfüllten sich diese Hoffnungen nicht.

43 Philip S. Meilinger (US Naval War College), »Clipping the Bomber's Wings: The Geneva Disarmament Conference and the Royal Air Force 1932–34«, *War in History* 1999 6 (3).

44 Ebenda.

45 Ebenda.

46 Zitiert nach F. Emme (Hrsg.), *The Impact of Air Power*, Princeton, NJ, 1959, S. 51.

47 Hansard, House of Commons, 14. September 1939.

48 Spencer Weart und Gertrude Szilard, *Leo Szilard: His Version of the Facts*, Boston 1979, S. 54f.

49 Zitiert von Gerard DeGroot in seiner ausgezeichneten Darstellung über die Entwicklung der Atombombe, *The Bomb*, London 2004, S. 24.

50 Ebenda, S. 28.

51 Ebenda, S. 69.

52 Das Treffen fand am 19. September 1944 auf Roosevelts Landsitz Hyde Park statt. Ebenda, S. 70.

53 Ebenda, S. 74.

54 Ebenda, S. 77.

55 Ebenda, S. 85.

56 Ebenda, S. 103.

57 Zitiert ebenda, S. 96.

58 Zitiert ebenda.

59 Sebald, *Luftkrieg und Literatur*, S. 104.

60 Revisionistische und neonazistische Historiker behaupten gleichermaßen, der eigentliche Architekt des Morgenthau-Plans sei Harry Dexter White gewesen, Morgenthaus einflussrei-cher Mitarbeiter im US-Finanzministerium. Dieser wurde in der McCarthy-Ära bezichtigt, ein sowjetischer Spion zu sein, und daher behaupten Revisionisten und Neonazis, er habe die Idee der »Agrarisierung« Deutschlands erfunden, damit das Land leichter in kommunis-tische Hände falle. Dies ist noch eine der maßvolleren Verschwörungstheorien, die in die-sem Zusammenhang wie Pilze aus dem Boden schießen. Diese Spekulationen werden durch die Tatsache weiter geschürt, dass sich die Hexenjagd McCarthys auch auf einige Mitarbei-ter des US-Finanzministeriums bezog und dass White selbst nur wenige Tage nach seinem Auftritt vor dem Ausschuss für unamerikanische Umtriebe einem Herzinfarkt erlegen war – in dem die Verschwörungstheoretiker natürlich einen Selbstmord sahen. Seine beiden Töch-ter haben die Integrität ihres Vaters immer verteidigt, und sie schrieben noch 2003 einen Le-serbrief an die *Washington Times*, in dem sie sich gegen die Wiederholung der Beschuldi-gungen McCarthys in einem neuen Buch verwahrten.

61 Ralf Georg Reuth, *Goebbels – Eine Biographie*, München, Zürich 2000, S. 568.

62 Joseph Goebbels, »Was auf dem Spiele steht«, *Das Reich*, 27. September 1942, in: *Der steile Aufstieg – Reden und Aufsätze aus den Jahren 1942/43 von Joseph Goebbels*, hrsg. von M. A. v. Schirmeister, Zentralverlag der NSDAP, Franz Eher Nachf. München 1943, S. 3–9. Wenn diejenigen, die sich dafür aussprachen, deutsche Kinder ins Ausland zu verschicken, um sie vor den Einflüssen zu schützen, die den Nazismus ermöglichten, als »Unzurechnungsfähige« tituliert werden, dann fragt man sich, wie man wohl Leute bezeichnen müsste, die in Au-schwitz und andernorts Kinder vergasten. Interessanterweise schrieb Goebbels weiter vorn in diesem Aufsatz: »Es ist das Vorrecht derer, die keine Verantwortung zu tragen haben, sich die Welt und das Leben so zu denken, wie sie ihren persönlichen Bedürfnissen entsprechen.

Anders bei den Regierenden. Sie müssen die Interessen ihres Volkes insgesamt vertreten, und zwar nicht nur für die Gegenwart, sondern, was viel wichtiger ist, auch für die Zukunft. Sie haben deshalb ihren Wünschen und Handlungen auch besondere Maßstäbe zu unterlegen, die Rücksicht nehmen müssen auf die verschiedenartigen Bedingungen des Lebens ihrer Nationen wie auch der Nationen, die in ihren Interessenzonen liegen. [...] Man kann der deutschen Führung nicht vorwerfen, dass sie im Verlaufe dieses Krieges jemals gegen diese Grundsätze verstoßen hätte. Sie hat sich größte Enthaltsamkeit auferlegt in der Proklamierung weitschweifender theoretischer Kriegsziele und sich immer darauf beschränkt, ihre Absichten dahin zu definieren, dass sie für die Freiheit, die Unabhängigkeit und den notwendigen Lebens- und Bewegungsraum ihres Volkes kämpft. Die meisten Kriegshandlungen sind ihr direkt aufgezwungen worden. Ihre Offensiven hatten immer ihren Ursprung in einem defensiven nationalen Verteidigungswillen, und nach der Niederlage des Feindes zeichnete sie sich ebenso aus durch eine maßvolle Beschränkung ihrer Forderungen, die ausschließlich auf das rein Zweckmäßige und unmittelbar Erforderliche ausgerichtet waren.« Ebenda, S. 3–4.

63 Die Quelle für diese vorgeblichen Tatsachen sind die Morgenthau-Tagebücher, die in Hyde Park aufbewahrt werden, dem Landsitz Roosevelts im US-Bundesstaat New York, und diese Deutung ihres Inhalts geht auf den Aufsatz »The Morgenthau Plan and the Problem of Policy Perversion« von Anthony Kubek zurück, der in der revisionistischen Zeitschrift *The Journal for Historical Review* (Bd. 9, Nr. 3, Sommer 1989), S. 287ff., erschien. Wegen dieses Ursprungs gebe ich diese Angaben unter Vorbehalt wieder. Morgenthaus Tagebuch ist jedoch der Öffentlichkeit frei zugänglich, und verantwortungsbewusste Historiker haben eingeräumt, dass seine Ideen Roosevelt und Churchill unabhängig voneinander beeinflusst haben. Vgl. zum Beispiel Martin Gilbert, *The Second World War*, 2. Aufl., London 2000, S. 592.

64 Gilbert, ebenda.

65 Lord Moran, Tagebuch (unveröffentlicht), 13. September 1944; siehe Lord Moran, *Churchill at War 1940–1945*, London 2002, S. 177f.

66 In seinen *Memoirs* ließ Cordell Hull keinen Zweifel daran, dass er Morgenthaus Einmischung in Angelegenheiten, die überwiegend der Zuständigkeit des Außenministeriums oblagen, missbilligte: »Erschüttert über den Aufstieg Hitlers und seine Judenverfolgung, versuchte Morgenthau immer wieder, den Präsidenten dazu zu bewegen, dem Außenministerium vorzugreifen oder in einer Weise zu handeln, die unserem besseren Wissen zuwiderlief. Manchmal führte er Verhandlungen mit ausländischen Regierungen, was eigentlich die Aufgabe des Außenministeriums gewesen wäre. Seine Arbeit an einem katastrophalen Plan für die Behandlung Deutschlands nach dem Krieg und die Tatsache, dass er den Präsidenten dazu bewog, ihn ohne Rücksprache mit dem Außenministerium zu akzeptieren, war ein bemerkenswertes Beispiel für diese Einmischung.«

67 Eine der ersten Forderungen, Deutschland solle Gebiete abtreten und/oder in kleinere – eventuell deindustrialisierte – Staaten aufgeteilt werden, kam gleich nach Beginn des Krieges aus Frankreich. Diese Vorschläge wurden von denjenigen nicht ernst genommen, die, wie unter anderem auch H. G. Wells in *What Are We Fighting For* (London 1940), stattdessen an eine Art internationales Regime dachten, das nach dem Krieg errichtet werden sollte, um künftige Kriege zu vermeiden – die gescheiterten Hoffnungen in einen »Krieg, der alle Kriege beendet«, dem eben dies zwanzig Jahre zuvor nicht gelungen war.

68 Das Magazin *Time* berichtete in seiner Ausgabe vom 1. Dezember 1941, S. 57f., unter der Überschrift »Lektionen aus der Geschichte« über die Rede von B. E. Schmitt. Vgl. auch Bernadotte Schmitt, *What Shall We Do with Germany?*, Public Policy Pamphlets Nr. 38, University of Chicago Press 1943.

69 Der gesamte Text dieses kuriosen Buches wurde vom revisionistischen Institute for Histori-cal Review neu aufgelegt und zusammen mit anderen Dokumenten, die seiner Sicht der Ver-gangenheit förderlich sind, ins Internet gestellt, wo sie leicht zu finden sind. Als Beleg dafür, dass es sich nicht um eine Fälschung handelt, trägt es die Kongressbibliothek-Standort-nummer DD222.K3; und es kann über Amazon.com erworben werden.

70 Kaufmans Buch wurde unter anderem in *Time* rezensiert (24. März 1941, S. 95f.).

71 Louis Nizer, *What to Do with Germany*, Chicago und New York 1944, S. 13.

72 Ebenda, S. 17.

73 Ebenda, S. 18f.

74 Norman Cousins, »The Time for Hate Is Now«, *The Saturday Review of Literature*, 4. Juli 1942, S. 14–18, zitiert nach James Martin, »The Bombing and Negotiated Peace Questions – in 1944«, *Rampart Journal*, Bd. IV, Nr. 1, Frühjahr 1968, S. 78.

75 Martin, ebenda, S. 79. Clifton Fadiman war Gastgeber einer beliebten Radioshow mit dem Titel »Information Please« [frei: »Zur Sache«], ansonsten ist er bekannt als Herausgeber von Anthologien von Kinderliteratur. Er schrieb eine Kurzfassung der *Encyclopaedia Britannica*, leitete den Auswahlprozess für den Book of the Month Club und starb 1999 im Alter von 95 Jahren. Aus diesem herzerwärmenden Stoff könnte der »Zorn des Nichtkombattanten« kommen, um C. E. Montagues pointierte Ausdrucksweise zu gebrauchen. Ihm verdanken wir die Äußerung: »Der Deutsche hat die Gabe, keine Fehler zu machen, außer den größ-ten.«

76 Robert Lord Vansittart, *Bones of Contention*, London 1945. Vgl. die Rezension in *Time* vom 16. Juli 1945. Laut Anthony Eden war Vansittart »ein waschechter, fast fanatischer Kreuz-ritter« und kein »Amtsträger, der nüchterne, objektive Ratschläge gibt«.

77 Hansard, House of Lords, 10. März 1943. Vgl. für den gesamten Fragenkomplex, um den es hier geht, auch: Steven Casey, »The Campaign to Sell a Harsh Peace for Germany to the American Public 1944–48«, *History*, 2005, Bd. 90, Nr. 297, S. 62–92.

78 Ich besprach dieses Buch nach seiner Erstveröffentlichung 1996 in der *Financial Times*. Für eine längere und ausführlichere Kritik des Buches siehe Richard Neuhaus in *First Thing* 65 (August/September 1996), S. 36–41.

79 Vgl. Knell, *Untergang in Flammen*, Kapitel 1, *passim*.

80 Ronald Schaffer, *Wings of Judgement*, New York 1985, S. 153.

81 Zitiert ebenda.

82 Ebenda.

83 Ebenda, S. 154.

84 Curtis LeMay, *Mission with LeMay: My Story*, New York 1965, S. 387.

85 Vgl. Thomas M. Coffey, *Iron Eagle: The Turbulent Life of General Curtis LeMay*, New York 1986.

86 Field Marshal Lord Alanbrooke, *War Diaries 1939–45*, hrsg. Von Alex Danchev und Daniel Todman, London 2001. In dem Tagebuch wimmelt es von Ausrufungszeichen (manchmal finden sich zwei oder drei hintereinander) sowie von Berichten über spannende Vogelbeob-achtungen, so dass sich das Buch stellenweise wie das Tagebuch eines Pfadfinders liest. Alan-brooke stand im Ruf der Unerschütterlichkeit und Kaltblütigkeit, doch die Tagebücher zeu-gen eher vom Gegenteil.

87 Ebenda, S. 460.

88 Ebenda, S. 547.

89 Ebenda, S. 325.

90 Ebenda, S. 586.

91 Zitiert nach Richards, S. 97; vgl. Kapitel 2.

92 Richard Overy schildert dieses Treffen in seiner bestechenden und fesselnden Analyse des Sieges der Alliierten im Zweiten Weltkrieg, *Die Wurzeln des Sieges*, München 2000, S. 137f.

93 Ebenda.

94 Der Ausdruck »Vereinigte Bomberoffensive« ist ungenau, denn die beiden Luftstreitkräfte setzten ihre mehr oder minder getrennten Offensiven fort, wobei sie gelegentlich dieselben Ziele abwechselnd an aufeinanderfolgenden Tagen und Nächten bombardierten. Im Allgemeinen aber folgten beide ihrem jeweils eigenen Rhythmus.

95 OH, S. 112.

96 Zitiert ebenda.

97 Dies wurde mehrfach als einer der Gründe für die Bombardierung Dresdens genannt.

98 Richards, *The Hardest Victory*, S. 270.

4. Stimmen des Gewissens

1 Corder Catchpool, *On Two Fronts: Letters of a Conscientious Objector*, London 1918.

2 Zitiert nach Paul Berry und Mark Bostridge, *Vera Brittain: A Life*, Boston 2002, S. 431.

3 Da das Amt des Bischofs von Canterbury faktisch von Churchill vergeben wurde und Bell als der natürliche Nachfolger von Temple galt, ist klar, dass Bells Kritik an den Bombenangriffen die Regierung verärgerte.

4 Vera Brittain, *Seed of Chaos*, London 1944. Veröffentlicht für das Bombing Restriction Committee durch New Vision Press.

5 *Seed of Chaos* wurde vor kurzem von Continuum in London neu aufgelegt. Das Traktat ist enthalten in Vera Brittain, *One Voice: Pacifist Writings from the Second World War*.

6 Ebenda, S. 7.

7 Ebenda, S. 7f.

8 Ebenda, S. 8f. Der zitierte Kommentar stammt aus dem *New Statesman*, 18. Dezember 1943; Churchills Bemerkung über ein »Experiment« stammt aus einem Interview im Magazin *Time*, 7. Juni 1943.

9 Ebenda, S. 9, kursiv im Original.

10 Ebenda, S. 10.

11 Ebenda.

12 Ebenda. Die Bemerkung Shaws stammt aus einem Brief, den er am 28. November 1943 an den *Sunday Express* schrieb. Brittain zitierte nur Äußerungen, die damals ganz aktuell waren, was belegt, dass in der nationalen Presse eine lebhafte Diskussion über den Bombenkrieg geführt wurde.

13 Ebenda, S. 11.

14 Ebenda, S. 12.

15 Die Ergebnisse dieser Umfrage wurden veröffentlicht im *News Chronicle*, 2. Mai 1941.

16 Diese Rede wurde am 15. Juli 1941 gehalten. Ebenda, S. 13.

17 Brittain, *Seed of Chaos*, S. 16.

18 Ebenda. Die Rede wurde am 19. Mai 1943 gehalten.

19 Ebenda.

20 Ebenda, S. 17.

21 Ebenda, S. 18.

22 Ebenda, S. 19–20.

23 Ebenda, S. 20.

24 Ebenda, S. 21.

25 Harris, *Bomber Offensive*, S. 92.

26 Brittain, *Seed of Chaos*, S. 25. Sie zitiert den *Daily Telegraph* vom 12. August 1943, der seinerseits deutsche Behauptungen über die Einsätze des RAF-Bomber Command anführte. Angesichts der problematischen Zielgenauigkeit bei nächtlichen Flächenangriffen bezieht sich die Behauptung vielleicht eher auf ein angestrebtes Ziel als auf eine üblicherweise erfolgreiche Praxis des Bomber Command.

27 Ebenda, S. 24.

28 Zitiert ebenda, S. 25.

29 Zitiert ebenda.

30 Ebenda, S. 26.

31 Magazin *Time*, 7. Juli 1943, zitiert ebenda, S. 27.

32 Ebenda, S. 34.

33 Zitiert – unter Beifügung der Namen der Unterzeichner – ebenda, S. 37.

34 Zitiert ebenda, S. 97.

35 Brief an die *Daily Mail* von Hull, 26. November 1943, zitiert ebenda, S. 98.

36 Zitiert nach Paul Berry und Mark Bostridge, *Vera Brittain: A Life*, Boston 1995, S. 438.

37 Brittain, *Seed of Chaos*, S. 16.

38 Artikel im *Evening Standard*, 4. Januar 1944, zitiert ebenda, S. 100.

39 Artikel im *Daily Mail*, 6. Januar 1944, zitiert ebenda.

40 Zitiert ebenda, S. 102.

41 Corder Catchpool im *Friend*, 25. Juni 1943.

42 Hansard, House of Commons, 28. Juli 1943 – mitten während der Operation »Gomorrha«.

43 Zitiert ebenda, S. 104f.

44 Zitiert ebenda, S. 106f.

45 Ebenda, S. 108.

46 Ebenda, S. 114.

47 Ebenda, S. 115.

48 Die Unterzeichner waren George A. Buttrick, J. Henry Carpenter, Allan Knight Chalmers, Henry H. Crane, Albert E. Day, Phillips P. Elliott, Harry Emerson Fosdick, Georgia Harkness, John Hayes Holmes, Allan A. Hunter, Josephine Johnson, E. Stanley Jones, John Paul Jones, Rufus Jones, John H. Lathrop, Kenneth Scott Latourette, W. Appleton Lawrence, Elmore M. McKee, Walter Mitchell, Kirby Page, Clarence Pickett, Edwin McNeill Poteat, Richard Roberts, Paul Scherer, Ralph Sockman, Earnest F. Tittle, Oswald Garrison Villard und Winifred Wygal. Die meisten davon waren damals bekannte Schriftsteller. In den USA gab es keine spezielle Kampagne gegen das Flächenbombardement, abgesehen von der Unterstützung, die Brittains Schrift erhielt. Allerdings gab es dort eine kleine und couragierte pazifistische Bewegung, die in übler Weise diffamiert und von Mitgliedern der Öffentlichkeit und der Streitkräfte auf Heimaturlaub mitunter tätlich angegriffen wurden.

49 Berry und Bostridge, *Vera Brittain*, S. 439.

50 James Martin, »The Bombing and Negotiated Peace Questions – in 1944«, *Rampart Journal*, Bd. IV, Nr. 1, Frühling 1968, S. 112.

51 Zitiert ebenda, S. 113.

52 Ebenda, S. 114.

53 Ebenda.

54 Ebenda.

55 Berry und Bostridge, *Vera Brittain*, S. 440.

56 Ebenda.

57 Ebenda.

58 Charles E. Montague, *Disenchantment*, London 1922, S. 220.

59 George Orwell, »As I Please«, *Tribune*, 19. Mai 1944.

60 Ebenda.

61 Ebenda.

62 Berry und Bostridge, *Vera Brittain*, S. 441.

63 Zitiert ebenda.

64 Ebenda.

65 Ebenda, S. 442.

66 Vgl. Benjamin King und Timothy Kutta, *Impact: The History of Germany's V-Weapons in World War II*, Cambridge 1998.

5. Die Anklage gegen das Bombardement

1 Augustinus, Brief an Publicola.

2 Der Vollständigkeit halber sei darauf hingewiesen, dass das *justum bellum* ein Krieg ist, der sich sowohl durch *justum ad bellum* – gerechte Kriegsgründe und -zwecke – als auch durch *jus in bello* – rechtmäßige Kriegführung – auszeichnet. Nach dieser Definition gilt, dass wenn entweder *justum ad* oder *jus in* nicht gegeben sind, kein *justum bellum* vorliegt. In meinen Ausführungen hier behaupte ich implizit, dass ein Krieg gerecht bleiben kann, sofern seine Gründe und die Zwecke des (gleichsam) unter einer Schmälerung seiner Rechte leidenden Kombattanten gerecht sind, auch wenn einige Aspekte des *jus in bello* nicht rechtmäßig sind. Aber zu viele unrechtmäßige Kriegshandlungen stellen die Gerechtigkeit des gesamten Krieges in Frage; das ist eine Sache der Verhältnismäßigkeit. Daraus folgt die Überlegung, dass, selbst wenn sich das Flächenbombardement der Alliierten bei genauerer Prüfung als unrechtmäßig erweisen sollte, der Krieg insgesamt dadurch aus alliierter Sicht nicht ungerecht wird.

3 Hugo Grotius, *De Jure Belli ac Pacis – Libri Tres* (»Drei Bücher vom Recht des Krieges und des Friedens«, Paris 1625) nebst einer Vorrede von Christian Thomasius zur ersten deutschen Ausgabe des Grotius vom Jahr 1707, neuer deutscher Text und Einleitung von Dr. Walter Schätzel, Tübingen 1950, S. 37.

4 Otto von Guericke, *Die Belagerung, Eroberung und Zerstörung der Stadt Magdeburg am 10./20. Mai 1631*, nach der Ausgabe von Friedrich Wilhelm Hoffmann neu herausgegeben von Horst Kohl, Leipzig 1912, S. 74f.

5 Hugo Grotius, 3. Buch, 1. Kapitel, Abschnitt IV 1, 2 (S. 420); 4. Kap., Abschnitt II (S. 448).

6 Ebenda, 4. Kap., Abschnitt IX 1, 2 (S.451f.).

7 Ebenda, 5. Kap., Abschnitt I (S. 459).

8 Ebenda, 11. Kap., Abschnitt I 1, 2 (S. 502).

9 Ebenda, 11. Kap., Abschnitt VII 1 (S. 508).

10 Voltaire, *Candide*, 3. Kapitel, Ottobrunn bei München 1981, S. 12f.

11 Sunzi, *Die Kunst des Krieges*, München 1998, Kap. II, S. 32.

12 Vgl. US Congress, House, *The Trial of Henry Wirz*, 40th Cong., 2nd sess, 1867–8. H. Doc. 1331.

13 Eine der ersten Apologien wurde 1908 von einem Mann veröffentlicht, der selbst als Angehöriger der Nordstaatenarmee Kriegsgefangener der Konföderierten gewesen war: James Madison Page, *The True Story of Andersonville Prison: A Defence of Major Henry Wirz*, New York 1908. Wirz war zur Zeit der Gräueltaten Hauptmann und zur Zeit seines Prozesses Major.

14 Geoffrey Best, *War and Law Since 1945*, Oxford 1994, S. 41.

15 Dies ist der Wortlaut des einschlägigen Abschnitts des IV. »Abkommens betreffend die Gesetze und Gebräuche des Landkriegs und seiner Anlage: Ordnung der Gesetze und Gebräuche des Landkriegs«. Diese Fassung wurde am 18. Oktober 1907 in Den Haag hinterlegt. Zitiert nach der dt. Übersetzung in: Albrecht Randelzhofer (Hrsg.), *Völkerrechtliche Verträge*, München 2004, S. 713–720 [hier: S. 713f., 717f.]

16 Selbstbeschränkende Verordnungen wie das Giftgas-Protokoll von 1925 würden im Krieg zweifellos nicht befolgt, wenn der aus dem Verstoß gegen das Protokoll erwachsende Vorteil den Nachteil überwiegen würde. Aber die Krieg führenden Völker hatten in den Jahren 1914–18 gelernt, dass die Kapriolen des Windes Giftgas zu einem unzuverlässigen Verbündeten machten. Bei der »Zurückhaltung«, die sich die Alliierten und die Achsenmächte in dieser Hinsicht auferlegten, spielte die Risikovorsorge für die eigenen Truppen eine größere Rolle als das grundsätzliche Gasverbot.

17 Best, *War and Law*, S. 185.

18 In diesem Zusammenhang möchte ich auf ein außerordentlich wichtiges Buch hinweisen: *A World at Total War*, hrsg. von Roger Chickering, Stig Förster und Bernd Greiner, Cambridge 2005. Die Einleitung vermittelt einen ausgezeichneten Überblick über die Fragen, die die Theorie des »totalen Kriegs« aufwirft. Einige der Punkte, die die Beiträge in diesem Sammelband thematisieren, werden wir im nächsten Kapitel eingehender betrachten.

19 Joseph E. Persico, *Nuremberg: Infamy on Trial*, New York 1994, S. 33f.

20 Ebenda, S. 33.

21 Ebenda, S. 81.

22 Vgl. Antony Beevors schonungslos offene Darstellung der Gräueltaten während der sowjetisch-deutschen Kämpfe in den letzten Kriegsmonaten in *Berlin 1945 – Das Ende*. Was das »tu quoque«-Problem anbelangt, vgl. Persico, *Nuremberg: Infamy on Trial*.

23 Der Prozess gegen die Hauptkriegsverbrecher vor dem Internationalen Militärgerichtshof, Band 1, Nürnberg 1947, S. 31.

24 Best, *War and Law*, S. 181f.

25 Zitiert nach www.lrz-muenchen.de/~satzger/materialien/img1945d.pdf

26 Best, *War and Law*, S. 81.

27 Zitiert nach www.rk19-bielefeld-mitte.de/info/Recht/Genfer_Konventionen/inhalt.htm

28 Dt. Übersetzung zitiert nach *Völkerrechtliche Verträge*, hrsg. von Albrecht Randelzhofer, München 2004, S. 723–771.

29 Hansard, House of Commons, 5th series, 1937/8, vol. 337, col. 937.

30 Harris, *Bomber Offensive*, S. 177.

31 Best, *War and Law*, S. 201.

6. Die Verteidigung des Flächenbombardements

1 Harris, *Bomber Offensive*, S. 176.

2 Vielleicht lässt sich seine Behauptung eher verstehen, wenn wir uns daran erinnern, dass Harris ein Schlemmer war.

3 Zitiert nach Schaffer, *Wings of Judgement*, S. 146.

4 Ebenda.

5 Ebenda, S. 148

6 Overy, *Die Wurzeln des Sieges*, S. 164.

7 Ebenda, S. 257.

8   Vgl. Chickering, Förster und Greiner, *A World at Total War: Global Conflict and the Politics of Destruction 1937–1945*, Cambridge 2005.

9   Ebenda, S. 3.

10 Ebenda, S. 7.

11 Taylor, *Dresden*.

12 Ebenda, S. 453.

13 Overy, *Die Wurzeln des Sieges*, S. 174.

14 Zitiert nach Taylor, *Dresden*, S. 451; vgl. auch Overy, *Die Wurzeln des Sieges*, S. 166.

15 Zitiert nach Taylor, *Dresden*, S. 443.

16 Harris, *Bomber Offensive*, S. 144.

17 Aber man sollte hinzufügen: mit der rühmlichen und bedeutenden Ausnahme seines Einsatzes, im Jahr 1940 die drohende Invasion abzuwehren.

18 Robin Neillands, *Der Krieg der Bomber*, S. 356.

19 Terraine, *The Right of the Line*, S. 663.

20 Richards, *The Hardest Victory*, S. 298f.

21 Ebenda, S. 289.

22 Thomas L. Friedman, *International Herald Tribune*, 25. März 2005.

23 Neillands, *Der Krieg der Bomber*, S. 399.

24 Ebenda, S. 400.

25 Zitiert ebenda.

26 Zitiert ebenda.

27 Ebenda.

28 Ebenda.

29 Ebenda.

7. Urteil

1   Schaffer, *Wings of Judgement*, S. 196.

Auflistung
der RAF-Bombenangriffe gegen Deutschland,
mit zivilen Opferzahlen und
RAF-Verlusten

1940

11./12. Mai
Mönchengladbach
19 Hampden, 18 Whitley
(Verluste: 2 Hampden, 1 Whitley)

15./16. Mai
Ruhrgebiet
(erster strategischer Bombenangriff auf die
deutsche Industrie)
39 Wellington, 36 Hampden, 24 Whitley
(1 Wellington stürzte in Frankreich ab)

17./18. Mai
Hamburg, Bremen, Köln
48 Hampden nach Hamburg, 24 Whitley
nach Bremen, 6 Wellington nach Köln
(keine Verluste)

21./22. Mai
Mönchengladbach und Euskirchen, Münster
52 Whitley, 47 Wellington, 25 Hampden
(Verluste: 3 Wellington, 1 Hampden,
1 Whitley)

22./23. Mai
Merseburg
35 Hampden (bis auf eine alle zurückbeordert)

5./6. Juni
Hamburg
36 Hampden, 34 Wellington, 22 Whitley,
einige an die Somme (Verluste: 1 Hampden,
1 Wellington)

6./7. Juni
Hamburg
24 Hampden (keine Verluste)

14./15. Juni
Ruhrgebiet, Süddeutschland, Konstanz
24 Wellington, 5 Hampden

17./18. Juni
Köln, Ruhrgebiet, Norddeutschland
51 Whitley, 49 Wellington, 39 Hampden
(Verluste: 2 Whitley)

18./19. Juni
Ruhrgebiet, Mannheim, Bremen, Hamburg
38 Whitley, 26 Wellington, 5 Hampden
(Verluste: 2 Whitley, 1 Wellington)

19./20. Juni
Ein Teil nach Hamburg, ein Teil nach
Mannheim
53 Hampden, 37 Wellington, 22 Whitley
(Verluste: 1 Wellington, 1 Whitley)

20./21. Juni
Rheinland
39 Whitley, 17 Hampden
(Verluste: 1 Hampden, 1 Whitley)

21./22. Juni
Ruhrgebiet, Nord-/Mitteldeutschland
42 Hampden, 33 Wellington, 30 Whitley
(Verluste: 1 Hampden, 1 Wellington)

23. Juni
Osnabrück, Soest, Hamm
26 Blenheim (Verluste: 3)

23./24. Juni
Bremen, Ruhrgebiet, Rheinland
53 Hampden, 26 Whitley (keine Verluste)

30. Juni/1. Juli
Darmstadt, Hamburg, Hamm, Hanau
88 Flugzeuge (keine Verluste)

1./2. Juli
Osnabrück, Kiel
73 Flugzeuge (Verluste: 1 Hampden und
1 Whitley)

3. Juli
Hamburg
33 Blenheim

5./6. Juli
Kiel
51 Flugzeuge gestartet, nicht alle
bombardierten Kiel (Verlust: 1 Wellington)

15./16. Juli
Hamburg, Hannover, Osnabrück, Paderborn
33 Hampden (keine Verluste)

17./18. Juli
Gelsenkirchen
7 Wellington nach Gelsenkirchen,
3 Hampden (zum Minenlegen)

26./27. Juli
Hamm, Ludwigshafen
18 Wellington, 9 Whitley (Verluste: 1)

27./28. Juli
Hamburg, Bremen, Wilhelmshaven,
Borkum
24 Wellington, 19 Hampden
(keine Verluste)

29./30. Juli
Homburg, Köln, Hamm
76 Hampden, Wellington und Whitley
(keine Verluste)

5./6. August
Hamburg, Kiel, Wilhelmshaven, Wismar
85 Hampden, Wellington und Whitley
(keine Verluste)

6./7. August
Homburg, Reisholz
26 Wellington, auch nach Holland

7./8. August
Emmerich, Hamm, Soest, Kiel
50 Hampden und Wellington
(keine Verluste)

9./10. August
Köln, Ludwigshafen
38 Wellington und Whitley, auch zu niederländischen Flugplätzen (keine Verluste)

10./11. August
Hamburg
57 Hampden, Wellington und Whitley zu
9 Zielen (Verluste: 1 Hampden)

11./12. August
Ruhrgebiet
59 Hampden, Wellington und Whitley zu
6 Zielen (Verluste: 1 Whitley)

16./17. August
Ruhrgebiet, Frankfurt/M., Augsburg, Jena,
Leuna
150 Blenheim, Hampden, Wellington und
Whitley, auch zu niederländischen
Flugplätzen (Verluste: 4 Whitley,
2 Hampden, 1 Wellington)

17./18. August
Braunschweig
102 Blenheim, Hampden und Wellington zu
5 Zielen, auch nach Holland, Belgien und
Frankreich (keine Verluste)

18./19. August
Rheinfelden, Freiburg
20 Whitley (keine Verluste)

24./25. August
Stuttgart
68 Wellington und Whitley zu 5 Zielen
(Verluste: 2 Whitley)

25./26. August
Berlin, Bremen, Köln, Hamm
103 Flugzeuge gestartet, etwa die Hälfte
davon nach Berlin (Verluste: 6 Hampden,
3 Blenheim)

26./27. August
Hannover, Leipzig, Leuna, Nordhausen
99 Blenheim, Hampden und Wellington
(Verluste: 1 Hampden)

28./29. August
Berlin
79 Blenheim, Hampden, Wellington und
Whitley zu 6 Zielen in Deutschland und
französischen Flugplätzen
(Verluste: 1 Blenheim, 1 Hampden)

29./30. August
Bottrop, Essen, Mannheim, Soest
81 Blenheim, Hampden, Wellington und
Whitley, auch zu niederländischen und
französischen Flugplätzen
(Verluste: 1 Blenheim, 1 Hampden)

31. August
Berlin, Köln
77 Blenheim, Hampden, Wellington und
Whitley, auch zu belgischen Flugplätzen
(Verluste: 1 Hampden)

3./4. September
Berlin, Magdeburg, Ruhrgebiet
90 Blenheim, Hampden, Wellington und
Whitley, auch zu französischen Flugplätzen
(keine Verluste)

4./5. September
Stettin, Magdeburg, Berlin
86 Bleinheim, Hampden, Wellington
und Whitley, auch zu französischen
Flugplätzen (Verluste: 1 Hampden,
1 Whitley)

8./9. September
Hamburg, Bremen, Emden
133 Blenheim, Hampden, Wellington
und Whitley, auch nach Holland
(Verluste: 1 Hampden)

10./11. September
Berlin, Bremen
17 Whitley (Verluste: 2)

23./24. September
Berlin
129 Hampden, Wellington und Whitley
(Verluste: 1 Hampden, 1 Wellington,
1 Whitley)

26./27. September
Dortmund, Kiel
77 Blenheim, Hampden, Wellington und
Whitley, auch zu Hafenstädten am
Ärmelkanal (Verluste: 1 Blenheim,
1 Hampden)

5./6. Oktober
Köln, Gelsenkirchen, Hamm, Osnabrück,
Soest
20 Hampden (Verluste: 1)

7./8. Berlin
140 Blenheim, Hampden, Wellington und
Whitley (Verluste: 1 Wellington)

13./14. Oktober
Ruhrgebiet, Wilhelmshaven, Kiel
125 Battle, Blenheim, Hampden und
Wellington
(Verluste: 1 Wellington)

14./15. Oktober
Berlin, Stettin, Magdeburg, Böhlen
78 Hampden, Wellington und Whitley,
auch nach Frankreich (Verluste: 2 Hampden,
1 Wellington; 1 Whitley in England
abgestürzt)

16./17. Oktober
Bremen, Kiel, Merseburg
73 Hampden und Wellington, auch nach
Frankreich (Verluste: 2 Hampden,
1 Wellington; 10 Hampden und
4 Wellington auf dem Rückflug abgestürzt)

18./19. Oktober
Hamburg, Lünen
28 Blenheim, Hampden und Whitley
(keine Verluste)

19./20. Oktober
Osnabrück
2 Whitley, 1 Hampden (keine Verluste;
1 Whitley abgestürzt in England)

20./21. Oktober
Berlin
139 Blenheim, Hampden, Wellington und
Whitley zu verschiedenen Zielen in Deutschland, Italien und besetzten Ländern
(Verluste: 1 Hampden und 3 Whitley)

21./22. Oktober
Köln, Hamburg, Stuttgart, Reisholz
31 Wellington, 11 Whitley
(Verluste: 1 Whitley)

28./29. Oktober
Hamburg
97 Flugzeuge zu verschiedenen Zielen, davon
20 Hampden nach Hamburg (Verluste:
1 Blenheim, 1 Whitley)

30./31. Oktober
Duisburg, Emden
28 Blenheim und Wellington, auch nach
Belgien und Holland (keine Verluste)

1./2. November
Berlin, Gelsenkirchen, Magdeburg
81 Blenheim, Hampden, Wellington und
Whitley, auch zu belgischen, niederländischen und französischen Flugplätzen
(Verluste: 2 Hampden)

6./7. November
Berlin
64 Hampden, Wellington und Whitley zu
verschiedenen Zielen, davon 18 Wellington
nach Berlin (Verluste: 1 Wellington und
1 Whitley)

7./8. November
Essen, Köln
91 Blenheim, Hampden, Wellington und
Whitley, auch in deutsch besetzte Länder
(keine Verluste)

12./13. November
Gelsenkirchen
77 Blenheim, Hampden, Wellington und
Whitley zu verschiedenen Zielen, davon
24 Wellington nach Gelsenkirchen (Verlust:
1 Whitley)

14./15. November
Berlin, Hamburg
82 Hampden, Wellington und Whitley
(Verluste: 4 Hampden, 4 Whitley,
2 Wellington)

15./16. November
Hamburg
67 Hampden, Wellington und Whitley
(keine Verluste)

16./17. November
Hamburg, Kiel
130 Blenheim, Hampden, Wellington und
Whitley (Verluste: 2 Wellington,
1 Blenheim)

17./18. November
Gelsenkirchen, Hamm
49 Wellington und Whitley (keine Verluste)

18./19. November
Merseburg
11 Whitley (keine Verluste)

20./21. November
Duisburg
68 Blenheim, Hampden, Wellington und
Whitley, davon 43 nach Duisburg
(Verluste: 1 Whitley)

22./23. November
Dortmund, Duisburg, Wanne-Eickel
95 Blenheim, Hampden, Wellington und
Whitley, auch nach Bordeaux (Verluste:
1 Hampden)

24./25. November
Hamburg
42 Blenheim, Hampden und Wellington
(Verluste: 1 Blenheim, 1 Hampden)

25./26. November
Wilhelmshaven
36 Hampden, Whitley und Wellington
(Verluste: 1 Wellington)

27./28. November
Köln
62 Blenheim, Hampden, Wellington und
Whitley (Verluste: 1 Whitley)

28./29. November
Düsseldorf
24 Blenheim (Verluste: 1)

29./30. November
Bremen, Köln
42 Blenheim, Hampden, Wellington und
Whitley, auch zu Hafenstädten am Ärmelkanal (Verluste: 1 Blenheim)

3./4. Dezember
Duisburg, Essen, Mannheim
20 Blenheim und Whitley (Verluste:
1 Blenheim, 4 Flugzeuge in England
abgestürzt)

4./5. Dezember
Düsseldorf
83 Blenheim, Hampden, Wellington und
Whitley, auch nach Turin (Verluste:
1 Blenheim und 1 Wellington)

5./6. Dezember
Gelsenkirchen
5 Whitley (keine Verluste)

7./8. Dezember
Düsseldorf
69 Blenheim, Hampden, Wellington und
Whitley, überwiegend nach Düsseldorf
(Verluste: 3 Wellington, 1 Hampden und
1 Whitley)

8./9. Dezember
Düsseldorf
90 Blenheim, Hampden, Wellington und
Whitley, auch nach Frankreich und zu
Flugplätzen
(Verluste: 1 Hampden und 1 Wellington)

9./10. Dezember
Bremen
39 Blenheim und Wellington, auch nach
Holland und Frankreich (Verluste:
1 Blenheim)

11./12. Dezember
Mannheim
42 Blenheim, Wellington und Whitley, auch
nach Frankreich (Verluste: 1 Blenheim und
1 Wellington)

13./14. Dezember
Bremen, Kiel
33 Wellington und Whitley (Verluste:
1 Whitley)

15./16. Dezember
Berlin, Frankfurt/M., Kiel
71 Hampden, Wellington und Whitley
(Verluste: 3 Whitley)

16./17. Dezember
Mannheim (erster Flächenangriff der RAF)
61 Wellington, 35 Whitley, 29 Hampden
und 9 Blenheim (Verluste: 2 Hampden und
1 Blenheim; 4 Flugzeuge in England
abgestürzt)

17./18. Dezember
Mannheim
9 Whitley (keine Verluste)

18./19. November
Mannheim
17 Wellington und 9 Whitley (Verluste:
1 Wellington)

19./20. Dezember
Köln, Duisburg, Gelsenkirchen
85 Blenheim, Hampden, Wellington und
Whitley, auch nach Frankreich (Verluste:
1 Blenheim)

20./21. Dezember
Berlin, Gelsenkirchen
125 Blenheim, Hampden, Wellington und
Whitley, auch zu Hafenstädten am Ärmelkanal (keine Verluste)

23./24. Dezember
Mannheim, Ludwigshafen
43 Blenheim, Hampden und Wellington,
auch nach Holland und Frankreich
(Verluste: 1 Wellington)

29./30. Dezember
Frankfurt/M., Hamm
27 Blenheim, Wellington und Whitley,
auch nach Boulogne und zu französischen
Flugplätzen (Verluste: 2 Wellington)

1941

1./2. Januar
Bremen
141 Blenheim, Hampden, Wellington und
Whitley, auch zu belgischen, niederländischen und französischen Hafenstädten
(keine Verluste; 4 Flugzeuge abgestürzt in
England)

2./3. Januar
Bremen, Emden
47 Hampden, Wellington und Whitley,
auch nach Amsterdam (Verluste: 1 Whitley)

3./4. Januar
Bremen
71 Blenheim, Hampden, Wellington und
Whitley
(Verluste: 1 Whitley)

8./9. Januar
Wilhelmshaven, Emden
48 Hampden, Wellington und Whitley
(keine Verluste)

9./10. Januar
Gelsenkirchen
60 Wellington, 36 Blenheim, 20 Hampden,
19 Whitley (Verluste: 1 Whitley)

11./12. Januar
Wilhelmshaven
35 Hampden und Wellington (keine
Verluste)

13./14. Januar
Wilhelmshaven
24 Wellington und Whitley, auch zu französischen Hafenstädten (keine Verluste)

15./16. Januar
Wilhelmshaven
96 Blenheim, Hampden, Wellington und
Whitley (Verluste: 1 Whitley)

16./17. Januar
Wilhelmshaven
81 Blenheim, Hampden, Wellington und
Whitley (Verluste: 2 Wellington, 2 Whitley,
1 Hampden)

22./23. Januar
Düsseldorf
28 Wellington, 12 Blenheim
(keine Verluste)

26./27. Januar
Hannover
10 Whitley, 7 Wellington (keine Verluste)

29./30. Januar
Wilhelmshaven
25 Wellington, 9 Hampden
(keine Verluste)

4./5. Februar
Düsseldorf
30 Hampden (Verluste: 1)

10./11. Februar
Hannover
112 Wellington, 46 Hampden, 34 Blenheim,
30 Whitley (Verluste: 2 Wellington,
1 Blenheim, 1 Hampden; 3 Flugzeuge von
eingedrungenen deutschen Feindflugzeugen
abgeschossen)

11./12. Februar
Bremen
79 Hampden, Wellington und Whitley
(keine Verluste, 11 Wellington; 7 Whitley
und 4 Hampden abgestürzt in England)

14./15. Februar
Gelsenkirchen, Homburg
44 Wellington nach Gelsenkirchen,
22 Blenheim und 22 Wellington nach
Homburg (keine Verluste)

15./16. Februar
Homburg
37 Blenheim und 33 Hampden
(keine Verluste)

21./22. Februar
Wilhelmshaven
34 Wellington (Verluste: 1), 7 Whitley nach
Düsseldorf

25./26. Februar
Düsseldorf
43 Wellington, 22 Hampden, 15 Whitley
(Verluste: 1 Wellington)

26./27. Februar
Köln
126 Flugzeuge

28. Februar
Wilhelmshaven
116 Blenheim, Hampden, Wellington und
Whitley (Verluste: 1 Blenheim)

1./2. März
Köln
131 Blenheim, Hampden, Wellington
und Whitley (Verluste: 5 Whitley und
1 Wellington, 14 Flugzeuge in England
abgestürzt)

3./4. März
Köln
71 Hampden, Wellington und Whitley
(Verluste: 1 Hampden)

10./11. März
Köln
19 Hampden (Verluste: 1)

11./12. März
Kiel
27 Wellington (keine Verluste)

12./13. März
Hamburg, Bremen, Berlin
Hamburg: 40 Hampden, 25 Whitley,
16 Wellington, 4 Manchester, 3 Halifax
(keine Verluste)
Bremen: 54 Wellington, 32 Blenheim
(Verluste: 1 Blenheim)
Berlin: 30 Hampden, 28 Wellington,
14 Whitley (Verluste: je 1 Flugzeug jedes
Typs)

13./14. März
Hamburg
53 Wellington, 34 Hampden,
24 Whitley, 21 Blenheim, 5 Manchester,
2 Halifax (Verluste: 2 Wellington,
2 Whitley, 1 Blenheim, 1 Hampden;
1 Manchester von eingedrungenem
Feindflugzeug über England
abgeschossen)

14./15. März
Gelsenkirchen, Düsseldorf
Gelsenkirchen: 61 Wellington, 21 Hampden,
19 Whitley (Verluste: 1 Wellington)
Düsseldorf: 24 Blenheim (keine Verluste)

15./16. März
Düsseldorf
21 Hampden (keine Verluste)

17./18. März
Bremen, Wilhelmshaven
57 Hampden, Wellington, Whitley und
1 Stirling nach Bremen, 21 Blenheim nach
Wilhelmshaven (Verluste: 1 Wellington
von eingedrungenem Feindflugzeug
abgeschossen)

18./19. März
Kiel, Wilhelmshaven
Kiel: 40 Hampden, 34 Wellington,
23 Whitley, 2 Manchester (keine Verluste)
Wilhelmshaven: 44 Blenheim (Verluste: 1)

19./20. März
Köln
36 Wellington (keine Verluste)

23./24. März
Berlin, Kiel, Hannover
Berlin: 35 Wellington und 28 Whitley (keine
Verluste)
Kiel: 31 Hampden (keine Verluste)
Hannover: 26 Blenheim (Verluste: 1)
5 Hampden legen Minen vor Kiel

27./28. März
Köln, Düsseldorf
Köln: 38 Wellington und 1 Stirling
(Verluste: 1 Wellington)
Düsseldorf: 22 Hampden, 13 Whitley,
4 Manchester (Verluste: 1 Manchester und
1 Whitley)

31. März/1. April
Bremen
28 Wellington (Verluste: 1)

7./8. April
Kiel, Bremerhaven
Kiel: 117 Wellington, 61 Hampden,

49 Whitley, 2 Stirling (Verluste:
2 Wellington, 2 Whitley)
Bremerhaven: 24 Blenheim (keine Verluste)
9 Flugzeuge nach Emden

8./9. April
Kiel, Bremerhaven
Kiel: 74 Wellington, 44 Whitley,
29 Hampden, 12 Manchester, 1 Stirling
(Verluste: 2 Wellington, 1 Hampden,
1 Manchester; 9 Flugzeuge in England
abgestürzt)
Bremerhaven: 22 Blenheim (keine Verluste)
2 Blenheim nach Emden

9./10. April
Berlin
36 Wellington, 24 Hampden, 17 Whitley,
3 Stirling (Verluste: 3 Wellington, 1 Stirling,
1 Whitley)
7 Flugzeuge nach Emden

10./11. April
Düsseldorf
29 Hampden und 24 Whitley (Verluste:
5 Hampden)

15./16. April
Kiel
49 Wellington, 21 Whitley, 19 Hampden,
5 Halifax, 2 Stirling (Verluste: 1 Wellington)

16./17. April
Bremen
62 Wellington, 24 Whitley, 21 Hampden
(Verluste: 1 Whitley)

17./18. April
Berlin
50 Wellington, 39 Hampden, 28 Whitley,
1 Stirling (Verluste: 5 Whitley, 2 Hampden,
1 Wellington)

20./21. April
Köln
37 Wellington, 12 Whitley, 11 Hampden,
1 Stirling (Verluste: 2 Hampden,
1 Wellington)

24./25. April
Kiel
39 Wellington, 19 Whitley, 10 Hampden,
1 Stirling (Verluste: 1 Whitley)
9 Flugzeuge nach Wilhelmshaven

25./26. April
Kiel
38 Wellington, 14 Whitley, 10 Hampden
(Verluste: 1 Wellington)
5 Flugzeuge nach Bremerhaven, 4 nach
Emden, 3 nach Berlin (keine Verluste)

26./27. April
Hamburg
28 Hampden und 22 Wellington (Verluste:
1 Wellington)
4 Wellington nach Emden (keine Verluste)

29./30. April
Mannheim
42 Wellington, 15 Whitley, 14 Hampden
(Verluste: 1 Wellington)

30. April/1. Mai
Kiel
43 Wellington, 25 Whitley, 14 Hampden
(keine Verluste)

2./3. Mai
Hamburg
49 Wellington, 21 Whitley, 19 Hampden,
3 Manchester, 3 Stirling (Verluste:
1 Hampden, 1 Manchester, 1 Whitley)
17 Wellington und 6 Whitley nach Emden
(Verluste: 1 Wellington)

3./4. Mai
Köln
37 Wellington, 35 Whitley, 27 Hampden,
2 Manchester (keine Verluste)

5./6. Mai
Mannheim
70 Wellington, 33 Hampden, 30 Whitley,
4 Manchester, 4 Stirling (keine Verluste)

6./7. Mai
Hamburg
50 Wellington, 31 Whitley, 27 Hampden,
4 Manchester, 3 Stirling (keine Verluste)

8./9. Mai
Hamburg, Bremen, Bremerhaven, Kiel
Hamburg: 100 Wellington, 78 Hampden,
9 Manchester, 1 Stirling (Verluste:
3 Wellington, 1 Hampden)
Bremen: 78 Whitley, 55 Wellington
(Verluste: 3 Wellington, 2 Whitley)
Kiel: 23 Blenheim (keine Verluste)
Bremerhaven: 4 Blenheim (keine Verluste)

9./10. Mai
Mannheim, Ludwigshafen
69 Wellington, 42 Whitley, 24 Hampden,
11 Manchester (Verluste: 1 Wellington,
1 Whitley)

10./11. Mai
Hamburg, Berlin
Hamburg: 60 Wellington, 35 Hampden,
23 Whitley, 1 Manchester (Verluste:
3 Wellington, 1 Whitley)
Berlin: 23 Flugzeuge (Verluste: 2 Stirling,
1 Manchester)
6 Wellington nach Emden (keine Verluste)

11./12. Mai
Hamburg, Bremen
Hamburg: 91 Wellington, 1 Stirling
(Verluste: 3 Wellington)
Bremen: 48 Whitley, 31 Hampden,
2 Manchester (Verluste: 1 Hampden)

12./13. Mai
Mannheim, Ludwigshafen, Köln
42 Wellington, 41 Hampden, 18 Whitley,
4 Manchester, davon 65 nach Mannheim
und 40 nach Ludwigshafen, 16 Flugzeuge
sollen Köln bombardiert haben (keine
Verluste)

15./16. Mai
Hannover
55 Wellington, 27 Hampden, 18 Whitley,
1 Stirling (Verluste: 2 Wellington,
1 Hampden)
14 Manchester nach Berlin (Verluste: 1)

16./17. Mai
Köln
48 Wellington, 24 Hampden, 20 Whitley,
1 Stirling (Verluste: 1 Whitley)

17./18. Mai
Köln, Kiel
Köln: 44 Wellington, 28 Whitley,
23 Hampden (Verluste: 1 Hampden,
1 Whitley)
Kiel: 33 Wellington, 19 Whitley,
18 Hampden (keine Verluste)

23./24. Mai
Köln
24 Hampden, 22 Wellington, 5 Stirling
(keine Verluste)

27./28. Mai
Köln
46 Whitley, 18 Wellington (keine Verluste)

28./29. Mai
Kiel
14 Whitley (Verluste: 1)

2./3. Juni
Düsseldorf, Duisburg, Berlin
Düsseldorf: 68 Wellington, 43 Hampden,
39 Whitley (Verluste: 2 Hampden,
1 Whitley)
Duisburg: 25 Wellington (keine Verluste)
Berlin: 8 Stirling, 3 Wellington (Verluste:
1 Stirling)

11. Juni
Bremerhaven
25 Blenheim (Verluste: 1; 19 umgekehrt)

11./12. Juni
Düsseldorf, Duisburg
Düsseldorf: 92 Wellington, 6 Stirling
(Verluste: 6 Wellington)
Duisburg: 36 Whitley, 35 Hampden,
9 Halifax (Verluste: 1 Whitley)
20 Hampden legen Minen in der Kieler
Bucht (Verluste: 1)

12./13 Juni
Soest, Schwerte, Hamm, Osnabrück,
Marl-Hüls
Soest: 91 Hampden (Verluste: 2)
Schwerte: 80 Whitley, 4 Wellington
(Verluste: 3 Whitley)
Hamm: 82 Wellington (keine Verluste)
Osnabrück: 61 Wellington (Verluste: 1)

Marl-Hüls: 11 Halifax, 7 Stirling
(keine Verluste)

14./15. Juni
Köln
29 Hampden (keine Verluste)

15./16. Juni
Köln, Düsseldorf, Hannover
Köln: 49 Wellington, 42 Hampden
(Verluste: 1 Hampden)
Düsseldorf: 31 Whitley, 28 Wellington
(keine Verluste)
Hannover: 16 Flugzeuge (keine Verluste)

16./17. Juni
Köln, Düsseldorf, Duisburg
Köln: 47 Hampden, 39 Whitley,
16 Wellington, 3 Halifax (Verluste:
1 Whitley, 1 Wellington)
Düsseldorf: 65 Wellington, 7 Stirling
(keine Verluste)
Duisburg: 39 Wellington (Verluste: 1)

17./18. Juni
Köln, Düsseldorf, Duisburg
Köln: 43 Hampden, 33 Whitley (Verluste: 1)
Düsseldorf: 57 Wellington (keine Verluste)
Duisburg: 26 Wellington (keine Verluste)
11 Flugzeuge nach Hannover (keine
Verluste)

19./20. Juni
Köln, Düsseldorf
Köln: 28 Wellington (Verluste: 1)
Düsseldorf: 20 Whitley (Verluste: 1)

20./21. Juni
Kiel
47 Wellington, 24 Hampden, 20 Whitley,
13 Stirling, 11 Halifax (Verluste:
2 Wellington)

21./22. Juni
Köln, Düsseldorf
Köln: 68 Wellington (keine Verluste)
Düsseldorf: 28 Hampden, 28 Whitley
(keine Verluste)

22./23. Juni
Bremen, Wilhelmshaven
Bremen: 45 Wellington, 25 Hampden
(Verluste: jeweils 1)
Wilhelmshaven: 16 Wellington, 11 Whitley
3 Wellington nach Emden, 1 Hampden nach
Düsseldorf (keine Verluste)

23./24. Juni
Köln, Kiel, Düsseldorf
Köln: 44 Wellington, 18 Whitley (Verluste:
1 Wellington)
Düsseldorf: 30 Hampden, 11 Manchester
(keine Verluste)
Kiel: 13 Stirling, 10 Halifax, 3 Wellington
(Verluste: 1 Halifax)
Je 1 Flugzeug nach Bremen, Emden und
Hannover (keine Verluste)

24./25. Juni
Köln, Kiel, Düsseldorf
Köln: 32 Whitley, 22 Wellington
(keine Verluste)
Kiel: 25 Hampden, 23 Wellington
(Verluste: 1 Wellington)
Düsseldorf: 23 Wellington, 8 Manchester
(keine Verluste)

25./26. Juni
Bremen, Kiel
Bremen: 56 Wellington, 8 Whitley
(Verluste: 1 Wellington)
Kiel: 30 Hampden, 17 Wellington (Verluste:
1 Hampden)
Je 1 Flugzeug nach Köln und Düsseldorf
(keine Verluste)

26./27. Juni
Köln, Düsseldorf, Kiel
Köln: 32 Wellington, 19 Whitley (Verluste:
1 Wellington)
Düsseldorf: 30 Hampden, 14 Wellington
(Verluste: 1 Wellington)
Kiel: 18 Manchester, 15 Stirling, 8 Halifax
(Verluste: 2 Manchester)

27./28. Juni
Bremen
73 Wellington, 35 Whitley (Verluste:
11 Whitley, 3 Wellington)

3 Flugzeuge nach Emden, 1 nach Köln,
1 nach Düsseldorf (keine Verluste)

29./30. Juni
Bremen, Hamburg
Bremen: 52 Wellington, 30 Hampden,
24 Whitley (Verluste: 4 Wellington,
2 Hampden, 1 Whitley)
Hamburg: 13 Stirling, 7 Wellington,
6 Manchester, 2 Halifax (Verluste: 4 Stirling,
2 Wellington)

30. Juni/1. Juli
Ruhrgebiet
32 Wellington, 18 Whitley, 14 Hampden
(Verluste: 2 Hampden, 2 Whitley)

2./3. Juli
Bremen, Köln, Duisburg
Bremen: 57 Wellington, 6 Stirling, 4 Halifax
(Verluste: 1 Wellington)
Köln: 33 Whitley, 9 Wellington (Verluste:
1 Wellington)
Duisburg: 39 Hampden (Verluste: 2)

3./4. Juli
Essen, Bremen
Essen: 61 Wellington, 29 Whitley
(Verluste: 2 von jedem Typ)
Bremen: 39 Hampden, 29 Wellington
(Verluste: 2 Wellington, 1 Hampden)

5./6. Juli
Münster, Osnabrück, Bielefeld
Münster: 65 Wellington, 29 Whitley
(Verluste: 1 Whitley)
Osnabrück: 39 Hampden (Verluste: 3)
Bielefeld: 33 Wellington (keine Verluste)
13 Halifax, 3 Stirling nach Magdeburg
(keine Verluste)

6./7. Juli
Münster, Dortmund
Münster: 47 Wellington (Verluste: 2)
Dortmund: 31 Whitley, 15 Wellington,
(Verluste: 2 Whitley)
2 Wellington nach Emden

7./8. Juli
Köln, Osnabrück, Münster
Köln: 114 Wellington (Verluste: 3)

Osnabrück: 54 Whitley, 18 Wellington
(Verluste: 3 Whitley)
Münster: 49 Wellington (Verluste: 3)
40 Hampden nach Mönchengladbach
(Verluste: 2)
14 Halifax, 3 Stirling nach Frankfurt/M.

8./9. Juli
Hamm, Münster, Bielefeld, Merseburg
Hamm: 45 Hampden, 28 Whitley
(Verluste: 4 Whitley, 3 Hampden)
Münster: 51 Wellington (Verluste: 1)
Bielefeld: 33 Wellington (keine Verluste)
Merseburg: 13 Halifax, 1 Stirling (Verluste:
1 Halifax)

9./10. Juli
Aachen, Osnabrück
Aachen: 39 Hampden, 27 Whitley,
16 Wellington (Verluste: 1 Hampden,
1 Whitley)
Osnabrück: 57 Wellington (Verluste: 2)

10./11. Juli
Köln
98 Wellington, 32 Hampden (Verluste:
2 Wellington)

11./12. Juli
Wilhelmshaven
36 Hampden (keine Verluste)

12./13. Juli
Bremen
33 Hampden, 28 Wellington (keine Verluste)

14./15. Juli
Bremen, Hannover
Bremen: 78 Wellington, 19 Whitley
(Verluste: 4 Wellington)
Hannover: 44 Hampden, 21 Wellington,
14 Halifax, 6 Stirling (Verluste: 2)

16./17. Juli
Hamburg
51 Wellington, 32 Hampden, 24 Whitley
(Verluste: 3 Wellington, 1 Hampden)

17./18. Juli
Köln
50 Wellington, 25 Hampden (keine Verluste)

19./20. Juli
Hannover
20 Whitley, 17 Wellington, 12 Hampden
(Verluste: 1 Wellington, 1 Whitley)

20./21. Juli
Köln
46 Wellington, 39 Hampden, 25 Whitley,
3 Stirling (keine Verluste)

21./22. Juli
Frankfurt/M., Mannheim
Frankfurt/M.: 37 Wellington, 34 Hampden
(keine Verluste)
Mannheim: 36 Wellington, 8 Halifax
(Verluste: 1 Wellington)

22./23. Juli
Frankfurt/M., Mannheim
Frankfurt/M.: 34 Hampden, 16 Whitley,
13 Wellington (keine Verluste)
Mannheim: 29 Wellington (keine Verluste)

23./24. Juli
Mannheim, Frankfurt/M.
Mannheim: 51 Wellington (keine Verluste)
Frankfurt/M.: 33 Hampden (Verluste: 1)

24./25. Juli
Kiel, Emden
Kiel: 34 Wellington, 30 Hampden
(Verluste: jeweils 1)
Emden: 31 Whitley, 16 Wellington
(Verluste: 2 Wellington)

25./26. Juli
Hannover, Hamburg
Hannover: 30 Hampden, 25 Whitley
(Verluste: 4 Whitley, 1 Hampden)
Hamburg: 43 Wellington (Verluste: 2)

30./31. Juli
Köln
62 Wellington, 42 Hampden, 7 Halifax,
5 Stirling (Verluste: 2 Hampden,
1 Wellington; 6 Flugzeuge in England
abgestürzt)

2./3. August
Hamburg, Berlin, Kiel
Hamburg: 58 Wellington, 21 Whitley,

1 Stirling (Verluste: 2 Wellington)
Berlin: 40 Wellington, 8 Halifax,
5 Stirling (Verluste: 3 Wellington,
1 Stirling)
Kiel: 50 Hampden (Verluste: 5)
5 Hampden legen Minen vor Kiel
(keine Verluste)

5./6. August
Mannheim, Karlsruhe, Frankfurt/M.
Mannheim: 65 Wellington, 33 Hampden
(Verluste: 2 Wellington, 1 Hampden)
Karlsruhe: 50 Hampden, 28 Wellington,
11 Halifax, 8 Stirling (Verluste: 1 Halifax,
1 Hampden, 1 Wellington)
Frankfurt/M.: 46 Whitley, 22 Wellington
(Verluste: 2 Whitley, 1 Wellington)
13 Wellington nach Aachen (Verluste: 2)

6./7. August
Frankfurt/M., Mannheim, Karlsruhe
Frankfurt/M.: 34 Whitley, 19 Wellington
(Verluste: jeweils 2)
Mannheim: 38 Wellington (keine Verluste)
Karlsruhe: 38 Hampden (Verluste: 1)

7./8. August
Essen, Hamm, Dortmund
Essen: 54 Hampden, 32 Wellington,
9 Halifax, 8 Stirling, 3 Manchester
(Verluste: 2 Hampden, 1 Stirling)
Hamm: 45 Wellington, 1 Stirling
(keine Verluste)
Dortmund: 20 Wellington, 20 Whitley
(keine Verluste)

8./9. August
Kiel, Hamburg
Kiel: 50 Hampden, 4 Whitley
(Verluste: 2 Hampden, 1 Whitley)
Hamburg: 44 Wellington (Verluste: 1)

11./12. August
Krefeld, Mönchengladbach
Krefeld: 20 Hampden, 9 Whitley
(keine Verluste)
Mönchengladbach: 29 Wellington
(keine Verluste)

12./13. August
Berlin, Hannover, Magdeburg, Essen
Berlin: 40 Wellington, 12 Halifax, 9 Stirling,
9 Manchester (Verluste: 3 Manchester,
3 Wellington, 2 Halifax, 1 Stirling)
Hannover: 65 Wellington, 13 Hampden
(Verluste: 4 Wellington)
Magdeburg: 36 Hampden (keine Verluste)
Essen: 30 Wellington, 3 Stirling, 2 Halifax
(1 Wellington von einem eingedrungenen
Feindflugzeug in England abgeschossen)

14./15. August
Hannover, Braunschweig, Magdeburg
Hannover: 96 Wellington, 55 Whitley,
1 Stirling (Verluste: 5 Wellington, 4 Whitley)
Braunschweig: 81 Hampden (Verluste: 1)
Magdeburg: 27 Wellington, 9 Halifax,
9 Stirling, 7 Manchester (Verluste:
2 Wellington, 1 Halifax, 1 Stirling)

16./17. August
Köln, Düsseldorf, Duisburg
Köln: 37 Wellington, 29 Whitley, 6 Halifax
(Verluste: 7 Whitley, 1 Wellington)
Düsseldorf: 52 Hampden, 6 Manchester
(Verluste: 3 Hampden, 2 Manchester)
Duisburg: 54 Wellington (Verluste: 1)

17./18. August
Bremen, Duisburg
Bremen: 39 Hampden, 20 Whitley
(Verluste: 2 Hampden)
Duisburg: 41 Wellington (keine Verluste)

18./19. August
Köln, Duisburg
Köln: 42 Hampden, 17 Whitley, 3 Welling-
ton (Verluste: 5 Whitley, 1 Wellington)
Duisburg: 41 Wellington (Verluste: 2)

19./20. August
Kiel
54 Wellington, 41 Hampden, 7 Stirling,
6 Halifax (Verluste: 3 Wellington,
1 Hampden)

22./23. August
Mannheim
51 Wellington, 41 Hampden
(Verluste: 1 Hampden)

24./25. August
Düsseldorf
25 Whitley, 12 Hampden, 7 Halifax
(Verluste: 2 Whitley, 1 Halifax)

25./26. August
Karlsruhe, Mannheim
Karlsruhe: 37 Wellington, 12 Stirling
(Verluste: 2 Wellington, 1 Stirling)
Mannheim: 38 Hampden, 7 Manchester
(Verluste: 3 Hampden)

26./27. August
Köln
47 Wellington, 29 Hampden, 22 Whitley,
1 Manchester (Verluste: 1 Wellington,
1 Whitley)

27./28. August
Mannheim
35 Hampden, 41 Wellington, 15 Whitley
(keine Verluste; 1 Whitley in England
abgestürzt)

28./29. August
Duisburg
60 Wellington, 30 Hampden, 13 Stirling,
9 Halifax, 6 Manchester (Verluste:
3 Wellington, 1 Halifax, 1 Hampden,
1 Stirling)
6 Hampden mit dem Auftrag, Suchscheinwerfer-Batterien auszuschalten (Verluste: 2)

29./30. August
Frankfurt/M., Mannheim
Frankfurt/M.: 73 Hampden, 62 Whitley,
5 Halifax, 3 Manchester (Verluste:
2 Hampden, 1 Whitley)
Mannheim: 94 Wellington (Verluste: 2)

31. August
Köln, Essen
Köln: 45 Wellington, 39 Hampden,
7 Halifax, 6 Manchester, 6 Stirling
(Verluste: 3 Hampden, 1 Manchester,
1 Wellington; 1 Wellington von eingedrunge-
nem Feindflugzeug in England abgeschossen)
Essen: 43 Whitley, 28 Wellington
(Verluste: 1 Whitley)

2./3. September
Frankfurt/M., Berlin
Frankfurt/M.: 71 Wellington, 44 Whitley,
11 Hampden (Verluste: 3 Wellington,
1 Hampden)
Berlin: 32 Hampden, 7 Halifax, 6 Stirling,
4 Manchester (Verluste: 2 Halifax,
2 Hampden, 1 Manchester)

6./7. September
Marl-Hüls
41 Whitley, 27 Wellington, 18 Hampden
(Verluste: 5 Whitley, 2 Wellington)

7./8. September
Berlin, Kiel
Berlin: 103 Wellington, 43 Hampden,
31 Whitley, 10 Stirling, 6 Halifax,
4 Manchester (Verluste: 8 Wellington,
2 Hampden, 2 Whitley, 2 Stirling,
1 Manchester)
Kiel: 30 Wellington, 18 Hampden,
3 Stirling (Verluste: 2 Hampden,
1 Wellington)

8./9. September
Kassel
52 Wellington, 27 Hampden, 16 Whitley
(keine Verluste)

11./12. September
Rostock, Kiel, Warnemünde
Rostock: 39 Hampden, 12 Wellington,
5 Manchester (Verluste: 2 Hampden)
Kiel: 55 Wellington (Verluste: 2)
Warnemünde: 32 Whitley (Verluste: 1)

12./13. September
Frankfurt/M.
71 Wellington, 31 Hampden, 18 Whitley,
9 Stirling (Verluste: 2 Wellington)

15./16. September
Hamburg
169 Flugzeuge (Verluste: 3 Wellington,
2 Hampden, 1 Halifax, 1 Stirling,
1 Whitley)

16./17. September
Karlsruhe
55 Wellington (keine Verluste)

17./18. September
Karlsruhe
38 Wellington (Verluste: 1)

19./20. September
Stettin
72 Flugzeuge, überwiegend Wellington
(Verluste: 1 Wellington, 1 Whitley)

20./21. September
Berlin, Frankfurt/M.
Berlin: 74 Flugzeuge, alle aufgrund der
Wetterlage zurückbeordert. 10 empfingen
den Funkspruch nicht und flogen weiter,
keines erreichte Berlin
(Verluste: 3 Wellington, 1 Whitley;
12 Flugzeuge in England
abgestürzt)

26./27. September
Köln, Emden, Mannheim
104 Flugzeuge, alle wegen Nebels zurückbeordert. 23 Flugzeuge setzten den Einsatz
fort. (Verluste: 1 Wellington; 4 Wellington
in England abgestürzt)

28./29. September
Frankfurt/M.
30 Hampden, 14 Wellington (Verluste:
1 Hampden, 1 Wellington; 5 Flugzeuge in
England abgestürzt)
6 Wellington, 1 Stirling nach Emden
(keine Verluste)

29./30. September
Stettin, Hamburg
Stettin: 67 Wellington, 56 Whitley,
10 Stirling, 6 Halifax (Verluste: 4 Whitley,
2 Wellington, 2 Stirling)
Hamburg: 93 Flugzeuge, hauptsächlich
Hampden und Wellington (Verluste:
2 Wellington; 2 Hampden in England
abgestürzt)

30. September/1. Oktober
Hamburg, Stettin
Hamburg: 48 Hampden, 24 Wellington,
10 Whitley (Verluste: 1 Wellington)
Stettin: 40 Wellington (keine Verluste)

1./2. Oktober
Karlsruhe, Stuttgart
Karlsruhe: 44 Hampden, 1 Wellington,
alle wegen Nebels zurückbeordert. 3 flogen
weiter nach Karlsruhe, 23 bombardierten
Ausweichziele (Verluste: 1 Wellington)
Stuttgart: 27 Whitley, 4 Wellington
(keine Verluste)

10./11. Oktober
Essen, Köln
Essen: 78 Flugzeuge (Verluste: 2 Hampden,
2 Whitley)
Köln: 69 Flugzeuge (Verluste: 5 Wellington)
5 Hampden griffen Suchscheinwerfer-
Batterien in Essen und Köln an.

12./13. Oktober
Nürnberg, Bremen, Hüls
Nürnberg: 82 Wellington, 54 Whitley,
9 Halifax, 7 Stirling (Verluste: 5 Wellington,
1 Halifax, 1 Stirling, 1 Whitley; 5 Flugzeuge
in England abgestürzt)
Bremen: 99 Flugzeuge, hauptsächlich
Wellington und Hampden (Verluste:
2 Wellington, 1 Hampden)
Marl-Hüls: 79 Hampden, 11 Manchester
(Verluste: jeweils 1 Flugzeug)

13./14. Oktober
Düsseldorf, Köln
Düsseldorf: 53 Wellington, 7 Stirling
(Verluste: 1 Wellington)
Köln: 30 Hampden, 9 Manchester

14./15. Oktober
Nürnberg
58 Wellington, 13 Whitley, 5 Halifax,
4 Stirling (Verluste: 4 Wellington)

15./16. Oktober
Köln
27 Wellington, 7 Stirling (Verluste:
3 Wellington)

16./17. Oktober
Duisburg
47 Wellington, 26 Hampden, 14 Whitley
(Verluste: 1 Wellington), 8 Hampden griffen
Suchscheinwerfer-Batterien an

20./21. Oktober
Bremen, Wilhelmshaven, Emden
Bremen: 82 Hampden, 48 Wellington,
15 Stirling, 8 Manchester (Verluste:
2 Hampden, 2 Wellington, 1 Manchester)
Wilhelmshaven: 40 Whitley, 4 Wellington,
3 Hampden (keine Verluste)
Emden: 35 Wellington, 1 Halifax
(Verluste: 1 Wellington)

21./22. Oktober
Bremen
136 Flugzeuge (2 Wellington, 1 Hampden)
4 Manchester zur Kieler Bucht

22./23. Oktober
Mannheim
50 Wellington, 45 Hampden, 22 Whitley,
6 Halifax (Verluste: 3 Wellington,
1 Hampden)

23./24. Oktober
Kiel
43 Wellington, 38 Hampden, 27 Whitley,
6 Manchester (Verluste: 1 Hampden)

24./25. Oktober
Frankfurt/M.
70 Flugzeuge (Verluste: 2 Wellington,
1 Hampden, 1 Whitley)

26./27. Oktober
Hamburg
115 Flugzeuge (Verluste: 3 Wellington,
1 Hampden)
5 Hampden legten Minen in der Kieler
Bucht

31. Oktober
Hamburg, Bremen
Hamburg: 123 Flugzeuge
(Verluste: 4 Whitley)
Bremen: 40 Wellington, 8 Stirling
(Verluste: 1 Wellington)

1./2. November
Kiel
72 Wellington, 32 Hampden, 30 Whitley
(Verluste: 2 Whitley, 1 Hampden)
5 Hampden, 2 Manchester legten Minen in
der Kieler Bucht

4./5. November
Essen
28 Wellington (keine Verluste)

7./8. November
Berlin, Köln, Mannheim
Berlin: 101 Wellington, 42 Whitley,
17 Stirling, 9 Halifax (Verluste:
10 Wellington, 9 Whitley, 2 Stirling)
Köln: 61 Hampden, 14 Manchester
(keine Verluste)
Mannheim: 53 Wellington, 2 Stirling
(Verluste: 7 Wellington)
30 Halifax, Hampden, Wellington und
Whitley auf Aufklärungsflügen über Essen
und anderen Gebieten (Verluste:
6 Flugzeuge)

8./9. November
Essen
54 Flugzeuge (Verluste: 3 Wellington,
2 Whitley, 1 Hampden)
8 Hampden griffen Suchscheinwerfer-
Batterien an (Verluste: 1)

9./10. November
Hamburg
103 Flugzeuge (Verluste: 1 Wellington)

15./16. November
Emden, Kiel
Emden: 49 Flugzeuge (Verluste: 4 Wellington)
Kiel: 47 Flugzeuge (Verluste: 4 Wellington)

26./27. November
Emden
80 Wellington, 20 Hampden (Verluste:
2 Wellington, 1 Hampden)

27./28. November
Düsseldorf
41 Wellington, 34 Hampden, 6 Manchester,
5 Stirling (Verluste: 1 Hampden,
1 Wellington)

30. November/1. Dezember
Hamburg, Emden
Hamburg: 92 Wellington, 48 Hampden,
24 Whitley, 11 Halifax, 4 Manchester,
2 Stirling (Verluste: 6 Wellington, 4 Whitley,
2 Hampden, 1 Halifax)

7./8. Dezember
Aachen
130 Flugzeuge (Verluste: 1 Halifax,
1 Hampden)

11./12. Dezember
Köln
60 Flugzeuge (Verluste: 1 Halifax)

16./17. Dezember
Wilhelmshaven
57 Wellington, 14 Hampden, 12 Whitley
(keine Verluste)

22./23. Dezember
Wilhelmshaven
12 Whitley, 10 Wellington (keine Verluste)

23./24. Dezember
Köln
33 Wellington, 20 Hampden, 15 Whitley
(keine Verluste)

27./28. Dezember
Düsseldorf
66 Wellington, 30 Hampden, 29 Whitley,
7 Manchester (Verluste: 5 Whitley,
2 Wellington)

28./29. Dezember
Wilhelmshaven, Marl-Hüls, Emden
Wilhelmshaven: 86 Wellington (Verluste: 1)
Marl-Hüls: 81 Hampden (Verluste: 4)

1942

10./11. Januar
Wilhelmshaven
124 Flugzeuge (Verluste: 3 Wellington,
2 Hampden)

14./15. Januar
Hamburg
95 Flugzeuge (Verluste: 2 Hampden,
2 Wellington)

15./16. Januar
Hamburg, Bremen
Hamburg: 96 Flugzeuge (Verluste:
3 Wellington; 1 Hampden; 8 Flugzeuge in

England abgestürzt)
Emden: 50 Flugzeuge (Verluste:
1 Wellington, 1 Whitley)

17./18. Januar
Bremen
83 Flugzeuge (Verluste: 3 Wellington;
1 Stirling nach Beschuss in England
abgestürzt)
24 Flugzeuge nach Emden

20./21. Januar
Emden
20 Wellington, 5 Hampden (Verluste:
3 Wellington, 1 Hampden)

21./22. Januar
Emden, Bremen
Bremen: 54 Flugzeuge (Verluste:
2 Hampden, 1 Wellington)
Emden: 38 Flugzeuge (Verluste:
3 Hampden, 1 Whitley)

22./23. Januar
Münster
47 Flugzeuge (Verluste: 1 Wellington)

26./27. Januar
Hannover, Emden
Hannover: 71 Flugzeuge (keine Verluste)
Emden: 31 Flugzeuge (Verluste: 2 Whitley)
2 Whitley warfen Flugblätter über
Deutschland ab

28./29. Januar
Münster
55 Wellington, 29 Hampden (Verluste:
4 Hampden, 1 Wellington)

11./12. Februar
Mannheim
49 Flugzeuge (keine Verluste)

14./15. Februar
Mannheim
98 Flugzeuge (Verluste: 1 Hampden,
1 Whitley)

22./23. Februar
Wilhelmshaven
31 Wellington, 19 Hampden (keine
Verluste), 7 Flugzeuge nach Emden,

5 Manchester legten Minen vor
Wilhelmshaven (keine Verluste)

25./26. Februar
Kiel
43 Wellington, 12 Manchester, 6 Stirling
(Verluste: 3 Wellington)

8./9. März
Essen
115 Wellington, 37 Hampden, 27 Stirling,
22 Manchester, 10 Halifax (Verluste:
5 Wellington, 2 Manchester, 1 Stirling)

9./10. März
Duisburg, Essen
Essen: 136 Wellington, 21 Stirling,
15 Hampden, 10 Manchester, 5 Halifax
(Verluste: 2 Wellington, 1 Halifax)

10./11. März
Essen
56 Wellington, 43 Hampden,
13 Manchester, 12 Stirling, 2 Lancaster
(Verluste: 2 Hampden, 1 Stirling,
1 Wellington)

12./13. März
Kiel
68 Wellington (Verluste: 5)
Emden: 20 Wellington, 20 Whitley
(Verluste: 3 Whitley)

13./14. März
Köln
135 Flugzeuge, 6 Typen (Verluste:
1 Manchester)

25./26. März
Essen
192 Wellington, 26 Stirling, 20 Manchester,
9 Hampden, 7 Lancaster (Verluste:
5 Manchester, 3 Wellington, 1 Hampden)

26./27. März
Essen
104 Wellington, 11 Stirling (Verluste:
10 Wellington, 1 Stirling)
36 Flugzeuge warfen Minen vor
Wilhelmshaven ab

28./29. März
Lübeck
320 Tote
39 000 Ausgebombte
146 Wellington, 41 Hampden, 26 Stirling,
21 Manchester (Verluste: 7 Wellington,
3 Stirling, 1 Hampden, 1 Manchester)

1./2. April
Hanau
35 Wellington, 14 Hampden (Verluste:
12 Wellington, 1 Hampden)

5./6. April
Köln
179 Wellington, 44 Hampden, 29 Stirling,
11 Manchester (Verluste: 4 Wellington,
1 Hampden)

6./7. April
Essen
110 Wellington, 19 Stirling, 18 Hampden,
10 Manchester (Verluste: 2 Hampden,
1 Manchester, 1 Stirling, 1 Wellington)

8./9. April
Hamburg
177 Wellington, 41 Hampden, 22 Stirling,
13 Manchester, 12 Halifax, 7 Lancaster
(Verluste: 4 Wellington, 1 Manchester)

10./11. April
Essen
167 Wellington, 43 Hampden, 18 Stirling,
10 Manchester, 8 Halifax, 8 Lancaster
(Verluste: 7 Wellington, 5 Hampden,
1 Halifax, 1 Manchester)

12./13. April
Essen
171 Wellington, 31 Hampden, 27 Stirling,
13 Halifax, 9 Manchester (Verluste:
7 Wellington, 2 Hampden, 1 Halifax)

14./15. April
Dortmund
142 Wellington, 34 Hampden, 20 Stirling,
8 Halifax, 4 Manchester (Verluste:
5 Wellington, 4 Hampden)

15./16. April
Dortmund
111 Wellington, 19 Hampden, 15 Stirling,
7 Manchester (Verluste: 3 Wellington,
1 Stirling)

17./18. April
Hamburg
134 Wellington, 23 Stirling, 11 Halifax,
5 Manchester (Verluste: 7 Wellington,
1 Manchester)

22./23. April
Köln
64 Wellington, 5 Stirling (Verluste:
2 Wellington)

23./24. April
Rostock
93 Wellington, 31 Stirling, 19 Whitley,
11 Hampden, 6 Manchester, 1 Lancaster
(Verluste: 2 Wellington, 1 Manchester,
1 Whitley)

24./25. April
Rostock
125 Flugzeuge, 6 Typen (Verluste:
1 Hampden)

25./26. April
Rostock
128 Flugzeuge, 6 Typen (keine Verluste)

26./27. April
Rostock
200 Tote
30 000 Ausgebombte
106 oder 109 Flugzeuge, 7 Typen
(Verluste: 1 Stirling, 1 Wellington,
1 Whitley)

27./28. April
Köln
76 Wellington, 19 Stirling, 2 Halifax
(Verluste: 6 Wellington, 1 Halifax)

28./29. April
Kiel
62 Wellington, 15 Stirling, 10 Hampden,
1 Halifax (Verluste: 5 Wellington,
1 Hampden)

3./4. Mai
Hamburg
43 Wellington, 20 Halifax, 13 Stirling,
5 Hampden (Verluste: 3 Halifax,
2 Wellington)

4./5. Mai
Stuttgart
69 Wellington, 19 Hampden, 14 Lancaster,
12 Stirling, 7 Halifax (Verluste: 1 Stirling)

5./6. Mai
Stuttgart
49 Wellington, 13 Stirling, 11 Halifax,
4 Lancaster (Verluste: 3 Wellington,
1 Stirling)

6./7. Mai
Stuttgart
55 Wellington, 15 Stirling, 10 Hampden,
10 Lancaster, 7 Halifax (Verluste:
5 Wellington, 1 Halifax)

8./9. Mai
Warnemünde
98 Wellington, 27 Stirling, 21 Lancaster,
19 Halifax, 19 Hampden, 9 Manchester
(Verluste: 8 Wellington, 4 Lancaster,
3 Hampden, 2 Halifax, 1 Manchester,
1 Stirling)

19./20. Mai
Mannheim
105 Wellington, 31 Stirling, 29 Halifax,
15 Hampden, 13 Lancaster, 4 Manchester
(Verluste: 4 Halifax, 4 Stirling, 3 Wellington)

30./31. Mai
Köln
486 Tote
45 000 Ausgebombte
602 Wellington, 131 Halifax, 88 Stirling,
79 Hampden, 73 Lancaster, 46 Manchester,
28 Whitley (Verluste: 29 Wellington,
4 Manchester, 3 Halifax, 2 Stirling,
1 Hampden, 1 Lancaster, 1 Whitley)

1./2. Juni
Essen
545 Wellington, 127 Halifax, 77 Stirling,
74 Lancaster, 71 Hampden, 33 Manchester,

29 Whitley (Verluste: 15 Wellington,
8 Halifax, 4 Lancaster, 1 Hampden,
1 Manchester, 1 Stirling, 1 Whitley)

2./3. Juni
Essen
97 Wellington, 38 Halifax, 27 Lancaster,
21 Stirling, 12 Hampden (Verluste:
7 Wellington, 2 Halifax, 2 Lancaster,
2 Stirling, 1 Hampden)

3./4. Juni
Bremen
170 Flugzeuge, alle Typen (Verluste:
4 Wellington, 2 Halifax, 2 Lancaster,
2 Stirling, 1 Manchester)

5./6. Juni
Essen
98 Wellington, 33 Halifax, 25 Stirling,
13 Lancaster, 11 Hampden (Verluste:
8 Wellington, 2 Stirling, 1 Halifax,
1 Lancaster)

6./7. Juni
Emden
124 Wellington, 40 Stirling, 27 Halifax,
20 Lancaster, 15 Hampden, 7 Manchester
(Verluste: 3 Manchester, 3 Wellington,
2 Stirling, 1 Halifax)

8./9. Juni
Essen
92 Wellington, 42 Halifax, 14 Stirling,
13 Lancaster, 9 Hampden (Verluste:
7 Wellington, 7 Halifax, 3 Lancaster,
1 Hampden, 1 Stirling)

16./17. Juni
Essen
40 Wellington, 39 Halifax, 15 Lancaster,
12 Stirling (Verluste: 4 Halifax,
3 Wellington, 1 Stirling)

19./20. Juni
Emden
112 Wellington, 37 Halifax, 25 Stirling,
11 Hampden, 9 Lancaster (Verluste:
6 Wellington, 2 Stirling, 1 Halifax)

20./21. Juni
Emden
185 Flugzeuge, 5 Typen (Verluste:
3 Wellington, 2 Stirling, 1 Halifax,
1 Lancaster)

22./23. Juni
Emden
144 Wellington, 38 Stirling, 26 Halifax,
11 Lancaster, 8 Hampden (Verluste:
4 Wellington, 1 Lancaster, 1 Stirling)

25./26. Juni
Bremen
472 Wellington, 124 Halifax, 96 Lancaster,
69 Stirling, 51 Blenheim, 50 Hampden,
50 Whitley, 24 Boston, 20 Manchester,
4 Mosquito
(außerdem 102 Hudson und Wellington
vom Coastal Command und 5 Flugzeuge
vom Army Cooperation Command)
(Verluste: 48 Flugzeuge)

27./28. Juni
Bremen
55 Wellington, 39 Halifax, 26 Stirling,
24 Lancaster (Verluste: 4 Wellington,
2 Halifax, 1 Stirling)

29./30. Juni
Bremen
108 Wellington, 64 Lancaster, 47 Stirling,
34 Halifax (Verluste: 4 Stirling,
4 Wellington, 3 Halifax)

2./3. Juli
Bremen
175 Wellington, 53 Lancaster, 35 Halifax,
34 Stirling, 28 Hampden (Verluste:
8 Wellington, 2 Hampden, 2 Stirling,
1 Halifax)

8./9. Juli
Wilhelmshaven
137 Wellington, 52 Lancaster, 38 Halifax,
34 Stirling, 24 Hampden (Verluste:
3 Wellington, 1 Halifax, 1 Lancaster)

11. Juli
Danzig
44 Lancaster (Verluste: 2)

13./14. Juli
Duisburg
139 Wellington, 33 Halifax, 13 Lancaster,
9 Stirling (Verluste: 3 Wellington, 2 Stirling,
1 Lancaster)

19./20. Juli
Bremen
40 Halifax, 31 Stirling, 28 Lancaster, auch
nach Vegesack (Verluste: 3 Halifax)

21./22. Juli
Duisburg
170 Wellington, 39 Halifax, 36 Stirling,
29 Lancaster, 17 Hampden (Verluste:
10 Wellington, 1 Halifax, 1 Hampden)

23./24. Juli
Duisburg
93 Wellington, 45 Lancaster, 39 Stirling,
38 Halifax (Verluste: 3 Wellington,
2 Lancaster, 2 Stirling)

25./26. Juli
Duisburg
177 Wellington, 48 Stirling, 41 Halifax,
33 Lancaster, 14 Hampden (Verluste:
7 Wellington, 2 Halifax, 2 Lancaster,
1 Stirling)

26./27. Juli
Hamburg
337 Tote
14 000 Ausgebombte
181 Wellington, 77 Lancaster, 73 Halifax,
39 Stirling, 33 Hampden (Verluste:
15 Wellington, 8 Halifax, 2 Hampden,
2 Lancaster, 2 Stirling)

28./29. Juli
Hamburg
161 Wellington, 71 Stirling, 24 Whitley
(Verluste: 20 Wellington, 9 Stirling,
4 Whitley; 1 Whitley ins Meer gestürzt)

29./30. Juli
Saarbrücken
291 Flugzeuge, 5 Typen (Verluste: 3 Wellington, 2 Halifax, 2 Lancaster, 2 Stirling)

31. Juli/1. August
Neuss
279 Tote
12000 Ausgebombte
Düsseldorf
308 Wellington, 113 Lancaster, 70 Halifax,
61 Stirling, 54 Hampden, 24 Whitley
(Verluste: 16 Wellington, 5 Hampden,
4 Halifax, 2 Lancaster, 2 Whitley)

6./7. August
Duisburg
216 Flugzeug, 5 Typen (Verluste: 2 Halifax,
2 Stirling, 1 Wellington)

9./10. August
Osnabrück
91 Wellington, 42 Lancaster, 40 Stirling,
19 Halifax (Verluste: 3 Halifax,
3 Wellington)

11./12. August
Mainz
68 Wellington, 33 Lancaster, 28 Stirling,
25 Halifax (Verluste: 3 Wellington,
2 Halifax, 1 Lancaster)

12./13. August
Mainz
138 Flugzeuge, 4 Typen (Verluste:
2 Lancaster, 1 Hampden, 1 Stirling,
1 Wellington)

15./16. August
Düsseldorf
131 Flugzeuge, 5 Typen (Verluste:
2 Lancaster, 1 Hampden, 1 Wellington)

17./18. August
Osnabrück
139 Flugzeuge, 5 Typen (Verluste:
3 Wellington, 1 Lancaster, 1 Stirling)

18./19. August
Flensburg
118 Flugzeuge einschließlich 31 Pathfinder
(Verluste: 2 Wellington, 1 Halifax, 1 Stirling)

24./25. August
Frankfurt/M.
104 Wellington, 61 Lancaster, 53 Stirling,

8 Halifax (Verluste: 6 Lancaster,
5 Wellington, 4 Stirling, 1 Halifax)

27./28. August
Kassel
306 Flugzeuge, 5 Typen (Verluste:
21 Wellington, 5 Stirling, 3 Lancaster,
1 Halifax, 1 Hampden)

28./29. August
Nürnberg, Saarbrücken
Nürnberg: 71 Lancaster, 41 Wellington,
34 Stirling, 13 Halifax (Verluste:
14 Wellington, 4 Lancaster, 3 Stirling,
2 Halifax)
Saarbrücken: 71 Wellington, 24 Halifax,
17 Hampden, 1 Stirling (Verluste:
4 Hampden, 2 Halifax, 1 Wellington)

1./2. September
Saarbrücken
231 Flugzeuge, 5 Typen (Verluste:
1 Halifax, 1 Lancaster, 1 Stirling,
1 Wellington)

2./3. September
Karlsruhe
200 Flugzeuge, 5 Typen (Verluste:
4 Wellington, 2 Lancaster, 1 Halifax,
1 Stirling)

4./5. September
Bremen
98 Wellington, 76 Lancaster, 41 Halifax,
36 Stirling (Verluste: 7 Wellington,
3 Lancaster, 1 Halifax, 1 Stirling)

6./7. September
Duisburg
207 Flugzeuge, 6 Typen (Verluste:
5 Wellington, 2 Halifax, 1 Stirling)

8./9. September
Frankfurt/M., Rüsselsheim
249 Flugzeuge, 5 Typen (5 Wellington,
2 Halifax)

10./11. September
Düsseldorf
242 Wellington, 89 Lancaster, 59 Halifax,
47 Stirling, 28 Hampden, 14 Whitley

(Verluste: 20 Wellington, 5 Lancaster,
4 Stirling, 3 Halifax, 1 Hampden)

13./14. September
Bremen
446 Flugzeuge (Verluste: 15 Wellington,
2 Lancaster, 1 Halifax, 1 Hampden,
1 Stirling, 1 Whitley)

14./15. September
Wilhelmshaven
202 Flugzeuge, 5 Typen (Verluste:
2 Wellington)

16./17. September
Essen
369 Flugzeuge (Verluste: 21 Wellington,
9 Lancaster, 5 Stirling, 3 Halifax,
1 Whitley)

19./20. September
Saarbrücken, München
Saarbrücken: 72 Wellington, 41 Halifax,
5 Stirling (Verluste: 3 Wellington,
2 Halifax)
München: 68 Lancaster, 21 Stirling
(Verluste: jeweils 3 Flugzeuge)

23./24. September
Wismar
83 Lancaster (Verluste: 4)
24 Stirling nach Vegesack (Verluste: 1)

1./2. Oktober
Wismar
78 Lancaster (Verluste: 2)
25 Stirling nach Lübeck (Verluste: 3)

2./3. Oktober
Krefeld
95 Wellington, 39 Halifax, 31 Lancaster,
23 Stirling (Verluste: 3 Halifax,
2 Wellington, 1 Lancaster, 1 Stirling)

5./6. Oktober
Aachen
101 Wellington, 74 Lancaster,
59 Halifax, 23 Stirling (Verluste:
5 Halifax, 2 Stirling, 2 Wellington,
1 Lancaster)

6./7. Oktober
Osnabrück
101 Wellington, 68 Lancaster, 38 Stirling,
30 Halifax (Verluste: 2 Halifax, 2 Lancaster,
2 Stirling)

13./14. Oktober
Kiel
100 Wellington, 82 Lancaster,
78 Halifax, 28 Stirling (Verluste:
5 Wellington, jeweils 1 Flugzeug der
anderen Typen)

15./16. Oktober
Köln
109 Wellington, 74 Halifax, 62 Lancaster,
44 Stirling (Verluste: 6 Wellington,
5 Halifax, 5 Lancaster, 2 Stirling)

9./10. November
Hamburg
74 Wellington, 72 Lancaster, 48 Halifax,
19 Stirling (Verluste: 5 Lancaster, 4 Stirling,
4 Wellington, 2 Halifax)

22./23. November
Stuttgart
97 Lancaster, 59 Wellington, 39 Halifax,
27 Stirling (Verluste: 5 Lancaster,
3 Wellington, 2 Halifax)

2./3. Dezember
Frankfurt/M.
48 Halifax, 27 Lancaster, 22 Stirling,
15 Wellington (Verluste: 3 Halifax,
jeweils 1 Flugzeug der anderen Typen)

6./7. Dezember
Mannheim
101 Lancaster, 65 Halifax,
57 Wellington, 49 Stirling
(Verluste: 5 Wellington,
3 Halifax, 1 Lancaster, 1 Stirling)

20./21. Dezember
Duisburg
111 Lancaster, 56 Halifax,
39 Wellington, 26 Stirling
(Verluste: 6 Lancaster,
4 Wellington, 2 Halifax)

21./22. Dezember
München
119 Lancaster, 9 Stirling, 9 Wellington
(Verluste: 8 Lancaster, 3 Stirling,
1 Wellington)

1943

3./4. Januar
Essen
3 Pathfinder Mosquito, 19 Lancaster
(Verluste: 3 Lancaster)

4./5. Januar
Essen
4 Pathfinder Mosquito, 29 Lancaster
(Verluste: 2 Lancaster)

7./8. Januar
Essen
3 Pathfinder Mosquito, 19 Lancaster
(keine Verluste)

8./9. Januar
Duisburg
3 Pathfinder Mosquito, 38 Lancaster
(Verluste: 3 Lancaster)

9./10. Januar
Essen
2 Pathfinder Mosquito, 50 Lancaster
(Verluste: 3 Lancaster)

11./12. Januar
Essen
4 Pathfinder Mosquito, 72 Lancaster
(Verluste: 1 Lancaster)

12./13. Januar
Essen, Remscheid, Solingen, Wuppertal
4 Pathfinder Mosquito, 55 Lancaster
(Verluste: 1 Lancaster)

13./14. Januar
Essen
3 Mosquito, 66 Lancaster (Verluste:
4 Lancaster)

16./17. Januar
Berlin
190 Lancaster, 11 Halifax (Verluste:
1 Lancaster)

17./18. Januar
Berlin
170 Lancaster, 17 Halifax (Verluste:
19 Lancaster, 3 Halifax)

27./28. Januar
Düsseldorf
124 Lancaster, 33 Halifax, 5 Mosquito
(Verluste: 3 Halifax, 3 Lancaster)

30./31. Januar
Hamburg
135 Lancaster, 7 Stirling, 6 Halifax
(Verluste: 5 Lancaster)

2./3. Februar
Köln
116 Lancaster, 35 Halifax, 8 Stirling,
2 Mosquito (Verluste: 3 Lancaster, 1 Halifax,
1 Stirling)

4. Februar
Emden, Hamm
Keine Flugzeugdaten

3./4. Februar
Hamburg
84 Halifax, 66 Stirling, 62 Lancaster,
51 Wellington (Verluste: 8 Stirling,
4 Halifax, 3 Wellington, 1 Lancaster)

11./12. Februar
Wilhelmshaven
129 Lancaster, 40 Halifax, 8 Stirling
(Verluste: 3 Lancaster)

14. Februar
Hamm
Keine Flugzeugdaten

14./15. Februar
Köln
90 Halifax, 85 Wellington, 68 Stirling
(Verluste: jeweils 3 Flugzeuge)

18./19. Februar
Wilhelmshaven
127 Lancaster, 59 Halifax, 9 Stirling
(Verluste: 4 Lancaster)

19./20. Februar
Wilhelmshaven
120 Wellington, 110 Halifax, 56 Stirling,
52 Lancaster (Verluste: 5 Stirling,
4 Lancaster, 3 Wellington)

21./22. Februar
Bremen
130 Lancaster, 7 Stirling, 6 Halifax
(keine Verluste)

24./25. Februar
Wilhelmshaven
71 Wellington, 27 Halifax, 9 Stirling,
8 Lancaster (keine Verluste)

25./26. Februar
Nürnberg, Fürth
169 Lancaster, 104 Halifax, 64 Stirling
(Verluste: 6 Lancaster, 2 Stirling, 1 Halifax)

26./27. Februar
Köln
145 Lancaster, 126 Wellington,
106 Halifax, 46 Stirling, 4 Mosquito
(Verluste: 4 Wellington, 3 Lancaster,
2 Halifax, 1 Stirling)

1./2. März
Berlin
709 Tote
64909 Ausgebombte
156 Lancaster, 86 Halifax, 60 Stirling
(Verluste: 7 Lancaster, 6 Halifax,
4 Stirling)

3./4. März
Hamburg, Duisburg
Hamburg: 149 Lancaster, 123 Wellington,
83 Halifax, 62 Stirling; auch Wedel wurde
bombardiert (Verluste: 4 Lancaster,
2 Wellington, 2 Halifax, 2 Stirling)

4. März
Hamm
Keine Flugzeugdaten

5./6. März
Essen
461 Tote
30000 Ausgebombte
Keine Flugzeugdaten

8./9. März
Nürnberg
170 Lancaster, 103 Halifax, 62 Stirling
(Verluste: 4 Stirling, 2 Halifax, 2 Lancaster)

9./10. März
München
142 Lancaster, 81 Halifax, 41 Stirling
(Verluste: 5 Lancaster, 2 Halifax, 1 Stirling)

11./12. März
Stuttgart
152 Lancaster, 109 Halifax, 53 Stirling
(Verluste: 6 Halifax, 3 Stirling, 2 Lancaster)

12./13. März
Essen
158 Wellington, 156 Lancaster, 91 Halifax,
42 Stirling, 10 Mosquito (Verluste:
8 Lancaster, 7 Halifax, 6 Wellington,
2 Stirling)

18. März
Bremen
Keine Flugzeugdaten

22. März
Wilhelmshaven
Keine Flugzeugdaten

26./27. März
Duisburg
173 Wellington, 157 Lancaster, 114 Halifax,
9 Mosquito, 2 Stirling (Verluste: 3 Wellington, 1 Halifax, 1 Lancaster, 1 Mosquito)

27./28. März
Berlin
191 Lancaster, 124 Halifax, 81 Stirling
(Verluste: 4 Halifax, 3 Lancaster, 2 Stirling)

29./30. März
Berlin, Bochum
Berlin: 162 Lancaster, 103 Halifax,
64 Stirling (Verluste: 11 Lancaster, 7 Halifax,
3 Stirling)
Bochum: 8 OBOE-Mosquito,
149 Wellington (Verluste: 12 Wellington)

3./4. April
Essen
225 Lancaster, 113 Halifax, 10 Mosquito
(Verluste: 12 Halifax, 9 Lancaster; 2 Halifax
in England abgestürzt)

4./5. April
Kiel
203 Lancaster, 168 Wellington, 116 Halifax,
90 Stirling (Verluste: 5 Lancaster, 4 Halifax,
2 Stirling, 1 Wellington)

8./9. April
Duisburg
156 Lancaster, 97 Wellington, 73 Halifax,
56 Stirling, 10 Mosquito (Verluste:
7 Wellington, 6 Lancaster, 3 Halifax,
3 Stirling)

9./10. April
Duisburg
5 Mosquito, 104 Lancaster (Verluste:
8 Lancaster)

10./11. April
Frankfurt/M.
144 Wellington, 136 Lancaster, 124 Halifax,
98 Stirling (Verluste: 8 Wellington,
5 Lancaster, 5 Stirling, 3 Halifax)

14./15. April
Stuttgart
619 Tote
146 Wellington, 135 Halifax, 98 Lancaster,
83 Stirling (Verluste: 8 Stirling,
8 Wellington, 4 Halifax, 3 Lancaster)

16./17. April
Mannheim
159 Wellington, 95 Stirling, 17 Halifax
(Verluste: 9 Wellington, 7 Stirling, 2 Halifax)

17. April
Bremen
Keine Flugzeugdaten

20./21. April
Stettin
586 Tote
Rostock
194 Lancaster, 134 Halifax, 11 Stirling
(Verluste: 13 Lancaster, 7 Halifax, 1 Stirling)

26./27. April
Duisburg
215 Lancaster, 135 Wellington, 119 Halifax,
78 Stirling, 14 Mosquito (Verluste:
7 Halifax, 5 Wellington, 3 Lancaster,
2 Stirling)

30. April/1. Mai
Essen
190 Lancaster, 105 Halifax, 10 Mosquito
(Verluste: 6 Halifax, 6 Lancaster)

4./5. Mai
Dortmund
693 Tote
40 000 Ausgebombte
255 Lancaster, 141 Halifax, 110 Wellington,
80 Stirling, 10 Mosquito (Verluste:
12 Halifax, 7 Stirling, 6 Lancaster,
6 Wellington)

12./13. Mai
Duisburg
238 Lancaster, 142 Halifax, 112 Wellington,
70 Stirling, 10 Mosquito (Verluste:
10 Lancaster, 10 Wellington, 9 Halifax,
5 Stirling)

13./14. Mai
Bochum
302 Tote
135 Halifax, 104 Wellington, 98 Lancaster,
95 Stirling, 10 Mosquito (Verluste:
13 Halifax, 6 Wellington, 4 Stirling,
1 Lancaster)

14. Mai
Kiel
Keine Flugzeugdaten

16./17. Mai
Möhnetalsperre
1294 Tote
Angriff auf Talsperre: 19 Lancaster

19. Mai
Kiel
Keine Flugzeugdaten

23./24. Mai
Dortmund
599 Tote
343 Lancaster, 199 Halifax, 151 Wellington,
120 Stirling, 13 Mosquito (Verluste:
18 Halifax, 8 Lancaster, 6 Stirling,
6 Wellington)

25./26. Mai
Düsseldorf
323 Lancaster, 169 Halifax, 142 Wellington,
113 Stirling, 12 Mosquito (Verluste:
9 Lancaster, 8 Stirling, 6 Wellington,
4 Halifax)

27./28. Mai
Essen
274 Lancaster, 151 Halifax, 81 Wellington,
12 Mosquito (Verluste: 11 Halifax,
6 Lancaster, 5 Wellington, 1 Mosquito)

29./30. Mai
Wuppertal
3400 Tote
130 000 Ausgebombte

11. Juni
Wilhelmshaven, Cuxhaven
Keine Flugzeugdaten

11./12. Juni
Düsseldorf
1292 Tote
140 000 Ausgebombte
326 Lancaster, 202 Halifax, 143 Wellington,
99 Stirling, 13 Mosquito (Verluste:
14 Lancaster, 12 Halifax, 10 Wellington,
2 Stirling)
Münster
29 Lancaster, 22 Halifax, 21 Stirling
(Verluste: 2 Halifax, 2 Lancaster, 1 Stirling)

12./13. Juni
Bochum
312 Tote
323 Lancaster, 167 Halifax, 11 Mosquito
(Verluste: 14 Lancaster, 10 Halifax)

13. Juni
Bremen
Keine Flugzeugdaten

14./15. Juni
Oberhausen
197 Lancaster, 6 Mosquito
(Verluste: 17 Lancaster)

16./17. Juni
Köln
202 Lancaster, 10 Halifax
(Verluste: 14 Lancaster)

20./21. Juni
Friedrichshafen
60 Lancaster (keine Verluste)

21./22. Juni
Krefeld
1056 Tote
72 600 Ausgebombte
262 Lancaster, 209 Halifax, 117 Stirling,
105 Wellington, 12 Mosquito
(Verluste: 17 Halifax, 9 Lancaster,
9 Wellington, 9 Stirling)

22. Juni
Marl-Hüls
Keine Flugzeugdaten

22./23. Juni
Mülheim
578 Tote
242 Lancaster, 155 Halifax, 93 Stirling,
55 Wellington, 12 Mosquito
(Verluste: 12 Halifax, 11 Stirling,
8 Lancaster, 4 Wellington)

24./25. Juni
Wuppertal
1800 Tote
112 000 Ausgebombte
251 Lancaster, 171 Halifax, 101 Wellington,
98 Stirling, 9 Mosquito

(Verluste: 10 Halifax, 10 Stirling,
8 Lancaster, 6 Wellington)

25. Juni
Wangerooge
Keine Flugzeugdaten

25./26. Juni
Gelsenkirchen, Solingen, Düsseldorf
214 Lancaster, 134 Halifax, 73 Stirling,
40 Wellington, 12 Mosquito (Verluste:
13 Lancaster, 7 Halifax, 6 Stirling,
4 Wellington)

28./29. Juni
Köln
4377 Tote
230 000 Ausgebombte
267 Lancaster, 169 Halifax, 85 Wellington,
72 Stirling, 12 Mosquito (Verluste:
10 Halifax, 8 Lancaster, 5 Stirling,
2 Wellington)

3./4. Juli
Köln
588 Tote
72 000 Ausgebombte
293 Lancaster, 182 Halifax, 89 Wellington,
76 Stirling, 13 Mosquito (Verluste: 9 Halifax,
8 Lancaster, 8 Wellington, 5 Stirling)

8./9. Juli
Köln
502 Tote
48 000 Ausgebombte
282 Lancaster, 6 Mosquito (Verluste:
7 Lancaster)

9./10. Juli
Gelsenkirchen
218 Lancaster, 190 Halifax, 10 Mosquito
(Verluste: 7 Halifax, 5 Lancaster)

13./14. Juli
Aachen
294 Tote
40 000 Ausgebombte
214 Halifax, 76 Wellington, 55 Stirling,
18 Lancaster, 11 Mosquito (Verluste:
15 Halifax, 2 Lancaster, 2 Wellington,
1 Stirling)

24./25. Juli
Hamburg
1500 Tote
380 000 Ausgebombte
347 Lancaster, 246 Halifax, 125 Stirling,
73 Wellington (Verluste: 4 Halifax,
4 Lancaster, 3 Stirling, 1 Wellington)

25. Juli
Hamburg, Kiel
Keine Flugzeugdaten

25./26. Juli
Essen
Über 500 Tote
100 000 Ausgebombte
294 Lancaster, 221 Halifax, 104 Stirling,
67 Wellington, 19 Mosquito (Verluste:
10 Halifax, 7 Stirling, 5 Lancaster,
4 Wellington)

26. Juli
Hannover
Keine Flugzeugdaten

27./28. Juli
Hamburg
35 000 Tote
800 000 Ausgebombte
353 Lancaster, 244 Halifax, 116 Stirling,
74 Wellington (Verluste: 11 Lancaster,
4 Halifax, 1 Stirling, 1 Wellington)

29. Juli
Kiel
Keine Flugzeugdaten

29./30. Juli
Hamburg
1000 Tote
150 000 Ausgebombte
340 Lancaster, 244 Halifax, 119 Stirling,
70 Wellington, 4 Mosquito (Verluste:
11 Halifax, 11 Lancaster, 4 Stirling,
2 Wellington)

30. Juli
Kassel
Keine Flugzeugdaten

30./31. Juli
Remscheid
1120 Tote
40 000 Ausgebombte
95 Halifax, 87 Stirling, 82 Lancaster,
9 Mosquito (Verluste: 8 Stirling, 5 Halifax,
2 Lancaster)

2./3. August
Hamburg
329 Lancaster, 235 Halifax, 105 Stirling,
66 Wellington, 5 Mosquito (Verluste:
13 Lancaster, 10 Halifax, 4 Wellington,
3 Stirling)

9./10. August
Mannheim
269 Tote
286 Lancaster, 171 Halifax (Verluste:
6 Halifax, 3 Lancaster)

10./11. August
Nürnberg
585 Tote
28 000 Ausgebombte
318 Lancaster, 216 Halifax, 119 Stirling
(Verluste: 7 Halifax, 6 Lancaster, 3 Stirling)

12. August
Bochum, Recklinghausen, Gelsenkirchen
Keine Flugzeugdaten

17. August
Regensburg
Keine Flugzeugdaten

17./18. August
Peenemünde
780 Tote
324 Lancaster, 218 Halifax, 54 Stirling
(Verluste: 2 Flugzeuge)

22./23. August
Leverkusen, Düsseldorf, Solingen
257 Lancaster, 192 Halifax, 13 Mosquito
(Verluste: 3 Lancaster, 2 Halifax)

23./24. August
Berlin
899 Tote
103 558 Ausgebombte

335 Lancaster, 251 Halifax, 124 Stirling,
17 Mosquito (Verluste: 23 Halifax,
17 Lancaster, 16 Stirling)

27./28. August
Nürnberg
349 Lancaster, 221 Halifax,
104 Stirling (Verluste: jeweils
11 Flugzeuge)

30./31. August
Mönchengladbach
297 Lancaster, 185 Halifax, 107 Stirling,
57 Wellington, 14 Mosquito (Verluste:
8 Halifax, 7 Lancaster, 6 Stirling,
4 Wellington)

31. August/1. September
Berlin
331 Lancaster, 176 Halifax, 106 Stirling,
9 Mosquito (Verluste: 20 Halifax,
17 Stirling, 10 Lancaster)

3./4. September
Berlin
623 Tote
39 844 Ausgebombte
316 Lancaster, 4 Mosquito (Verluste:
22 Lancaster)

5./6. September
Ludwigshafen
127 Tote
20 000 Ausgebombte
299 Lancaster, 195 Halifax, 111 Stirling
(Verluste: 13 Halifax, 13 Lancaster,
8 Stirling)

6. September
Stuttgart
Keine Flugzeugdaten

6./7. September
München
257 Lancaster, 147 Halifax (Verluste:
13 Halifax, 3 Lancaster)

22./23. September
Hannover
322 Lancaster, 226 Halifax, 137 Stirling,
26 Wellington, außerdem 5 amerikanische

B-17-Bomber (Verluste: 12 Halifax,
7 Lancaster, 5 Stirling, 2 Wellington)

23./24. September
Mannheim, Ludwigshafen, Darmstadt
Mannheim: 312 Lancaster, 193 Halifax,
115 Stirling, 8 Mosquito (Verluste:
18 Lancaster, 7 Halifax, 7 Wellington)
Darmstadt: 21 Lancaster, 8 Mosquito
(keine Verluste)

27. September
Emden
Keine Flugzeugdaten

27./28. September
Hannover, Braunschweig
Hannover: 312 Lancaster, 231 Halifax,
111 Stirling, 24 Wellington, außerdem
5 amerikanische B-17 (Verluste: 17 Halifax,
10 Lancaster, 10 Stirling, 1 Wellington)
Braunschweig: 21 Lancaster, 6 Mosquito
(Verluste: 1 Lancaster)

29./30. September
Bochum
213 Lancaster, 130 Halifax, 9 Mosquito
(Verluste: 5 Halifax, 4 Lancaster)

1./2. Oktober
Hagen
266 Tote
30000 Ausgebombte
243 Lancaster, 8 Mosquito (Verluste:
1 Lancaster)

2. Oktober
Emden
Keine Flugzeugdaten

2./3. Oktober
München
294 Lancaster (Verluste: 8)

3./4. Oktober
Kassel
223 Halifax, 204 Lancaster, 113 Stirling,
7 Mosquito (Verluste: 14 Halifax, 6 Stirling,
4 Lancaster)

4. Oktober
Frankfurt/M., Wiesbaden, Saarbrücken
Keine Flugzeugdaten

4./5. Oktober
Frankfurt/M.
529 Tote
162 Lancaster, 170 Halifax, 70 Stirling,
4 Mosquito (Verluste: 5 Halifax, 3 Lancaster,
2 Stirling)
Ludwigshafen
66 Lancaster (keine Verluste)

7./8. Oktober
Stuttgart, Böblingen
343 Lancaster (Verluste: 4)
16 Lancaster nach Friedrichshafen
(keine Verluste)

8. Oktober
Bremen
Keine Flugzeugdaten

8./9. Oktober
Hannover
1200 Tote
282 Lancaster, 188 Halifax, 26 Wellington,
8 Mosquito (Verluste: 14 Lancaster,
13 Halifax)
Bremen
95 Stirling, 17 Halifax, 7 Lancaster
(Verluste: 3 Stirling)

9. Oktober
Anklam, Marienburg, Danzig
Keine Flugzeugdaten

10. Oktober
Münster
473 Tote
20000 Ausgebombte
Keine Flugzeugdaten
Coesfeld
Keine Flugzeugdaten

14. Oktober
Schweinfurt
Keine Flugzeugdaten

18./19. Oktober
Hannover
360 Lancaster (Verluste: 18)

20. Oktober
Düren
Keine Flugzeugdaten

20./21. Oktober
Leipzig
358 Lancaster (Verluste: 16)

22./23. Oktober
Kassel
7000 Tote
53 888 Ausgebombte
322 Lancaster, 247 Halifax (Verluste:
25 Halifax, 18 Lancaster)

3. November
Wilhelmshaven
Keine Flugzeugdaten

3./4. November
Düsseldorf
622 Tote
344 Lancaster, 233 Halifax, 12 Mosquito
(Verluste: 11 Lancaster, 7 Halifax)
Köln
52 Lancaster, 10 Mosquito (keine Verluste)

5. November
Gelsenkirchen, Münster
Keine Flugzeugdaten

11. November
Münster
Keine Flugzeugdaten

13. November
Bremen
Keine Flugzeugdaten

17./18. November
Ludwigshafen
66 Lancaster, 17 Halifax (Verluste:
1 Lancaster)

18./19. November
Berlin, Mannheim, Ludwigshafen
Berlin: 440 Lancaster, 4 Mosquito
(Verluste: 9 Lancaster)

Mannheim/Ludwigshafen: 248 Halifax,
114 Stirling, 33 Lancaster (Verluste:
12 Halifax, 9 Stirling, 2 Lancaster)

19./20. November
Leverkusen
170 Halifax, 86 Stirling, 10 Mosquito
(Verluste: 4 Halifax, 1 Stirling)

22./23. November
Berlin
2000 Tote
175 000 Ausgebombte
469 Lancaster, 234 Halifax, 50 Stirling,
11 Mosquito (Verluste: 11 Lancaster,
10 Halifax, 5 Stirling)

23./24. November
Berlin
1000 Tote
100 000 Ausgebombte
365 Lancaster, 10 Halifax, 8 Mosquito
(Verluste: 20 Lancaster)

25./26. November
Frankfurt/M.
236 Halifax, 26 Lancaster (Verluste:
11 Halifax, 1 Lancaster)

26. November
Bremen
Keine Flugzeugdaten

26./27. November
Berlin, Stuttgart
Berlin: 443 Lancaster, 3 Mosquito
(Verluste: 28 Lancaster)
Stuttgart: 157 Halifax, 21 Lancaster
(Verluste: 6 Halifax)

29. November
Bremen
Keine Flugzeugdaten

30. November
Solingen
Keine Flugzeugdaten

1. Dezember
Leverkusen
Keine Flugzeugdaten

2./3. Dezember
Berlin
425 Lancaster 18 Mosquito, 15 Halifax
(Verluste: 37 Lancaster, 2 Halifax,
1 Mosquito)

3./4. Dezember
Leipzig
1717 Tote
114000 Ausgebombte
307 Lancaster, 220 Halifax (Verluste:
15 Halifax, 9 Lancaster)

11. Dezember
Emden
Keine Flugzeugdaten

13. Dezember
Kiel, Hamburg
Keine Flugzeugdaten

16. Dezember
Bremen
Keine Flugzeugdaten

16./17. Dezember
Berlin
628 Tote
30063 Ausgebombte
483 Lancaster, 10 Mosquito (Verluste:
25 Lancaster)

20. Dezember
Bremen
Keine Flugzeugdaten

21./22. Dezember
Frankfurt/M.
390 Lancaster, 257 Halifax, 3 Mosquito
(Verluste: 27 Halifax, 14 Lancaster)

23./24. Dezember
Berlin
364 Lancaster, 8 Mosquito, 7 Halifax
(Verluste: 16 Lancaster)

29./30. Dezember
Berlin
457 Lancaster, 252 Halifax, 2 Mosquito
(Verluste: 11 Lancaster, 9 Halifax)

30. Dezember
Ludwigshafen
Keine Flugzeugdaten

1944

1./2. Januar
Berlin
421 Lancaster (Verluste: 28)

2./3. Januar
Berlin
362 Lancaster, 12 Mosquito, 9 Halifax
(Verluste: 27 Lancaster)

4. Januar
Kiel, Neuss, Düsseldorf
Keine Flugzeugdaten

5./6. Januar
Stettin
348 Lancaster, 10 Halifax (Verluste:
14 Lancaster, 2 Halifax)

7. Januar
Ludwigshafen
Keine Flugzeugdaten

11. Januar
Oschersleben, Halberstadt, Braunschweig
Osnabrück, Meppen
Keine Flugzeugdaten

14./15. Januar
Braunschweig
496 Lancaster, 2 Halifax (Verluste:
38 Lancaster)

20./21. Januar
Berlin
306 Tote
20938 Ausgebombte
495 Lancaster, 264 Halifax, 10 Mosquito
(Verluste: 22 Halifax, 13 Lancaster)

21./22. Januar
Magdeburg
421 Lancaster, 224 Halifax, 3 Mosquito
(Verluste: 35 Halifax, 22 Lancaster)

27./28. Januar
Berlin
426 Tote
19 945 Ausgebombte
515 Lancaster, 15 Mosquito
(Verluste: 33 Lancaster)

28./29. Januar
Berlin
531 Tote
69 466 Ausgebombte
432 Lancaster, 241 Halifax, 4 Mosquito
(Verluste: 26 Halifax, 20 Lancaster)

29. Januar
Frankfurt/M.
903 Tote
Keine Flugzeugdaten

30. Januar
Braunschweig, Hannover
Keine Flugzeugdaten

30./31. Januar
Berlin
582 Tote
82 980 Ausgebombte
440 Lancaster, 82 Halifax, 12 Mosquito
(Verluste: 32 Lancaster, 1 Halifax)

3. Februar
Wilhelmshaven
Keine Flugzeugdaten

4. Februar
Frankfurt/M.
Keine Flugzeugdaten

8. Februar
Frankfurt/M.
Keine Flugzeugdaten

10. Februar
Braunschweig
Keine Flugzeugdaten

11. Februar
Frankfurt/M.
Keine Flugzeugdaten

15./16. Februar
Berlin

302 Tote
561 Lancaster, 314 Halifax, 16 Mosquito
(Verluste: 26 Lancaster, 17 Halifax)
Frankfurt/Oder
Keine Flugzeugdaten

19./20. Februar
Leipzig
817 Tote
30 000 Ausgebombte
561 Lancaster, 255 Halifax, 7 Mosquito
(Verluste: 44 Lancaster, 34 Halifax)

20. Februar
Rostock, Leipzig, Gotha, Helmstedt
Keine Flugzeugdaten

20./21. Februar
Stuttgart
460 Lancaster, 126 Halifax, 12 Mosquito
(Verluste: 7 Lancaster, 2 Halifax)

21. Februar
Diepholz, Verden, Braunschweig, Lingen,
Rheine
Keine Flugzeugdaten

22. Februar
Aschersleben, Bernburg, Halberstadt,
Magdeburg
Keine Flugzeugdaten

24. Februar
Rostock, Schweinfurt, Gotha
Keine Flugzeugdaten

24./25. Februar
Schweinfurt
554 Lancaster, 169 Halifax, 11 Mosquito
(Verluste: 26 Lancaster, 7 Halifax)

25. Februar
Regensburg, Augsburg, Fürth
Keine Flugzeugdaten

25./26. Februar
Augsburg
720 Tote
85 000 Ausgebombte
461 Lancaster, 123 Halifax, 10 Mosquito
(Verluste: 16 Lancaster, 5 Halifax)

29. Februar
Braunschweig
Keine Flugzeugdaten

1./2. März
Stuttgart
415 Lancaster, 129 Halifax, 13 Mosquito
(Verluste: 3 Lancaster, 1 Halifax)

2. März
Frankfurt/M., Offenbach
Keine Flugzeugdaten

3. März
Wilhelmshaven
Keine Flugzeugdaten

4. März
Bonn, Köln
Keine Flugzeugdaten

6. März
Berlin, Potsdam, Wittenberg
Keine Flugzeugdaten

8. März
Berlin
Keine Flugzeugdaten

9. März
Berlin, Hannover, Braunschweig,
Nienburg/Weser
Keine Flugzeugdaten

10. März
Münster
Keine Flugzeugdaten

15. März
Braunschweig
Keine Flugzeugdaten

15./16. März
Stuttgart
617 Lancaster, 230 Halifax, 16 Mosquito
(Verluste: 27 Lancaster, 10 Halifax)

16. März
Augsburg, Ulm, Friedrichshafen
Keine Flugzeugdaten

18. März
Oberpfaffenhofen, Landsberg, München,
Memmingen, Friedrichshafen
Keine Flugzeugdaten

18./19. März
Frankfurt/M.
421 Tote
55 000 Ausgebombte
620 Lancaster, 209 Halifax, 17 Mosquito
(Verluste: 12 Halifax, 10 Lancaster)

20. März
Franfurt/M., Mannheim, Bingen
Keine Flugzeugdaten

22./23. März
Frankfurt/M.
1001 Tote
120 000 Ausgebombte
620 Lancaster, 184 Halifax, 12 Mosquito
(Verluste: 26 Lancaster, 7 Halifax)

23. März
Braunschweig, Münster, Osnabrück
Keine Flugzeugdaten

24. März
Schweinfurt, Frankfurt/M.
Keine Flugzeugdaten

24./25. März
Berlin
577 Lancaster, 216 Halifax, 18 Mosquito
(Verluste: 44 Lancaster, 28 Halifax)

26./27. März
Essen
550 Tote
476 Lancaster, 207 Halifax, 22 Mosquito
(Verluste: 6 Lancaster, 3 Halifax)

29. März
Braunschweig
Keine Flugzeugdaten

30./31. März
Nürnberg, Schweinfurt
572 Lancaster, 214 Halifax, 9 Mosquito
(Verluste: 64 Lancaster, 31 Halifax

1. April
Pforzheim
Keine Flugzeugdaten

6./7. April
Hamburg
35 Mosquito (Verluste: 1)

8. April
Braunschweig, Oldenburg, Rheine
Keine Flugzeugdaten

9. April
Marienburg, Warnemünde, Parchim
Keine Flugzeugdaten

11. April
Oschersleben, Bernburg, Sorau, Stettin,
Rostock
Keine Flugzeugdaten

11./12. April
Aachen
1525 Tote
Keine Flugzeugdaten

13. April
Schweinfurt, Lechfeld, Augsburg
Keine Flugzeugdaten

18. April
Oranienburg, Perleberg, Wittenberg,
Brandenburg, Rathenow
Keine Flugzeugdaten

19. April
Kassel, Lippstadt, Werl, Paderborn,
Gütersloh
Keine Flugzeugdaten

20./21. April
Köln
664 Tote
20 000 Ausgebombte
357 Lancaster, 22 Mosquito
(Verluste: 4 Lancaster)
Stettin

22. April
Hamm, Koblenz, Bonn
Keine Flugzeugdaten

22./23. April
Düsseldorf
1200 Tote
20 500 Ausgebombte
323 Lancaster, 254 Halifax, 19 Mosquito
(Verluste: 16 Halifax, 13 Lancaster)
Braunschweig
238 Lancaster, 17 Mosquito
(Verluste: 4 Lancaster)

24. April
Friedrichshafen
Keine Flugzeugdaten

24./25. April
München
136 Tote
70 000 Ausgebombte
234 Lancaster, 16 Mosquito
(Verluste: 9 Lancaster)
Karlsruhe
269 Lancaster, 259 Halifax, 9 Mosquito
(Verluste: 11 Lancaster, 8 Halifax)

26. April
Braunschweig, Hildesheim
Keine Flugzeugdaten

26./27. April
Essen
313 Tote
342 Lancaster, 133 Halifax, 19 Mosquito
(Verluste: 6 Lancaster, 1 Halifax)
Schweinfurt
206 Lancaster, 11 Mosquito
(Verluste: 21 Lancaster)

27./28. April
Friedrichshafen
322 Lancaster, 1 Mosquito
(Verluste: 18 Lancaster)

29. April
Berlin
Keine Flugzeugdaten

7. Mai
Berlin, Münster, Osnabrück
Keine Flugzeugdaten

8. Mai
Berlin, Braunschweig
Keine Flugzeugdaten

11. Mai
Saarbrücken, Völklingen
Keine Flugzeugdaten

12. Mai
Merseburg, Zwickau, Chemnitz, Gera, Hof,
Zeitz, Böhlen
Keine Flugzeugdaten

13. Mai
Stettin, Stralsund, Tutow, Osnabrück
Keine Flugzeugdaten

19. Mai
Berlin, Braunschweig
Keine Flugzeugdaten

20./21. Mai
Düsseldorf
30 Mosquito (keine Verluste)

21./22. Mai
Duisburg
510 Lancaster, 22 Mosquito
(Verluste: 29 Lancaster)

22. Mai
Keine Flugzeugdaten

22./23. Mai
Dortmund
361 Tote
361 Lancaster, 14 Mosquito
(Verluste: 18 Lancaster)
Braunschweig
225 Lancaster, 10 Mosquito
(Verluste: 13 Lancaster)

24. Mai
Berlin
Keine Flugzeugdaten

24./25. Mai
Aachen
264 Lancaster, 162 Halifax, 16 Mosquito
(Verluste: 18 Halifax, 7 Lancaster)

27. Mai
Ludwigshafen, Mannheim, Karlsruhe,
Saarbrücken, Neunkirchen
Keine Flugzeugdaten

27./28. Mai
Aachen
162 Lancaster, 8 Mosquito
(Verluste: 12 Lancaster)

28. Mai
Dessau, Zwickau, Meißen, Leipzig,
Magdeburg
Keine Flugzeugdaten

29. Mai
Pölitz, Tutow, Leipzig, Schneidmühl, Posen,
Sorau, Cottbus
Keine Flugzeugdaten

30. Mai
Dessau, Halberstadt, Oldenburg,
Rotenburg/Wümme, Bad Zwischenahn
Keine Flugzeugdaten

31. Mai
Osnabrück, Schwerte, Gütersloh
Keine Flugzeugdaten

12./13. Juni
Gelsenkirchen
293 Tote
286 Lancaster, 17 Mosquito
(Verluste: 17 Lancaster)

18. Juni
Hamburg, Bremerhaven, Hannover,
Bremen, Stade, Brunsbüttel
Keine Flugzeugdaten

20. Juni
Magdeburg, Fallersleben, Hamburg, Pölitz
Keine Flugzeugdaten

21. Juni
Ruhland, Berlin
Keine Flugzeugdaten

29. Juni
Böhlen, Leipzig, Wittenberg, Bernburg,
Magdeburg
Keine Flugzeugdaten

7. Juli
Merseburg, Leipzig
Keine Flugzeugdaten

11./13./16. Juli
München
1471 Tote
200 000 Ausgebombte
Keine Flugzeugdaten

13. Juli
Saarbrücken
Keine Flugzeugdaten

16. Juli
Stuttgart, Augsburg, Saarbrücken
Keine Flugzeugdaten

18. Juli
Kiel, Cuxhaven, Peenemünde
Keine Flugzeugdaten

18./19. Juli
Wesseling
Keine Flugzeugdaten

19. Juli
Augsburg, Kempten, Böblingen,
Schweinfurt, Saarbrücken, Koblenz
Keine Flugzeugdaten

20. Juli
Dessau, Merseburg, Leipzig, Erfurt,
Schmalkalden, Gotha
Keine Flugzeugdaten

21. Juli
München, Saarbrücken, Regensburg,
Schweinfurt
Keine Flugzeugdaten

23./24. Juli
Kiel
315 Tote
20 000 Ausgebombte
519 Lancaster, 100 Halifax, 10 Mosquito
(Verluste: 4 Lancaster)

24./25. Juli
Stuttgart
461 Lancaster, 153 Halifax
(Verluste: 17 Lancaster, 4 Halifax)

25./26. Juli
Stuttgart, Wanne-Eickel
Stuttgart: 412 Lancaster, 138 Halifax
(Verluste: 8 Lancaster, 4 Halifax)
Wanne-Eickel: 114 Halifax, 11 Lancaster,
10 Mosquito (keine Verluste)

28./29. Juli
Hamburg
265 Tote
187 Halifax, 106 Lancaster, 14 Mosquito
(Verluste: 18 Halifax, 4 Lancaster)
Stuttgart
494 Lancaster, 2 Mosquito
(Verluste: 39 Lancaster)

29. Juli
Merseburg, Bremen
Keine Flugzeugdaten

31. Juli
München, Ludwigshafen
Keine Flugzeugdaten

4. August
Hamburg, Bremen, Peenemünde, Anklam,
Kiel, Wismar, Rostock, Schwerin
Keine Flugzeugdaten

5. August
Magdeburg, Halberstadt, Braunschweig,
Hannover
Keine Flugzeugdaten

6. August
Brandenburg, Berlin, Hamburg
Keine Flugzeugdaten

9. August
Ulm, Pirmasens, Karlsruhe, Saarbrücken
Keine Flugzeugdaten

12./13. August
Braunschweig, Rüsselsheim
Braunschweig: 242 Lancaster, 137 Halifax,
(Verluste: 17 Lancaster, 10 Halifax)
Rüsselsheim: 191 Lancaster, 96 Halifax,
10 Mosquito (Verluste: 13 Lancaster,
7 Halifax)

14. August
Mannheim, Ludwigshafen
Keine Flugzeugdaten

15. August
Wiesbaden, Frankfurt/M., Köln
Keine Flugzeugdaten

16. August
Delitzsch, Schkeuditz, Halle/S., Zeitz,
Rositz, Dessau, Köthen, Magdeburg
Keine Flugzeugdaten

16./17. August
Stettin
1117 Tote
461 Lancaster (Verluste: 5)

16./17. August
Kiel
195 Lancaster, 144 Halifax, 9 Mosquito
(Verluste: 3 Halifax, 2 Lancaster)

18./19. August
Bremen
1300 Tote
30000 Ausgebombte
216 Lancaster, 65 Halifax, 7 Mosquito
(Verluste: 1 Lancaster)

23./24. August
Köln
46 Mosquito (keine Verluste)

24. August
Braunschweig, Weimar, Merseburg
Keine Flugzeugdaten

25. August
Rostock, Schwerin, Wismar, Rechlin, Pölitz,
Peenemünde, Anklam, Neubrandenburg
Keine Flugzeugdaten

25./26. August
Rüsselsheim, Darmstadt
Rüsselsheim: 412 Lancaster (Verluste: 15)
Darmstadt: 190 Lancaster, 6 Mosquito
(Verluste: 7 Lancaster)

26. August
Gelsenkirchen
Keine Flugzeugdaten

26./27. August
Kiel, Königsberg
Kiel: 371 Lancaster, 10 Mosquito
(Verluste: 17 Lancaster)
Königsberg: 174 Lancaster (Verluste: 4)

29./30. August
Königsberg
500 Tote
189 Lancaster (Verluste: 15)
Stettin
1033 Tote
402 Lancaster, 1 Mosquito
(Verluste: 23 Lancaster)

30. August
Kiel, Bremen
Keine Flugzeugdaten

3. September
Ludwigshafen
Keine Flugzeugdaten

5. September
Stuttgart, Karlsruhe
Keine Flugzeugdaten

6. September
Emden
Keine Flugzeugdaten

8. September
Ludwigshafen, Kassel, Karlsruhe
Keine Flugzeugdaten

9. September
Mannheim, Mainz, Düsseldorf

9./10. September
Mönchengladbach
113 Lancaster, 24 Mosquito (keine Verluste)

10. September
Ulm, Heilbronn, Nürnberg, Fürth,
Gaggenau, Sindelfingen, Zuffenhausen
Keine Flugzeugdaten

11. September
Fulda, Merseburg, Eisenach, Magdeburg
Keine Flugzeugdaten

11./12. September
Darmstadt
10 550 Tote
49 000 Ausgebombte
226 Lancaster, 14 Mosquito
(Verluste: 12 Lancaster)

12. September
Münster, Magdeburg
Keine Flugzeugdaten

12./13. September
Frankfurt/M.
957 Tote
50 000 Ausgebombte
378 Lancaster, 9 Mosquito
(Verluste: 17 Lancaster)
Stuttgart
469 Tote
204 Lancaster, 13 Mosquito
(Verluste: 4 Lancaster)

13. September
Osnabrück, Gelsenkirchen, Stuttgart,
Schwäbisch-Hall, Ulm, Merseburg
Keine Flugzeugdaten

14. September
Wilhelmshaven
Keine Flugzeugdaten

15./16. September
Kiel
310 Lancaster, 173 Halifax, 7 Mosquito
(Verluste: 4 Halifax, 2 Lancaster)

18./19. September
Bremerhaven
618 Tote
30 000 Ausgebombte
206 Lancaster, 7 Mosquito (Verluste:
1 Lancaster, 1 Mosquito)

19. September
Koblenz, Limburg, Hamm, Dortmund,
Unna
Keine Flugzeugdaten

19./20. September
Möchengladbach, Rheydt
227 Lancaster, 10 Mosquito
(Verluste: 4 Lancaster, 1 Mosquito)

21. September
Ludwigshafen, Mainz, Koblenz
Keine Flugzeugdaten

22. September
Kassel
Keine Flugzeugdaten

23./24. September
Neuss, Dortmund, Münster
Neuss: 378 Lancaster, 154 Halifax,
17 Mosquito (Verluste: 5 Lancaster,
2 Halifax)
Dortmund: 136 Lancaster, 5 Mosquito
(Verluste: 14 Lancaster)
Münster: 107 Lancaster, 5 Mosquito,
1 Lightning (Verluste: 1 Lancaster)

25. September
Ludwigshafen, Frankfurt/M., Koblenz
Keine Flugzeugdaten

26. September
Osnabrück, Hamm, Bremen
Keine Flugzeugdaten

26./27. September
Karlsruhe
226 Lancaster, 11 Mosquito
(Verluste: 2 Lancaster)

27. September
Köln, Ludwigshafen, Kassel
Keine Flugzeugdaten

27./28. September
Kaiserslautern
144 Tote
30 000 Ausgebombte
217 Lancaster, 10 Mosquito
(Verluste: jeweils ein Flugzeug)

28. September
Magdeburg, Merseburg, Kassel
Keine Flugzeugdaten

30. September
Bielefeld, Münster, Hamm
Keine Flugzeugdaten

30. September
Bottrop
Keine Flugzeugdaten

2. Oktober
Kassel, Köln, Hamm
Keine Flugzeugdaten

3. Oktober
Nürnberg, Gaggenau
Keine Flugzeugdaten

5. Oktober
Wilhelmshaven, Köln, Lippstadt, Münster
Keine Flugzeugdaten

5./6. Oktober
Saarbrücken
344 Tote
25 000 Ausgebombte
531 Lancaster, 20 Mosquito
(Verluste: 3 Lancaster)

6. Oktober
Stargard, Neubrandenburg, Stralsund,
Hamburg
Keine Flugzeugdaten

6./7. Oktober
Dortmund
258 Tote
100 000 Ausgebombte
248 Halifax, 46 Lancaster, 20 Mosquito
(Verluste: 4 Halifax, 2 Lancaster)
Bremen
65 Tote
37 700 Ausgebombte
246 Lancaster, 7 Mosquito
(Verluste: 5 Lancaster)

7. Oktober
Emmerich
641 Tote
Kleve, Zwickau, Merseburg, Kassel,
Clausthal
Keine Flugzeugdaten

9. Oktober
Bochum, Schweinfurt, Mainz, Koblenz
Bochum: 375 Halifax, 40 Lancaster,
20 Mosquito (Verluste: 4 Halifax,
1 Lancaster)

12. Oktober
Wanne-Eickel, Osnabrück
Wanne-Eickel: 11 Halifax, 26 Lancaster

14. Oktober
Duisburg
519 Lancaster, 474 Halifax, 20 Mosquito
(Verluste: 13 Lancaster, 1 Halifax)

14./15. Oktober
Braunschweig
561 Tote
80 000 Ausgebombte
233 Lancaster, 7 Mosquito
(Verluste: 1 Lancaster)
Duisburg
2541 Tote
498 Lancaster, 468 Halifax, 39 Mosquito
(Verluste: 5 Lancaster, 2 Halifax)

15./16. Oktober
Wilhelmshaven
257 Halifax, 241 Lancaster, 8 Mosquito

16./17. Oktober
Köln
39 Mosquito (keine Verluste)

18. Oktober
Bonn
313 Tote
20 000 Ausgebombte
128 Lancaster (Verluste: 1)

19./20. Oktober
Stuttgart
338 Tote
565 Lancaster, 18 Mosquito
(Verluste: 6 Lancaster)
Nürnberg, Karlsruhe
Nürnberg: 263 Lancaster, 7 Mosquito
(Verluste: 2 Lancaster)

21./22. Oktober
Hannover
242 Halifax, 21 Pathfinder Lancaster; alle
zurückbeordert

22. Oktober
Neuss, Braunschweig, Hannover, Hamm,
Münster
Neuss: 100 Lancaster (keine Verluste)

23./24. Oktober
Essen
662 Tote
561 Lancaster, 463 Halifax, 31 Mosquito
(Verluste: 5 Lancaster, 3 Halifax)

25. Oktober
Essen
820 Tote
508 Lancaster, 251 Halifax, 12 Mosquito
(Verluste: 2 Halifax, 2 Lancaster)
Homburg, Neumünster
Homburg: 199 Halifax, 32 Lancaster,
12 Mosquito (keine Verluste)

26. Oktober
Leverkusen, Bielefeld, Münster, Hannover,
Leverkusen
105 Lancaster (keine Verluste)

28. Oktober
Köln
630 Tote
20 000 Ausgebombte
428 Lancaster, 286 Halifax, 19 Mosquito
(Verluste: 4 Halifax, 3 Lancaster)
Münster, Hamm

30. Oktober
Hamm, Münster
Keine Flugzeugdaten

30./31. Oktober
Köln
550 Tote
438 Halifax, 435 Lancaster, 32 Mosquito
(keine Verluste)

31. Oktober/1. November
Köln
331 Lancaster, 144 Halifax, 18 Mosquito
(Verluste: 2 Lancaster)

1. November
Gelsenkirchen
Keine Flugzeugdaten

1./2. November
Oberhausen
202 Halifax, 74 Lancaster, 12 Mosquito
(Verluste: 3 Halifax, 1 Lancaster)

2. November
Merseburg, Bielefeld, Castrop-Rauxel
Keine Flugzeugdaten

2./3. November
Düsseldorf
748 Tote
15 000 Ausgebombte
561 Lancaster, 400 Halifax, 31 Mosquito
(Verluste: 11 Halifax, 8 Lancaster)

4. November
Neunkirchen, Saarbrücken, Hannover,
Hamburg, Gelsenkirchen
Keine Flugzeugdaten

4./5. November
Bochum
984 Tote
10 000 Ausgebombte
384 Halifax, 336 Lancaster, 29 Mosquito
(Verluste: 23 Halifax, 5 Lancaster)

5. November
Solingen
1882 Tote
20 000 Ausgebombte
173 Lancaster (Verluste: 1)
Frankfurt/M., Ludwigshafen, Karlsruhe

6. November
Gelsenkirchen
518 Tote
383 Halifax, 324 Lancaster, 31 Mosquito
(Verluste: 3 Lancaster, 2 Halifax)
Hamburg, Minden, Bottrop, Neumünster

6./7. November
Koblenz
104 Tote
25 000 Ausgebombte
128 Lancaster (Verluste: 2)
Merseburg

8. November
Merseburg, Homburg
Homburg: 136 Lancaster (Verluste: 1)

9. November
Wanne-Eickel
256 Lancaster, 21 Mosquito
(Verluste: 2 Lancaster)

10. November
Saarbrücken, Hanau, Wiesbaden, Köln
Keine Flugzeugdaten

11. November
Castrop-Rauxel
122 Lancaster (keine Verluste)

11./12. November
Harburg, Dortmund
Harburg: 237 Lancaster, 8 Mosquito
(Verluste: 7 Lancaster)
Dortmund: 209 Lancaster, 19 Mosquito
(keine Verluste)

16. November
Düren
2900 Tote
485 Lancaster, 13 Mosquito (Verluste:
3 Lancaster)
Eschweiler
Keine Flugzeugdaten

18. November
Münster
367 Halifax, 94 Lancaster, 18 Mosquito
(1 Halifax in Holland abgestürzt)

18./19. November
Wanne-Eickel
285 Lancaster, 24 Mosquito (Verluste:
1 Lancaster)

20./21. November
Koblenz
43 Lancaster (keine Verluste)

21. November
Merseburg, Gießen, Wetzlar, Osnabrück,
Hamburg
Keine Flugzeugdaten

21./22. November
Aschaffenburg
344 Tote
274 Lancaster, 9 Mosquito (Verluste:
2 Lancaster)
Castrop-Rauxel
176 Halifax, 79 Lancaster, 18 Mosquito
(Verluste: 4 Halifax)

23. November
Gelsenkirchen
168 Lancaster (Verluste: 1)

25. November
Merseburg, Bingen
Keine Flugzeugdaten

26. November
Fulda, Bielefeld, Hamm
Fulda: 75 Lancaster (keine Verluste)

26./27. November
München
270 Lancaster, 8 Mosquito (1 Lancaster in
Frankreich abgestürzt)

27. November
Bingen, Offenburg
Keine Flugzeugdaten

27./28. November
Freiburg i. Br.
2700 Tote
40 000 Ausgebombte
341 Lancaster, 10 Mosquito (Verluste:
1 Lancaster)
Neuss
173 Halifax, 102 Lancaster, 15 Mosquito
(Verluste: 1 Mosquito)

28./29. November
Essen, Neuss
Essen: 270 Halifax, 32 Lancaster,
14 Mosquito (keine Verluste)
Neuss: 153 Lancaster (keine Verluste)

29. November
Dortmund, Duisburg
Dortmund: 294 Lancaster, 17 Mosquito
(Verluste: 6 Lancaster)
Duisburg: 30 Mosquito (keine Verluste)

30. November
Zeitz, Merseburg, Neunkirchen, Homburg
Keine Flugzeugdaten

30. November/1. Dezember
Duisburg
425 Halifax, 126 Lancaster, 25 Mosquito
(Verluste: 3 Halifax)

2. Dezember
Bingen
Keine Flugzeugdaten

2./3. Dezember
Hagen
583 Tote
20 000 Ausgebombte
394 Halifax, 87 Lancaster, 23 Mosquito
(1 Halifax und 1 Lancaster in Frankreich
abgestürzt)

4. Dezember
Oberhausen, Kassel, Mainz
Oberhausen: 160 Lancaster (Verluste: 1)

4./5. Dezember
Karlsruhe
357 Tote
20 000 Ausgebombte
369 Lancaster, 154 Halifax, 12 Mosquito
(Verluste: 1 Lancaster, 1 Mosquito)
Heilbronn
7000 Tote
50 000 Ausgebombte
282 Lancaster, 10 Mosquito (Verluste:
12 Lancaster)

5. Dezember
Berlin, Münster
Keine Flugzeugdaten

5. Dezember
Hamm
1000 Tote
20 000 Ausgebombte
94 Lancaster (keine Verluste)

5./6. Dezember
Soest
385 Halifax, 100 Lancaster, 12 Mosquito
(Verluste: 2 Halifax)

6. Dezember
Merseburg, Bielefeld
Keine Flugzeugdaten

6./7. Dezember
Gießen
813 Tote
30 000 Ausgebombte
255 Lancaster, 10 Mosquito (Verluste:
8 Lancaster)
Osnabrück
363 Halifax, 72 Lancaster, 18 Mosquito
(Verluste: 7 Halifax, 1 Lancaster)

9. Dezember
Stuttgart
Keine Flugzeugdaten

10. Dezember
Bingen, Koblenz
Koblenz: 8 Mosquito

11. Dezember
Frankfurt/M., Mannheim, Hanau, Gießen
Keine Flugzeugdaten

12. Dezember
Witten
409 Tote
20 000 Ausgebombte
140 Lancaster (Verluste: 8)
Merseburg, Hanau, Darmstadt
Keine Flugzeugdaten

12./13. Dezember
Essen
349 Lancaster, 163 Halifax, 28 Mosquito
(Verluste: 6 Lancaster)

15. Dezember
Kassel, Hannover
Hannover: 62 Mosquito

15./16. Dezember
Ludwigshafen
327 Lancaster, 14 Mosquito (Verluste:
1 Lancaster)

16. Dezember
Siegen
348 Tote
108 Lancaster (Verluste: 1)

17./18. Dezember
Ulm
606 Tote
50 000 Ausgebombte
317 Lancaster, 13 Mosquito (Verluste:
2 Lancaster)
Duisburg, München
Duisburg: 418 Halifax, 81 Lancaster,
24 Mosquito (Verluste: 8 Halifax)
München: 280 Lancaster, 8 Mosquito
(Verluste: 4 Lancaster)

18. Dezember
Mainz, Koblenz, Kaiserslautern
Keine Flugzeugdaten

19. Dezember
Trier
32 Lancaster (keine Verluste)

21. Dezember
Trier
113 Lancaster (keine Verluste)

21./22. Dezember
Köln, Pölitz, Bonn
Köln: 67 Lancaster, 54 Halifax, 15 Mosquito
(keine Verluste)
Pölitz: 207 Lancaster, 1 Mosquito
(Verluste: 3 Lancaster; 5 Lancaster in
England abgestürzt)
Bonn: 97 Lancaster, 17 Mosquito
(keine Verluste)

22./23. Dezember
Bingen, Koblenz
Bingen: 90 Halifax, 14 Lancaster,

2 Mosquito (Verluste: 2 Halifax, 1 Lancaster)
Koblenz: 166 Lancaster, 2 Mosquito
(keine Verluste)

24. Dezember
Babenhausen, Großostheim, Zellhausen,
Biblis, Darmstadt, Frankfurt/M.,
Merzhausen
Keine Flugzeugdaten

27. Dezember
Fulda
Keine Flugzeugdaten

27./28. Dezember
Opladen
227 Halifax, 66 Lancaster, 35 Mosquito
(Verluste: 2 Lancaster)

28. Dezember
Kaiserslautern, Koblenz
Keine Flugzeugdaten

28./29. Dezember
Bonn
486 Tote
162 Lancaster, 16 Mosquito (Verluste:
1 Lancaster)
Mönchengladbach
129 Lancaster, 46 Halifax, 11 Mosquito
(keine Verluste)

29. Dezember
Koblenz
162 Halifax, 107 Lancaster, 8 Mosquito
(keine Verluste)

30./31. Dezember
Köln
356 Halifax, 93 Lancaster, 21 Mosquito
(Verluste: 1 Halifax, 1 Lancaster)

31. Dezember
Hamburg, Neuss, Krefeld,
Mönchengladbach, Remagen, Koblenz
Keine Flugzeugdaten

31. Dezember
Vohwinkel
155 Lancaster (Verluste: 2)

1945

1. Januar
Kassel, Göttingen, Koblenz, Andernach
Keine Flugzeugdaten

2. Januar
Gerolstein, Mayen, Daun, Bitburg, Koblenz,
Bad Kreuznach, Kaiserslautern, Lebach
Keine Flugzeugdaten

2./3. Januar
Nürnberg
1794 Tote
100 000 Ausgebombte
514 Lancaster, 7 Mosquito (Verluste:
4 Lancaster; 2 Lancaster in Frankreich
abgestürzt)
Ludwigshafen
351 Halifax, 22 Lancaster, 16 Mosquito
(1 Halifax in Frankreich abgestürzt)

3. Januar
Fulda, Aschaffenburg, Gemünd, Schleiden,
Koblenz, Pforzheim, Homburg,
Zweibrücken, Neunkirchen, Landau,
Pirmasens, Köln
Keine Flugzeugdaten

5. Januar
Neustadt/W., Sobernheim, Pirmasens,
Hanau, Neunkirchen, Frankfurt/M.,
Kaiserslautern, Heilbronn, Niederbreisig,
Niedermendig, Koblenz
Keine Flugzeugdaten

5. Januar
Ludwigshafen
160 Lancaster (Verluste: 2)

5./6. Januar
Hannover
340 Halifax, 310 Lancaster, 14 Mosquito
(Verluste: 23 Halifax, 8 Lancaster)

6. Januar
Worms, Kaiserslautern, Ludwigshafen, Köln,
Bonn, Koblenz
Keine Flugzeugdaten

6./7. Januar
Hanau
90 Tote
20 000 Ausgebombte
314 Halifax, 154 Lancaster, 14 Mosquito
(Verluste: 4 Halifax, 2 Lancaster)

7. Januar
Hamm, Paderborn, Bielefeld, Köln, Landau,
Kaiserslautern, Zweibrücken, Rastatt
Keine Flugzeugdaten

7./8. Januar
München
505 Tote
70 000 Ausgebombte
645 Lancaster, 9 Mosquito (Verluste:
11 Lancaster; 4 Lancaster in Frankreich
abgestürzt)

8. Januar
Speyer, Frankfurt/M.
Keine Flugzeugdaten

10. Januar
Köln, Düsseldorf, Bonn, Euskirchen
Keine Flugzeugdaten

11. Januar
Krefeld
152 Lancaster (keine Verluste)

13. Januar
Mainz, Worms, Kaiserslautern, Rüdesheim,
Germersheim, Mannheim
Keine Flugzeugdaten

14. Januar
Derben, Magdeburg, Köln
Keine Flugzeugdaten

15. Januar
Ingolstadt, Freiburg/Br., Reutlingen,
Augsburg
Keine Flugzeugdaten

16./17. Januar
Magdeburg
16 000 Tote
190 000 Ausgebombte
320 Halifax, 44 Lancaster, 7 Mosquito,
(Verluste: 17 Halifax)

Zeitz
328 Lancaster (Verluste: 10)

17. Januar
Hamburg, Paderborn
Keine Flugzeugdaten

18. Januar
Kaiserslautern
Keine Flugzeugdaten

20. Januar
Rheine, Heilbronn, Mannheim
Keine Flugzeugdaten

21. Januar
Aschaffenburg, Mannheim, Heilbronn
Keine Flugzeugdaten

22./23. Januar
Duisburg
286 Lancaster, 16 Mosquito (Verluste:
2 Lancaster)

23. Januar
Neuss
Keine Flugzeugdaten

28. Januar
Köln, Duisburg
Köln: 153 Lancaster (Verluste: 3;
1 in Frankreich abgestürzt)

28./29. Januar
Stuttgart
316 Halifax, 258 Lancaster, 28 Mosquito
(Verluste: 6 Lancaster, 4 Halifax,
1 Mosquito)

29. Januar
Siegen, Koblenz, Bad Kreuznach, Kassel,
Bielefeld, Hamm, Münster
Keine Flugzeugdaten

1. Februar
Mannheim, Ludwigshafen, Wesel
Keine Flugzeugdaten

1./2. Februar
Mainz, Ludwigshafen, Siegen
Mainz: 293 Halifax, 40 Lancaster,
8 Mosquito (keine Verluste)
Ludwigshafen: 382 Lancaster, 14 Mosquito

(Verluste: 6 Lancaster)
Siegen: 271 Lancaster, 11 Mosquito
(Verluste: 3 Lancaster, 1 Mosquito)

2./3. Februar
Wiesbaden
1000 Tote
20 000 Ausgebombte
495 Lancaster, 12 Mosquito (3 Lancaster in
Frankreich abgestürzt)
Wanne-Eickel, Karlsruhe
Wanne-Eickel: 277 Halifax, 27 Lancaster,
19 Mosquito (Verluste: 4 Halifax)
Karlsruhe: 250 Lancaster, 11 Mosquito
(Verluste: 14 Lancaster)

3. Februar
Berlin
2541 Tote
119 057 Ausgebombte
Magdeburg
Keine Flugzeugdaten

3./4. Februar
Bottrop, Dortmund
Bottrop: 192 Lancaster, 18 Mosquito
(Verluste: 8 Lancaster)
Dortmund: 149 Lancaster (Verluste: 4)

6. Februar
Chemnitz, Gotha, Gießen, Magdeburg
Keine Flugzeugdaten

9. Februar
Magdeburg, Weimar, Gießen, Fulda,
Bielefeld, Paderborn, Dülmen
Keine Flugzeugdaten

13./14. Februar
Dresden
Über 30 000 Tote
250 000 Ausgebombte
796 Lancaster, 9 Mosquito (Verluste:
6 Lancaster; 2 Lancaster in Frankreich,
1 in England abgestürzt)
Böhlen
326 Halifax, 34 Lancaster, 8 Mosquito
(Verluste: 1 Halifax)

14. Februar
Dresden, Chemnitz, Bamberg, Magdeburg, Wesel, Dülmen
Keine Flugzeugdaten

14./15. Februar
Chemnitz
499 Lancaster, 218 Halifax (Verluste: 8 Lancaster, 5 Halifax)

15. Februar
Cottbus, Dresden, Magdeburg, Rheine
Keine Flugzeugdaten

16. Februar
Hamm, Dortmund, Münster, Osnabrück, Rheine, Wesel
Wesel: 100 Lancaster, 1 Mosquito (keine Verluste)

16./17. Februar
Wesel
562 Tote
Keine Flugzeugdaten

17. Februar
Frankfurt/M., Gießen
Keine Flugzeugdaten

19. Februar
Osnabrück, Meschede, Siegen, Dortmund, Bochum, Gelsenkirchen, Münster, Rheine, Wesel
Wesel: 168 Lancaster (Verluste: 1)

20. Februar
Nürnberg
Keine Flugzeugdaten

20./21. Februar
Dortmund, Düsseldorf
Dortmund: 514 Lancaster, 14 Mosquito (Verluste: 14 Lancaster)
Düsseldorf: 156 Halifax, 11 Mosquito, 6 Lancaster (Verluste: 4 Halifax, 1 Lancaster)

21. Februar
Nürnberg
1356 Tote
69385 Ausgebombte
Keine Flugzeugdaten

21./22. Februar
Worms
239 Tote
35000 Ausgebombte
288 Halifax, 36 Lancaster, 25 Mosquito (Verluste: 10 Halifax, 1 Lancaster)

22. Februar
Bamberg, Ansbach, Ulm, Halberstadt, Nordhausen, Peine, Hildesheim, Wittenberg, Stendal, Uelzen, Ludwigslust
Keine Flugzeugdaten

23. Februar
Treuchtlingen, Crailsheim, Plauen, Meiningen, Kitzingen, Weimar, Gera, Osnabrück, Paderborn
Keine Flugzeugdaten

23. Februar
Essen
1555 Tote
297 Halifax, 27 Lancaster, 18 Mosquito (1 Halifax in Holland abgestürzt)
Gelsenkirchen
133 Lancaster (keine Verluste)

23./24. Februar
Pforzheim
Bis zu 20000 Tote
50000 Ausgebombte
367 Lancaster, 13 Mosquito (Verluste: 10 Lancaster; 2 in Frankreich abgestürzt)

24. Februar
Kamen
290 Halifax, 26 Lancaster, 24 Mosquito (Verluste: 1 Halifax)

24. Februar
Hamburg, Lehrte, Bielefeld, Bremen, Wesel
Keine Flugzeugdaten

25. Februar
Friedrichshafen, München, Ulm, Aschaffenburg, Schwäbisch Hall
Keine Flugzeugdaten

26. Februar
Berlin
636 Tote

71 283 Ausgebombte
Keine Flugzeugdaten

27. Februar
Leipzig
677 Tote
Halle
Keine Flugzeugdaten

27. Februar
Mainz
311 Halifax, 131 Lancaster, 16 Mosquito
(Verluste: 1 Halifax, 1 Mosquito)

28. Februar
Soest, Hagen, Siegen, Meschede, Arnsberg,
Bielefeld, Kassel
Keine Flugzeugdaten

1. März
Mannheim
372 Lancaster, 90 Halifax, 16 Mosquito
(Verluste: 3 Lancaster)

1. März
Bruchsal
1000 Tote
30 000 Ausgebombte
Reutlingen, Neckarsulm, Ulm, Heilbronn,
Ingolstadt, Augsburg
Keine Flugzeugdaten

2. März
Chemnitz, Magdeburg
Keine Flugzeugdaten

2. März
Köln
500 Tote
531 Lancaster, 303 Halifax, 24 Mosquito
(Verluste: 6 Lancaster, 2 Halifax; 1 Halifax in
Belgien abgestürzt)

3. März
Hannover, Chemnitz, Bielefeld, Herford,
Magdeburg, Braunschweig
Keine Flugzeugdaten

3./4. März
Kamen, Dortmund
Kamen: 201 Halifax, 21 Lancaster,
12 Mosquito (keine Verluste)

Dortmund: 212 Lancaster, 10 Mosquito
(Verluste: 7 Lancaster)

4. März
Ulm, Ingolstadt
Keine Flugzeugdaten

5. März
Chemnitz, Hamburg
Keine Flugzeugdaten

5./6. März
Chemnitz
498 Lancaster, 256 Halifax, 6 Mosquito
(Verluste: 14 Lancaster, 8 Halifax;
9 Flugzeuge in England abgestürzt)

7. März
Soest, Bielefeld, Dortmund, Siegen, Gießen,
Datteln
Keine Flugzeugdaten

7./8. März
Dessau
600 Tote
20 000 Ausgebombte
526 Lancaster, 5 Mosquito (Verluste:
18 Lancaster)
Harburg
422 Tote
234 Lancaster, 7 Mosquito (Verluste:
14 Lancaster)

8. März
Siegen, Dortmund, Gießen, Essen, Marl-
Hüls
Keine Flugzeugdaten

8./9. März
Hamburg
241 Halifax, 62 Lancaster, 9 Mosquito
(Verluste: 1 Halifax)

9. März
Frankfurt/M., Kassel, Münster, Rheine,
Osnabrück
Keine Flugzeugdaten

10. März
Arnsberg, Paderborn, Bielefeld, Soest,
Dortmund, Schwerte
Keine Flugzeugdaten

11. März
Essen
897 Tote
750 Lancaster, 293 Halifax, 36 Mosquito
(Verluste: 3 Lancaster)

11. März
Kiel, Hamburg, Bremen
Keine Flugzeugdaten

12. März
Dortmund
895 Tote
748 Lancaster, 292 Halifax, 68 Mosquito
(Verluste: 2 Lancaster)

12. März
Swinemünde
Bis zu 23 000 Tote
Wetzlar, Friedberg, Marburg, Siegen,
Betzdorf, Dillenburg
Keine Flugzeugdaten

13. März
Wuppertal
562 Tote
310 Halifax, 24 Lancaster, 20 Mosquito
(keine Verluste)

14. März
Hannover, Hildesheim, Gütersloh, Gießen
Keine Flugzeugdaten

15. März
Zossen, Oranienburg
Keine Flugzeugdaten

15./16. März
Hagen
505 Tote
32 500 Ausgebombte
134 Lancaster, 122 Halifax, 11 Mosquito
(Verluste: 6 Lancaster, 4 Halifax)

16./17. März
Nürnberg
517 Tote
35 000 Ausgebombte
277 Lancaster, 16 Mosquito (Verluste:
24 Lancaster)

Würzburg
225 Lancaster, 11 Mosquito
(Verluste: 6 Lancaster)

17. März
Ruhland, Bitterfeld, Plauen, Böhlen, Mölbis,
Jena, Erfurt, Münster, Hannover
Keine Flugzeugdaten

18. März
Berlin
336 Tote
79 785 Ausgebombte
Keine Flugzeugdaten

18./19. März
Witten
500 Tote
20 000 Ausgebombte
259 Halifax, 45 Lancaster, 20 Mosquito
(Verluste: 6 Halifax, 1 Lancaster,
1 Mosquito)
Hanau
2000 Tote
30 000 Ausgebombte
277 Lancaster, 8 Mosquito (Verluste:
1 Lancaster)

19. März
Zwickau, Jena, Plauen, Neuburg, Leipheim,
Bäumenheim
Keine Flugzeugdaten

20. März
Hamburg
Keine Flugzeugdaten

22. März
Hildesheim
1645 Tote
40 000 Ausgebombte
227 Lancaster, 8 Mosquito (Verluste:
4 Lancaster)

23./24. März
Wesel
195 Lancaster, 23 Mosquito (keine Verluste)

24. März
Gladbeck
3095 Tote
40 000 Ausgebombte

153 Halifax, 16 Lancaster, 6 Mosquito
(Verluste: 1 Halifax)

25. März
Osnabrück
143 Tote
20 000 Ausgebombte
132 Halifax, 14 Lancaster, 10 Mosquito
(keine Verluste)
Hannover, Münster
Hannover: 267 Lancaster, 8 Mosquito
(Verluste: 1 Lancaster)
Münster: 151 Halifax, 14 Lancaster,
10 Mosquito (Verluste: 3 Halifax)

27. März
Paderborn
330 Tote
30 000 Ausgebombte
268 Lancaster, 8 Mosquito
(keine Verluste)

31. März
Hamburg
361 Lancaster, 100 Halifax, 8 Mosquito
(Verluste: 8 Lancaster, 3 Halifax)

3. April
Kiel
624 Tote
Keine Flugzeugdaten

3./4. April
Nordhausen
8800 Tote
20 000 Ausgebombte
3. April: 247 Lancaster, 8 Mosquito
(Verluste: 2 Lancaster)
4. April: 243 Lancaster, 1 Mosquito
(Verluste: 1 Lancaster)

4./5. April
Leuna, Harburg, Lützkendorf
Leuna: 327 Lancaster, 14 Mosquito
(Verluste: 2 Lancaster)
Harburg: 277 Halifax, 36 Lancaster,
14 Mosquito (Verluste: 2 Lancaster,
1 Halifax)
Lützkendorf: 258 Lancaster, 14 Mosquito
(Verluste: 6 Lancaster)

6. April
Leipzig
733 Tote
Keine Flugzeugdaten

8. April
Halberstadt
1866 Tote
25 000 Ausgebombte
Keine Flugzeugdaten

8./9. April
Hamburg
263 Halifax, 160 Lancaster, 17 Mosquito
(Verluste: 3 Lancaster)

9./10. April
Kiel
591 Lancaster, 8 Mosquito
(Verluste: 3 Lancaster)

10. April
Leipzig
134 Lancaster, 90 Halifax, 6 Mosquito
(Verluste: 1 Halifax, 1 Lancaster)

10./11. April
Plauen
20 000 Ausgebombte
307 Lancaster, 8 Mosquito (keine Verluste)

11. April
Bayreuth, Nürnberg
Nürnberg: 129 Halifax, 14 Lancaster
(keine Verluste)
Bayreuth: 100 Halifax, 14 Lancaster,
8 Mosquito (keine Verluste)

13./14. April
Kiel
377 Lancaster, 105 Halifax (Verluste:
2 Lancaster)

14./15. April
Potsdam
5000 Tote
40 000 Ausgebombte
500 Lancaster, 12 Mosquito
(Verluste: 1 Lancaster)
Zerbst
Keine Flugzeugdaten

18. April
Helgoland
617 Lancaster, 332 Halifax, 20 Mosquito
(Verluste: 3 Halifax)

20. April
Regensburg
100 Lancaster (Verluste: 1)

20./21. April
Berlin
76 Mosquito (keine Verluste)

21./22. April
Kiel
107 Mosquito (Verluste: 2)

22. April
Bremen
651 Lancaster, 100 Halifax, 16 Mosquito
(Verluste: 2 Lancaster)

24. April
Bad Oldesloe
700 Tote
110 Lancaster (keine Verluste)

25. April
Wangerooge, Berchtesgaden
Wangerooge: 308 Halifax, 158 Lancaster,
16 Mosquito (Verluste: 5 Halifax,
2 Lancaster)
Berchtesgaden: 359 Lancaster, 16 Mosquito
(Verluste: 2 Lancaster)

2./3. Mai
Kiel
126 Mosquito (keine Verluste)

Bibliographie

Anderson, Christopher, *The Men of the Mighty Eighth: The US Eighth Army Air Force 1942–45*, London 2001.

Andreas-Friedrich, Ruth, *Der Schattenmann*, Hrsg. von Jörg Drews, Frankfurt/M. 1986.

Astor, Gerald, *The Mighty Eighth*, New York 1997.

Beck, Earl R., *Under the Bombs: The German Home Front 1943–45*, Lexington 1986.

Beevor, Antony, *Berlin 1945 – Das Ende*, München 2002.

Bennett, Donald, *Pathfinder*, London 1958.

Bergerud, Eric, *Fire in the Sky: The Air War in the South Pacific*, Colorado 2001.

Berry, Paul, und Bostridge, Mark, *Vera Brittain: A Life*, Boston 1995.

Bessel, Richard, *Nazism and War*, London 2004.

Best, Geoffrey, *War and Law Since 1945*, Oxford 1994.

Birkenfeld, Wolfgang, *Der synthetische Treibstoff 1933–1945*, Göttingen/Berlin/Frankfurt/M. 1964.

Boiten, Theo, und Bowman, Martin, *Battles with the Luftwaffe: The Bomber Campaign Against Germany 1942–1945*, New York 2001.

Bond, Brian, Liddell Hart, London 1979.

Boog, Horst (Hrsg.), *Luftkriegführung im Zweiten Weltkrieg – Ein internationaler Vergleich*, Herford u.a. 1993.

Bowman, Martin W., *The USAF at War*, New York 1995.

Bradley, James, *Flyboys: The Final Secret of the Air War in the Pacific*, New York 2003.

Brittain, Vera, *Seed of Chaos*, London 1944.

–, *One Voice: Pacifist Writings from the Second World War*, London 2005.

Brown, Cave, *Bodyguard of Lies*, 2 Bde., New York 1974.

Buckley, John, *Air Power in the Age of Total War*, Bloomington 1999.

Budiansky, Stephen, *Air Power: From Kitty Hawk to Gulf War II*, London 2003.

Buruma, Ian, *Erbschaft der Schuld – Vergangenheitsbewältigung in Deutschland und Japan*, München u.a. 1994.

Calder, Angus, *The Myth of the Blitz*, London 1991.

Catchpool, Corder, *On Two Fronts: Letters of a Conscientious Objector*, London 1918.

Chickering, Roger, Förster, Stig, und Greiner, Bernd, *A World at Total War: Global Conflict and the Politics of Destruction 1937–1945*, Cambridge 2005.

Churchill, Winston, *Der Zweite Weltkrieg*, Bern, München 1985.

Coffrey, Thomas M., *Iron Eagle: The Turbulent Life of General Curtis LeMay*, New York 1986.

Colville, John, *The Churchillians*, London 1981.

Cook, Ronald, und Conyers Nesbit, Roy, Target: *Hitler's Oil – Allied Attacks on German Oil Supplies 1939–45*, London 1985.

Craven, Wesley und Cate, James (Hrsg.), *The Army Air Forces in World War II*, 3 Bde., Washington, D.C., 1983.

Danchev, Alex, und Todman, Daniel, *Lord Alanbrooke War Diaries 1939–45*, London 2001.

Davis, Richard, *Carl G. Spaatz and the Air War in Europe*, Washington, D.C., 1993.

DeGroot, Gerard, *The Bomb: A Life*, London 2004.

»Der Prozess gegen die Hauptkriegsverbrecher vor dem Internationalen Militärgerichtshof«, Nürnberg 1947 u.a.

Douhet, Giulio, *Luftherrschaft (Il dominio dell'aria)*, Berlin o.J.

Emme, F. (Hrsg.), *The Impact of Air Power*, Princeton 1959.

Ethell, Jeffrey L., *Bomber Command: American Bombers in World War II*, Osceola 1994.

Falconer, Jonathan, *Bomber Command Handbook 1939–1945*, London 1998.

Fest, Joachim, *Hitler*, Frankfurt/M. 1973.

–, *Speer – eine Biographie*, Berlin 1999.

Fischer, Klaus, *Nazi Germany: A New History*, London 1995.

Frankland, Noble, *History at War*, London 1998.

Freeman, Roger, *The Mighty Eighth: A History of the Units, Men und Machines of the US 8th Army Air Force*, London 1970.

Friedrich, Jörg, *Brandstätten: Der Anblick des Bombenkriegs*, Berlin 2003.

–, *Der Brand: Deutschland im Bombenkrieg 1940–1945*, Berlin 2003.

Elke Fröhlich (Hrsg.), *Die Tagebücher des Joseph Goebbels*, München u.a.

Garbett, Mike, und Goulding, Brian, *Lancaster at War: Fifty Years On*, London 1995.

Garrett, Stephen A., *Ethics and Airpower in World War II: The British Bombing of German Cities*, New York 1993.

Gibson, Guy, *Enemy Coast Ahead*, London 1946.

Gilbert, Martin, *The Second World War*, 2. Aufl., London 2000.

Giovannitti, Len, und Freed, Fred, *Sie warfen die Bombe*, Berlin 1967.

Groehier, Olaf, *Der Bombenkrieg gegen Deutschland*, Berlin 1990.

Grotius, Hugo, *De Jure Belli ac Pacis (Drei Bücher vom Recht des Krieges und des Friedens)*, Paris 1625, neuer deutscher Text und Einleitung von Walter Schätzel, Tübingen 1950.

Hage, Volker (Hg.), *Hamburg 1943 – Literarische Zeugnisse zum Feuersturm*, Frankfurt/M. 2003.

Harris, Sir Arthur, *Bomber Offensive*, London 1947.

Hastings, Max, *Bomber Command*, überarbeitete Auflage, London 1999.

–, *Armageddon: The Battle for Germany 1944–45*, London 2004.

Hersey, John, *Hiroshima*, London 1946.

Jackson, Robert, *Before the Storm: The Story of Bomber Command 1939–42*, London 1972.

–, *Bomber! Famous Bomber Missions of World War II*, London 1980.

Kaplan, Philip, *Bombers: The Aircrew Experience*, London 2000.

Kaufman, Theodore, *Germany Must Perish!*, im Selbstverlag, 1940.

King, Benjamin, und Kutta, Timothy, *Impact: The History of Germany's V-Weapons in World War II*, Cambridge 2003.

Knell, Hermann, *Untergang in Flammen: Strategische Bombenangriffe und ihre Folgen im Zweiten Weltkrieg*, Würzburg 2006.

Kucklick, Christoph, *Feuersturm: Der Bombenkrieg gegen Deutschland*, Hamburg 2003.

Kurzman, Dan, *Day of the Bomb: Hiroshima 1945*, New York 1986.

LeMay, Curtis, *Mission with LeMay: My Story*, New York 1965.

Liddell Hart, Basil, *Paris or the Future of War*, London 1925.

Lindqvist, Sven, *A History of Bombing*, London 2001.

Longmate, Norman, *The Bombers*, London 1983.

Magenheimer, Heinz, *Die Militärstrategie Deutschlands 1940–1945*, München 1997.

McKee, Alexander, *Dresden 1945*, Wien u.a. 1983.

McInnes, Colin, und Sheffield, G. D., *Warfare at the Twentieth Century*, London 1988.

Middlebrook, Martin, *Hamburg Juli '43 – Alliierte Luftstreitkräfte gegen eine deutsche Stadt*, Hamburg 1984 (Linzenzausgabe Berlin-Frankfurt/M. 1983).

–, *The Berlin Raids: RAF Bomber Command Winter 1943–44*, London 1988.

Middlebrook, Martin, und Everitt, Chris, *The Bomber Command War Diaries: An Operational Reference Book 1939–1945*, London 1985.

Mierzejewski, Alfred, *Bomben auf die Reichsbahn – Der Zusammenbruch der deutschen Kriegswirtschaft 1944–1945*, Freiburg 1993.

Montagne, Charles, E., *Disenchantment*, London 1922.

Neillands, Robin, *Der Krieg der Bomber – Arthur Harris und die Bomberoffensive der Alliierten 1939–1945*, Berlin 2002.

Nichol, John, und Rennell, Tony, *Tail End Charlies: The Last Battles of the Bomber War 1944–45*, London 2004.

Nizer, Louis, *What to do with Germany*, Chicago und New York 1944.

Overy, Richard, *War and the Economy in the Third Reich*, Oxford 1990.

–, *Die Wurzeln des Sieges. Warum die Alliierten den Zweiten Weltkrieg gewannen*, München 2000.

Page, James Madison, *The True Story of Andersonville Prison: A Defence of Major Henry Wirz*, New York 1908.

Pape, Robert A., *Bombing to Win: Air Power and Coercion in War*, Ithaca 1996.

Peniston-Baird, Corinna, *Blitz: A Pictorial History of Britain Under Attack*, London 2001.

Persico, Joseph E., *Nuremberg: Infamy on Trial*, London 1994.

Probert, Henry, *Bomber Harris: His Life and Times*, London 2001.

Ratner, Steven, und Abrams, John, *Accountability for Human Rights Atrocities in International Law*, 2. Aufl., Oxford 2001.

Ray, John, The *Night Blitz 1940–41*, London 2001.

Read, Anthony, und Fisher, David, *Der Fall von Berlin*, Berlin 1995.

Reuth, Ralf Georg, *Goebbels – eine Biographie*, München 1995.

Richards, Denis, *Portal of Hungerford*, London 1977.

–, *The Hardest Victory: RAF Bomber Command in the Second World War*, London 1994.

Robertson, Geoffrey, *Crimes Against Humanity*, London 1999.

Ross, Stewart Halsey, *Strategic Bombing by the United States in World War II: The Myths and the Facts*, Jefferson 2003.

Russell, Alan (Hrsg.), *Why Dresden?*, Arundel 1998.

Saward, Dudley, *»Bomber« Harris*, London 1984.

Schaffer, Ronald, *Wings of Judgement: American Bombing in World War II*, New York 1985.

Schmitt, Bernadotte, *What Shall We Do With Germany?*, Public Policy Pamphlets Nr. 38, Chicago 1943.

Sebald, W. G., *Luftkrieg und Literatur*, Frankfurt/M. 2001.

Sereny, Gita, *Albert Speer: Sein Ringen mit der Wahrheit*, München 2005.

Sloan, John, *The Route as Briefed: The History of the 92nd Bombardment Group, USAAF 1942–1945*, New York 1976.

Speer, Albert, *Erinnerungen*, München 2003.

Stevenson, William, *A Man Called Intrepid*, New York 1976.

Taylor, Frederick, *Dresden, Dienstag, 13. Februar 1945*, München 2004.

Taylor, James und Davidson, Martin, *Bomber Crew*, London 2004.

Taylor, T., *The Breaking Wave*, London 1957.

Terraine, John, *The Right of the Line: The Royal Air Force in the European War 1939–1945*, London 1985.

Thorne, Alex, *Lancaster at War: 4: Pathfinder Squadron*, London 1990.

Sunzi, *Die Kunst des Krieges*, München 1998.

Vaccaro, Tony, *Entering Germany 1944–1949*, Köln 2001.

Vansittart, Lord Robert, *Bones of Contention*, London 1945.

Marie Wassiltschikow, *Die Berliner Tagebücher der Marie »Missie« Wassiltschikow 1940–1945*, München 2002.

Vonnegut, Kurt, *Schlachthof 5 oder der Kinderkreuzzug*, Reinbek b. Hamburg 1972.

Weart, Spencer, und Szilard, Gertrude, *Leo Szilard: His Version of the Facts*, Boston 1979.

Webster, Charles, und Frankland, Noble, *The Strategic Air Offensive Against Germany, 1939–1945*, London 1961.

Winterbotham, Group Captain F. W., *The Ultra Secret*, New York 1974.

Wragg, David, *Bombers: From the First World War to Kosovo*, London 1999.

Personenregister

Sachregister

Dank

Mein herzlicher Dank gilt Naomi Goulder, Bill Swainson, George Gibson, Jo Foster und Catherine Clarke, die mir bei der Vorbereitung des Buchs, jeder auf seine Weise, eine unschätzbare Hilfe gewesen sind. Dieses Buch wäre nicht geschrieben worden ohne die British Library, die London Library, das Imperial War Museum Duxford und das Royal Air Force Museum Hendon. Ganz besonders danken möchte ich den vielen hervorragenden Historikern des Zweiten Weltkriegs und insbesondere jenen, die sich mit dem Luftkrieg befassten – sie werden in den Anmerkungen und der Bibliografie ausdrücklich erwähnt.

Bildnachweis

Lancaster-Bomber beim Bombenwurf. (DPA Bilderdienste, Frankfurt/M.)

Air Marshall Arthur Harris. (Hulton Archive/Getty Images)
Air Marshall Sir Charles Portal. (Time & Life/Getty Images)
Die Besatzung eines Lancaster-Bombers. (Fox Photos/Getty Images)

Ein alliierter Bomber über seinem Ziel. (Imperial War Museum)
B-17 »Fliegende Festungen« in geschlossener Formation. (Bildarchiv Stiftung Preußischer Kulturbesitz)

Aachen, 1900. (Ullstein Bild)
Würzburg, 1938. (Ullstein Bild)
Die Dächer der Hamburger Altstadt. (Ullstein Bild)
Lübeck vor 1900. (Ullstein Bild)

Angriff auf Berlin im Juli 1944. (Bildarchiv Stiftung Preußischer Kulturbesitz)
Brennendes Gebäude in Hamburg während der Operation »Gomorrha«, Juli 1943. (Chronos Media)
Die Bibliothek der Universität Hamburg nach der Operation »Gomorrha«. (Denkmalschutzamt Hamburg, Bildarchiv)

Nürnberg, 1945. (Bildarchiv Stiftung Preußischer Kulturbesitz)
Hannover, 1945. (Stadtarchiv Hannover)
Berlin, 1944. (Bildarchiv Stiftung Preußischer Kulturbesitz)
Köln, 1945. (Bettman/Corbis)

Opfer des Bombenangriffs auf Dresden, 14. Februar 1945. (Hulton Archive/Getty Images)
Opfer des Brandbombenangriffs auf Hamburg, Operation »Gomorrha«, Juli 1943. (Archiv Michael Födrowitz)

Überlebende der Operation »Gomorrha«, Hamburg, Juli 1943. (Ullstein Bild)
General Curtis LeMay, 3. August 1945. (Bettman/Corbis)
Eine B-29 wird mit Bomben beladen, 24. November 1944. (Hulton Archive/Getty Images)
Eine B-29 beim Zielanflug über Osaka, Japan. (Imperial War Museum)

Bombenangriff auf Osaka durch 500 B-29 »Superfortresses« am 1. Juni 1945. (Imperial War Museum)
Luftaufnahme Osakas am 9. Juni 1945. (Imperial War Museum)
Die Ginza in Tokio vor der Bombardierung im Jahr 1945. (Imperial War Museum)
Bomben fallen auf Kobe, 4. Juni 1945. (Imperial War Museum)
Das von Bomben zerstörte Kamamatsu, 9. Juni 1945. (Imperial War Museum)

Die Atombombe explodiert über Nagasaki. (Corbis)
Hiroshima nach der Explosion der Atombombe, 1945. (Corbis)
Überlebender, Nagasaki. (Corbis)

A.C. GRAYLING

Freiheit, die wir meinen

Wie die Menschenrechte erkämpft wurden
und warum der Westen heute
seine Grundwerte gefährdet

464 Seiten

Die demokratischen Prinzipien von Freiheit und Gleichheit, wie
wir sie heute in der westlichen Welt kennen und leben, mussten
im Verlauf vieler Jahrhunderte hart erkämpft werden. Der englische Philosoph A.C. Grayling erzählt die Geschichte der Ideen
von Freiheit und Demokratie vom 15. Jahrhundert bis heute. Zugleich stellt er die Frage, wie lange wir in Zeiten des Terrorismus
diese Freiheiten noch genießen können und welchen Preis wir
zahlen, wenn wir sie einschränken.

»Freiheit, die wir meinen« ist eine elegant geschriebene Ideen-
geschichte der Neuzeit und zugleich ein leidenschaftlicher Appell,
Freiheit und Menschenrechte unter keinen Umständen aufzu-
geben.

C. Bertelsmann